高职高专经济管理类精品教材

创业管理：企业经营模拟

李文龙　徐湘江　编著

- 体现工学结合的人才培养模式要求
- 以工作过程导向为指导设计内容体系
- 任务驱动式教学模式的全新体验

Entrepreneurial Management: Business Simulation

清华大学出版社

内 容 简 介

本书共七个学习情境，围绕不同行业或产品开展企业经营模拟项目。借助模拟企业经营的软件工具，帮助读者在亲身体验中仿真企业全面的经营过程，包括战略规划、品牌建设、科研管理、生产制造、产品供应与销售，以及金融市场的股票发行与操作、银行贷款、企业兼并与重组等，从而在模拟经营中发现自己感兴趣的创业机会，体验创业管理过程，其中创业管理与经营管理的相应知识体系分散在知识链接中进行介绍。

本书适合实践性较强的应用型本科及高职高专院校教学使用，同时也适合有志于创业或二次创业，以及从事企业管理的读者参考。

图书在版编目（CIP）数据

创业管理：企业经营模拟/李文龙，徐湘江编著．—北京：清华大学出版社，2013.1（2020.9重印）
高职高专经济管理类精品教材

ISBN 978-7-302-29046-9

I. ①创… II. ①李… ②徐… III. ①企业管理-高等职业教育-教材 IV. ①F270

中国版本图书馆 CIP 数据核字（2012）第 126801 号

责任编辑： 陈仕云
封面设计： 康飞龙
版式设计： 文森时代
责任校对： 张兴旺
责任印制： 沈 露

出版发行： 清华大学出版社
网　　址： http://www.tup.com.cn，http://www.wqbook.com
地　　址： 北京清华大学学研大厦 A 座　　**邮　　编：** 100084
社 总 机： 010-62770175　　**邮　　购：** 010-62786544
投稿与读者服务： 010-62776969，c-service@tup.tsinghua.edu.cn
质量反馈： 010-62772015，zhiliang@tup.tsinghua.edu.cn
课件下载： http://www.tup.com.cn，010-62788951-223
印 装 者： 北京九州迅驰传媒文化有限公司
经　　销： 全国新华书店
开　　本： 185mm×230mm　　**印　　张：** 19.25　　**字　　数：** 396 千字
版　　次： 2013 年 1 月第 1 版　　**印　　次：** 2020 年 9 月第 4 次印刷
定　　价： 59.00 元

产品编号：041627-02

前　言

创业人才相对于一般的企业工作人员而言，有其特殊性。其特殊性主要表现之一是对创业者综合能力素质的要求，一般大学教育的课程体系往往将学科进行分解讲授，如将商科类课程分成营销类、运营类、物流类、财务类以及人力资源类等不同科目。这些科目对注重分工与合作的企业工作人员来说有很重要的指导作用，但对创业人员来说则显得有些支离破碎，只见树木，不见森林，创业人才需要的是系统而综合的能力素质。其特殊性表现之二在于创业人才所承受的风险程度。一般来说，创业人才所冒风险要高于一般企业工作人员，经济损失与付出成本更高，所产生的收益变化更大。而在传统教学过程中，创业人员很难感同身受。

根据对创业者的调查与了解，创业人才在初期一般往往有很强的创业冲动，但并不是很清楚或确定选择创业的行业或方向。但如果一个行业一个行业或一个方向一个方向地进行创业不仅资金消耗巨大，而且也消耗不起时间，过多的创业失败对创业人才的热忱是严重的打击。为此，本课程提供一个创业模拟的平台，让创业者在真实创业之前进行一次为期 30 年或其他自定义时间的创业模拟经营。在创业模拟体验中，通过一系列的决策、管理一家模拟公司来帮助学员们开发和提高商业判断力。模拟经营的公司可在老师的指导下由学员根据创业的初步意向自己决定行业、产品或服务，其中所有的事件和环境都会随着经营决策的进行而改变。创业模拟经营的特殊之处在于它们能够使学员亲身参与从品牌建设、科研管理、产品生产、供应、销售到房地产的经营，再到金融市场的股票发行与操作、银行贷款等各个阶段。在每一个决策阶段制定竞争战略的时候，学员都将学会承担风险，这也是创业管理必须要学的一课。同时在模拟经营的过程中，学员们必须对变化的市场环境做出反应，对竞争对手的行动采取积极的应对措施，在多种备选行动方案中做出选择。学员们可以洞悉行业的变革信号，准确寻找市场的机会，评价公司的竞争地位所面临的威胁，在现在较高的利润和将来较高的利润之间寻找平衡，甚至评价短期决策所带来的长期后果。学员们需要制定创业公司的长期发展方向，建立公司的战略目标和财务目标，并且要制定出追求竞争优势的不同竞争战略。学员们也会逐渐成为一名积极的战略思考者、计划者、分析者以及决策者，因为他们必须遵循自己所做出的决策，自己经历那种责任感，对自己做出的决策承担责任，并且负责获取创业满意的结果。所有这些都可以将学员训练成一个责任心很强的决策者，从而提高他们的商业洞察力和管理判断力。而这也是本书的一个显著特点。

在知识体系方面，本书在借鉴最新的战略管理的环境学派与资源学派管理的理论基础上，采用以资源学派为主的体系，同时加强了不同行业的领域基础知识。这些内容主要在知识链接中描述，学员可在老师的引导下，开展自主选择性学习，特别是在创业模拟经营体验中，用相关知识点进行验证，真正做到教、学、做相结合。

在课程编排方面，本书遵循工学结合的基本原则，以创业企业的模拟经营作为其行动领域，用零售、制造、农牧、金融及综合行业的企业模拟经营作为创业管理学习领域的重点情境，每一个学习情境都是一个完整的创业过程模拟，也都包括了机会辨识、创业的商业模式设计、创业团队的构建、创业资源的整合等创业过程，每个学习情境都包含若干任务，每个任务都有相应的实训内容。图 0-1 基于工作过程导向的情境设计就是本书的主题结构设计图。

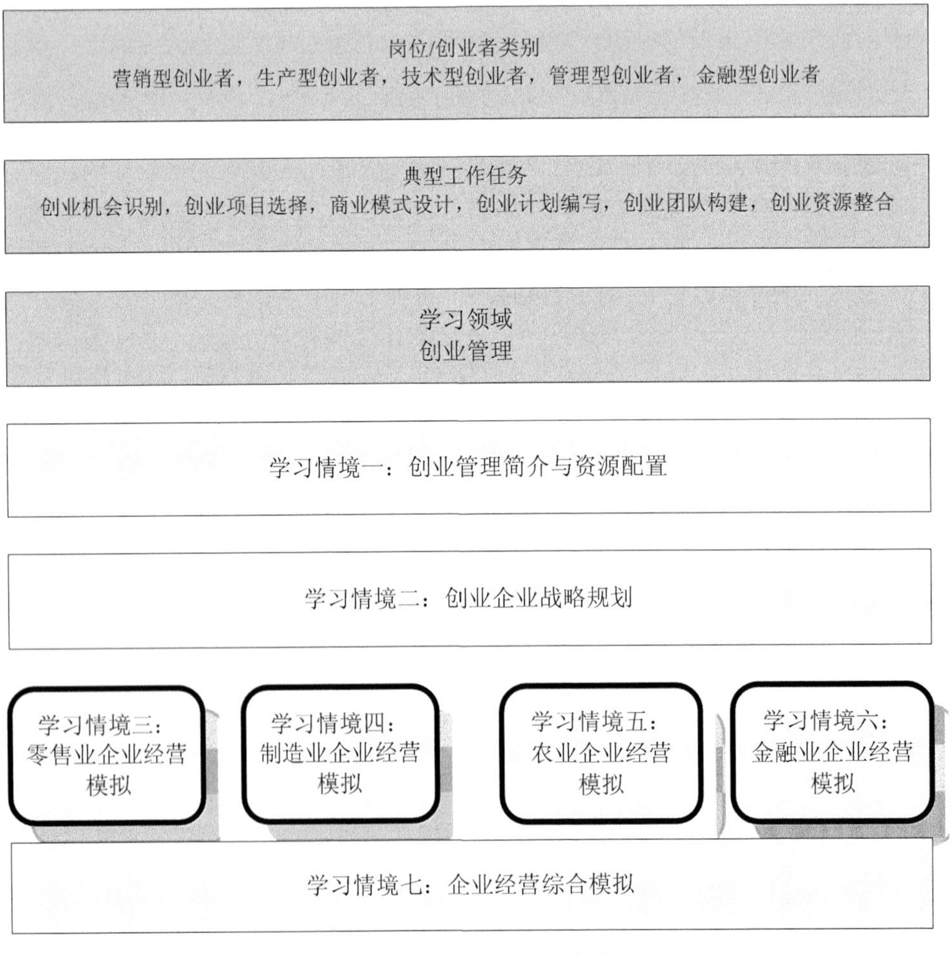

图 0-1　本书的主题结构设计

在本书的使用方面，建议先进行引导案例学习，然后进行企业经营模拟，有了直接体验后，再学习知识点或在企业经营模拟过程中插入知识点，最后再学习实训后的进阶技巧以进一步提升业务能力。

在本书的所有教学实践中均采用“金融帝国II”软件，该软件可从互联网上下载，在此对此软件的作者及公司表示感谢。在软件的安装或教学使用中如有不清楚的地方可联系QQ群（群号：276776471），并请注明为本书读者。在此还要强调一点，通过软件对所预期的创业企业进行模拟经营，在模拟经营的基础上对行业知识、管理知识与技能进行反思与总结，并在此基础上产生发现创业机会的能力与动力，是读者学习本书的主要受益方面。知识点的阅读与理解是其次的，但与真实的创业实践相比，对这两者不要过分执著。

本书由李文龙负责整体策划统稿，并撰写学习情境一、二、五、六；徐湘江撰写学习情境三、四、七。本书的编写得到了南海东软信息技术职业学院院领导、教务部领导的大力支持，得到了信息技术与商务管理系黄天成、于风滨、陈芳芸、张义先等老师的多次建设性的建议，以及广大师生和互联网上许多朋友的大力帮助，同时清华大学出版社的编辑为本书的出版做了大量的工作，在此一并表示感谢。

由于作者水平有限，书中难免有不当之处，期待读者批评指正。

编　者

2012年10月

CONTENTS

录

CONTENTS

目录

学习情境一　创业管理简介与资源配置

学习目标

- 了解创业管理的项目背景
- 掌握创业管理的基础知识
- 掌握企业模拟经营软件的安装方法

技能目标

- 能够客观判断创业者是否具备创业素质及条件
- 能够成功地安装企业模拟经营软件
- 能够掌握企业模拟经营软件的基础配置并进行基本操作

任务一　创业管理简介

任务引入

阿里巴巴 CEO 马云的创业故事

发现商机

大学毕业后，马云当了 6 年半的英语老师。期间，他成立了杭州首家外文翻译社，用业余时间接了一些外贸单位的翻译活。钱没挣到多少，倒是闯出了一点名气。1995 年，“杭州英语最棒”的马云受浙江省交通厅委托到美国催讨一笔债务。

结果是钱没要到一分，倒发现了一个“宝库”——在西雅图，对计算机一窍不通的马云第一次上了网。刚刚学会上网，他竟然就想到了为他的翻译社做网上广告。上午 10 点他把广告发送到互联网上，中午 12 点前他就收到了 6 封 E-mail，分别来自美国、德国和日本，说这是他们看到的有关中国的第一个网页。“这里有大大的生意可做!”马云当时就意识到互联网是一座金矿。

噩梦般的讨债之旅结束了，马云灰溜溜地回到了杭州，身上只剩下 1 美元和一个疯狂的念头。马云的想法是成立“阿里巴巴”，把中国企业的资料集中起来，快递到美国，由设计者做好网页向全世界发布，利润则来自向企业收取的费用。

创业

马云找了个学自动化的“拍档”，加上妻子，一共三人，两万元启动资金，租了间房，就开始创业了。这就是马云的第一家互联网公司——海博网络，产品叫做“中国黄页”。

那时候，很多人还不知道互联网为何物，他们称马云为骗子。但马云仍然像疯子一样不屈不挠。他每天都这样提醒自己：“互联网是影响人类未来生活 30 年的 3 000 米长跑，你必须跑得像兔子一样快，又要像乌龟一样耐跑。”业务就这样艰难地开展了起来。

1996 年，马云的营业额不可思议地做到了 700 万元！也就是这一年，互联网渐渐普及了。马云的 B2B 思路渐渐成熟：用电子商务为中小企业服务。他研究认为，互联网上商业机构之间的业务量比商业机构与消费者之间的业务量大得多。为什么放弃大企业而选择中小企业，马云打了个比方：“听说过捕龙虾富的，没听说过捕鲸富的。”

1999 年，马云回杭州创办了“阿里巴巴”网站。临行前，他对他的伙伴们说：“我要回杭州创办一家自己的公司，从零开始。愿意同去的，只有 500 元工资；愿意留在北京的，可以介绍去收入很高的雅虎和新浪。”他说用 3 天时间给他们考虑，但不到 5 分钟，伙伴们一致决定：“我们回杭州去，一起去！”

融资

马云在吸引到大量客户的同时也吸引人才和风险投资。

台湾人蔡崇信是全球著名的风险投资公司 InvestAB 的亚洲代表，他听说“阿里巴巴”之后立即飞赴杭州要求洽谈投资。一番推心置腹之后，蔡崇信竟然出人意料地说：“马云，那边我不干了，我要加入‘阿里巴巴’!”马云吓了一跳：“不可能吧，我这儿只有 500 元人民币的月薪啊！”但两个月后，蔡崇信就任“阿里巴巴”的 CFO（首席财务官）。后来，蔡崇信的妻子告诉马云：“如果我不同意他加入，他一辈子都不会原谅我。”

这一事件引起华尔街一阵惊奇和震动。随后，以华尔街高盛为首的多家公司，毫不犹豫地向阿里巴巴投入了总计 500 万美金。

资金到位的第二天，马云马不停蹄飞赴北京“见一位神秘人物”。见面才知道，对方是成功投资了雅虎网站的“全球互联网投资皇帝”、日本软银公司的董事长孙正义！面谈仅 6 分钟，孙正义就说：“马云，我一定要投资‘阿里巴巴’！而且用我自己的钱。”2000 年 1 月，双方正式签约，孙正义投入 2 000 万美元。

现在，“阿里巴巴”被业界公认为全球最优秀的 B2B 网站。来自国内外的点击和会员呈爆增之势。一个想买 1 000 副羽毛球拍的美国人可以在“阿里巴巴”上找到十几家中国供应商；位于中国西藏和非洲加纳的用户，可以在“阿里巴巴”网站上走到一起，成交一笔只有在互联网时代才可想象的生意！

资料来源：中国创业网．2008-05-07

本书期望通过利用模拟软件进行企业经营及创业管理，结合所学的创业管理知识，加上个人的创新、胆识、忍耐、毅力、务实等综合特质，以最低的成本、最大限度地体验创业的成与败，从中吸取宝贵的经验及教训，为未来创业走向成功做多方面准备。

你可以考虑完成以下三个子任务。

任务一：找出创业成功的主要因素。

任务二：找出适合个人或团队创业的行业及模式。

任务三：模拟组建创业公司团队。

任务分析

无数人像马云一样怀揣着梦想，其中也有很多人取得了令人瞩目的成绩，但大部分人都折戟沉沙。据不完全统计，创业企业的失败率高达 70%以上，而大学生创业成功率只有 2%～3%，远低于一般企业的创业成功率[①]，更何况是在全球经济陷入衰退的当下。如何在这纷繁而多变的世界保持清醒并从中参透规律，把握机会，继而赢得自己的未来，这是本书努力想探索的目标。创业仅有激情还远远不够，还需"可行的项目、充足的资金、可靠的技术、充沛的人脉及广阔的市场前景"等方面的支持及个人具备的创业潜质。曾担任苹果公司技术推广的 Kewene-Hite 补充道："如果一个人能够发现一般人所无法发现的机会，运用一般人所不能运用的资源，找到一般人所无法想象的办法，那么他就具有企业家的创新精神。如果一个人积极主动、热情执著，能从另一个角度看问题并找到更好的答案，那么他就是一名创业者。"

本书主要是对创业经营模拟的项目背景及相关基础知识点进行介绍，并以一套创业经营模拟软件为工具，从不同类型的零售行业、制造行业、农业、矿产业，以及不同的资源条件等对未来 30 年或若干年的创业经营情况进行综合模拟，也就是说给创业者一个创业的尝试机会，一切从零开始，零风险，零成本，让创业者在电子模拟环境中发现创业的兴趣点与机会，实现心中的创业梦想。

在模拟创业的过程中，模拟创业者要紧紧围绕创业成功的因素、适合创业或感兴趣的行业来进行。当然创业者须先尝试组建一个创业团队，这个团队主要为适合进行计算机模拟创业而进行，每个团队不超过七个人，建议不少于五个人。

[①] 数据来源：创业失败率 70%　六方面提高创业成功率．中国金融网．http://career.eol.cn，2007-08-27

知识链接

一、创业与创业者

1. 创业的概念

创业的概念目前并没有统一的定义，下面收集了一些主要观点。

根据杰夫里·提蒙斯（Jeffry A. Timmons）所著的创业教育领域的经典教科书《创业创造》（*New Venture Creation*）的定义：创业是一种思考、推理和行为方式，它为机会所驱动，需要在方法上全盘考虑并拥有和谐的领导能力。

科尔（Cole）（1965）提出：把创业定义为发起、维持和发展以利润为导向的企业的有目的性的行为。

史蒂文森（Stevenson）、罗伯茨（Roberts）和荷斯拜客（Grousbeck）提出：创业是一个人——你不管是独立的还是在一个组织内部——追踪和捕捉机会的过程，这一过程与当时控制的资源无关。

现在较通用的一种定义是“创业过程”，即：创业是指某个人发现某种信息、资源、机会或掌握某种技术，利用或借用相应的平台或载体，将其发现的信息、资源、机会或掌握的技术，以一定的方式转化、创造成更多的财富、价值，并实现某种追求或目标的过程。

对于创业，有一部分创业者没有很好地理解其内涵，有一夜暴富心态的较多，不能很好地理解并享受创业过程，这是由于对创业概念的不当理解所致。

2. 创业者

2010 年 5 月 18 日下午，创新工场董事长兼 CEO 李开复，在当日举行的 2010 年中国站长大会上接受网易科技专访时，建议创业者应该认真审视自己是不是一个真正的创业者。

以下为访谈实录。

网易科技：各位网易的网友大家好，我们现在是在 2010 年中国站长大会的现场，我们现在请到了创新工场的董事长兼 CEO 李开复老师。开复你好。

李开复：立雄，你好。

网易科技：这次很多站长参加了大会，现场非常热闹，很多站长在过去一年也经历了很多事，如创业门槛提高了，监管也严了，开复老师一直是很多青年的导师，以你的角度给我们站长提一些建议。

李开复：我觉得今天的站长大会我们看到的是一个非常踊跃参与的状况，比过去可能有过之而无不及。我也非常佩服他们创业的激情，也希望他们能在今天相对的困难环境之下坚持下去。

在创新工场做了8个月之后，我发现创业者跟非创业者其实是两种人。那些真正创业、对创业有激情的人是不怕失败的，他们碰到挑战是越战越勇，所以我相信今天的站长会面对比过去一年更多的挑战。但是我觉得未来一定是更好的，我们想，互联网发展是会增加还是会减少，一定是增加。互联网的广告会更值钱还是更不值钱，长期来说一定会更值钱。所以一定要坚持下去。

那我给他们的建议就是，我觉得首先还是要审视一下你是不是一个真的创业者，是不是一个有热情的人，是不是想为客户做有价值的东西。如果你是，我相信你一定能找到合适的路。也许这一年会看到一些困难，但是从长远的发展，中国互联网的成长不但没有结束，而且甚至才刚刚开始。

资料来源：http://tech.163.com/10/0529/15/67S4CJVE00094DUI.html

一般来说，一个成功的创业者需具备良好的个人条件及相应的外部资源，主要表现在如下方面。

（1）创业所需的个人条件

① 心理素质。所谓心理素质是指创业者的心理条件，包括自我意识、性格、气质、情感等心理构成要素。作为创业者，他的自我意识特征应为自信和自主；他的性格应刚强、坚持、果断和开朗；他的情感应更富有理性色彩。成功的创业者大多不以物喜，不以己悲。

② 身体素质。所谓身体素质是指身体健康、体力充沛、精力旺盛、思路敏捷。现代小企业的创业与经营是艰苦而复杂的，创业者工作繁忙、时间长、压力大，如果身体不好，必然力不从心、难以承受创业重任。

③ 知识素质。创业者的知识素质对创业起着举足轻重的作用。创业者要进行创造性思维，要作出正确决策，必须掌握广博知识，具有一专多能的知识结构。具体来说，创业者应该具有以下几方面的知识，做到用足、用活政策，依法行事，用法律维护自己的合法权益；了解科学的经营管理知识和方法，提高管理水平；掌握与本行业、本企业相关的科学技术知识，依靠科技进步增强竞争能力；具备市场经济方面的知识，如财务会计、市场营销、国际贸易、国际金融等。

④ 能力素质。创业者至少应具有创新能力、分析决策能力、预见能力、应变能力、用人能力、组织协调能力、社交能力、激励能力。

当然，这并不是要求创业者必须完全具备这些素质才能去创业，但创业者本人要有不断提高自身素质的自觉性和实际行动。要想成为一个成功的创业者，就要做一个终身学习者和改造自我者。

哈佛大学拉克教授讲过这样一段话："创业对大多数人而言是一件极具诱惑的事情，同时也是一件极具挑战的事。不是人人都能成功，也并非想象中那么困难。但任何一个梦想成功的人，倘若知道创业需要策划、技术及创意的观念，那么成功已离他不远了。

（2）创业所需的外部资源

创业阶段的外部资源主要包括客户资源、产品资源、法律法规、经济发展阶段、财务资源、团队资源、人脉关系资源等。

3. 创业模式和范畴

（1）常见的创业模式

① 独自创业。

② 特许加盟。

③ 经销和代理。

④ 收购现有企业。

⑤ 购买技术和专利技术。

⑥ 合作创业。

（2）其他创业模式

① 网上创业。

② 在家创业/微型创业。

③ 承包创业。

④ 高新融资创业/智能型行业。

⑤ 劳动密集型服务行业。

（3）创业的产业、行业和领域

① 产业。创业的产业涉及社会的三大产业，即农业、工业和服务业。

☑ 农业（包括农、林、牧、副、渔业）：第一产业里的创业多在种植业或养殖业方面。

☑ 工业：第二产业里的创业多数都是大众消费品的加工和制造项目。

☑ 服务业：目前第三产业里的创业机会最多，主要涉及各种服务业项目和贸易买卖。

② 行业。就办企业来说，行业是围绕某一类产品或商品而形成的生产、供应、销售和流同等产业链的生意范围。例如，围绕服装而形成的服装行业，涵盖服装及其面料和辅料的生产、分销、批发、零售等生意的各个环节，同时也包括服装类产品的各个细分品种。

③ 领域。这里所说的创业领域是指围绕自己的专长、技能、经验及其他优势资源所开展创业的范围，即创业者选择项目时通常应考虑和选择的领域。

二、创业管理

1. 创业管理的概念

创业管理不同于传统管理。它主要研究企业管理层的创业行为，研究企业管理层如何延续注入创业精神和创新活力，增强企业的战略管理柔性和竞争优势。

2. 创业管理的八项注意

（1）实现创业梦想的基本原则

① 首先要找准行业。要考虑哪个行业最为合适，做哪些买卖能获成功，预测事业将以什么样的速度增长。请考虑以下原则。

☑ 利润与销售紧密相联的行业，如当销售额增长20%时，净利润可以增长50%的行业。

☑ 对其他行业依赖性小，有较强的独立性的行业。

☑ 有连续不断的市场需求的行业。

☑ 少有破产、倒闭事件发生的行业。

② 你的梦想要有不同于竞争对手的特点，重要的是在创业之初，要在一定市场中占据主导地位。

③ 一定要保证产品和服务的质量，这是成功的关键。要有最完善的服务，最丰富的存货，最优秀的信誉，要成为你的竞争对手难以抗拒的强者。无论是商品还是一项服务，都是最好的；市场营销也别具一格，大有成效。

④ 必须辛辛苦苦地工作。一般要遵循“5+10”规则。也就是说，它将要花费5年的时间和比你想象多10倍的费用才能达到成功的彼岸。所有的事都要花费比你想象至少多一倍的时间和金钱，但往往只能取得你期望中的一半的效果。

⑤ 做生意之前，要清楚自己到底有多少现金和存款，因为你可能会失去它们，再也赚不回来。

⑥ 刚创业者必须亲自做市场调查，不能参照别的公司或政府的资料，他们的目标有可能不适合你自己的目标。

⑦ 办公司前，先到这一相关领域去工作一段时间，会缩短你在这一行业独自摸索的时间。

（2）制订一个切实可行的发展计划

正式的书面计划，可为新创立公司树立一个无价的、积极的发展目标。它包括以下四个部分。

① 目标陈述，包括公司的发展目标以及达到目标的方式。例如，想获得多少资金，还需要多少资金，怎样利用这笔资金，怎样偿还和如何偿付投资者的红利等。

② 公司经营范围的描述，说明公司是做什么的，有哪些特色新产品或服务。如果是创业初始，还应详列创业费用和五年计划，包括公司对财务、保险、安全措施、仓库控制等记录的保障体系。

③ 市场宣传计划部分，应说明公司的潜在客户是哪些人以及赢得这些客户的方法，包括所有直接或间接的竞争对手及公司的竞争优势。所有的促销、价格、包装、批发等都应在计划中详述。再就是根据市场宣传计划，研究市场发展趋势，以及如何让公司走在市场

的前沿。

④ 资金计划，应说明公司目前的已有资金以及公司实际需要的资金。刚创办的公司应有一个形式上的现金流动报表，并参照此表和年收入情况，制订一个三年收入计划。可借助对市场及竞争对手的调查，或有关书籍为参考资料。企业计划可以把你从一天天苦心经营的磨难中解放出来，使你的精力得以集中到未来的发展上，创业者非常需要抽出一些时间来制订公司的发展计划。

（3）学会授权

学会把日常工作交由他人来做，这样你可以有更多时间来发展自己的事业。要授权，而不仅仅是对整个程序全盘管理。如果一个企业家把太多的时间花在任何人都能胜任的日常工作上，而从来不考虑老板应做的战略计划及高层次的管理工作，那么其代价有时是致命的。如果你允许人们作决定，他们会做得很好。他们也会犯我们都会犯的错误，但他们可以学习而且下一次会做得更好。权利下放是一个公司成长的重要途径。

（4）造就有经商技巧的头脑

深入地了解你的产品，经常听取用户意见，培养你的搭档和下属一种能感知企业内部资金流入流出状况的直觉能力，与你的搭档和下属一起精诚合作，并把自己以往获得的经验与他们分享，商业头脑的获得会使你的注意力迅速地集中在焦点上。

① 要找准自己的用武之地，不能脱离实际，好高骛远。

② 把主攻方向确定在一个特定而非漫无边际的范围是非常重要的，公司起步时更要如此。

③ 循序渐进比起贸然闯入一个知之甚少的陌生领域来说，是促成公司快速增长的更为可取的方式。欲速则不达，急于求成往往会带来鸡飞蛋打、功亏一篑的悲惨后果。

（5）要舍得花大价钱，尽可能招聘最好的人才

最好的人才将会给公司带来比你付出的高薪多得多的利润和好处，因为如果你的员工是一流的，你的公司便也成了一流的。老板必须清楚公司需要什么样的员工，并且让公司的每个员工知道自己的职责范围。同时要培养他们的团队精神，使之与其他员工默契配合。只要做到这一点，费点时间和精力也是值得的。这样不仅有利于老板明白自己需要什么样的人才，还有利于公司吸引人才。

一般来说，部门经理要在自己公司内部选拔，而优秀的销售员和市场营销人员则要到竞争对手的公司里去聘请。

（6）创业之前，应当不辞辛苦地去了解其他公司的薪金制度

① 要建立定额销售制度，完成销售额的员工将获得公司毛利一定比例的收入。完不成销售额者收入会少些，超额完成者收入相对要多一些，形成能者多、平者少、庸者下的竞争机制。企业刚起步时，你对薪金制度了解得越多，公司今后的发展越容易。

② 企业从创办的第一天起，就应该有书面的规章制度。不严谨、漏洞百出的混乱状态

会给公司经营带来麻烦。没有任何规章制度的公司，只会落到举步维艰的境地。规章制度最大的好处是：使每个人都处在相同的行为准则下朝着共同的目标前进。如果公司没有这个准则，不指明这个方向，那么员工就会自行其是。

③ 规章制度中，不能限制老板处理事物的决定权。对违反规章制度的处理方法也要清楚地写入，例如，对于那些在工作中一贯失误者，可能根据记录最终解雇这样的人。但准则的重点应放在员工的工作表现上。

（7）任何事情都不要独自一人去做，合伙人会带来无价的帮助

要在能干的员工中找到伙伴，来合伙做生意，但事先应该有一个书面协议，写明双方的权利和义务。通常双方应能为公司的发展带来不同的经营才干、经验或其他相关的优势。友情不能维持合伙关系，而且事实上，生意上的合伙关系很容易破坏多年的友情。合伙要想成功、愉快，必须在合伙之前先写好协议。如果是两个意见经常相背者合伙人，更应该有书面协议书。

典型的协议书应该说明生意的具体目的，说明每个合伙人的有形资产、财产、设备、专利等和无形的服务、特有技术、关系网等投入，以及每个人在收入上应得的百分比。这样的协议允许合伙人占有的公司股份各不相同，但一定要说明各个合伙人在公司管理中的地位和职务，是否允许合伙人从事公司以外的其他业务等。有一点最重要，那就是合伙双方以什么样的方式结束合伙关系，对此一定要在协议中写明。

（8）一开始就建立专业的管理班子，要从小作坊变成一个正规的公司

小作坊式的管理方式会给你带来巨大的工作压力，公司发展也会因此而受到限制。公司规模小时，一个人独自管理还行得通，但当你开始做上百万元的大合同时，客户会关注你的公司是否具有专业的管理水平，这时就要靠一个正规而专业的管理班子运转了。

首先应该分析公司每天都在做什么？如何做的？公司的主要收益是哪些？这些调查不能急于求成，而要细心有加。这一过程既能帮助企业权力下放，又能指导企业有针对性地招聘那些人品和才能都适合公司发展的人才。严谨的调查有助于这些工作的进行。要为一个职位找到最合适的管理人才，必须经历一个漫长的过程。你必须要了解他们每个人的特点，以便“因才施位”。

你不能随便找一个人便万事大吉，必须不停地挖掘，要把有真才实学的人选进公司。许多公司在朝专业化管理转变的过程中消亡了，原因就在于没有建立起一个高效、专业的管理班子。要搭建这个班子必须遵循以下几项原则。

① 聘请有经验的人员。

② 选择素质较高的人。

③ 力图使其拥有的经验和才能适应公司的环境。

④ 尽量到你过去共过事的朋友中去寻找。

⑤ 管理层的人数要尽可能地少。

⑥ 盯住目标——利润才是最终目的。

这一搭建过程十分艰辛。开始，你不可避免地要同一群你不认识、不了解也难以信任的人相处，这些人会经常更换，直到形成最为满意的群体。也可以采取通过“顾问”体系来形成管理班子的办法：先从一些企业退休人士或业务关系中有这方面经验的人中聘请，他们能够弥补年轻员工经验不足的缺陷。对每个年轻的管理人员都配有一个顾问指导其工作。这样一来，公司的管理班子会很自然地就随着业务的增长而成熟起来。

3. 创业管理与传统管理的比较

创业管理与传统管理的内容不同表现为以下四方面。

（1）时代背景不同

传统职能管理产生、成熟于机器大工业时代；而今天世界正在经历从工业社会向消费社会的转变，从工业社会向信息社会的转变，这就是创业管理产生的新经济时代。传统的管理范式聚焦于商品，是技术导向型的，研发、设计、工程、大批量制造、大市场、大规模操作、自动化和专业化都是重要因素。在知识经济时代，产品市场的生命周期缩短，重点是如何快速进入和退出市场，迅速推出升级产品，竞争的关键转向产品生命周期的前端，新事业、新产品策略，包括研发管理、创新管理、知识产权管理等，成为管理关注的重点。

（2）研究的客体不同

传统的管理理论是以现有的大公司为研究对象；而创业管理理论则是以不同层次的新建事业以及新的创业活动为研究对象。传统管理理论侧重于向人们提供在现存大企业中开展管理工作所需要的知识和技能，灌输用保守的规避风险的方式来运用这些理论和分析方法，为的是培养优秀的职业经理人。创业管理培养优秀的企业家，其研究客体不仅仅包括中小企业，其内容也不是一般企业管理知识在中小企业领域的翻版。

（3）研究的出发点不同

传统职能管理的出发点是效率和效益；而创业管理的出发点是通过找寻机会并取得迅速的成功与成长。创业管理的核心问题是机会导向，即创业是在不局限于所拥有资源的前提下，识别机会，开发机会，利用机会并产生经济成果的行为。

（4）内容体系不同

传统职能管理通过计划、组织、领导和控制来实现生产经营；而创业管理则是在不成熟的组织体制下，更多地依靠团队的力量，靠创新和理性冒险来实现新事业的起步与发展。创业管理的内容体系是围绕如何识别机会、开发机会、利用机会而展开的。其中创业过程中组织与资源之间的关联性和耦合是其研究重点之一。它包括：个人的知识准备与新机会之间的耦合；创业过程中核心团队成员知识和性格的耦合；现有资源和能导致事业成功的战略之间的耦合；新的潜在事业特征和当前用户实践之间的耦合等。

创业管理不同于传统管理。它主要研究企业管理层的创业行为，研究企业管理层如何延续注入创业精神和创新活力，增强企业的战略管理柔性和竞争优势。

创业管理反映了创业视角的战略管理观点。Stevenson 和 Jarillo 于 1990 年提出创业学和战略管理的交叉，他们使“用创业管”这个词以示二者的融合，他们提供了一个从创业视角概括战略管理和一般管理的研究框架，创业是战略管理的核心。

随着创业管理研究的深入，对创业管理研究形成了非常有价值的概念框架模型。例如，W.B.Cartner（1985）提出了个人、组织、创立过程和环境的创业管理模式；William（1997）在 Cartner 概念框架的基础上，提出了由人、机会、环境、风险和报酬等要素构成的创业管理概念框架；Timmons（1999）提出了机会、创业团队和资源的创业管理理论模型；Christian（2000）提出了创业家与新事业之间的互动模型，强调创立新事业随时间而变化的创业流程管理和影响创业活动的外部环境网络是创业管理的核心。

基于创业管理研究领域专家、学者的研究成果，创业管理范式可以概括为：以环境的动态性与不确定性以及环境要素的复杂性与异质性为假设，以发现和识别机会为起点，以创新、超前行动、勇于承担风险和团队合作等为主要特征，以创造新事业的活动为研究对象，以研究不同层次事业的成功为主要内容，以心理学、经济学、管理学和社会学方法为工具研究创业活动内在规律的学说体系。

创业管理的核心问题是机会导向、动态性等。所谓机会导向，即指创业是在不局限于所拥有资源的前提下，识别机会、利用机会、开发机会并产生经济成果的行为，或者将好的创意迅速变成现实。而创业的动态性，一方面指创业精神是连续的，创业行为会随着企业的成长而延续，并得以强化；另一方面指机会的发现和利用是动态过程。

创业管理是一个系统的组合，并非某一因素起作用就能导致企业的成功。决定持续创业成功的系统必然包括创新活力、冒险精神、执行能力以及团队精神等，并通过这样的系统来把握机会、环境、资源和团队。创业管理的根本特征在于创新，创新并不一定是发明创造，而更多的是对已有技术和因素的重新组合；创业并不是无限制地冒险，而是理性地控制风险；创业管理若没有一套有效的成本控制措施以及强有力的执行方案，只能导致竞争力的缺失；创业管理更强调团队中不同层级员工的创业，而不是单打独斗式的创业。

三、创业的利弊和风险

1. 创业风险

创业过程中肯定会遇到这样或那样的问题，面对问题的时候，如果解决不当，就有可能被问题拖入失败的深渊，下面就列举一些可能让你创业失败的问题。

（1）创业前准备不足

由于创业是一个具有很高风险的事情，如果没能在创业前对所创办企业做好定位，就不能正确对企业发展做出判断，导致失败。这其中包括前期市场分析、竞争对手分析和对自身优劣势分析等。

（2）不能保证充裕的现金流

很多创业者，尤其是科技类公司的创业者经常是“月光族”，公司账面上很少有太多的流动资金，这会造成以下几个问题：首先是在公司创办之初会大手大脚，认为账上现金充裕，于是搞排场，不会控制成本。其次是在公司运作过程当中，有了盈余就急于扩张，使得本能积累的资本在扩张的过程中散尽。这些问题都使得企业没有充裕的现金流，直接造成企业抵抗风险能力降低。

（3）没有从事最正确的领域

正确与否只有自己知道，不是说别人做了那个行业成功了，就证明你做这个行业是正确的。任何时候都不能人云亦云，这也恰恰是年轻创业者最常犯的。要根据自己过去的背景，最起码要先对一个行业精通，才能去创业。当然所选择的行业也要根据国家政策倾向和整个市场大方向去选择。

（4）盲目代理产品

说到这点，估计很多人会认同，因为基本上 80%的创业者都曾经有过代理的经历。通常，这些厂家的渠道经理会给你描绘出一个非常美好的前景，目的就是为了让你进货，成为代理商，当你成为代理商以后，就开始让你囤货，如你有销售任务，或者进多少货以后有折扣和返点，到最后货全分散到了代理商手里，他们就不管你到底能不能卖出去了。代理是创业的大忌，一定记住。

（5）盲目扩张

这点在前面已经说过，但是还是要单独提出来。那么什么才是不盲目的扩张呢，就是当你的现金流正常，足以支撑你半年以上支出的时候，你可以选择扩张，而这个扩张还要是不得不进行的扩张。换句话说，是你的业务量实在太多，致使你现在的场地、人员已经无法满足需求时，才可以考虑扩张。

（6）为求发展牺牲眼前利益

这个看起来好像应该是一个优点，但事实上，过分地谋求长期发展就会导致企业莫名其妙地死去。因为不是所有的创业者都有个大款老爸做坚强后盾的。当你没有雄厚实力时，生存下来往往应该是你最先考虑的事情，你得活下来，才能一步一步走向更高的地方。所以，除非你有或者能找到一个坚强的后盾，否则，面对现实，一步一个脚印，先让你的企业活下来。

（7）盲目多元化，不专一

对于刚开始创业的微型企业，盲目多元化往往会成为杀死企业的罪魁祸首。任何时候都要记住，当一个项目稳定时，再去发展下一个项目，同时不要轻易地因为某一个新项目而去打乱你原有项目的计划，因为你要有一个基础，有一个根基。

（8）不能因地制宜，随机应变

现在很流行看经营类、励志类、培训类的书籍，而且市场上这种书籍也层出不穷。不过这些书籍和经验有一个通病，就是不落地。他们是通理，虽然对，但不能完全根据你所处的情况，为你定制。所以要因地制宜，根据你自己所处的市场和环境去分析，随机应变。

（9）没有做好外联工作

我们这个时代，已经不是你闷头干就可以成功的时代了。越来越多的案例告诉我们，你需要拓展你的人际关系、人脉圈，无论是商界还是政府。而很多创业者每天所做的是处理公司内部的事务，忽视了对外部关系的处理，导致潜在危机的出现。

（10）所有的问题希望用钱去解决

钱多的时候，无论是出现内部问题还是外部问题，都可以用钱来解决。内部有问题了，大家去吃顿饭提高斗志，发发奖金激励团队。业务有问题了，打打广告，海量招聘销售。其实用钱解决，是治标不治本，让自己麻痹。有钱也当没钱花吧，创业者不怕没钱，怕的是有钱。深刻体会这句话，你一定会有所感悟。

2. 创业风险防范

创业风险的防范，需要注意以下五方面。

（1）在选择项目时，要从小做起

世界上没有“一夜暴富”的项目，有也是少数特权人物的事情。所以，一般应该选择一些投资小、有一定空间的小项目。根据观察，从销售开始是许多老板成功的诀窍。值得说明的是，销售的对象可以是代理的品牌产品，也可以是服务（信息、知识等），这样，成本低，风险比较好控制。

（2）选择创业团队熟悉的行业

在创业初始，最好选择创业团队比较熟悉的行业。熟悉的行业可以少交学费。

（3）注意投资节奏，不要“一步到位”

在创业初期，在开办费、设备采购、装修规格等方面，不要过于铺张。

（4）创业初期的心理准备

首先是心理预期不要过高，要准备至少赔钱一年。所以流动资金要充足。要发工资给别人，事情都要操心而且有许多麻烦等着你，没有足够的心理准备，往往事到临头会措手不及。

（5）创业失败的可能性很高，年平均失败率在70%以上

如果创业失败了，要注意经验总结，便于后续再创业。只要风险控制得当，后续再创业才有可能。其实创业是要讲究人的心理素质和理解能力的，那样对创业者来说成功率高。

除了以上几个方面的风险要特别关注以外，创业者还要遵循的九大原则如下。

☑ 合法。
☑ 长久。
☑ 稳定。
☑ 制度。
☑ 零风险不伤人脉。
☑ 必需品，好推广，易接受。
☑ 市场大、前景广。
☑ 国家支持。
☑ 有成熟的系统和团队。

四、创业者的自我测试

对于创业者，以下两个自我测试题可供参考。

（一）美国创业者的自测题

你是具有潜能的创业者吗？

目前，越来越多的美国人都在自行创业经商，但风险是很大的。在那些没有获得成功的创业者中，几乎有一半公司创办的时间还不到五年甚至更短一些。你能成功地成为一个创业者吗？不管你具有一些什么特质，都无法进行确切的预测。然而，由心理学教授和测验学家约翰·布劳设计的一个测验，可以为你提供一些重要的预测结果。"我们的兴趣主要在于辨别那些具有潜能的创业者"，约翰·布劳解释道。为了初步了解你的创业商数（EO），请用"是"或"否"简单回答下列问题，然后把各题分数进行累计。虽然这不是一个完整测验，但它至少能为你的决策选择提供一些创造性的建议。

1. 你是家族第一代创业者吗？

在调查中，50%的成功创业者都认为自己是家族第一代创业人，而非成功创业者中只占23%。

回答是，加 1 分；回答否，减 1 分。

2. 你曾经是一个优秀学生吗？

奇怪的是，几乎很少的创业者认为自己在学校里是一位"优秀学生"，而行政雇员中却占 2/3。其他研究也得到了同样结果。

回答是，减 4 分；回答否，加 4 分。

3. 你曾经喜欢参加学校中的各种活动如俱乐部、球队甚至两人约会吗？

如果你不喜欢群体活动，也不用担心。学生时代，67%的创业者都说自己积极参与过群体活动，而非创业者却占 92%。

回答是，减 1 分；回答否，加 1 分。

4. 年轻时你总是喜欢单独行动吗？

如果回答是，你的情况就很好。39%的创业者年轻时都喜欢经常单独行动，然而，大约 5%的非创业者都喜欢经常与别人一起行动。

回答是，加 1 分；回答否，减 1 分。

5. 童年时代，你经营过小生意吗？

童年时代经营过摊店，是成功创业者的一种重要预测因素。几乎 80%的成功创业者年轻时都做过某种生意。而非创业者中则只占 31%。

回答是，加 2 分；回答否，减 2 分。

6. 你曾经是一个性格坚强的孩子吗？

坚强和毅力是大多数成功创业者的特征。“这些特征可促使你去努力实现自己的目标”，约翰·布劳解释道。在调查中发现，成功创业者在童年时性格坚强的人数比非成功创业者几乎多了三倍。

回答是，加 1 分；回答否，减 1 分。

7. 你是一个谨小慎微、害怕冒险的年轻人吗？

童年时代，如果你不愿意冒险，那么，在创办一个新企业时，这可能会成为一个严重的障碍。90%的成功创业者都认为自己具有“冒险”特征，而非成功创业者则只占 15%。

回答是，减 4 分；回答否，加 4 分。如果你是一个特别喜欢冒险的人，就再加 4 分。

8. 你担心别人对你的看法吗？

成功创业者经常谈到，人们可以不考虑别人的意见，但一定要有追求不同目标的信念。50%的成功创业者都不担心别人对自己的看法，但非成功创业者中只占 8%。巴布森学院所进行的一项早期研究表明，56 名成功创业者中，有 90%的人比非成功创业者表现出更大的独立性需要。

回答是，减 1 分；回答否，加 1 分。

9. 你对每天固定的生活方式感到厌烦吗？

厌烦通常有助于事业上的成功。61%的成功创业者都把“喜欢多样性变化”作为自行经商的因素。对 21 名成功创业者的研究表明，在大多数情况下，“挫折是企业获得成功的主要动力”。

回答是，加 2 分；回答否，减 2 分。

10. 你乐于把自己所有的储蓄都用于创办企业吗？

调查中发现，94%的成功创业者都说，他们乐于把大笔储蓄用于创办企业。而非成功者中大约只有一半的人愿意冒这种风险。

回答是，加 2 分；回答否，减 2 分。

11. 如果你新办的企业失败了，你还愿意立即开始再办企业吗？

94%的成功创业者回答是，而非成功者中则只占 8%。最有效的创业者不会因一时的挫折而丧失信心，他们看到的是机会，而在其他人看来则是障碍。”

回答是，加 4 分；回答否，减 4 分。

12. 你是一个乐观主义者吗？

对于创业者来说，积极的态度是至关重要的。“至少有五六个人提醒过我，开办摄影企业不仅经济状况糟糕，而且竞争相当激烈”，鲍布·萨特尔回忆说，“但是，我还是坚信，我可以获得成功，而且现在我已成功。”

回答是，加 2 分；回答否，减 2 分。

现在，请看看你的总分。如果你的得分在 20 以上，这就是说，你肯定适合于独自创业。得分在 0 ～19 之间，虽然不很乐观，但是经过努力，还是可以实现自己的理想的。如果得分在－10～0 之间，你创业成功的可能性几乎为零。最后，如果创业者商数（EO）在－11以下，这就很清楚地表明，你的才能可适宜于从事其他工作。因此，如果你不能独自创业经商，应感到高兴。如果能，就努力使自己的创业获得成功。

（二）从点菜心理、习惯测试创业潜力

当你和朋友或其他人到酒店里用餐，你点菜时通常是：

A. 不管别人，只点自己想吃的。

B. 点和别人同样的菜。

C. 先说出自己想吃的东西。

D. 先点好，再视周围情形而变动。

E. 犹犹豫豫，点菜慢吞吞的。

F. 先请店员说明菜的情况后再点菜。

测试结果

A. 做事果断，容易跨出创业第一步，但是否正确却难说。

B. 顺从型，不适合创业。

C. 性格直爽、胸襟开阔，适合创业。

D. 小心谨慎，缺乏掌握全局意识，在创业中千万不可犹豫不决。

E. 做事一丝不苟，安全第一，较有创业优势。

F. 讨厌别人指挥，如能谦虚，将对创业更有帮助。

资料来源：廖云新. 创业，2010-01

任务二　模拟经营资源配置

任务引入

现在你作为一位从事创业的模拟经营者，正准备为你所在的公司开展企业经营活动进行准备，作为创业经营模拟者，你必须具备熟练模拟系统的配置与操作能力，同时考虑创业的需要，你还要掌握团队组建的一些基本技能，现在请你以一款创业管理的模拟经营软件为工具，通过学习体验模拟经营软件的安装与配置，以达成完成企业创业经营工作所需的基本资源配置的能力。

为此，你需要完成以下三个子任务。

任务一：安装虚拟光驱。

任务二：安装模拟经营的软件。

任务三：模拟经营软件的基本配置与操作。

任务分析

本情境主要考虑对企业经营的工具的熟练操作能力及团队建设的能力，学习效果要点在于能否对软件进行安装操作，在于对电脑基础知识（包括操作系统）的掌握运用，以及能否组建一个有竞争力的团队。

模拟经营软件采用了互联网上可下载的“金融帝国 II ”软件，也可从 QQ 群(群号: 276776471) 下载及讨论。

知识链接

一、企业模拟经营软件简介

创业模拟经营采用了“金融帝国 II ”的软件作为工具，“金融帝国 II ”的简介如下。

“金融帝国 II ”软件基本上完整地再现了一个较完整的商业市场的经济世界。你作为一个企业家，可以参与到第一产业和第二产业的经营活动中去，并与 NPC 或者联网玩家的企业产生互动。除了零售业、购买房产和每座城市的三家传媒，模拟经营者不能参与服务业，因为在这个环境中没有开设第三产业，因此，你也不能开设商业银行或者投行之类。

在这个经济体系中，有着零售业、矿业、种植业、畜牧业、制造业、房地产业、传媒业以及金融业和运输业。金融业和运输业是中性的存在，你只能付运费、借还款，或者买卖和发行股票，不能开设一家金融业或者运输业的公司。传媒业也限定每座城市只有报纸、电台、电视台三家，你只能如同房地产一样去买卖，不能开设一家新的传媒企业。市场，或者说城市居民，也是中性的存在，居民总人口随着时间的流逝只有一些微不足道的变化。而政府则根本不存在，你无须考虑政府的税收、行业政策，以及不同国家之间的差别。

模拟软件一开始，你就拥有一家上市公司。这家公司也许是新成立的，也许已经开设了几年（意味着你在产品品牌上已经有了一定的投入，并且拥有几家分公司）。这家上市公司，在软件中被称为总公司。你对前述的几个行业的参与，也就是设立企业（设立的企业在软件中被称为公司，其实称为分公司更贴切些）从事具体的经济活动，从中获取利润，并成长和壮大自己。你和 NPC 或者联网玩家之间，存在着合作与竞争的关系。软件的目的只是公司的成长，虽然每关都有一些特殊的要求（销售额、利润、市场占有率、股价、净资产收益率、公司总市值等），但是总的来说，本模拟软件将在模拟企业经营中加深对企业的成长的认识与理解，软件使用的基本流程可参考本情境的实训内容。

二、软件安装与配置

1. 安装步骤

本任务包括精灵虚拟光驱（DAEMON Tools Lite）的安装与“金融帝国Ⅱ”软件的安装两步，详细安装步骤如下。

（1）安装精灵虚拟光驱（DAEMON Tools Lite）

① 双击 DTLite4402-0131.exe 安装文件（建议安装最新版的），如图 1-1 所示。

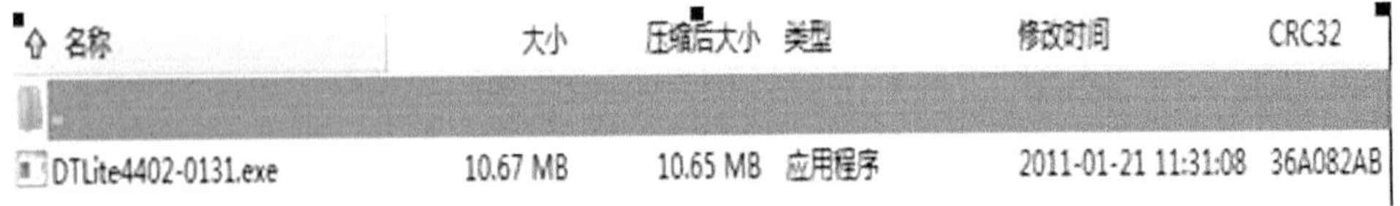

图 1-1 安装文件

② 在弹出的如图 1-2 所示窗口中直接单击“下一步”按钮。

图 1-2　安装向导

③ 弹出“许可协议”界面，单击“我同意”按钮，如图 1-3 所示。

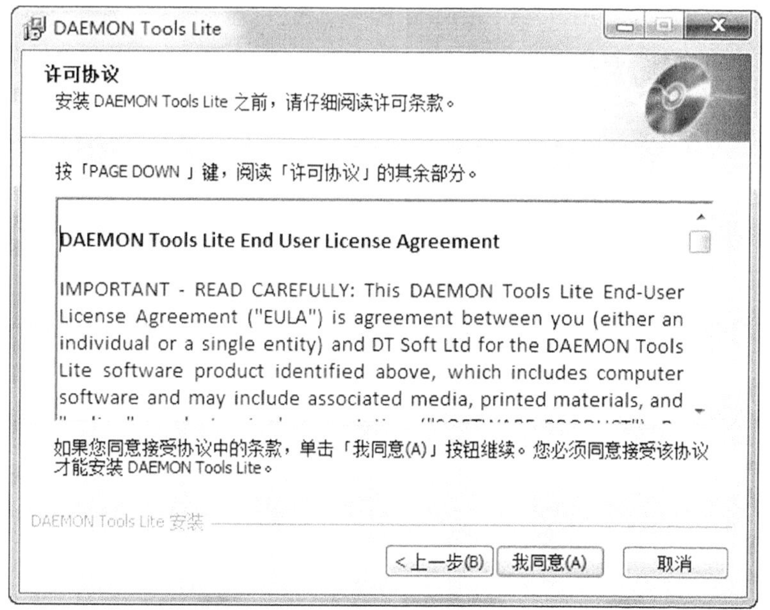

图 1-3　“许可协议”界面

④ 弹出“许可类型”界面，选中“免费许可”单选按钮，单击“下一步”按钮，如图 1-4 所示。

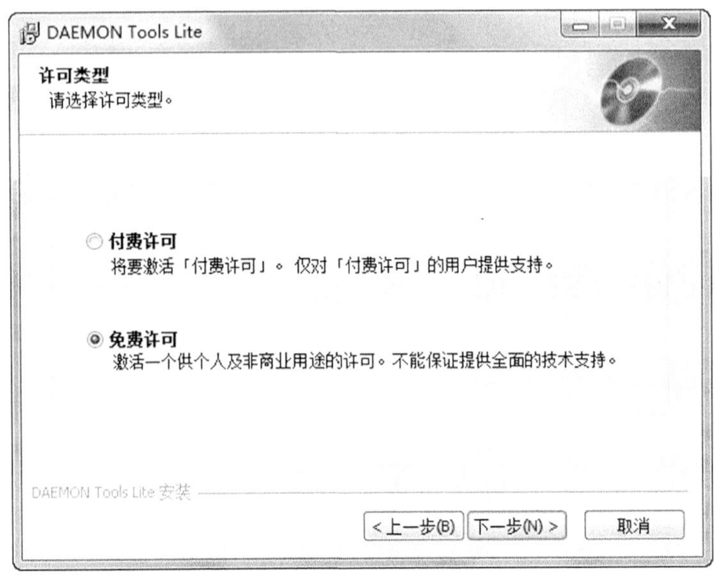

图 1-4 “许可类型”界面

⑤ 弹出“选择组件”界面，选择安装组件，单击“下一步”按钮，如图 1-5 所示。

图 1-5 “选择组件”界面

⑥ 弹出“选择安装位置”界面，单击“浏览”按钮来选择安装路径，然后单击“安装”按钮，如图 1-6 所示。

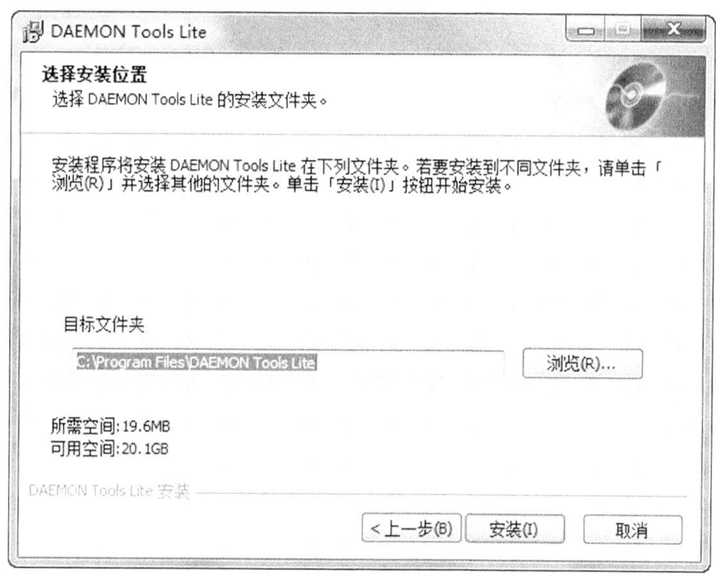

图 1-6 “选择安装位置”界面

⑦ 弹出如图 1-7 所示界面，选中“立即重启”单选按钮，然后单击“完成”按钮。

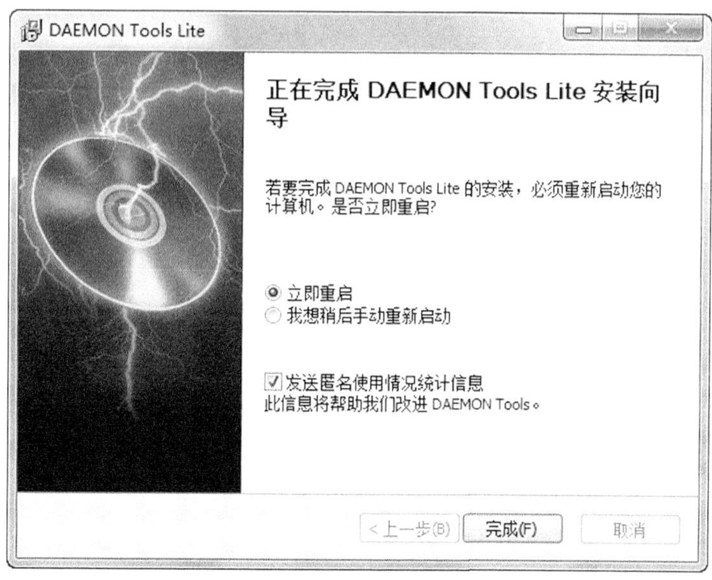

图 1-7 完成安装

（2）安装“金融帝国Ⅱ”

① 在精灵虚拟光驱添加 JRDG2cn.ISO，如图 1-8 所示。

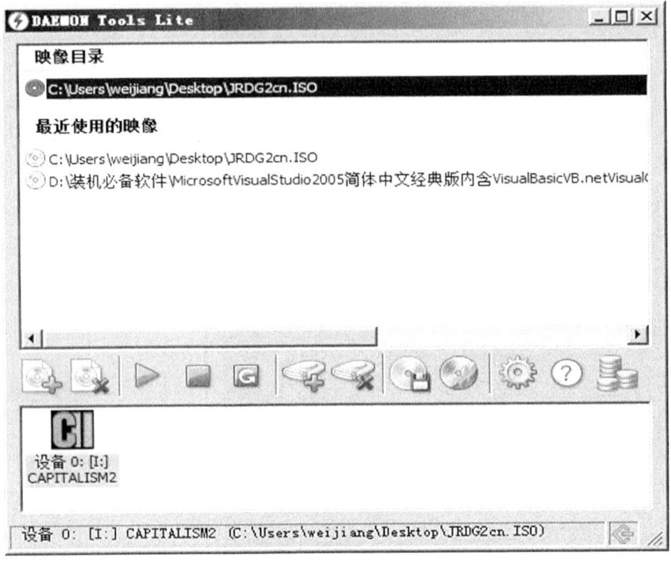

图 1-8　添加 JRDG2cn

② 在“映像目录”窗口中打开并运行 Capinst.exe，如图 1-9 所示。

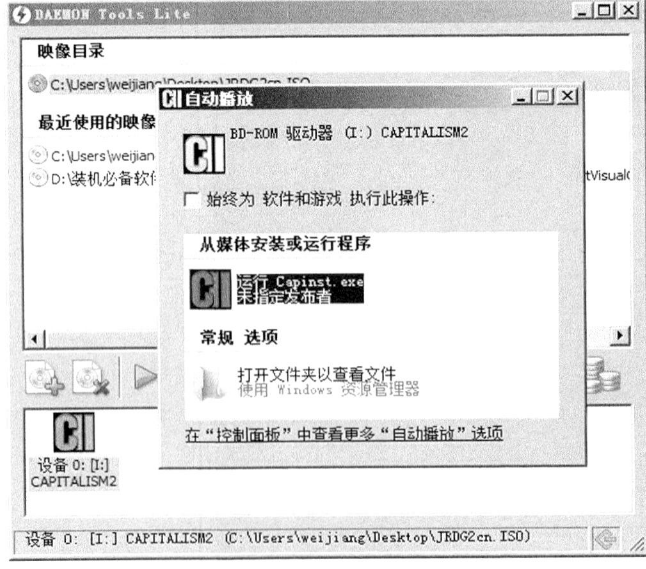

图 1-9　运行 Capinst.exe

③ 在弹出的如图 1-10 所示界面中，单击“安装金融帝国 II ”按钮。

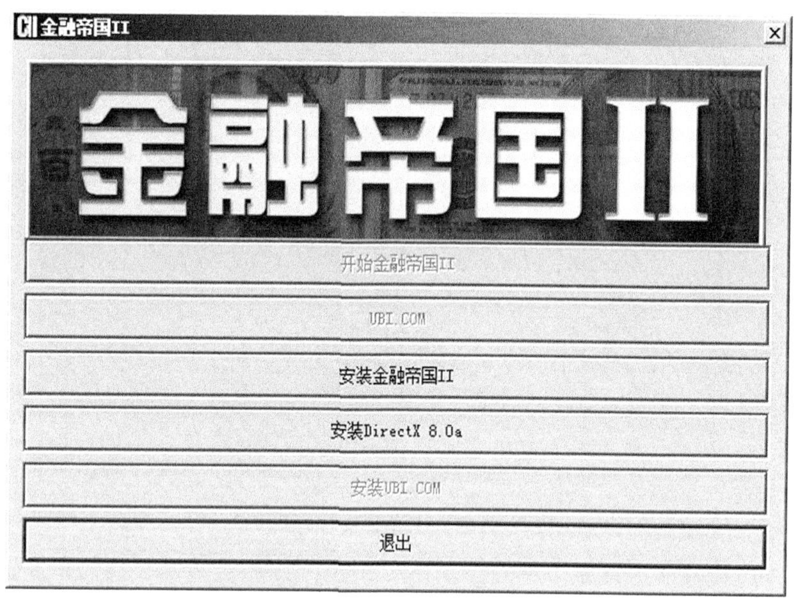

图 1-10 单击“安装金融帝国 II”按钮

④ 在弹出的如图 1-11 所示界面中单击“下一步”按钮。

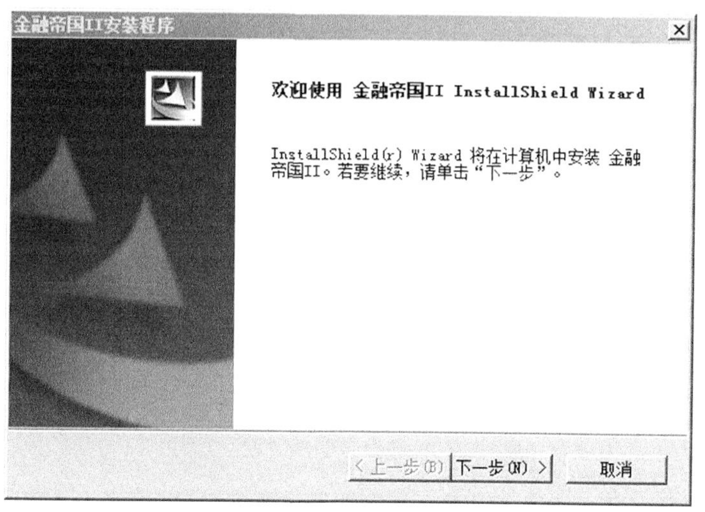

图 1-11 安装向导

⑤ 弹出“许可证协议”界面，单击“是”按钮，如图 1-12 所示。

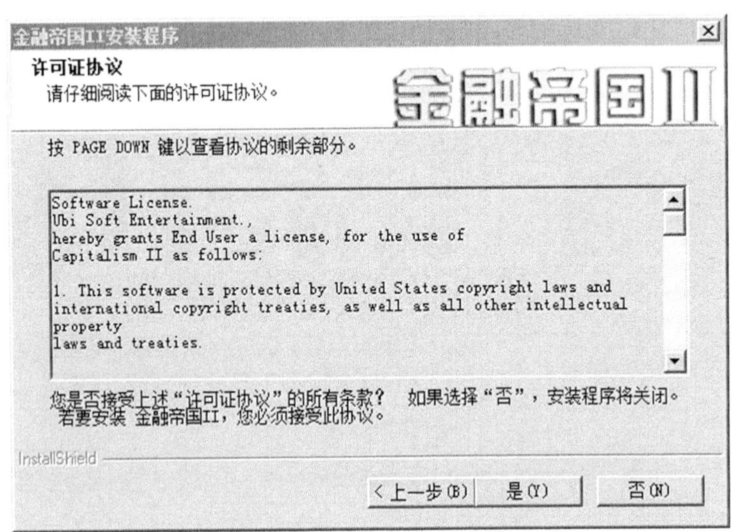

图 1-12 “许可证协议”界面

⑥ 弹出“选择目的地位置”界面，单击“浏览”按钮选择安装路径，如图 1-13 所示。

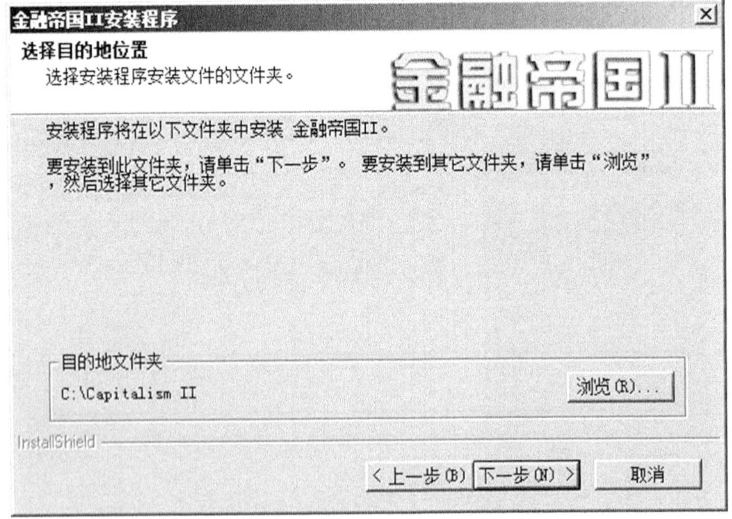

图 1-13 “选择目的地位置”界面

⑦ 弹出“选择程序文件夹”界面，设置程序文件夹为 Capitalism II，单击“下一步”按钮，如图 1-14 所示。

⑧ 弹出“安装 ubi.com”信息框，单击“否”按钮，如图 1-15 所示。

⑨ 弹出如图 1-16 所示界面，单击“完成”按钮，完成安装。

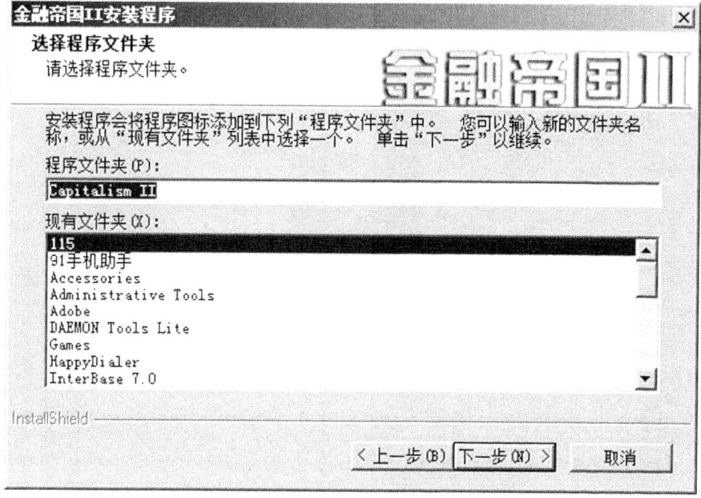

图 1-14 “选择程序文件夹”界面

图 1-15 信息框

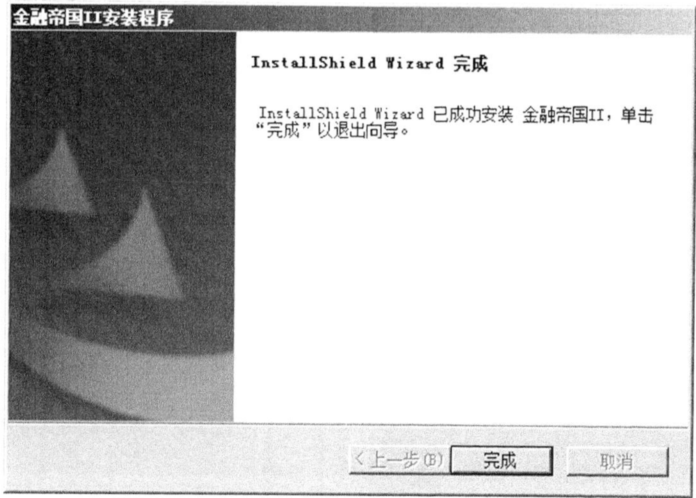

图 1-16 完成安装

2. 软件配置

① 双击桌面上的 Capitalism II 图标，如图 1-17 所示，或选择 Windows 程序组中相应的 Capitalism II 程序，启动软件。

图 1-17 图标

② 软件可分别进入单人游戏或多人游戏，其中单人游戏可分别进入普通模式与自定义游戏，普通模式又可分为新手模式与高手模式。初学者可选其中的新手模式（教学模式）进行初步训练，然后进入高手模式，再进入自定义游戏。

③ 多人游戏的配置是重点。多人游戏可组织 2～7 人运行，其中一台配置为服务器，其他配置为客户端。服务器端及客户端都需要配置连接方式，建议都选中 TCP/IP 连接，如图 1-18 所示。

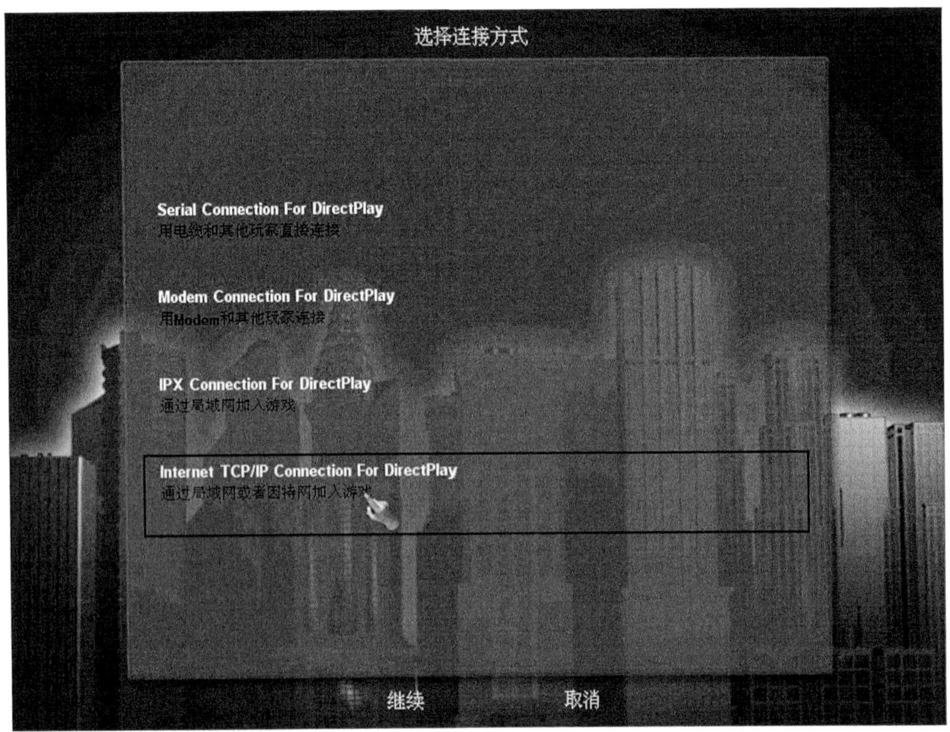

图 1-18 选择连接方式

④ 在下一步联网时，服务器端选“创建”，客户端选“加入”。

⑤ 服务器端需分别配置相关信息，可按本教材的实训要求进行。

⑥ 客户端选择服务器的 IP 地址加入，如局域网中只有一组人员在进行也可不输入 IP，让电脑自动选择，完成相应配置，如图 1-19 所示。

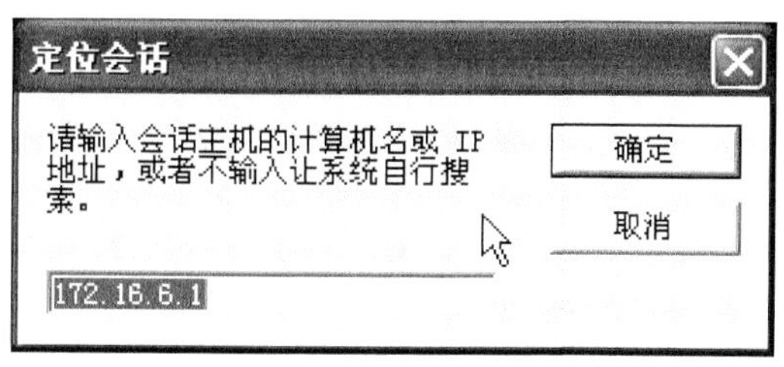

图 1-19　输入 IP 地址

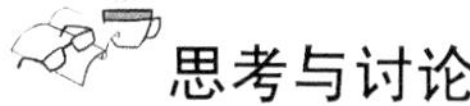

思考与讨论

1. 从网上调查 2～3 位创业成功人士的经历，描述一下他们突出的能力与品质。
2. 结合你所学的知识与能力，谈谈你对企业创业经营的理解。

典型案例

世界塑胶大王王永庆的创业史

王永庆出生于台北县一个贫苦的茶农家庭。15 岁时，由于家里供不起他继续念书，王永庆小学毕业即到嘉义一家米店当学徒；1932 年，勤奋的王永庆开办了自己的米店，踏出了创业的第一步。当时，小小的嘉义已有米店近 30 家，竞争非常激烈。而创业资金仅有 200 元的王永庆，只能在一条偏僻的巷子里承租一个很小的铺面。他的米店开办最晚，规模最小，更谈不上知名度了，没有任何优势。在新开张的那段日子里，生意冷冷清清，门可罗雀。

怎样才能打开销路呢？王永庆感觉到要想米店在市场上立足，自己就必须有一些别人没做到或做不到的优势才行。仔细思考之后，王永庆很快从提高米的质量和服务上找到了突破口。

20 世纪 30 年代的台湾，农村还处在手工作业状态，大米加工技术落后，大米掺杂米糠、沙粒和小石头，用户在做米饭之前，都要经过一道淘米的程序，多有不便，但买卖双方对此都习以为常，见怪不怪。

王永庆却从这一司空见惯的现象中找到了切入点。他带领两个弟弟一齐动手，将夹杂在米里的秕糠、砂石之类的杂物拣干净，买主得到实惠，一来二往便成了回头客。

每次给新顾客送米，王永庆就细心记下这户人家米缸的容量，并且问明这家有多少人，有多少大人、多少小孩，每人饭量如何，据此估计该户人家下次买米的大概时间，记在本子上。到时候，不等顾客上门，他就主动将相应数量的米送到客户家里。

王永庆给顾客送米，并非送到了事，还要帮人家将米倒进米缸里。如果米缸里还有米，他就将旧米倒出来，将米缸擦干净，然后将新米倒进去，将陈米放在上层，这样，陈米就不至于因存放过久而变质。王永庆这一精细的服务令不少顾客深受感动，赢得了很多顾客。

不仅如此，在送米的过程中，王永庆还了解到，当地居民大多数家庭都以打工为生，生活并不富裕，许多家庭还未到发薪日，就已经囊中羞涩。由于王永庆是主动送货上门的，要货到收款，有时碰上顾客手头紧，一时拿不出钱的，会弄得大家很尴尬。为解决这一问题，王永庆采取按时送米，不即时收钱，而是约定到发薪之日再上门收钱的办法，解决了即时收款中可能会因对方手头紧而出现尴尬的问题，极大地方便了顾客，深受顾客欢迎。

他的米店开门早，关门晚，每天比其他米店要多营业 4 个小时以上。米的质量好、随时买随时送、赊账等为顾客着想的措施，用现在的话说，王永庆向嘉义县老百姓提供的是针对性极强的个性化服务，在维系客户关系上逐渐占了上风，生意也随之兴隆，米店由最初的一天卖米不到 12 斗到后来一天能卖 100 多斗，业务额大大超过了同行店家。几年下来，米店生意越来越火，王永庆筹办了一家碾米厂，同时完成了个人资本的原始积累。上下整合的经营模式让王永庆受益良多。

1943 年，二战后期，台湾经济复苏创造了建筑业的良好势头。王永庆敏锐地发现了这一点，抓住时机经营木材生意，成为当地一个小有名气的商人。随着木材业的商家越来越多，竞争也越来越激烈。王永庆便毅然决定放弃木材行业。

那么，该干什么好呢？20 世纪 50 年代初，台湾地区急需开展的几大行业是纺织、水泥、塑胶等工业。

1954 年，王永庆作出一个大胆的决定：进军塑胶行业。虽然他对塑胶工业还是生手，但他向许多专家、学者去求教，还造访了不少出名的实业家，对市场情况做了详细严谨的研究，并去日本考察。他以为，烧碱生产遍及台湾，每年有 70%的氯气不妨回收运用来制造 PVC 塑胶粉。这是开展塑胶工业的一个大好条件。于是他和商人赵廷箴互助，筹措了 50 万美元的资金，创造了中国台湾岛上第一家塑胶公司——台塑集团。

从以下的几件大事中，我们可以看到台塑集团从艰难创业到世界塑胶领头羊的发展过程。

1958 年，当股东们退意萌生时，王永庆坚持扩张以降低成本，他背水一战，独力扛下福懋，并成立“南亚塑料公司”直接作为台塑产品的下游加工与销售者。

1960 年，面对困难、自谋生路的结果使台塑不仅在生产规模上占据了价格优势，更一举扩张成为石化行业的巨型航母。形势扭转，台塑每月总产量增加到 1 200 吨，并开始外销。

1978 年，台塑的营收业绩突破 10 亿美元。

1993 年，台塑成为全世界最大的 PVC 生产厂商。

创业 50 年之后，台塑集团已在台湾民间企业中首屈一指，在中国台湾、中国内地与美国均布局庞大。2007 年，台塑集团总产值 5 000 亿元人民币，占到台湾 GNP 的 14%。在台湾地区，王永庆也成为家喻户晓的传奇人物。事实证明了王永庆的计算是无误的。台塑公司和南亚公司双双大获其利！从那以后，王永庆塑胶粉的产量持续上升，从起先的年产 1 200 吨，发展到如今的 100 万吨，他的公司成了世界上最大的 PVC 塑胶粉粒生产企业。

当台湾企业界一哄而上角逐于木材行业时，王永庆却转向了塑胶行业；当他在塑胶行业站稳脚跟之后，又去关注他起初借以发家致富的木材行业。这一看，又让他看出了新的发财门路。

王永庆看到，由于台湾木材销路好，商家大量砍伐，可是他们要的只是树干，有三分之一乃至一半的树枝丫，都被白白地抛弃了。王永庆想，台湾的棉花产量紧张不敷。一直靠进口来补充，倘若运用废弃在山上的树枝丫制造人造纤维，以替代天然纤维，必定会大有前途！经过考察论证，1964 年 10 月，王永庆入手创建台湾化学纤维工业公司。两年半以后，台南新化八卦山下挺立起了一座新型的工业城，成为当时世界首创的连接作业的人造纤维工厂。它使大量从前被抛弃的木材废料变成了纺织纤维，既节省了外汇，又降低了成本，为台湾纤维工业发展史写下了新的一页！而台塑、南亚、台化三大企业，使王永庆在当时台湾 50 家大厂商中名列第三！

再也没有人敢蔑视王永庆，连一贯以规划事迹傲视世界的日本企业家，也对王永庆衷心敬佩，把他与被称为日本“规划之神”的松下电器的创始人相提并论，称他为台湾的“规划之神”。

王永庆的许多创业规划管理思想，都已成为企业家们的信念和金科玉律。王永庆总结自身的经验时说，他以为最有用同时也最存心意的做法，是“选取长远追求更大功劳”作为企业的对象。为了对社会做更大的贡献，企业就会鞭策斗志，继续不停地扩张事业领域，经常维系着迎接新鲜事的热忱！他说：“我不但与他人比赛，也对自身严格要求！”

从不名一文的农家子弟到亿万富豪，从不识“塑料”二字的外行到赫赫有名的塑料博士、“世界塑胶大王”，王永庆的奋斗历程传遍了全世界。

资料来源：1. 从细节中寻找机会的台湾首富王永庆. http://www.zbedu.net/jeast/002931.html

2. 王永庆传奇的起点和终结. http://msn.ynet.com/view.jsp?oid=45704494

实训题

实训 1-1　基本技能实训

学习情境：创业管理简介与资源配置
主题：基本技能

<table>
<tr><td>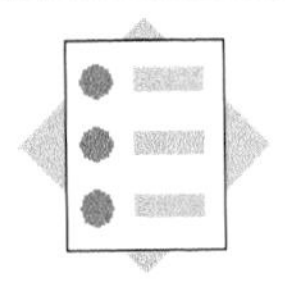</td><td>完成此练习后，你将能够：
● 了解创业模拟经营软件的基本操作方法
● 了解主窗口，工具栏的使用
● 学会零售店的建立，零售店商品的采购与销售</td></tr>
<tr><td>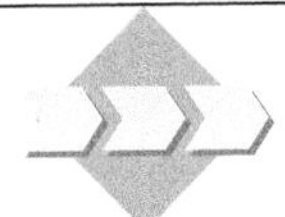</td><td>要开始使用创业模拟经营软件，在安装好“金融帝国II”软件的基础上，以个人登录方式进入到“普通模式”，并选择“新手模式”</td></tr>
</table>

1. 基本知识实训

你作为一名模拟创业者，没有经历过企业的经营过程，现在要模拟经营一家超市，目前市场情况是资金缺少，客户也很少，但进口商品非常走俏，为此希望通过你的努力能重整超市的运作。为能顺利进行模拟，你必须先掌握以下一些基本操作技能。

在“新手模式”中，选择“1. 基本知识与零售业”的学习教程，通过此学习教程的模拟学习，了解主窗口、工具栏的使用，学会零售店的建立，了解零售店商品的采购与销售。

请在模拟经营中做好公司的以下信息的收集与整理：

公司名称	
你的名称	
超市可经营的产品品种	
超市经营产品的供给与需求分别用什么表示	
你的公司所在的城市	
如何找到公司进口货物的港口	

2. 零售业运作模拟

在上一步基本知识学习的基础上，在“新手模式”中，选择“2. 细说零售业”的学习教程，通过此学习教程的模拟学习，了解如何在其他城市开设零售商店，掌握零售店商品的采购与销售。

请在模拟经营中做好公司的以下信息的收集与整理：

公司名称	
你的姓名	
零售店的类型	
百货店的采购部门库存、供应与需求分别用什么表示	
如何分析百货店采购部门的利用率及效率	
产品总体评价由哪些项构成	
如何找到公司进口货物的港口	

实训 1-2 资源配置实训

	学习情境：创业管理简介与资源配置 主题：团队建设及网络资源配置
	完成这些练习后，学员将能够： ● 进行公司团队建设 ● 配置网络资源
	先进行团队组建，然后在局域网络环境下，配置团队的软件连接

1. 团队组建

要求：分成若干组，每组 5～7 人，给团队取名，选好组长，列出团队成员并提交下表。

团队名称	
组长姓名	
成员名单	
成员模拟操作的网名	

2. 网络资源配置

网络资源配置步骤如下：

（1）选取网络环境下的任一台电脑作为服务器，可优先考虑组长电脑为服务器。

（2）全组成员都以多人登录方式进行软件模拟系统，选择 TCP/IP 方式进入，输入自己的姓名，服务器端选择“创建”，其他选择“加入”按钮，进入软件系统。

（3）在服务器端配置好“基本”、“环境”、“竞争对手”、“进口”、“目标任务”相应栏中，初次配置建议如下表，其他时间配置可进行灵活调整。

公司名称	
你的姓名	
公司图标、颜色、人物头像	

续表

难度	选第一档
环境、竞争对手、进口	默认配置
目标任务	玩家资产500万美元，投资回报率10%，其他按默认配置

（4）在客户端，选中“加入”后，需输入服务器端的IP地址，进入系统配置窗口，在窗口中输入自己的公司名称、个人姓名，选择好公司图标、颜色、人物头像，然后再单击“已准备好”，等候模拟系统开始。

（5）服务器端，单击“已准备好”按钮，并单击“开始”按钮，进入软件模拟经营中。

3. 软件模拟完成

依次以以下顺序完成软件模拟，以后未作说明的网络模拟操作可参照以下要求进行：

（1）所定目录任务完成；

（2）电脑模拟经营时间到；

（3）软件规定时间到（如下课前10分钟）。

其中第一种电脑会自动排名，第二、第三种方式需要手工操作，建议选择软件中的“得分报告”，依次按总分从高到低排名，总分相同的按细分排名。

进阶技巧

1. 观察环境

当你进入一个新地图，第一个步骤应该是仔细观察地图和考虑发展目标。不止一个城市的情况下，开始就要决定你的基地设在哪里。一般来说，矿业、制造业尤其是技术附加值高的生产部门，最好集中在一个中心城市。这个城市应该是工资水平低、矿产情况好（相对集中并优质），更重要的是港口能提供你初期发展所急需的优质原料。城市数目多于2时还要考虑地理上的中心位置。

2. 市场调研

软件直接给出了市场调研的数据，经营者可以直接从产品明细中查到占有率以及销售各因素的对比。而在现实中，这种数据并没有这么容易就能拿到，要么你花钱自己去作调查，要么向AC尼尔森之类的公司去买。即使是AC尼尔森这样的大牌公司，拿到的市场数据仍可能与市场的真实情况有较大的偏差。

所以，好好把握这份免费的资源，经常查一下产品明细。

3. 现金流

现金是公司经营最重要的资源，一旦经营者手中没有现金，就会倒闭。倒闭的标准不是资不抵债，而是经营者无法按期偿付债务，这是西方15世纪以来的商业传统。而我国因为商人文化和契约观念比较薄弱，加之政府担心国企倒闭造成的失业压力，所以《破产法》的限定很严。在民间也受契约观念弱的传统影响，私营企业主往往手中有钱就拿去投资，而不能区分企业现金和利润的差别，等到债主上门时再想办法。

4. 产品定价

技术的提升导致质量的上升，广告的支出导致品牌的加强，两者结合的结果是经营者的产品的总体评价远远领先于竞争者们。这么高的评价对经营者没有用，其实只需要总体评价略高于竞争者就可以了，剩下的，就是提价空间。品牌和技术上的投入，并不仅仅是从销售量的增加上来得到回报，通过总体评价指数下降到略高于竞争者时，所能得到的最大提价幅度，是评价经营者在技术和品牌上的投入的回报有多少的更直观的方法。

NPC 公司在调价上很频繁，品质比经营者高时会上调到高过经营者一倍有余，品质太差时又会下调到不到经营者的一半。调价就和调房租一样，是一件很麻烦的事，调房租时经营者要时刻注意出租率，调价格要时刻注意竞争对手的价格。除非是独家垄断的生意可一次性涨价完事，否则这种麻烦事一般可丢给 COO（首席运营官）去做（后续情境中会逐级采用）。COO 的面板里有个选项是价格政策，如果选激进，那么他就会尽可能高地调价以获取每一分钱的利润。

学习情境二　创业企业战略规划

学习目标

- ◆ 了解创业战略规划的基本内容
- ◆ 理解创业管理中战略管理的重要意义
- ◆ 掌握创业企业模拟经营中战略策略的制定方法

技能目标

- ◆ 掌握制定创业战略规划的策略
- ◆ 掌握制定创业战略规划的品牌策略
- ◆ 掌握创业战略规划的科技规划
- ◆ 掌握创业战略规划的融资方法

任务一　基本战略规划

任务引入

华为：从两万到千亿的创业故事

两万元神话

这是一个今天很多人都津津乐道的故事：1987 年，43 岁的退役解放军团级干部任正非，与几个志同道合的中年人，以凑来的两万元人民币创立了华为公司。当时，除了任正非，可能谁都没有想到，这家诞生在一间破旧厂房里的小公司，即将改写中国乃至世界通信制造业的历史。

创立初期，华为靠代理香港某公司的程控交换机获得了第一桶金。此时，国内在程控交换机技术上基本是空白。任正非将华为的所有资金投入到研制自有技术中。此次孤注一掷没有让任正非失望——华为研制出了 C&C08 交换机，由于价格比国外同类产品低 2/3，功能与之类似，C&C08 交换机的市场前景十分可观。成立之初确立的这个自主研制技术的策略让华为冒了极大的风险，但也最终奠定了华为适度领先的技术基础，成为华为日后傲视同业的一大资本。

但是，当时国际电信巨头大部分已经进入中国，盘踞在各个省市多年，华为要与这些拥有雄厚财力、先进技术的电信巨头直接交火，未免是以卵击石。最严峻的是，由于国内市场迅速进入恶性竞争阶段，国际电信巨头依仗雄厚财力，也开始大幅降价，妄图将华为等国内新兴电信制造企业扼杀在摇篮里。

熟读毛泽东著作的任正非，选择了一条后来被称之为“农村包围城市”的销售策略——华为先占领国际电信巨头没有能力深入的广大农村市场，步步为营，最后占领城市。

电信设备制造是对售后服务要求很高的行业，售后服务要花费大量人力、物力。当时，国际电信巨头的分支机构最多只设立到省会城市以及沿海的重点城市，对于广大农村市场无暇顾及，而这正是华为这样的本土企业的优势所在。另外，由于农村市场购买力有限，即使国外产品大幅降价，也与农村市场的要求有段距离，因此，国际电信巨头基本上放弃了农村市场。

事实证明，这个战略不仅使华为避免了被国际电信巨头扼杀，更让华为获得了长足发展，培养了一支精良的营销队伍，成长起来一个研发团队，积蓄了打“城市战”的资本。因此，在当年与华为一样代理他人产品的数千家公司，以及随后也研制出了类似的程控交换机的中国籍新兴通信设备厂商纷纷倒闭的时候，华为在广大的农村市场“桃花依旧笑春风”。

任正非是一个危机意识极强的企业家，当华为度过了死亡风险极高创业期，进入快速发展轨道的时候，他已经敏感地意识到了华为的不足。

1997 年圣诞节，任正非走访了美国 IBM 等一批著名高科技公司，所见所闻让他大为震撼——他第一次那么近距离，那么清晰地看到了华为与这些国际巨头的差距。任正非回到华为后不久，一场持续五年的变革大幕开启，华为进入了全面学习西方经验、反思自身、提升内部管理的阶段。这个“削足适履”的痛苦过程为华为国际化做了充分准备。

1999 年，华为员工达到 15 000 人，销售额首次突破百亿元，达 120 亿元。已经在国内市场站稳脚跟的华为，先后在印度班加罗尔和美国达拉斯设立了研发中心，以跟踪世界先进技术走向。这一年，华为海外销售额仅 0.53 亿美元，但华为已经开始建立庞大的营销和服务网络。这意味着，华为要在国际市场大施拳脚了。

但是，技术还没有绝对领先，品牌知名度亦不如那些百年老店，资本没有国际同行那么雄厚，华为的竞争法宝在哪里？

当华为在欧洲市场纵横驰骋的时候，答案其实就已经明了了。

独门绝技

如果说小客户还可以单靠价格打动，但对于欧美等发达国家的主流客户，单纯的价格战就很难起作用了，这些客户更关注的是设备提供商的综合实力，也就是说，从设备的设计、生产，到运输、安装、调试，以及到后期的服务，都要有完善的持续的解决方案。

华为独家中标 QSC 的 NGN 项目后，在与华为一起召开的项目中标发布会上，QSC 总工 Frank Thelen 这样解释他们最终选择华为的原因："以提供全面的商业通信解决方案而著称的 QSC 将为客户提供更加丰富、便捷和经济的通信服务。华为公司以其快速的需求响应能力和技术创新能力给我们留下了非常深刻的印象，其'端到端'的完善解决方案能够满足我们客户的需求。"

任正非与外国大公司交谈时，对方都陈述自己有一个多么大的服务网络，这显然已经成为他们竞争的杀手锏。

一名欧洲老牌电信运营商这样说："我们最怕的就是设备买回来几年后，设备供应商倒闭了，没有人来升级、维护，因此我们购买设备要综合考察设备供应商，只有那些具有持续发展的可能，在产品和服务上不用我们担心的供应商才会进入我们的视野。"

这就要求华为提升综合实力，为客户提供持续稳定的服务，且能够在最短时间内响应客户的需求。

任正非很早就认识到了服务问题，他很早就提醒华为人："中国的技术人员重功能开发，轻技术服务，导致维护专家的成长缓慢，严重地制约了人才的均衡成长，外国公司一般都十分重视服务。没有良好的服务队伍，就是能销售也不敢大销售，没有好的服务网络就会垮下来。"

相对于欧洲老牌电信设备提供商来说，华为的快速反应是优势之一。华为负责海外市场的副总裁邓涛以自己的亲身经历说，欧洲企业普遍反应较慢，用户提出一个修改建议，他们往往要一年甚至一年半才能改进。而中国企业，只要用户有需求，总是能加班加点，快速反应。一个要一年才改进，另一个只要一个月就能改进，优势自然体现出来了。

欧洲人福利待遇好，工作与生活分明，工作以外的时间一般不再谈工作，更别提加班了，而华为作为成长型企业，更由于任正非一直提倡的拼搏精神，华为人的工作与生活基本上没有什么区分的，为了一个单子可以不回家过年，甚至老婆生孩子都顾及不上，"有任务就立即顶上去"已经成了华为人的工作习惯。

任正非曾经说："以顾客为导向是公司的基本方针，为了满足用户的要求，我们还会做出我们更大的努力。"

本着贴近客户的原则，早在 1998 年，华为就在全国建有 33 个办事处和 33 个用户服务中心，与 22 个省管局建有合资公司，在莫斯科设立代表处，在东欧十多个国家安装了设备，为香港提供了商业网、智能网和接入网。

总结华为 18 年来的快速发展经验，任正非这样说："18 年来，公司高层管理团队夜以继日地工作，有许多高级干部几乎没有什么节假日，24 小时不能关手机，随时随地都在处理随时发生的问题。现在，更因为全球化后的时差问题，总是夜里开会。我们没有国际大公司积累了几十年的市场地位、人脉和品牌，没有什么可以依赖，只有比别人更多一点奋斗，只有在别人喝咖啡和休闲的时间努力工作，只有更虔诚对待客户，否则我们怎么能拿到订单？”

2007 年 8 月 6 日，华为发布 2006 年年报，其 2006 年的实际销售额为 672 亿元人民币。有研究机构预测，华为的销售额将在 2007 年年度达到 1 000 亿元人民币。从两万元资金起步，到 1 000 亿元销售额，华为用了 20 年时间。

任正非曾经说："进了华为就是进了坟墓"。以这种精神提供的低成本快速服务，或许就是华为快速成长、在国际市场迅速推进的最大秘密。

资料来源：创业网. www.cye.com.cn，2009-4-10

作为一位有创业理想的大学生，你正处于筹备创业的阶段，你对未来创业后的公司充满想象，但由于你个人经验不足，对公司的前景还没有把握，你可能经常会有如下一些问题：

（1）市场会有哪些变化？

（2）怎样做才能适应变化？

（3）在变化中如何求生存？

（4）在变化中如何获取胜利，而不仅仅是生存的问题，并由此成为行业的领先者或成为世界级的企业？

如何才能找到上述问题的答案呢，这时你可能需要制订一份未来公司战略规划，而战略规划的制订你可能并不是很熟悉，为此请先完成以下子任务。

任务一：创业企业的基本策略规划。

任务分析

作为一位计划创业者，你不一定需要先制订一份完美的创业计划书，因为有创业的冲动，就一定有一个简单的梦想，这个梦想会产生一个基本的目标，因此想在简要地考虑公司的基本目标方向后，借助经营模拟软件系统对创业经营的战略进行模拟，并预演出在相应战略规划下企业的未来发展前景是否符合你的预期，这将会帮助你规划好你的创业梦想。

本情境任务引入内容或背景，可由学员根据自己的兴趣爱好自己设计，不同学员可模仿以上内容，设计自己个性化的创业战略规划。

知识链接

一、企业战略的概念、特征和形态

1. 企业战略的概念

什么是企业战略？“企业战略”至今尚无统一的定义。从企业未来发展的角度来看，战略表现为一种长远计划（Plan），而从企业过去发展历程的角度来看，战略则表现为一种模式（Pattern），如果从产业层次来看，战略表现为一种定位（Position）；而从企业层次来看，战略则表现为一种观念，此外，战略也表现为企业在竞争中采用的一种计谋（Ploy），视角（Perspective）：经久一致的思维方式。这是在全球管理界享有盛誉的管理学大师亨利·明茨伯格（Mintzberg，1998）从不同的层次和侧面对战略进行了复合定义。他采用上述 5 个以 P 开头的单词来为战略做出一个综合的定义，即著名的 5P 模型（Mintzberg，et 1998）。

商业史学家小钱德勒在其鸿篇巨制《战略与结构》（1962）中给出的定义："战略可以定义为确立企业的根本长期目标并为实现目标而采取必需的行动序列和资源配置。"

战略管理大师迈克尔·波特认为，战略是定位、取舍和建立活动之间的一致性，就是企业在竞争中做出取舍，其实质是确定什么可以不做。

竞争战略之父迈克尔·波特在《什么是战略》（1996）一文里兼容自己早期有关战略定位的理论创建以及后来资源本位企业观的主要论点，强调了战略的实质在于与众不同，在于提供独特的消费者价值。

而 W. 钱·金和勒纳·莫博妮在《蓝海战略》（2005）中则认为战略包括企业关于消费者价值的主张，关于企业利润的主张，以及在组织活动中关于人的主张，并着重强调创新和改变游戏规则对于战略的重要性。

那么，什么是企业战略规划呢？企业战略规划是指依据企业外部环境和自身条件的状况及其变化来制订和实施战略，并根据对实施过程与结果的评价和反馈来调整，制订新战略的过程。一个完整的战略规划必须是可执行的，它包括两项基本内容：企业发展方向和企业资源配置策略。

2. 企业战略的特征

企业战略是设立远景目标并对实现目标的轨迹进行的总体性、指导性谋划，属宏观管理范畴，具有指导性、全局性、长远性、竞争性、系统性、风险性六大主要特征。

（1）指导性

企业战略界定了企业的经营方向、远景目标，明确了企业的经营方针和行动指南，并筹划了实现目标的发展轨迹及指导性的措施、对策，在企业经营管理活动中起着导向的作用。

（2）全局性

企业战略立足于未来，通过对国际、国家的政治、经济、文化及行业等经营环境的深入分析，结合自身资源，站在系统管理高度，对企业的远景发展轨迹进行了全面的规划。

（3）长远性

"今天的努力是为了明天的收获"、"人无远虑、必有近忧"。首先，兼顾短期利益，企业战略着眼于长期生存和长远发展的思考，确立了远景目标，并谋划了实现远景目标的发展轨迹及宏观管理的措施、对策。其次，围绕远景目标，企业战略必须经历一个持续、长远的奋斗过程，除根据市场变化进行必要的调整外，制订的战略通常不能朝令夕改，而应具有长效的稳定性。

（4）竞争性

竞争是市场经济不可回避的现实，也正是因为有了竞争才确立了“战略”在经营管理中的主导地位。面对竞争，企业战略需要进行内外环境分析，明确自身的资源优势，通过设计适合的经营模式，形成特色经营，增强企业的对抗性和战斗力，推动企业长远、健康的发展。

（5）系统性

立足长远发展，企业战略确立了远景目标，并需围绕远景目标设立阶段目标及各阶段目标实现的经营策略，以构成一个环环相扣的战略目标体系。同时，根据组织关系，企业战略需由决策层战略、事业单位战略、职能部门战略三个层级构成一体。决策层战略是企业总体的指导性战略，决定企业经营方针、投资规模、经营方向和远景目标等战略要素，是战略的核心（本书讲解的企业战略主要属于决策层战略）事业单位战略是企业独立核算经营单位或相对独立的经营单位，遵照决策层的战略指导思想，通过竞争环境分析，侧重市场与产品，对自身生存和发展轨迹进行的长远谋划；职能部门战略是企业各职能部门遵照决策层的战略指导思想，结合事业单位战略，侧重分工协作，对本部门的长远目标、资源调配等战略支持保障体系进行的总体性谋划，如策划部战略、采购部战略等。

（6）风险性

企业作出任何一项决策都存在风险，战略决策也不例外。市场研究深入，行业发展趋势预测准确，设立的远景目标客观，各战略阶段人、财、物等资源调配得当，战略形态选择科学，制订的战略就能引导企业健康、快速的发展。反之，仅凭个人主观判断市场，设立目标过于理想或对行业的发展趋势预测偏差，制订的战略就会产生管理误导，甚至给企业带来破产的风险。

3．企业战略的三种形态

战略形态是指企业采取的战略方式及战略对策，按表现形式，可以分为拓展型、稳健型、收缩型三种。

（1）拓展型战略

拓展型战略是指采用积极进攻态度的战略形态，主要适合行业龙头企业、有发展后劲的企业及新兴行业中的企业选择。具体的战略形式包括市场渗透战略、多元化经营战略、联合经营战略。

① 市场渗透战略是指实现市场逐步扩张的拓展战略。该战略可以通过扩大生产规模、提高生产能力、增加产品功能、改进产品用途、拓宽销售渠道、开发新市场、降低产品成本、集中资源优势等单一策略或组合策略来开展。其战略核心体现在两个方面：利用现有

产品开辟新市场实现渗透；向现有市场提供新产品实现渗透。市场渗透战略是比较典型的竞争战略，主要包括成本领先战略、差异化战略、集中化战略三种最有竞争力的战略形式。成本领先战略是通过加强成本控制，使企业总体经营成本处于行业最低水平的战略；差异化战略是企业采取的有别于竞争对手经营特色（从产品、品牌、服务方式、发展策略等方面）的战略；集中化战略是企业通过集中资源形成专业化优势（服务专业市场或立足某一区域市场等）的战略。在教科书上，成本领先战略、差异化战略、集中化战略被称为“经营战略”、“业务战略”或“直接竞争战略”。

② 多元化经营战略是指一个企业同时经营两个或两个以上行业的拓展战略，又可称为“多行业经营”。主要包括同心多元化、水平多元化、综合多元化三种形式。同心多元化是利用原有技术及优势资源，面对新市场、新顾客增加新业务实现的多元化经营；水平多元化是针对现有市场和顾客，采用新技术增加新业务实现的多元化经营；综合多元化是直接利用新技术进入新市场实现的多元化经营。多元化经营战略适合大中型企业选择，该战略能充分利用企业的经营资源，提高闲置资产的利用率，通过扩大经营范围，缓解竞争压力，降低经营成本，分散经营风险，增强综合竞争优势，加快集团化进程。但实施多元化战略应考虑选择行业的关联性、企业控制力及跨行业投资风险。

③ 联合经营战略是指两个或两个以上独立的经营实体横向联合成立一个经营实体或企业集团的拓展战略，是社会经济发展到一定阶段的必然形式。实施该战略有利于实现企业资源的有效组合与合理调配，增加经营资本规模，实现优势互补，增强集合竞争力，加快拓展速度，促进规模化经济的发展。在工业发达的西方国家，联合经营主要是采取控股的形式组建成立企业集团，各集团的共同特点是：由控股公司（母公司）以资本为纽带建立对子公司的控制关系，集团成员之间采用环行持股（相互持股）和单向持股两种持股方式，且分为以大银行为核心对集团进行互控和以大生产企业为核心对子公司进行垂直控制两种控制方式。在我国，联合经营主要是采用兼并、合并、控股、参股等形式，通过横向联合组建成立企业联盟体，其联合经营战略主要可以分为一体化战略、企业集团战略、企业合并战略、企业兼并战略四种类型。

一体化战略是指由若干关联企业组合在一起形成的经营联合体，通常分为横向一体化和纵向一体化。企业集团战略是指以一个实力雄厚的大型企业为核心，以产权为主要连接纽带，把多个企业或事业单位联结在一起组成的经济联合组织。企业合并战略是指参与企业通过所有权与经营权同时有偿转移，实现资产、公共关系、经营活动的统一，共同建立一个新法人资格的联合形式。采取合并战略，能优化资源结构，实现优势互补，扩大经营规模，但同时也容易吸纳不良资产，增加合并风险。企业兼并战略是企业通过现金购买或股票调换等方式获得另一个企业全部资产或控制权的联合形式。其特点是：被兼并企业放弃法人资格并转让产权，但保留原企业名称成为存续企业。兼并企业获得产权，并承担被兼并企业债权、债务的责任和义务。通过兼并可以整合社会资源，扩大生产规模，快速提高企业产量，但也容易分散企业资源，导致管理失控。

（2）稳健型战略

稳健型战略是采取稳定发展态度的战略形态，主要适合中等及以下规模的企业或经营不景气的大型企业选择，可分为无增长战略（维持产量、品牌、形象、地位等水平不变）、微增长战略（竞争水平在原基础上略有增长）两种战略形式。该战略强调保存实力，能有效控制经营风险，但发展速度缓慢，竞争力量弱小。

（3）收缩型战略

收缩型战略是采取保守经营态度的战略形态，主要适合处于市场疲软、通货膨胀、产品进入衰退期、管理失控、经营亏损、资金不足、资源匮乏、发展方向模糊的危机企业选择。可分为转移战略、撤退战略、清算战略三种战略形式。转移战略是通过改变经营计划、调整经营部署，转移市场区域（主要是从大市场转移到小市场）或行业领域（从高技术含量向低技术含量的领域转移）的战略；撤退战略是通过削减支出、降低产量，退出或放弃部分地域或市场渠道的战略；清算战略是通过出售或转让企业部分或全部资产以偿还债务或停止经营活动的战略。收缩型战略的优点是通过整合有效资源，优化产业结构，保存有生力量，能减少企业亏损，延续企业生命，并能通过集中资源优势，加强内部改制，以图新的发展。其缺点是容易荒废企业部分有效资源，影响企业声誉，导致士气低落，造成人才流失，威胁企业生存。调整经营思路、推行系统管理、精简组织机构、优化产业结构、盘活积压资金、压缩不必要开支是该战略需要把握的重点。

二、企业经营战略规划

经营战略是各个战略经营单位根据总体战略的要求，开展业务、进行竞争和建立优势的基本安排。规划经营战略的关键是战略分析和战略选择。

1．经营任务分析

经营战略的规划过程，始于明确任务。经营任务规定战略经营单位的业务和发展方向。明确经营任务首先要考虑总体战略的要求。在此基础上，经营单位要确定业务活动的范围。重点说明以下三个问题。

第一，需求，即本单位准备满足哪些需求。

第二，顾客，即本单位重点面向哪些顾客。

第三，产品或技术，即本单位打算提供什么产品、依靠哪些技术，即从事什么业务达到目的。

2．战略环境分析

企业及其经营单位的生存和发展，与环境以及环境的变化有着密切关系。把握环境的现状和趋势，利用机会，避开威胁，是企业及其经营单位完成经营任务的基本前提。

构成战略环境的因素很多，可分为主体环境因素、一般环境因素和地域环境因素。构成主体环境因素的，是与企业的业务运转有直接利益关系的个人、集团，如股东、顾客、金融机构、交易关系单位、竞争者以及其他有关机构、团体。一般环境因素指社会经济、政治法律、文化和科学技术等因素。地域环境因素则是就上述环境因素产生的地理范围而言，包括国内环境因素和国际环境因素。战略环境有关因素变化的结果，或者对企业及其活动形成有利的条件，或者产生某些不利的影响。战略环境分析最终必须回答：有关环境因素将在何时发生变化，发生的可能性有多大，这种变化将成为企业或该项任务的机会还是威胁，会带来多大影响，以及应当采取何种对策。

3. 战略条件分析

分析外部环境，是为了从中辨认有吸引力的机会。而利用机会，要具备一定的内部条件。企业和经营单位要分析自己的优势和弱点，预测现有经营能力与将来环境的适应程度。能力分析的重点，是将现有能力与利用机会所要求的能力进行比较，找出差距，并制订提高相应能力的措施。为此需明确利用机会所需的能力结构、明确现有能力的实际情况。

4. 战略目标选择

通过战略环境和条件分析，任务应当转化为特定目标。经营战略计划的制订和实施，要以特定目标为依据。大多数企业、经营单位或业务，可能同时追求几个目标。若干目标项目组成了一个目标体系，一个较大的目标，通常又可分解为若干个较小的、次一级的目标。因此，要注意两个问题：（1）目标体系的层次化；（2）目标之间的一致性。

5. 战略思想选择

目标指出向何处发展，战略思想则说明达到目标的基本打算。美国迈克尔·波特认为，在与五种竞争力量的抗争中，蕴涵着三类成功型战略思想，这三种思路是：总成本领先战略、差异化战略、专一化战略。姜彦福教授在《创业管理学》中则给上述三个战略予以补充，增加了特别适合于初期创业的模仿战略。

（1）总成本领先战略

总成本领先战略通常靠规模化经营来实现。所谓规模化，通俗的说法就是“造大船”。而“大船”必须同降低单位产品的成本联系起来才有意义。如果仅仅强调规模之大，而不注重成本之低，那么这种所谓的“规模”就同古埃及法老造金字塔、中国秦始皇筑长城无异，不具备经济学上的成本分析意义。只有类似于福特汽车在20世纪初期通过流水作业线把T型车价格降到二百多美元，以及更早一些时间的卡耐基把每吨钢材价格降到十几美元的举措，才是真正的规模化经营。

规模化的表现形式是“人有我强”。但是这个强首先不是追求质量高，而是价格低。所以，在激烈的市场竞争中，处于低成本地位的公司仍可获得高于本产业平均水平的收益。换句话说，当别的公司在竞争过程中已经失去利润时，这个公司仍可以获利。企业实施总成本领先战略，不是要开发性能领先的高端产品，而是要开发简易便宜的大众产品。正是这种思路，使工业化前期的企业往往选择这一战略。它们通过提高效率，降低成本，使过去只能由上流社会甚至皇宫王室享用的奢侈品，走进了寻常百姓家。至今，这种战略依然有效。总成本领先战略往往立足于最大限度地减少研发、服务、推销、广告等方面的成本费用，表现为市场份额的扩大。

沃尔玛的成本领先战略

沃尔玛是一个以总成本领先战略为主导的典范。1962 年，山姆•沃尔顿开设了第一家沃尔玛（Wal-Mart)商店。迄今沃尔玛商店已成为世界第一大百货商店。作为一家商业零售企业，能与微软、通用电气、辉瑞制药等巨型公司相匹敌，实在让人惊叹。

沃尔玛始终保持自己的商品售价比其他商店便宜，是在压低进货价格和降低经营成本方面下工夫的结果。沃尔玛直接从生产厂家进货，想尽一切办法把价格压低到极限成交。公司纪律严明，监督有力，禁止供应商送礼或请采购员吃饭，以免采购员损公肥私。沃尔玛也把货物的运费和保管费用降到最低。公司在全美有 16 个配货中心，都设在离沃尔玛商场距离不到一天路程的附近地点。商品购进后直接送到配货中心，再从配货中心由公司专有的集装箱车队运往各地的沃尔玛商场。公司建有最先进的配货和存货系统，公司总部的高性能电脑系统与 16 个配货中心和 1 000 多家商场的 POS 终端机相联网，每家商场通过收款机激光扫描售出货物的条形码，将有关信息记载到计算机网络当中。当某一货品库存减少到最低限时，计算机就会向总部发出购进信号，要求总部安排进货。总部寻找到货源，便派离商场最近的配货中心负责运输路线和时间，一切安排有序，有条不紊。商场发出订货信号后 36 小时内，所需货品就会及时出现在货架上。就是这种高效的商品进、销、存管理，使公司迅速掌握商品进销存情况和市场需求趋势，做到既不积压存货，销售又不断货，加速资金周转，降低了资金成本和仓储成本。

压缩广告费用是沃尔玛保持低成本竞争战略的另一种策略。沃尔玛公司每年只在媒体上做几次广告，大大低于一般的百货公司每年的 50~100 次的水平。沃尔玛认为，价廉物美的商品就是最好的广告，我们不希望顾客买 1 美元的东西，就得承担 20~30 美分的宣传、广告费用，那样对顾客极不公平，顾客也不会对华而不实的商品感兴趣。

沃尔玛也重视对职工勤俭风气的培养。沃尔玛认为：“你关心你的同事，他们就会关心你。”员工从进公司的第一天起，就受到“爱公司，如爱家”的店训熏陶。从经理到雇员，都要关心公司的经营状况，勤俭节约，杜绝浪费，从细微处做起。这使沃尔玛的商品损耗率只有 1%，而全美零售业平均损耗率为 2%，从而使沃尔玛大量降低成本。

沃尔玛每周五上午召开经理人员会议，研究商品价格情况。如果有报告说某一商品在其他商场的标价低于沃尔玛，会议立刻决定降价，保证同种商品在沃尔玛价格最低。沃尔玛成功运用低成本竞争战略，在激烈的市场竞争中取胜。

资料来源：http://class.wtojob.com/class681_32300.shtml

（2）差异化战略

差异化战略说简单一点就是“与众不同”。凡是差异化战略，都把成本和价格放在第二位考虑，首要的是看能不能做到标新立异。这种标新立异可能是独特的设计和品牌形象，也可能是技术上的独家创新，或者是客户高度依赖的售后服务，甚至包括别具一格的产品外观等。

差异化的表现形式是“人无我有”，以经营特色获得超常收益。当然，差异化不是不讲成本，不过成本不是首要战略目标。差异化的实质是实现用户满意的最大化，从而形成对本企业产品的忠诚。这种忠诚一旦形成，消费者对价格的敏感程度就会下降，因为人们都有“便宜没好货”的思维定式。同时也会对竞争对手造成排他性，抬高进入壁垒。但这一战略通常是同市场份额相冲突的，二者不可兼顾。市场份额的扩大，一般会意味着产品特殊性的下降。

引人注目的苹果奇迹

数年前还岌岌可危，被戴尔总裁迈克尔·戴尔评论为“如果我在苹果，我会关掉这家公司，把钱还给股东”的苹果公司（Apple Inc.），2008 年 10 月 21 日发布的季度财务报表显示，第三季度获得了几乎是历史最佳的销售业绩：季度净利润达到 11.4 亿美元，比 2007 年同期的 9.04 亿美元提高了 26.1%。探究苹果奇迹发现，苹果的成功就在于它的产品和服务为消费者提供了不可替代的差别性，而且采取了有效的措施来防范行业内对手的模仿。产品和服务的有效组合是苹果创造差异化的核心。

手机智能化是移动电话市场的发展趋势，也是苹果公司的机会。2007 年 1 月，苹果公司首次公布 iPhone，正式涉足手机领域。苹果将 iPhone 定位于：搭载了 iPod 功能及网络浏览器的移动电话。2008 年 6 月苹果发布 iPhone 3G 手机，软件上的革命使其成为业界标杆。苹果 iPhone 的成功来源于多角度的差异化组合。

1. 产品差异化

以多点触摸屏取代传统手机键盘，在外观差异化的同时，便利软件开发者自由设定最符合软件需要的触摸按键位置。苹果通过这一创新，不仅提供了一个软件平台，还附带了一个可变化的硬件平台。

2. 性能差异化

iPhone 的配置远远高于竞争对手。2007 年诺基亚推出的智能机王 N95 的 CPU 频率为

330MHz，同年推出的 iPhone 达到 620MHz。128MB 的内存+专用图形芯片（一般不会在智能手机上出现）+4~8GB 储存空间，使 iPhone 成为一台超小型电脑。除此之外，内置不可更换电池 300 小时的待机时间（智能手机平均待机时间在 200 小时左右），6 小时的连续通话时间等都是 iPhone 在性能上的突破。

3. UI（操作系统）差异化

iPhone 与对手们最大的差异性体现在操作系统上。智能手机操作系统有 Windows Mobile（下称 WM）、Symbian 和 Palm，设计时均考虑了手机较低的 CPU 与内存条件，也都存在未解决的缺陷：WM 过于复杂，Symbian 速度较慢，Palm 不稳定。苹果在 iPhone 上直接采用了经过界面优化的桌面电脑操作系统 Mac OS X，使这一高配置的智能手机拥有了 Mac OS X 的所有优点：运转迅速，界面华丽，操作简便。不同于其他智能手机系统精简后的办公功能，iPhone 有功能完整的 Email 软件和 Safari 网络浏览器，这也使它在推出 8 个月就占据了超过 70%的移动网络浏览器市场，美国智能手机市场超过 20%的比重，大于诺基亚、三星、摩托罗拉的总和，仅次于 Rim 公司。

4. 渠道差异化

苹果将 iPod+在线商店的差异化组合模式复制在其 iPhone 上。伴随着基于 2.0 版本系统的 SDK（软件开发套件），苹果同时建设了在线软件销售渠道：App Store（以下简称 AS）。AS 是一个设计理念与 Itunes 类似的在线平台：软件开发者可将由 SDK 制作通过苹果审核的软件在 AS 上发布，无需交纳任何维护费用。软件售出所得收益由苹果及开发者三七分成。这就解决了在此之前 AS 市场上存在的诸多问题。“iPhone 只能通过 AS 获得软件”的限制保护了苹果公司以及软件开发商的利益，方便快捷的购买模式与较低的软件价格（AS 上软件均价为 5 美元，并有超过 20%的免费软件）也使消费者能够接受 AS 的垄断行为。截至 2009 年 1 月中旬，AS 已经有超过 15 000 款软件，总下载量超过 20 亿。

5. 服务差异化

2.0 版本系统对 Microsoft Exchange 功能的支持，使其成为功能强大的商务机：能无缝接入公司 Microsoft Exchange 网络，即时更新日程表项目（Push Calender）、邮件（Push Mail）、联系人（Push Contacts）；自动检索网络；远程数据清除；拥有 Cisco 安全维护等。iPhone 的娱乐功能也随着 SDK 与 AS 得到升级，在得到 EA、Sega、Konami 等专业厂商的支持后，iPhone 颠覆了手机游戏功能的概念。工作娱乐功能兼备且都达到极致的 iPhone，成为无所不能的智能信息终端。

从苹果在随身听与移动电话两个市场上的成功，我们可以得到以下启示：第一，技术进步和需求复杂化不断地推动创新的革命，与此同时也带来了产品和产业的融合。我们很难将随身听定义为家电产品，也很难将移动电话定位于通信产品。在这些产品身上，融合了家电、通信、计算机、娱乐等行业的先进技术。而苹果的差异化组合迎合并进一步推动了这种融合。站在市场前面引导市场是苹果成功的关键。第二，在战术上，苹果从两个角度与竞争对手拉开了距离。苹果持续的技术创新使自己始终处于行业领先地位，苹果的差异化组合形成的模仿障碍把对手挡在了后面，使自己的领先地位得以保持，为自己争取到了获取价值和开展下一轮竞争的时间。第三，不断创新和与对手的时间差，为苹果公司争取到了培养消费群体，巩固其品牌影响力的机会。接受了苹果品牌精神的消费群体成为苹果品牌的一个有机成分，推动并保护苹果的创新和竞争。苹果不再是一个公司，它已经成为一种需求。

资料来源：葛逸尘，归希煜. 苹果公司的差异化组合竞争. 当代经济，2009（5）

（3）专一化战略

专一化战略是同市场细分紧密关联的，通俗的说法就是市场定位。如果把经营战略放在针对某个特定的顾客群、某个产品链的一个特定区段或某个地区市场上，专门满足特定对象或者特定细分市场的需要，就是目标专一。

专一化与上述两种基本战略不同，它的表现形式是顾客导向。为特定的客户提供更为有效和更为满意的服务。所以，实施专一化战略的企业，可能在整个市场上并不占优势，但却能够在某一比较狭窄的范围内，要么在为特定客户服务时实现了低成本，要么针对客户的需要实现了差异化，还有可能在这一特定客户范围内低成本和差异化兼而有之。在一定意义上，专一化战略类似于差异化，不过是调换了位置（即顾客角度而不是企业角度）的差异化而已。所以，专一化战略常常意味着对获取的整体市场份额的限制。

格力集团的专业化经营战略

在中国的家电企业里，格力集团是一个很有特色的企业。第一，该公司从其成立之日起，就将空调作为主要经营业务，而且限于做家用空调，不生产中央空调、汽车空调等。第二，该公司进入空调市场时间较晚，当时春兰、华宝、美的等一批国内企业已经崛起，在市场份额与品牌声誉等方面占有了很大优势。第三，目前家电产业的许多公司出于分散风险、迅速扩张等动因，纷纷开展多元化经营，但格力集团仍然坚持专业化经营。

1. 格力选择了专业化经营战略

专业化是格力最突出的经营特色，也是格力实现技术创新、抢占市场制高点的法宝。“专”是为了“精”，也只有“专”才能保证“精”和“高”。格力集团坚持专业化经营战略的主要依据，是空调市场具有广阔的发展前景。据有关资料显示，1985 年我国居民对空调的需求量仅 8 万余台，1995 年城镇居民的空调需求量增加了 33.4 倍，达到 270 万台。1997 年，全国空调工业销售量又增加了 2.15 倍，达到 851.02 万台。目前全国居民空调器拥有率是 16.29%，还有极大的发展空间。这就为格力集团的专业化经营战略提供了良好的机遇。

2. 格力专业化经营战略方式

格力集团的专业化经营战略主要通过内部发展的方式，即密集型成长战略加以实施。

（1）市场开发战略。格力在成立之初，由于自己实力较弱，所采取的是“农村包围城市”战略，集中开发“春兰”、“华宝”等闻名企业影响较弱的地区，在皖、浙、赣、湘、桂、豫、冀等省树立品牌形象，建立巩固的市场阵地。实施这一战略过程中，所运用的主要策略是重点经营专卖店，通过良好的售后服务保证顾客利益。20 世纪 90 年代中期，格力的市场开发重心有所变化，即在巩固原有市场的基础上，进一步向国内影响较大的城市如北京、广州、南京等地发展，同时逐步进入海外市场。根据有关资料显示，在 1998 年全国主要城市各种品牌空调器的占有率中，格力为 13.5%，春兰为 11.2%，三菱为 8.5%，格力的产品出口量也位居全国同行第一。

（2）产品开发战略。格力产品开发的最大特点是一切以市场为导向，适应市场需要，同时又根据未来发展潮流创造市场。在适应市场需求方面，先后开发出：“空调王”——制冷效果最好的空调；“冷静王”——噪声最低的空调；三匹窗机——最便宜的空调器。在创造市场方面，格力开发出：灯箱柜式空调——适用于酒吧、饭店广告兼制冷；家用灯箱柜机——适用于三室一厅的家庭之用；三匹壁挂机、分体吊顶式空调、分体式天井空调等——适用于黄金地段的商店之用。这些产品的开发，各有各的特色和目标市场，又形成了较为完整的产品系列，充分显示出专业化经营战略的优势。

（3）市场渗透战略。格力市场渗透的主要方式如下。

① 在生产规模扩大、产品成本降低的基础上，降低售价，扩大市场份额。

② 广告宣传。格力的广告主题侧重于信誉与品牌，“好空调，格力造”，以实实在在的质量与服务来赢得顾客。

③ 建立以专卖店和机电安装公司为主的销售渠道，形成销售、安装、维修的一条龙服务，并与经销商互惠互利，长期合作。

④ 科学治理，严格保证产品的质量，使之在市场选择中得到顾客的信任。

资料来源：http://bbs.17hr.com/thread-61511-1-1.html

（4）模仿战略

向行业龙头企业以及成功企业学习经验，是初创企业构建和维持其竞争优势的必由之路。这样做一是避免大量资源投入。因为技术的发明以及产业的形成，是建立在多年人力、财力和物力的投入之上，而“拿来主义”使得追赶中的企业可以避开发明的巨大耗费。二是避免风险。在很大程度上，“高风险”就是对突破性技术革命追求的定义。而追赶中的企业能够在市场走向清晰、风险减弱的条件下，利用新技术开拓市场。在技术成型的情况下，针对市场，完善改造性的创新工作，却更有的放矢，使企业更有机会成功。三是后进企业的勇气。创新者总是瞻前顾后，追赶者却能神闲气定。

事实上，模仿不仅和创新一样关乎企业的生存和繁荣，而且对创新的高效实施有着重大影响。人类和其他物种一样，自古以来就是依靠模仿战胜恶劣环境、制造生产工具、超越竞争对手及引领一时风骚的强者。在这个方面，商界与自然界并无多大区别——没有一家公司能在所有时间、所有方面都做到创新，它们必须在某种程度上模仿别人。

模仿符合迈克尔·波特对“战略”的定义：“战略建立在一系列独特的行动之上……以实现一系列独特的价值为目的。”企业引进外来观念、做法和模式，并根据自身情况加以调整，在此过程中又融合创新和其他方面的模仿，从而形成一个特色鲜明的混合体——这样做不仅能为核心业务活动提供支持，还能为公司取得核心竞争优势打下基础。

为构建一个易于执行的框架，我们把关键的战略难题归结成了几个基本问题，分别以哪里（模仿哪个行业或领域）、什么（模仿对象是某种产品、流程还是整个商业模式）、谁（模仿对象背后的实体是谁）、何时（模仿的时机）和怎样（模仿的形式和步骤）这五个词作为关键词。这五个问题归结起来，解决的便是相符性问题和价值主张（成本－收益等式和预期收益）。

当然，在模仿时需要注意以下几点。

① 一定要做合法的模仿。

② 要从自己的能力出发，而不是另起炉灶。

③ 要去寻找那些不是谁都可以模仿的产品或模式。

④ 要做成熟的模仿，要做深入的分析，真正理解其中的原理和原因。

⑤ 要系统地模仿，要建立鼓励模仿的文化，要有相应的激励机制，把模仿变成一件体面的事情，合法地、公开地、优雅地去做。

⑥ 形成经营战略计划。规划经营战略的最后一步，是依据实现目标的战略思想，形成执行战略的具体计划，保证和支持经营战略的贯彻、落实。

比亚迪式的模仿战略

众所周知，比亚迪的成功延续了中国本土汽车品牌创业之初的必由之路——模仿，比亚迪的第一款车型 F3 的成功很大程度上归功于此。

F3 的设计理念是借鉴了日、韩系汽车发展的成功经验及模式。“mm”的设计理念（即表示人能够享受车内的空间最大化，车必需的机器占有空间最小化）贯穿 F3 设计始终。

从厂家公布的相关资料来看，F3 的外观模具生产线来自知名的日本狄原公司，并且全程的车身检测工作也是交给了日方来做。它的车身喷涂工艺来自德国杜尔涂装线，目前已知的国内拥有这条喷涂生产线的还有奇瑞和上汽大众。上述列举的“名牌”效应，虽不能表明 F3 有多么出色，但在一定程度上可以看出比亚迪针对 F3 是下了重筹码的。

一位资深人士总结了比亚迪式模仿的三大特点：第一是集中，不盲目上车型，把有限资源集中在拳头产品上；第二是生猛，选择卖得最好的产品，“明目张胆”地抄；第三是精细，成本和质量控制严格，学习能力极强，什么都自己做。“同样是模仿，比亚迪做得好，与它之前在电池和IT领域积累的严密质量控制体系有关。”

快速发展

“F3上市的时候，吉利已经在转型，吉利的第二代产品已经不再简单地模仿，第三阶段完全是按照自己的想法在做。奇瑞也是，开始想自己做。”业内人士表示，“比亚迪那个时候接上去，仿制的东西很讨巧，F3仿的是丰田的花冠，又便宜，三四级市场的用户就愿意买这个车。”

在F3的营销上，当年的比亚迪也开创了一条颇具特色的“农村包围城市”的道路。“市场营销先从外围走，然后才到北京，的确起到了收放自如的效果，比亚迪抓住了市场的空当和心理需求，然后性价比也比较高，所以成功了。”

在F3最为辉煌的时候，比亚迪单月的销量可以到3.6万台，一度领衔中汽协轿车销量排行榜。膨胀也早已开始，新产品层出不穷，扩建、分网、进军海外市场，最具标志性的意义的就是，王传福2007年借助比亚迪F6上市公开的喊出，“比亚迪要在2015年成为全国第一汽车企业，在2025年成为全世界第一。”

在进入汽车行业的头5年，以电池起家的比亚迪保持了几乎每年增长100%的势头：2005年销售1.6万辆，2006年销售5.5万辆，2007年销售8.6万辆，2008年销售17万辆，2009年销售44.8万辆。

飞速增长顿止

2010年比亚迪汽车销量51.98万辆，同比增长16%，比下调后的全年销量目标60万辆低13%，远低于中国汽车行业同比增长超33%的增幅。2011年8月30日，比亚迪汽车销售公司爆出了大规模裁员的消息。据员工爆料，2 700人的销售公司将被裁到800人，裁员比例达70%。这一爆料让外界联想起比亚迪自2010起就不断传出的那些坏消息：比亚迪汽车销售公司总经理夏治冰离职，2011年上半年利润下滑近九成，港股股价近一年跌幅逾八成……

比亚迪汽车一位中层则表示，比亚迪销售的滑坡，与中国车市整体增长速度放缓、自主品牌生存条件进一步恶化有很大关系。但比亚迪是自主品牌车企中销售下滑最快的一个。汽车分析人士认为，前几年高歌猛进的销售数据以及巴菲特入股后风生水起的股价，一时掩盖了比亚迪发展过程中的一系列问题，如产品、品牌、销售网络等各方面的不足，但随着国内汽车市场的降温，巴菲特入股以及新能源概念带来的光环逐渐淡化，这一系列问题暴露出来了。

汽车分析师钟师认为，类似比亚迪现阶段这样痛苦的路吉利也经历过，最后才决心进行战略转型，现在就出现了很大的进步。“目前市场回归理性，正是企业进行反思的时机，在经历了这一轮的波折之后，比亚迪是否会修正以前技术空心化、单纯模仿的传统汽车发展模式，踏踏实实地稳步前进，潜心推出一些真正有竞争力的产品，提高产品品质和技术含量，推出自己的设计？”期待腾飞的比亚迪。

资料来源：http://news.jschina.com.cn/system/2011/09/05/011598078_03.shtml

企业战略是一个公司对产品和市场在竞争领域的定位选择问题，包括企业的经营范围、经营能力和管理机制三个方面。

三、企业经营战略规划的步骤

1. 认识和界定企业使命

企业使命（mission）反映企业的目的、特征和性质。明确企业使命，就是对本企业是干什么的、本企业应该是怎么样的两个问题进行思考和解答。

2. 区分战略经营单位

大多数的企业，包括规模较小的企业，都有可能同时或准备经营若干项业务，每项业务都会有自己的特点，面对的市场、环境也未必完全一样。区分战略经营单位的主要依据，是各项业务之间是否存在共同的经营主线。所谓“共同的经营主线”，是指目前的产品、市场与未来的产品、市场之间的一种内在联系。

3. 规划投资组合

如何把有限的人力、物力、财力资源合理分配给现状、前景不同的各个战略经营单位，是总体战略必须考虑的主要内容。有“市场增长率/市场占有率”矩阵和“多因素投资组合”矩阵两种模式。

（1）“市场增长率/市场占有率”矩阵，是美国管理咨询服务企业波士顿咨询公司提出的一种分析模式。

（2）“多因素投资组合”矩阵较前者有所发展。依据这种方法，企业对每个战略业务单位，都从市场吸引力和竞争能力两个方面进行评估。

4. 规划成长战略

投资组合战略决定的是哪些经营单位需要发展、扩大，哪些应当收割或放弃。企业需要建立一些新的业务，代替被淘汰的一些旧业务，否则不能实现预定的利润目标。

一般可以遵循这样一种系统的思路规划新增业务。首先，在现有业务范围内，寻找进一步发展的机会；然后，分析建立和从事某些与目前业务有关的新业务的可能性；最后，考虑开发与目前业务无关，但是有较强吸引力的业务。这样，就形成了以下三种成长战略。

（1）密集式成长战略。包括市场深入、市场开发和产品开发。

（2）一体化成长战略。包括后向一体化、前向一体化和水平一体化。

（3）多角化成长战略。包括同心多角化、水平多角化和综合多角化。

四、企业经营战略的风险

任何战略都有风险。在选择企业经营战略时，不但要看到相应的战略能带来什么效益，同时还要看到会造成什么风险。在一定意义上，对风险的认识要比对效益的掌握更重要。

1. 总成本领先战略的主要风险

（1）技术的迅速变化可能使过去用于扩大生产规模的投资或大型设备失效。为降低成本采用的大规模生产技术和设备过于专一化，同时适应性差。在稳定的环境下，技术和设备的专一化也许不致引起多大的问题。但在动态环境下，非常大的工厂和企业往往比小企业更难适应需求的波动、产品结构和技术的变化。例如，晶体管的发明和投产使原来大规模生产电子管的企业蒙受重大经济损失。一种新型工艺的出现可能导致原有工艺的无效。

（2）产业的进入者和追随者易于模仿，竞争对手的学习成本较低。

（3）由于实施成本领先战略，高层管理人员或营销人员可能将注意力过多地集中在成本的控制上，很可能忽视消费者的心理需求和市场的变化。

20 世纪 20 年代的福特汽车公司是成本领先战略失利的典型例子。在这之前，福特公司通过对汽车型号和品种的限制，以及通过各种措施严密控制成本，平稳地取得了成本领先地位。然而，随着美国人收入的增加，许多已经购买过一辆汽车的买主又在考虑购买第二辆，于是开始更加重视时髦的式样、多变的型号、舒适性和密闭性。通用汽车公司注意到这种变化，并迅速开发出型号齐全的各种汽车。而在这种情况下，福特公司要想对其生产线进行调整，不得不花费巨额费用，因为以前的生产线是为降低成本而设计的大规模生产线。

（4）为与竞争对手保持足够的价格差，降价过度引起利润率降低。例如行业中众多企业同时追逐成本领先，对盈利能力和产业结构造成的后果将是灾难性的。

（5）当大企业在工厂通过大规模生产来降低成本时，人员的激励和部门之间的合作问题往往成为重要的制约因素。这些大企业往往产生劳动关系紧张，增加监督成本和浪费。

2. 差异化战略的主要风险

（1）维持差异化特色的高成本能否被买方所接受，如果价格差距过大，客户很可能会放弃对这一品牌的忠诚度而转向采购更便宜的产品以节省费用。

（2）买主的差异化需求下降，不再愿意为保持特色支付溢出的价格。

（3）差异化形成的高额利润，会吸引投资者进入并模仿，而大量模仿的出现会导致差异缩小，利润逐渐降低。

（4）过度差异化。

3. 专一化战略的主要风险

（1）容易限制获取整体市场份额。专一化战略目标市场总具有一定的特殊性，目标市场独立性越强，与整体市场份额的差距就越大。实行专一化战略的企业总是处于独特性与市场份额的矛盾之中，选择不恰当就可能造成专一化战略的失败。与这一对矛盾相对应的是企业利润率与销售额互为代价。例如，为愿意支付高价的顾客而进行专门设计加工服装的企业，将失去中低档服装市场。有很多企业为了获得专一化优势的同时又进入了广泛市场，这种矛盾的战略最终会使企业丢失其专有的市场。

（2）企业对环境变化适应能力差。实行专一化战略的企业往往是依赖特殊市场而生存和发展的，一旦出现有极强替代能力的产品或者市场发生变化时，这些企业容易遭受巨大损失。例如，滑板的问世对旱冰鞋的市场构成极大的威胁。又如，投入成本较高的夜总会等娱乐场所，专为高收入阶层或特殊顾客群服务而获取高利润率，当出现经济萧条或严格控制公款消费时，这些娱乐性企业则亏损严重。

（3）成本差增大而使专一化优势被抵消。当为大范围市场服务的竞争对手与专一化企业之间的成本差变大时，会使针对某一狭窄目标市场服务的企业丧失成本优势，或者使专一化战略产生的差别化优势被抵消。因为这种成本差的增大将降低买方效益或者降低买方使用替代品的转移成本，而使专一化市场与广泛市场之间的渗透增大，专一化战略所构成的成本优势或差别化优势则会逐渐消失。例如，过多地依赖广告宣传效果而形成自己市场的产品，如化妆品、保健用品等，容易被面对普通用户的产品借助于专一化产品的广告宣传的高投入而获益的入侵。

4. 模仿战略的主要风险

模仿者往往需要付出巨大代价来改变领先者在消费者心里的先入为主定势，进入市场较慢；因市场的恶性竞争，使得产品生命周期的变短，模仿者难以分羹。如果市场容量有限，很难取得足够高的市场占有率以享受规模效益，并且领先者对技术和产品的专利保护，跟随成本上升，使应用此战略受到一定限制。

任务二　品牌规划

任务引入

宝洁品牌策略

品牌巨人宝洁公司始创于1837年，是全球最大的日用消费品公司之一，位列《财富》全球500强第86位，2006年宝洁公司全球销售额达到764亿美元，同比增长12%。1988年，宝洁公司在广州成立了在中国的第一家合资企业——广州宝洁有限公司，从此开始了宝洁公司的中国大陆之旅，2006年宝洁公司大中华区年销售额超过20亿美元，销售量已位居宝洁全球区域市场中的第二位。

多重品牌策略由宝洁公司首创。宝洁认为，单一品牌并非万全之策。因为一种品牌树立之后，容易在消费者中形成固定印象，不利于产品的延伸，尤其是像宝洁这样横跨多种行业，拥有多种产品的企业更是这样。因而宝洁公司不断推出新品牌。旗下小品牌数百个、独立大品牌80多个，其产品覆盖洗发护发、美容护肤、个人清洁、妇女保健、婴儿护理、家居护理等诸多领域。目前，宝洁有九大类、十六个品牌进入中国大陆市场。我国消费者熟悉的“潘婷”、“飘柔”、“海飞丝”三大洗发护发品牌都是宝洁的产品，这三个品牌分别吸引三类不同需求的消费者，从而使得它在中国的洗发液市场占有率上升为第一，达50%以上。这显然是宝洁公司成功运用多重品牌策略的成果。

我们很容易注意到一个细节，在飘柔、汰渍、舒肤佳等众多宝洁旗下的产品广告或包装上，会标有“宝洁公司，优质产品”的字样及“P&G”的标志，标明该产品出自宝洁旗下，以增强产品的权威感，提高消费者的信任度。其实，宝洁公司这一做法运用了担保品牌战略（也称为背书品牌战略）。

资料来源：1. 宝洁PK欧莱雅：多品牌战略. http://www.sino-manager.com/200935_2716.html
2. 多品牌策略. http://wiki.mbalib.com/wiki/

在创业公司的创业规划中，品牌规划对注重公司长远发展的创业者来说是一项十分重要的规划，宝洁等许多优秀企业都具有一个良好的品牌，为此，在此情境，请通过模拟训练与思考，完成以下两个主要任务。

任务一：了解品牌分类的基础技能。

任务二：掌握品牌规划的基本策略。

任务分析

为了有效实现本情境的两个子任务，建议先进行本情境后的实训2-2品牌策略实训，然后学习相应知识链接中的相应知识点，再学习进阶技巧中的品牌技巧部分。要进一步提升品牌规划能力，还需在今后的模拟训练与体验中反复加强训练与思考。

知识链接

一、品牌策略

品牌策略是企业经营自身产品（含服务）之决策的重要组成部分，是指企业依据自身状况和市场情况，最合理、有效地运用品牌商标的策略。品牌策略通常有以下几种。

1．统一品牌策略

统一品牌策略是指企业将经营的所有系列产品使用同一品牌的策略。使用统一品牌策略，有利于建立“企业识别系统”。这种策略可以使推广新产品的成本降低，节省大量广告费用。如果企业声誉甚佳，新产品销售必将强劲，利用统一品牌是推出新产品最简便的方法。采用这种策略的企业必须对所有产品的质量严格控制，以维护品牌声誉。

2．个别品牌策略

个别品牌策略是指企业对各种不同产品，分别采用不同的品牌。这种策略的优点是，可以把个别产品的成败同企业的声誉分开，不至于因个别产品信誉不佳而影响其他产品，不会对企业整体形象造成不良后果。但实行这种策略，企业的广告费用开支很大。最好先做响企业品牌，以企业品牌带动个别品牌。

3．系列（扩展）品牌策略

系列品牌策略是指企业利用市场上已有一定声誉的品牌，推出改进型产品或新产品。采用这种策略，既能节省推广费用，又能迅速打开产品销路。这种策略的实施有一个前提，即扩展的品牌在市场上已有较高的声誉，扩展的产品也必须是与之相适应的优良产品；否则，会影响产品的销售或降低已有品牌的声誉。

4．品牌创新策略

品牌创新策略是指企业改进或合并原有品牌，设立新品牌的策略。品牌创新有两种方式：一是渐变，使新品牌与旧品牌造型接近，随着市场的发展而逐步改变品牌，以适应消费者的心理变化。这种方式花费很少，又可保持原有商誉。二是突变，舍弃原有品牌，采用最新设计的全新品牌。这种方式能引起消费者的兴趣，但需要大量广告费用支持新品牌的宣传。

二、品牌推广策略四要素

企业要实施品牌策略，首先得有坚实的质量基础，产品的质量不高则不可能得到消费者的青睐，更难说达到所谓的名牌效应了。同时要提高服务质量，加强促销宣传，讲求规模效益，这样才能更好地发挥品牌策略的功效。最后应借助法律框架来保护巩固产品的市场名牌地位，增强企业的整体竞争实力。

1．奠基石：质量

高质量是品牌的坚实基础，甚至有企业家认为：质量是品牌的生命。只有不断推出高质量的新产品，才能在市场竞争中有长盛不衰的品牌，这是世界著名企业的成功经验。没有质量这一基础，品牌则无从谈起。20 世界 50 年代以前，“东洋货”是劣质产品的代名词，到了70年代，日本提出了质量经营的概念，从此以后，日本的名牌产品便称雄世界。事实证明，依靠质量才能占领市场，才能取得效益，才能取得企业整体素质的提高，促成良性循环。

2. 催化剂：服务

实施品牌策略必须要有整体产品的概念，即产品应包括核心产品、形式产品和延伸产品三个层次。如满足人们收看电视节目的需求是电视机的核心功能，而不同品牌、不同品质等是电视机的形式功能，销售的服务工作是延伸功能。延伸层包括售前、售中和售后服务，具体有保修、指导、送货、安装、调试、结算方式等。一个良好的服务体系之所以能加快品牌的形成，就在于优质服务不仅能保证优质产品的正确使用、使其质量优势充分体现出来，更重要的是在服务过程中企业员工通过与顾客之间的直接接触，架设起情感的桥梁，建立良好关系，进而提高顾客的忠诚度，以维系顾客。

3. 传播机：促销

促销是指通过人员或非人员的方法传播商品信息，强化企业与顾客之间的沟通，赢得顾客的好感和信任，进而促进商品销售的活动。促销包括广告、人员推销、营业推广和公共关系等，四种方式组合运用就形成了拉式策略（即通过广告、营业推广、公共关系，激发顾客的购买兴趣）和推式策略（即人员推销策略）。产品要靠大力促销来扩大知名度和美誉度，塑造一流的企业形象，逐步树立品牌的地位，形成庞大的消费者群。有一点要强调的是，企业对产品的促销、对品牌的宣传应善于利用一切手段和途径进行宣传，而不仅限于广告这一单一的促销手段。

4. 护身符：法律

基于品牌的重要性，侵害品牌的事例屡见不鲜，或假冒商标，或仿制商标用于劣质同种产品，或抢先注册。现在的假冒伪劣产品到了无处不在、无时不在的地步。从微观的角度讲，假冒品牌伤害的是某一个品牌、某一个产品，从宏观的角度看，伤害的是整个社会的利益，广大消费者的合法权益受到了侵害。更为严重的是，它对整个社会生产力的发展产生巨大的消极和破坏作用。因此，全社会要重视打假工作，企业必须运用法律武器来保护品牌。其一，多方位注册，预防他人侵权。如红豆集团在35类产品商标和8类服务商标上进行了防御性注册。其二，技术保护。企业要运用专利法律法规保护自己。能够申请专利技术的一定要申请，以此才能享有产品的制造权、销售权、使用权和转让权等。其三，打假。运用法律武器，积极开展打假活动，既可以保护企业产品，保护消费者利益，又可以强化品牌形象，还可以获得很大的新闻价值。其四，政府支持。针对假冒名牌的不法行为，有关部门除了建立一系列有效的法律法规外，还应拨专款，采取政企联合、跨地区联合等方式，适时组织打击假冒伪劣活动，保护品牌的权益。

三、品牌战略规划的步骤

有人称品牌为经济“原子弹”，每天有 3 800 万人在麦当劳就餐；每天有 10 亿人用吉列产品；每天有 1.5 亿件联合利华的产品售出。有人称品牌为克敌制胜的“杀手锏”，我们亲眼目睹了可口可乐、肯德基等国际品牌在中国市场过关斩将、所向披靡。

中国企业已领略了品牌的威力，也纷纷拿起了品牌的利器。然而，目前中国许多企业精于营销策划、广告创意，但却疏于品牌战略管理，这也导致许多中国品牌“昙花一现”的宿命，中国品牌的平均寿命只有 7.5 年。

企业要想打造强势品牌，必须进行品牌战略管理。那么，如何进行品牌战略规划呢？一般认为可按以下八步进行。

1. 品牌“体检诊断”

对品牌把脉体检，是决定品牌战略规划成功与否的第一步。这一步，就像我们穿衣服系第一颗扣子，如果第一颗系错了，那么后面的也一定跟着错。所以品牌体检是一项非常严谨细致的工作，即使一个小小的错误，也会让你错一子而输全局。

品牌体检调研的内容包括品牌所在市场环境、品牌与消费者的关系、品牌与竞争品牌的关系、品牌的资产情况、品牌的战略目标、品牌架构、品牌组织等。

品牌体检从调研问卷设计、质量控制到统计分析、得出结论，为品牌战略规划后面几步奠定了基础。

例如，红色罐装饮料王老吉在默默无闻 7 年之后，经过成美公司细致的市场调查，发现消费者在饮食时特别希望能够预防上火，而目前市场上的可乐、茶饮料、矿泉水、果汁等显然不具备这一功能，于是找准了“预防上火”的品牌诉求点，使王老吉脱颖而出，迅速飙红。

相反，可口可乐也曾跌入品牌调研陷阱，1982 年可口可乐花费两年时间和数百万美元进行市场调查，结果得出错误结论，改变了 100 年历史的传统配方。在消费者眼里，放弃传统配方就等于放弃美国精神，结果受到了强烈的抵制，最终可口可乐不得不再次启用原配方。

2. 规划品牌愿景

品牌愿景就像迷雾中的灯塔，为航船指明前进方向。

简单地说，品牌愿景就是告诉消费者、股东及员工：品牌未来的发展方向是什么？品牌未来要达到什么目标？

例如，三星的品牌愿景是“成为数字融合革命的领导者”；索尼的品牌愿景是“娱乐全人类——成为全球娱乐电子消费品的领导品牌”；海信的品牌愿景是“中国的索尼”。这些品牌愿景都清晰地传递着品牌的未来方向和目标的信息。

那么，如何制定品牌愿景呢？我们应该认真思索以下这些问题：

☑ 我们想进入什么市场？市场环境怎样？

☑ 企业可以投入的有效资源是什么？

☑ 企业的财务目标是什么？品牌又在这些目标里扮演什么角色？

☑ 品牌现在地位怎样？未来预期目标又如何？

☑ 现在的品牌能够达到未来目标吗？

3. 提炼品牌核心价值

品牌核心价值是品牌的灵魂和精髓，是企业一切营销传播活动围绕的中心。

提炼品牌核心价值应遵循以下原则：

☑ 品牌核心价值应有鲜明的个性。在当今需求多元化的社会，没有一个品牌能成为通吃的“万金油”，只有高度差异化，个性鲜明的品牌核心价值才能“万绿丛中一点红”，以低成本吸引消费者眼球。例如可口可乐的“乐观向上”、海尔的“真诚”等。

☑ 品牌核心价值要能拨动消费者的心弦。提炼品牌核心价值，一定要揣摩透消费者的价值观、审美观、喜好、渴望等，打动他们的内心。

☑ 品牌核心价值要有包容性，为今后品牌延伸预埋管线。如果随着企业发展，品牌需要延伸，发现原来的品牌核心价值不能包容新产品，再去伤筋动骨地改造，则将造成巨大的浪费。

4. 制定品牌宪法

品牌核心价值确定后，应该围绕品牌核心价值制定“品牌宪法”，使其具有可操作性。

“品牌宪法”是统帅企业一切营销传播活动的大法，它使企业一切营销传播活动有法可依，有章可循。

“品牌宪法”由品牌战略架构和品牌识别系统构成。

品牌战略架构主要确定以下问题：

☑ 企业是采取单一品牌战略，还是多品牌战略、担保品牌战略等。

☑ 企业品牌与产品品牌的关系如何处理，是采用“宝洁—潘婷”，还是像 SMH 那样，根本就不希望消费者知道雷达、浪琴是 SMH 公司的品牌。

☑ 企业发展新产品，是用新品牌，还是用老品牌来延伸，还是采用副品牌来彰显新产品个性。

☑ 新品牌、副品牌的数量多少合适。

☑ 如何发挥副品牌反作用于主品牌的作用。

品牌战略架构是事关企业发展的大事，战略架构决策的正确与否会导致企业上亿元资产的得失，甚至企业的命运。例如，雀巢公司曾经推出“飘蓝”矿泉水，但投入巨大，收效甚微，2001 年改用“雀巢”作为矿泉水的品牌，结果未做很大的广告投入，产品很快占领了市场。如果雀巢公司没有及时果断采取措施，那么，上亿元的费用就会白白损失。

品牌识别系统包括：品牌的产品识别、理念识别、视觉识别、气质识别、行为识别、责任识别等，在这些识别系统中，具体界定规范了一个品牌的企业理念文化，价值观和使命，品牌的产品品质、特色、用途、档次、品牌的产品包装、VI 系统、影视广告、海报、品牌的气质特点、品牌在同行业中的地位、品牌的企业社会责任感、品牌的企业行为制度、员工行为制度等。

这些品牌识别系统具体界定了企业营销传播活动的标准和方向，使品牌核心价值这个抽象的概念能和企业日常活动有效对接具有可操作性。把品牌战略的文字性东西，分解到产品的研发、生产、品质、特色、渠道、广告、促销、服务等方面，甚至每个员工的行为上。

例如，麦当劳汉堡包的肉饼成分很有讲究，必须由 83%的肩肉与 17%的五花肉混制而成，体现着其产品特色识别；派克笔 1 000 元一支的价位体现着其产品档次识别；张裕干红广告片的浪漫幽雅情节体现着其气质识别等。

5. 设置品牌机构

目前，我国许多企业非常重视品牌管理，但品牌管理的组织机构设置并不科学。许多企业品牌经理设置在市场部中，等同于一般意义的广告经理，他们的作用也只是广告宣传、视觉设计等，还没有在品牌战略管理层面发挥作用。

而像宝洁这样真正的品牌管理型公司，品牌经理几乎就是某个品牌的“小总经理”，他们要负责解决有关品牌的一切问题，通过交流、说服调动公司所有的资源，为品牌建设服务。这种定位使他们成为品牌真正的主人。

当然品牌管理组织机构的设置没有放之四海皆准的法则，生搬硬套“宝洁”的做法也并非可取之策，企业更应该结合自身情况。

对于实力雄厚、品牌较多的企业可以借鉴宝洁的经验，例如上海家化实施品牌经理制度就取得了成功。

对于其他多数以品牌为核心竞争力的企业，建议成立一个由精通品牌的公司副总挂帅，市场部或公关企划部主要负责，其他部门参与的品牌管理组织，从而有效组织调动公司各部门资源，为品牌建设服务。品牌管理组织应拥有产品开发制造权、市场费用支配权、产品价格制定权等，从而把握品牌发展的大方向。

6. 品牌传播推广

品牌战略一旦确定，就应该进行全方位、多角度的品牌传播与推广，使品牌深入人心。

品牌传播与推广没有一成不变的模式，脑白金依靠广告轰炸脱颖而出，而星巴克的无广告经营照样一枝独秀，企业应该结合自身情况制定相应的传播与推广策略。

品牌传播与推广应把握以下原则：

☑ 合理布局运用广告、公关赞助、新闻炒作、市场生动化、关系营销、销售促进等多种手段。例如，可口可乐在中国捐建了 50 多所希望小学和 100 多个希望书库，使 6 万多名儿童重返校园。单一的广告往往只能提高品牌知名度，难以形成品牌美誉度，更难积淀成品牌文化。

☑ 根据目标消费群的触媒习惯选择合适的媒体，确定媒体沟通策略。媒体不一定非得是央视、卫视，但一定是适合产品阶段与市场阶段的。

☑ 品牌传播要遵守聚焦原则。千万不可将有限的资源“撒胡椒面”似地盲目乱投，而应进行合理规划与聚焦，在某一区域市场“集中兵力打歼灭战”。例如，脑白金刚问世时，史玉柱向朋友借了 50 万元，投入 10 万元在无锡江阴这个小县城做广告宣传，很快便在当地产生了市场效应，为其进军全国市场走好了第一步。

☑ 品牌传播要持久、持续。品牌的提升是一项系统工程，需要长久的投入与坚持，“老鼠啃仓”的结果只能是前功尽弃、半途而废。

7. 持之以恒坚持

一个强大的品牌不是由创意打造的，而是由“持之以恒”打造的。

品牌核心价值一旦确定，企业的一切营销传播活动都应该以滴水穿石的定力，持之以恒地坚持维护它，这已成为国际一流品牌创建百年金字照牌的秘诀。

横向坚持：同一时期内，产品的包装、广告、公关、市场生动化等都应围绕同一主题和形象。

纵向坚持：1 年、2 年、10 年……品牌不同时期的不同表达主题都应围绕同一品牌核心价值。

叱咤风云的强势品牌，无一不是几十年如一日地坚守品牌对消费者的承诺。可口可乐演绎“乐观向上”百年未变，吉列诠释“男人的选择”达 100 年，力士传达“滋润高贵”的形象已有 70 年，万宝路表现“阳刚豪迈”也有 50 年，De Beers 广告语“钻石恒久远，一颗永流传”流传已有 60 年……

反观我们国内许多品牌（甚至知名品牌），品牌核心价值定位不清、广告诉求主题朝令夕改，成了信天游，“换个领导人，换个 logo”，“换个广告公司，换个品牌定位”，尽管品牌建设投入巨大，但品牌资产却未得到有效提升。

8. 理性品牌延伸

一个品牌发展到一定阶段推出新产品，是用原有品牌还是推出新品牌，这时就应打好品牌延伸这张牌。

在竞争日趋激烈的市场上，要完全打造一个新品牌将耗费巨大的人力、物力、财力，据统计，新品牌的失败率高达 80%，在美国开发一个新品牌需要 3 500 万～5 000 万美元，而品牌延伸只需 50 万美元，不失为一条快速占领市场的“绿色通道”。雀巢经过品牌延伸后，产品拓展到咖啡、婴儿奶粉、炼乳、冰淇淋、柠檬茶等，结果每种产品都卖得不错，乐百氏品牌延伸前销售额只有4亿多元，延伸后不到3年就达到近20亿元。

然而，品牌延伸是把双刃剑，它可以是企业发展的加速器，也可以是企业发展的滑铁卢。所以品牌延伸应该谨慎决策，一定应遵循以下品牌延伸的原则：

☑ 延伸的新产品应与原产品符合同一品牌核心价值。例如，金利来品牌核心价值是“男人的世界”，但曾一度推出女装皮具，结果收效甚微。

☑ 新老产品的产品属性应具有相关性。例如，三九胃泰曾延伸出三九啤酒，结果惨败而归。

☑ 延伸的新产品必须具有较好的市场前景。例如，海尔公司遵循的原则是，延伸产品发展到一定规模后，必须能在同类产品中位居前三名。

任务三　科技规划

任务引入

苹果的复兴之路

苹果坠落

20世纪90年代初，苹果公司在斯卡利的领导下市场份额和收入持续下降，乔布斯对斯卡利的愤怒和蔑视也与日俱增。“斯卡利引进下三滥的人和下三滥的价值观，把苹果给毁了。”乔布斯感觉斯卡利对利润的追逐是以牺牲市场份额为代价的，而不在乎如何制造出色的产品。“麦金塔之所以输给微软，是因为斯卡利坚持榨取每一分利润，而不是努力改进产品和降低价格。”

微软用了几年时间模仿麦金塔的图形用户界面，到1990年就已经推出了Windows3.0系统，从此走上了统领台式电脑市场的征途。1995年8月发布的Windows95成为有史以来最成功的操作系统，而麦金塔的销售量开始暴跌。

苹果公司的市场份额已经从20世纪80年代末的16%下降到4%。股价从1991年时的70美元暴跌到14美元，而当时，高科技泡沫正把其他股票的价格推向史无前例的高点。

当时，《财富》杂志的科技记者布伦特·施伦德写了一篇文章，详细描述了苹果公司的混乱局面。“苹果计算机公司正步入危机，面对销售剧减、科技战略错乱、品牌价值流失等一系列问题，行动迟缓、手足无措，它已成为硅谷管理失控、说着科技呓语的典型代表。”

回归

1997年1月，乔布斯作为一位非正式的兼职顾问回归苹果公司，他开始介入一些人事问题，尤其是会保护他从NeXT带过来的员工，开始把他信任的人安排到苹果公司的高层位置。

他参与到公司业务的所有方面：产品设计、业务整合、供应商谈判以及广告商代理等。他还认为必须止住苹果公司高层员工的流失，他说服董事会批准了新的股票行权价格。

乔布斯不满于必须向一个自己并不敬佩的董事会汇报，他说："这家公司岌岌可危，我没时间哄董事会开心，所以我需要你们全都辞职。"

董事会重组后，乔布斯入选董事会，同时陆续引入很多优秀的领导者加入董事会，包括甲骨文的拉里·埃里森、美国前副总统阿尔·戈尔、谷歌的埃里克·施密特、基因泰克的亚瑟·莱文森、雅芳的钟彬娴等。

而后，1997 年 8 月，苹果与微软重新达成合作，同时，微软向苹果注资 1.5 亿美元，换取无投票权的股份。

1997 年 9 月 16 日，乔布斯接任苹果的临时 CEO，简称为 iCEO，他不领薪水，也不签合同。但是他的行动却没有丝毫踌躇，相继推出了"非同凡想"广告和 iMac。

非同凡想

乔布斯的一个过人之处是知道如何做到专注。"决定不做什么跟决定做什么同样重要，"他说，"对公司来说是这样，对产品来说也是这样。"

1997 年，乔布斯一回到苹果，就开始在工作中应用他的专注原则。乔布斯在产品评估过程中做的第一件事就是禁止使用 PowerPoint。"我讨厌人们用幻灯片而不用脑子，"乔布斯后来回忆说，"每次遇到一个问题，他们就做幻灯片。我想让他们投入进去，当场拿出方案，而不是放一堆幻灯片。知道自己在说什么的人不需要 PowerPoint。"

产品评估显示出苹果的产品线十分不集中。这个公司在官僚作风的驱动下对每个产品炮制出若干版本，去满足零售商的奇思怪想。当无法得到简单的回答时，他就开始大刀阔斧地砍掉不同的型号和产品。很快他就砍掉了 70%。最终，公司产品高度集中在四个领域：专业级台式电脑，他们开发出了 PowerMacintoshG3；专业级便携电脑，开发出了 PowerBookG3；消费级台式电脑，后来发展成了 iMac；消费级便携电脑，就是后来的 ibook。

这种专注能力拯救了苹果。在他回归的第一年，乔布斯裁掉了 3 000 多人，扭转了公司的财务状况。到 1997 年 9 月乔布斯成为临时 CEO 时，之前的一个财政年度苹果已经亏损了 10.4 亿美元。"我们离破产不到 90 天。"他回忆说。1998 年整个财年，苹果实现了 3.09 亿美元的盈利。

设计原则

自从在第一本苹果手册里宣称"至繁归于至简"以来，乔布斯就以追求简洁为目标。追求简洁不是要忽视复杂性，而是要化繁为简。"要把一件东西变得简单，还要真正地认识到潜在的挑战，并找出漂亮的解决方案。"他说，"这需要付出很多努力。"

"为什么我们认为简单就是好？因为对于一个有形的产品来说，我们喜欢那种控制它的感觉。简洁并不仅仅是视觉上的，也不仅仅是把杂乱无章的东西变少或抹掉，而是要挖掘复杂性的深度。要想获得简洁，你就必须要挖得足够深。打个比方，如果你是为了在产品上不装螺丝钉，那你最后可能会造出一个极其烦琐复杂的东西。更好的方式，是更深刻地理解简洁二字，理解它的每一个部分，以及它是如何制造的。你必须深刻地把握产品的精髓，从而判断出哪些部件是可以拿掉的。”

这样一来，苹果公司的产品设计过程就和工程及制造结合到了一起，在产品设计、产品本质和产品制造这三者之间的关系中，设计再次成为了主导。

传世公司

乔布斯屡次谈到他希望自己留下什么样的遗产，以下是他自己话的部分摘录。

我的激情所在是打造一家可以传世的公司，这家公司里的人动力十足地创造伟大的产品。其他一切都是第二位的。当然，能赚钱很棒，因为那样你才能够制造伟大的产品。但是动力来自产品，而不是利润。斯卡利本末倒置，把赚钱当成了目标。

有些人说：“消费者想要什么就给他们什么。”但那不是我的方式。我们的责任是提前一步搞清楚他们将来想要什么。我记得·亨利福特曾说过：“如果我最初是问消费者他们想要什么，他们会告诉我，‘要一匹更快的马！’”人们不知道想要什么，直到你把它摆在他们面前。正因如此，我从不依靠市场研究。我们的任务是读懂还没落到纸面上的东西。

苹果之所以能与人们产生共鸣，是因为在我们的创新中深藏着一种人文精神。

要抨击微软很容易。他们显然已经丧失了统治地位。他们已经变得基本上无关紧要。但是我欣赏他们所做的，也了解那有多么困难。他们很擅长商业方面的事务。他们在产品方面从未有过应有的野心。比尔喜欢把自己说成是做产品的人，但他真的不是。他是个商人。赢得业务比做出伟大的产品更重要。他最后成了最富有的人，如果那是他的目标，他实现了。

像 IBM 或微软这样的公司为什么会衰落，我有我自己的理论。这样的公司干得很好，它们进行创新，成为或接近成为某个领域的垄断者，然后产品的质量就变得不那么重要了。这些公司开始重视优秀的销售人员，因为他们是改写收入数字的人，而不是产品的工程师和设计师，因此销售人员最后成为公司的经营者。IBM 的约翰·埃克斯（以及早已离开苹果的约翰·斯卡利、微软的史蒂夫·鲍尔默）是聪明、善辩、非常棒的销售人员，但是对产品一无所知。

你要打造一家再过一两代人仍然屹立不倒的公司。那就是沃尔特·迪士尼，还有休利特和帕卡德，还有创建英特尔的人所做的。他们创造了传世的公司，而不仅仅是为了赚钱。这正是我对苹果的期望。

资料来源：沃尔特·艾萨克森. 史蒂夫·乔布斯传. 北京：中信出版社，2011

在创业公司的创业规划中，科技规划是一项关系公司核心竞争力的重要规划，有良好的科技是创业成功的关键因素，苹果公司也正是因为在技术上的领先造就了创业的成功，为此，在此情境，请通过模拟训练与思考，完成以下两个主要任务。

任务一：具备科技规划的应用能力。

任务二：掌握企业技术创新的基本策略。

任务分析

为了有效实现本情境的两个子任务，建议先进行本情境后的实训 2-3 研发中心规划实训，然后学习相应知识链接中的相应知识点，再学习进阶技巧中的研发部分。要进一步提升科技规划能力还需在今后的模拟训练与体验中反复加强训练与思考，并致力于加强自我科研能力或寻求相关伙伴。

知识链接

一、科技规划工具

在贸易全球化的今天，所有的公司都面临激烈的市场变化。所有的产品、服务和业务都需要依赖迅速变化的技术。产品变得更加复杂，而消费者的需求也变得更加个性化和多样化。产品的生命周期变得越来越短，从产品到市场的时间也越来越短。全世界正在变成一个市场。即使是最强大的企业对于预测、分析、计划也没有什么秘诀。为了能够在未来竞争中获胜，确保企业的长期发展，企业必须集中力量在它们未来的市场并建立正确的科技发展策略。

1. 科技路线图

科技路线图作为企业科技管理新兴工具，能够帮助一个企业预测未来市场所需的技术和产品需求；描述在未来竞争中取得成功需要走的道路；引导技术研发决策；增加协作、知识共享和新的合作伙伴；降低技术创新的风险；帮助企业抓住未来市场发展的机会。

科技路线图作为一种战略工具，可以提高技术预见活动、把握科技发展规律和未来的能力。科技路线图遴选出的关键技术及关键技术领域和重要科学方向是科技规划的重要内容，科技路线图对科技决策和规划具有重要支撑作用，主要体现在以下三个方面。

第一，科技路线图为科技规划提供整合不同利益的共同体观点，并可以将达成共识的结果落实到发展战略中。

第二，科技路线图可以提高科技规划的针对性和准确性，有利于决策者更好地把握科技的未来走势和可选的应对策略。

第三，科技路线图能提升科技规划管理过程中的执行和实施能力。作为战略图谱，科技路线图可以作为部署科技项目的重要指南。

2. 科技路线图构建步骤

（1）初期准备阶段

第一个阶段包括三个步骤：一是前期调研分析，二是团队建设，三是科技路线图范围的界定与划分。在这一阶段最重要的是科技路线图实施中的领导者能够确定企业当前与未来所面临的挑战，带领团队构建适合本企业的科技路线图为企业的后续发展确定方向。

① 调研分析。阶段首先必须明确企业事实情况，并同时检查事实情况是否满足科技路线图项目的实施。如果事实条件不满足则必须采取必要措施创造条件满足科技路线图实施的需求。例如：企业领导者必须对科技路线图的实施高度重视，认为科技路线图的实施最终能够解决企业所面临的问题；需要来自不同部门（市场部、研发部、战略决策层等）在不同技术规划与愿景的情况下的付出与通力合作；并且同时能够驱动科技路线图的实施。所有的这些条件在科技路线图的实施前都必须满足，只有这样才能使得科技路线图向下一个阶段发展。

② 团队建设。由于在科技路线图的实施过程中时间和团队精力是有限的，因此一个强有力的领导者是必需的。同时在科技路线图的实施过程中还需要各部门人员的通力协作，构建一个扁平化的组织结构驱动科技路线图的发展，同时利用科技路线图进行资源的分配。

③ 科技路线图的范围界定与划分。在这一阶段科技路线图的关键点将被确定。一个共同的愿景必须存在于企业的每个员工之中，而且明确到科技路线图可以支持它。在以上条件满足的前提下计划与路线图的实施过程和科技路线图细则都必须明确设定。范围可以分为技术范围与合作范围。

（2）科技路线图的实施阶段

这一阶段主要包括以下 8 个步骤。

① 确定科技路线图的主要产品。在这一步骤中所有的市场需求都必须明确并同时得到团队成员的一致认可。这是所有科技路线图实施者能够共同协作与实施的必要条件。在这一步骤中如果不能够确定市场需求就需要基于市场事实的假设与论证进而得到最终的结果。

② 确定系统关键需求与目标。一旦关键系统需求被确定且明确，一个科技路线图的整体框架将会为企业建立。科技路线图的要求也就有了目标，例如可靠性与成本等。

③ 确定主要技术领域。在这些领域，可以帮助实现系统的关键要求。每个技术领域的若干技术可以被找到。例如市场评估，跨领域技术，构件化开发和系统开发。

④ 确定技术驱动及目标。在这一步骤中，关键系统需求在特定技术领域从步骤②转化

为技术驱动力（与目标）。这些驱动是关键的因素，将决定哪些替代性技术会被选出。驱动在很大程度上依赖于技术领域，但它们涉及技术如何满足关键的系统需求。

⑤ 确定替代性技术与时间表。在这一步骤技术驱动及目标被确定。同时能够满足这些目标的替代性技术也会被确定。对于每一种替代性技术都必须确定其是如何满足技术驱动与目标的。

⑥ 时间。时间这一因素可以适应特定的情况。这个时间跨度为电子商贸及软件相关的行业，通常是短期的。

⑦ 确定需要推进的替代性技术。因为替代性技术在成本、时间等方面的区别，因此必须确定所要推进的替代性技术。在这一阶段，由于不同的替代技术、不同的目标以及所需要的成本甚至子目标与全局目标的关系，因此必须权衡利弊作出最终决定。

⑧ 建立科技路线图报告。在这一阶段科技路线图已经完成并且可以发现其包括 5 个部分：对每个技术领域的定义与描述；科技路线图的决定性因素；未涉及技术领域；实施建议与技术建议；其他相关注意事项。

（3）科技路线图的发展阶段

在这一阶段中科技路线图已经在企业的发展中起到了相当的作用，且随着时间的进行科技路线图也在不断完善以及修正，从而能够更加准确而高效地为企业的发展服务。

二、科技规划实施步骤与工作流程

科技规划实施步骤一般分为六个阶段，如图 2-1 所示。

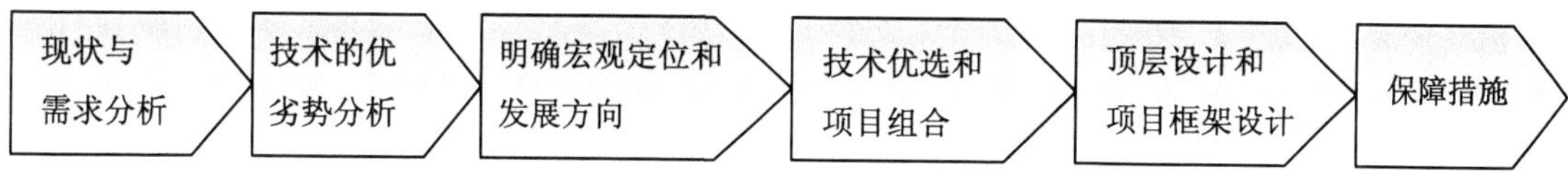

图 2-1 科技规划实施步骤

1. 现状与需求分析

主要针对企业产品结构及其技术定位的现状与未来发展趋势所需要的新技术而展开的调查与分析，相关信息包括：

☑ 生产经营目标。

☑ 对生产的需求。

☑ 对科技的需求并建立技术需求框架。

2. 技术的优劣势分析

需要收集现阶段国内外同行业的科技相关资讯，我们已掌握了什么还没掌握什么。

（1）国外技术现状与发展趋势

紧密围绕企业当前及近五年、十年或更长时间的业务领域、业务方向，深入研究国外相应领域的技术现状与未来发展预期。

① 研究和了解国外与企业中长期发展相关的每一个产品的进展和动态，一是目前已实现工业化的最新技术（理论）；二是已进入实验或试验阶段的最新技术；三是国际上提出的新理念、新设想或科学假设，分三个层次表述。

② 各产品三个层次技术前沿的领军人物，最具实力的研发团队实力分析，包括团队组成、实验条件、体制机制、发展趋势等。

③ 目前已实现工业化的最新技术（特别是企业未来发展的需求技术）的国际市场占有率分析及近五年、十年或更长时间预期变化。并提出我们的对应设想（追随、合作、超越、保持领先及如何追随，如何合作，如何超越，如何保持领先等）。

④ 国外技术现状与发展趋势研究。必须要用对比的方法，通过对比表示出本次研究和前人研究所增加的新内容、新观点。

（2）国内技术现状与发展趋势

① 研究和了解国内与企业中长期发展相关的每一个产品的进展和动态，一是目前已实现工业化的最新技术（理论）；二是已进入实验或试验阶段的最新技术；三是国内提出的新理念、新设想或科学假设，分三个层次表述。

② 各产品三个层次技术前沿的国内领军人物，最具实力的研发团队实力分析，包括团队组成、实验条件、体制机制、发展趋势等。

③ 目前已实现工业化的最新技术（特别是企业未来发展的需求技术）的国内市场占有率分析及近五年、十年或更长时间预期变化。并提出我们的对应设想（保持领先、追随、合作、超越及如何保持领先，如何追随，如何合作，如何超越等）。

④ 国内技术现状与发展趋势研究。必须要用对比的方法通过对比表示出本次研究和前人研究所增加的新内容、新观点。

（3）企业技术现状

① 研究和了解与企业中长期发展相关的每一个专业（学科）的进展和动态，一是目前已实现工业化的最新技术（理论）；二是已进入实验或试验阶段的最新技术；三是企业内部提出的新理念、新设想或科学假设，分三个层次表述。

② 各产品三个层次技术前沿的企业领军人物，最具实力的研发团队实力分析，包括团队组成、实验条件、体制机制、发展趋势等。

③ 目前已实现工业化的最新技术（特别是企业未来发展的需求技术）的企业市场占有率分析及近五年、十年或更长时间期变化。并提出我们的对应设想（追随、合作、超越、

保持领先及如何追随，如何合作，如何超越，如何保持领先等）。

④ 企业技术现状与发展趋势研究。必须要用对比的方法，通过对比表示出本次研究和前人研究所增加的新内容、新观点。

（4）差距与优势对比

企业的技术优势和差距研究拟采用以下三种方法。

① 宏观对比法。从科技成果的数量、水平（获奖项目、专利项目）及应用效果、科技投入、研发队伍、领军人物、研发条件等方面宏观分析研究，从大的方向、领域等方面综合判断企业的优势和差距。

② 价值链分析法。应用价值链分析法将企业当前已投入工业化应用的新技术及未来拟应用的可实现工业化的新技术，按室内理论研究、技术发明与开发、中试与工业化试验三个阶段逐项进行源头追踪。

☑ 企业已大规模应用的新一代技术，其室内方法和技术发明来自直属院所，中试和现场试验在企业形成标准规范后在企业大规模应用并产生了重大效益。

☑ 企业已大规模应用的新一代技术，源头在企业的研究院。

☑ 源头在国内本企业以外的研发单位。

☑ 源头在国外。

通过因果关系的分析研究，可以明确优势并找出问题和差距。

③ 重大指标对比法。通过国内外相关的产品主要技术经济指标综合对比优势与差距。在国外技术现状与发展趋势、国内技术现状与发展趋势、企业技术现状等研究的基础上列表对比。

3. 明确宏观定位和发展方向

公司发展战略可以分为发展目标和战略规划两个层次。其中，发展目标是公司发展战略的核心和基本内容，是在最重要的经营领域对公司使命的具体化，表明公司在未来一段时期内所要努力的方向和所要达到的水平。战略规划是为了实现发展目标而制定的具体规划，表明公司在每个发展阶段的具体目标、工作任务和实施路径。

（1）制定发展目标。公司发展目标作为指导公司生产经营活动的准绳，通常包括盈利能力、生产效率、市场竞争地位、技术领先程度、生产规模、组织结构、人力资源、用户服务、社会责任等。关于发展目标的编制，有以下几点值得注意。

☑ 发展目标应当突出主业。

☑ 发展目标不能过于激进，不能盲目追逐市场热点，不能脱离公司实际，否则可能导致公司过度扩张或经营失败。

☑ 发展目标不能过于保守，否则会丧失发展机遇和动力。

（2）编制战略规划。发展目标确定后，就要考虑使用何种手段、采取何种措施、运用何种方法来达到目标，即编制战略规划。战略规划应当明确公司发展的阶段性和发展程度，制定每个发展阶段的具体目标和工作任务，以及达到发展目标必经的实施路径。

4. 技术优选和项目组合

应用科学测评方法把最需发展的新技术和最重大的项目具体化。

（1）技术的三项特性与测评方法

技术的三项特征与说明如表 2-1 所示。

表 2-1　技术的三项特征

技 术 特 征	说　　明
技术分类（技术竞争性）	常规技术：竞争对手均广泛掌握的技术
	核心技术：指同竞争对手相比具有竞争优势的技术
	超前技术：未大规模投入应用的前沿技术，是企业未来的竞争优势
技术对生产力影响	非常重要
	重要
	一般
技术水平	国际领先
	国际先进
	国内领先
	国内一般
	薄弱

① 技术分类（技术竞争性），分为三类：常规技术、核心技术、超前技术，如表 2-2 所示。

② 技术对生产力影响分为三类：非常重要、重要、一般，主要是指技术对形成生产力的作用与贡献。它是对业务板块整体业务面的影响程度，一般情况，非常重要的技术只占总体技术的 20%以下。

③ 技术水平分为五类：国际领先、国际先进、国内领先、国内一般、薄弱。

表 2-2　技术分类及特征描述

技术分类（技术竞争性）	特 征 描 述
常规技术	是业务所必需的技术 已经广泛为行业内的竞争对手所使用 对企业竞争力差异性影响很小 是“过去”的竞争优势的来源
核心技术	已投入工业化应用，是本企业独有技术或竞争对手使用有限 对市场有很大影响 是“今天”的竞争优势的来源
超前技术	在本行业中处于研发早期阶段，某些竞争对手正在试用该项技术 竞争力影响很可能很大，有潜在商业应用价值 是“明天”的竞争优势的来源

注：一般情况，在总体技术系列中,常规技术占 70%，核心技术在 20%以下，超前技术在 10%以下。

（2）技术合理性测评

技术合理性测评方法如表 2-3 所示。

表 2-3 技术合理性测评

<table>
<tr><th rowspan="2">技术分类
（技术竞争性）</th><th colspan="4">技 术 水 平</th></tr>
<tr><th>国际领先/
国际先进</th><th>国 内 领 先</th><th>国 内 一 般</th><th>薄 弱</th></tr>
<tr><td>常规技术</td><td colspan="2">表明存在资源浪费，可以适当减少投入</td><td rowspan="3">需要结合其他指标确定技术发展对策</td><td>企业面临生存危险，必须尽快提高技术水平</td></tr>
<tr><td>核心技术</td><td colspan="2">在目前可能成为竞争优势，值得重视</td><td>当前技术存在问题需要解决</td></tr>
<tr><td>超前技术</td><td colspan="2">在将来可能成为竞争优势</td><td>将来有发生危机的潜在可能性</td></tr>
</table>

☑ 常规技术过多地处于“国际先进”、“国内领先”区间说明科技资源存在浪费，处于“薄弱”水平表示企业有危机。

☑ 核心技术数量较少并处于一般水平，则不符合企业总体目标，需大力加强攻关。

☑ 超前技术处于“薄弱”水平应引起十分重视等。

（3）技术获取策略

技术发展主要有三种策略，即技术引进、自主研发和合作研发，应根据企业的实际选择自己的发展策略，如表 2-4 所示。

表 2-4 技术获取策略

技术获取策略	适 用 条 件		效 果
	内 部	外 部	
技术引进	生产部门提出迫切需求； 自主研发力量不足； 自主研发所需时间长，不能及时满足生产需求； 自主研发所需投资远远超过引进成本； 自主研发的风险过高	技术成熟，易于消化吸收； 技术供应方充足； 交易成本较低； 能维持长期的技术支持、更新	能够迅速满足生产需求； 规避自主研发的风险； 知识积累，提升自主研发实力； 加强与外部技术的交流
自主研发	中长期的生产需求； 保持竞争优势的核心技术开发； 超前性技术储备； 自主研发力量强，有较好积累； 科研经费充足	市场上该类技术处于开发试验阶段； 技术供应方缺乏； 成本较高； 竞争对手十分重视	能够满足中长期生产需求； 形成积累企业的自主知识产权； 形成并保持企业可持续竞争优势； 提升研发水平，形成研发核心力量； 降低技术引进的成本

续表

技术获取策略	适用条件		效　果
	内　部	外　部	
合作研发	靠自身能力不能获得明显竞争优势； 希望快速追赶； 受到专利保护等限制而无法获得； 为获取互补技术或特殊装备，特别是非核心领域； 为确保兼容性或实现标准化	具有雄厚的研究基础和业绩，能同我方需求形成互补； 具有真诚的合作愿望； 合作成本较低； 能保持稳定持久	提高我方竞争实力和技术水平； 较小开支； 缩短时间； 培养队伍

5. 顶层设计和项目框架设计

确保科技规划和年度计划的完整性，提高规划实施的可操作性，规划拟采用基于科技路线图方法进行顶层设计与项目框架设计。

（1）顶层设计

① 顶层目标设计与分目标分解。

② 总目标与分目标（以提交工业化试验成果为目标）时间点设计。

③ 总目标与分目标研发程序设计。

④ 总目标与分目标首席与团队设计。

（2）项目框架设计

① 目标设计：按照规定和标准确定技术水平、知识产权、技术经济指标和预期效益。

② 研发内容与关键技术（含创新点与预期成果）。

③ 经费与预期效益。

6. 保障措施

战略实施过程是一个系统的有机整体，需要研发、生产、营销、财务、人力资源等各个职能部门间的密切配合。在目前复杂动态的市场环境和激烈的市场竞争中，对公司内部不同部门之间的这种协同运作提出了越来越高的要求。为此，公司应当采取切实有效的保障措施，确保发展战略的顺利贯彻实施。

（1）培育与发展战略相匹配的公司文化

公司文化是发展战略有效实施的重要支持。发展战略制定后，要充分利用公司文化所具有的导向、约束、凝聚、激励等作用，统一全体员工的观念行为，共同为发展战略的有效实施而努力奋斗。

（2）优化调整组织结构

发展战略决定着公司组织结构模式的设计与选择；反过来，发展战略的实施过程及效果又受到所采取的组织结构模式的制约。要解决好发展战略前导性和组织结构滞后性之间的矛盾，公司必须在发展战略制定后，尽快调整公司组织结构、业务流程、权责关系等，以适应发展战略的要求。

（3）整合内外部资源

公司能够利用的资源是有限的，如何调动和分配公司不同领域的人力、财力、物力和信息等资源来适应发展战略，是促进公司发展战略顺利实施的关键所在。公司在战略实施过程中，只有对拥有的资源进行优化配置，达到战略与资源的匹配，才能充分保证战略的实现。

（4）相应调整管理方式

公司在战略实施过程中，往往需要克服各种阻力，改变公司日常惯例，在管理体制、机制及管理模式等方面实施变革，由粗放、层级制管理向集约、扁平化管理转变，为发展战略的有效实施提供强有力的支持。

三、企业技术创新的关键环节

探讨企业技术创新活动的关键环节，有利于加深对企业技术创新活动的认识，有利于企业技术创新激励机制的建设。一般认为企业技术创新具有以下关键环节。

（1）充分了解消费者需求

充分了解消费者需求是企业技术创新的反应性所要求的。企业技术创新活动在创新设想、调研评估阶段乃至整个活动过程都应充分了解消费者需求。一般而言，消费者需求表现为两个方面：一是对现有产品改进的需求；二是尚未满足的潜在需求。前一方面的需求是消费者需求的主要方面，因而是企业技术创新活动的主要方向。对绝大多数企业来说，将注意力集中在推出全新型的产品是不现实的，也是不必要的。因此，企业技术创新应该脚踏实地地做好消费者对现有产品改进需求的分析。相关调查发现，没有充分了解消费者需求是新产品开发失败的首要原因；成本导向的公司的绩效要比市场导向的公司的绩效差，这也表明市场导向性的创新要比成本导向性的创新对企业的贡献大。另外，充分了解消费者需求也有利于企业制定正确的技术创新战略。

（2）加强技术创新过程管理

由于企业技术创新具有风险性，加强过程管理显得尤为必要。对以下四个方面的严格控制将有利于降低技术创新的风险：一是要对技术创新活动由一个阶段进入到下一个阶段的关口严格把关，将没有满足过关标准的项目及早淘汰；二是要推行并行工程，将技术创新活动的各有关因素在不同的阶段都进行相应的考虑，以尽早发现问题，尽早处理；三是要对研发团队的活动状态进行监控，包括角色匹配、知识分享等方面，以尽早发现研发团队存在的不和谐现象；四是对整个创新活动进行较为频繁的再思考及评估以确认技术创新活动是否在沿着正确的轨道前进。

（3）培育创新文化

企业的技术创新活动与管理创新活动是密切联系在一起的。企业技术创新需要企业进行管理上的创新，以建立支持性的环境。这是企业技术创新活动的创造性、全员性及冲突性所要求的。当企业缺乏这种支持性的环境时，企业的普通工人不可能投入到技术创新活动中去，企业的技术人员也很难从事复杂的技术创新活动。没有创新文化的支持，企业技术创新活动必将受到扼杀，这一观点目前已得到了学术界广泛的认同。这里面的根本原因是企业实质上是一个政治实体，企业内部占优利益集团总是试图切断绩效与薪酬的直接联系，致使创新活动得不到应有的回报。

（4）提高管理人员的技术技能

就技术技能而言，现实中的企业管理人员，尤其是中高层管理人员普遍缺乏。当企业管理人员对企业的工程技术缺乏了解时，他们也很难对技术创新所涉及的一些技术性问题作出合理的决策。这已成为企业技术创新活动的一大障碍。

任务四　财务指导

任务引入

百度融资

三次融资，帮助百度在短短 4 年中迅速成长为全球最大的中文搜索引擎，而李彦宏、徐勇等原有股东也保持了对公司的绝对控制权。

首笔融资不求最多

返回美国之后，手中握有全球第二代搜索引擎核心技术“超链分析”专利的李彦宏，找到了自己刚刚从美国东部闯荡硅谷时认识的好朋友徐勇。1999 年 11 月，徐勇邀请李彦宏到斯坦福大学参加自己担任制片人的《走进硅谷》一片的首映式。第二天，两人就基本敲定了市场方向、股权分配、管理架构以及融资目标等回国创业的大致框架。

此时互联网泡沫正盛，但是，为了凭借自身团队的价值成为公司绝对控股的大股东，以便为将来的阶段性融资奠定基础，他们只制订了 100 万美元的融资计划，并开始寻找融资目标。在与各种背景的投资者接触后，李彦宏倾向于选择有美国背景的投资者，原因在于“他们开的价码、条件比较好”。

很快就有好几家 VC（风险投资）愿意为他们投资，他们看重的是三个因素：中国、技术、团队。“我们选了一家，即 Peninsula Capital（半岛资本）。”Peninsula Capital 是李彦宏要和另一家投资商签署协议时才开始接触的。“当时急着回国，所以我们只给了他们一天的时间。”

巧的是，Peninsula Capital 的一个合伙人 Greg 是徐勇拍摄《走进硅谷》时采访过的。Greg 对徐勇说：“从你拍的片子，我就知道你能成事。但我不认识他（指李彦宏）。你说他的技术如何了得，有什么办法让我们相信？”不过，在按创投行业惯例与李彦宏工作的 Infoseek 公司 CTO（首席技术官）威廉·张通电话后，Greg 下定了决心：威廉·张认为，李彦宏是全世界搜索引擎领域排名在前三位的专家。

尽管对中国有着浓厚的兴趣——2000 年初 Peninsula Capital 还联合高盛、Redpoint Ventures（红点投资）向中国最早的 IT 交易网站“硅谷动力”投资了 1 000 万美元，但是由于没有在搜索领域的投资经验，他们又拉来了 Integrity Partners 一起投资。这家 VC 主要由 INKTOMI（美国著名的搜索引擎公司，后被 Yahoo 收购）的几个早期创业者创办。两家 VC 决定联手向百度投资 120 万美元（双方各 60 万美元），而不是李彦宏当初想要的 100 万美元。“当时我觉得，需要 6 个月时间把自己的搜索引擎做出来。”投资人问李彦宏，如果给更多的钱，是不是可以缩短这一时间，他的回答是否定的。但事实上，从 2000 年 1 月 1 日开始，百度公司在北大资源楼花了 4 个半月就做出了自己的搜索引擎。不仅如此，为了防止市场发生大的变化，原计划 6 个月用完的钱，百度做了一年的计划，从而坚持到了 2000 年 9 月第二笔融资到来的时候。

与资本的第二次联姻

第一轮投资者 Integrity Partners，还为百度引来了第二轮融资的领投者德丰杰全球创业投资基金（DFJ）。Integrity Partners 的创始人之一 Scott Welch，早年创建一家购物搜索引擎企业时曾得到过德丰杰的投资。2000 年 4 月、5 月份，DFJ 中的“F”，即创始合伙人 John H. N. Fisher，通过 Scott Welch 知道了百度，并很快对其产生了兴趣。DFJ 随即对百度展开了审慎的调查，这项工作由刚从新加坡国家科技局加入德丰杰全球创业投资基金的符绩勋担纲。

“那段时间，我们大都在晚上去实地考察百度。”符绩勋回忆道，“透过公司的灯光，我们看到了这家企业身上闪现着硅谷式的创业精神。”而另一家创业投资巨头 IDG 决心投资百度，是因为发现李彦宏一直滔滔不绝的不是自己如何厉害，而是怎么去找“比自己强”的技术和管理人员。“开始创业的时候，我们希望能够找到一位‘能人’担任首席执行官，所以那时我在公司的职务是总裁。”李彦宏解释说。

投资谈判过程相当顺利，2000 年 9 月，德丰杰就联合 IDG 向成立 9 个月的百度投资了 1 000 万美元。德丰杰约占了总投资额的 75%，因而成为百度的单一最大股东，但其仍然只拥有百度的少数股权。据估算，成立不到一年的百度价值至少应当在 2 500 万美元以上。

投资者还为百度带来了资本之外的价值。通过 Peninsula Capital 的穿针引线，百度与硅谷动力结成了合作伙伴，2000 年 5 月 22 日，双方合作推出了“动力引擎”。“硅谷动力 CTO 卢建的做法使我们的产品被市场所认可。现在他自己做的医疗网站还在竞价排名方面与百度合作。”李彦宏表示。

这种投资组合之间的协同效应，在 DFJ 身上也得到了体现：周云帆、杨宁等创建的 CHINAREN（后被搜狐收购）是百度的早期客户，在周云帆、杨宁再次创建空中网（获得了德丰杰的投资）时，双方又再度携手。

Google 进入的价值

2003 年底，百度开始第三轮融资的时候，面临的主要问题已是选择那些能为百度的进一步发展带来不同价值的投资者。

“第三轮融资持续了 6 个月，我们在考虑是否接受 Google 上花了很多时间，因为两者之间的竞争关系是显而易见的，而当时百度并不缺钱，”李彦宏说。但其时即将上市的 Google，显然希望通过投资百度“化敌为友”，在中国分得更多市场。2004 年 6 月 16 日，这两家搜索引擎的领导者宣布进行资本合作。外界揣测，Google 向百度投资了 1 000 万美元。“Google 的加入会有效增加百度的品牌知名度，但百度仍是独立运作的公司。”李彦宏强调，百度此轮融资为策略性融资，Google 只拥有百度极少数股权，不足以影响百度的发展策略。李彦宏、徐勇等公司的原有股东仍然对公司拥有绝对的控制权。

德丰杰与 Google 一起在此轮投资中扮演了领投角色。投资者的名单上还包括 Integrity Partners、Peninsula Capital、China Value、华盈投资（Venture TDF）、信中利投资（China Equity）、Bridger Management 等，其中，信中利曾在搜狐股票价格徘徊在 1 美元时大量买进，China Value 则拥有强大的政府关系背景，但是，China Value 等后来的投资者都没有能够进入百度的董事会。

在不到 5 年的时间，伴随着外源资本的进入，百度不断从幕后走向台前，并一步一步地逼近自己的目标。这个过程，按照李彦宏的说法就是：2002 年是技术年，百度搜索技术真正成熟，而由于技术是搜索服务提供商的立足之本，百度还将以年度收入的 10%投入技术研发，以其 2003 年约为 2 亿元的收入计，其投入研发的年度费用达 2 000 万元；2003 年是流量年，百度流量比 2002 年增加了 7 倍（2002 年和主流门户网站的搜索流量持平）；2004 年是品牌年，百度品牌得到网民的广泛认可。而 2005 年，李彦宏说“是百度的收入年”。

资料来源：户才和. 百度 不被操纵的融资. 新财富，2005（1）

在创业公司的创业规划中，财务融资是一项重要的规划，仅有好的技术与产品风险还是很大的，事实上对于创办企业的初期最需要的资源之一就是资金，这是创办企业的生命线，为此，在此情境，请通过模拟训练与思考，完成以下两个主要任务。

任务一：掌握基本的融资规划与方法。

任务二：了解通用融资方式的利弊。

任务分析

为了有效实现本情境的两个子任务，建议先进行本情境后的实训 2-4 融资实训，然后学习相应知识链接中的相应知识点，再学习进阶技巧中的融资部分。要进一步提升融资技能还需在今后的模拟训练与体验中反复加强训练与思考。

知识链接

一、融资概述

1. 创业融资渠道与方式选择

创业融资从大的方面来说，主要有直接融资与间接融资两种形式。直接融资是指不通过银行等金融市场机构的融通资金的方式。所谓间接融资，主要是指银行贷款。银行的钱不好拿，这谁都知道，对创业者更是如此。但在某种情况下也有例外，就是在你拿得出抵押物或者能够获得贷款担保的情况下，银行还是很乐意将钱借给你的。较适合创业者的银行贷款形式主要有抵押贷款和担保贷款两种。信用贷款是指以借款人的信誉发放的贷款，一般情况下，缺乏经营历史从而也缺乏信用积累的创业者，比较难以获得银行的信用贷款。

（1）抵押贷款。指借款人以其所拥有的财产作抵押，作为获得银行贷款的担保。在抵押期间，借款人可以继续使用其用于抵押的财产。当借款人未按合同约定按时还款时，贷款人有权依照有关法规将该财产折价或者拍卖、变卖后，用所得钱款优先得到偿还。适合于创业者的有不动产抵押贷款、动产抵押贷款、无形资产抵押贷款等。

① 不动产抵押贷款：创业者可以土地、房屋等不动产作抵押，向银行获取贷款。

② 动产抵押贷款：创业者可以股票、国债、企业债券等获银行承认的有价证券，以及金银珠宝首饰等动产作抵押，向银行获取贷款。

③ 无形资产抵押贷款：是一种创新的抵押贷款形式，适用于拥有专利技术、专利产品的创业者，创业者可以专利权、著作权等无形资产向银行作抵押或质押，获取银行贷款。

（2）担保贷款。是指借款方向银行提供符合法定条件的第三方保证人作为还款保证，借款方不能履约还款时，银行有权按约定要求保证人履行或承担清偿贷款连带责任的借款方式。其中较适合创业者的担保贷款形式有自然人担保贷款、专业担保公司担保贷款、托管担保贷款等。

① 自然人担保贷款。自然人担保可采取抵押、权利质押、抵押加保证三种方式。如果借款人未能按期偿还全部贷款本息或发生其他违约事项，银行将要求担保人履行担保义务。从 2002 年起，除工商银行外，其他一些国有银行和城市商业银行，也可视情况提供自然人担保贷款。

② 专业担保公司担保贷款。目前各地有许多由政府或民间组织的专业担保公司，可以为包括初创企业在内的中小企业提供融资担保。北京中关村担保公司、首创担保公司等属于政府性质担保公司，目前在全国 31 个省、市中，已有 100 多个城市建立了此类性质的担保机构，为中小企业提供融资服务。这些担保机构大多实行会员制管理的形式，属于公共服务性、行业自律性、自身非盈利性组织。创业者可以积极申请，成为这些机构的会员，以后向银行借款时，可以由这些机构提供担保。与银行相比，担保公司对抵押品的要求则显得更为灵活。担保公司为了保障自己的利益，往往会要求企业提供反担保措施，有时会派员到企业监控资金流动情况。

③ 托管担保贷款。这是一种创新的担保贷款形式。对于一些草创阶段企业，虽然土地、厂房皆为租赁而来，现在也可以通过将租来的厂房、土地，经社会资产评估，约请托管公司托管的办法获取银行贷款。如上海百业兴资产管理公司就可以接受企业委托，对企业的季节性库存原料、成品库进行评估、托管，然后以这些物资的价值为基础，为企业获取银行贷款提供相应价值的担保。通过这种方法，企业既可以将暂时用不着的“死”资产盘活，又可以获得一定量银行资金的支持，缓解资金压力，是一件一举两得的好事。

除此之外，可供创业者选择的银行贷款方式还有买方贷款，如果你的企业产品销路很好，而企业自身资金不足，那么，你可以要求银行按照销售合同，对你产品的购买方提供贷款支持。你可以向你产品的购买方收取一定比例的预付款，以解决生产过程中的资金困难。或者由买方签发银行承兑汇票，卖方持汇票到银行贴现，这就是买方贷款。

2. 政府扶持融资

创业者还要善于利用政府扶持政策，从政府方面获得融资支持，如专门针对下岗失业人员的再就业小额担保贷款，专门针对科技型企业的科技型中小企业技术创新基金、专门为中小企业“走出去”准备的中小企业国际市场开拓资金等，还有众多的地方性优惠政策。巧妙地利用这些政策和政府扶持，可以达到事半功倍的效果。这些融资方式主要有以下几种。

（1）再就业小额担保贷款。根据《中共中央国务院关于进一步做好下岗失业人员再就业工作的通知》（中发［2002］12 号）文件精神，为帮助下岗失业人员自谋职业、自主创业和组织起来就业，对于诚实守信、有劳动能力和就业愿望的下岗失业人员，针对他们在创业过程中缺乏启动资金和信用担保，难以获得银行贷款的实际困难，由政府设立再担保基金。通过再就业担保机构承诺担保，可向银行申请专项再就业小额贷款，该政策从 2003 年初起陆续在全国推行。其适用对象：①国有企业下岗职工；②国有企业失业职工；③国有企业关闭破产需安置的人员；④享受最低生活保障并失业 1 年以上的城镇其他失业人员；贷款额度一般在 2 万元左右(有关再就业小额担保贷款更详细介绍，请参见《科学投资》2004 年第 1 期文章《创业扶持贷款帮你创业》)。

（2）科技型中小企业技术创新基金。经国务院批准设立，用于支持科技型中小企业技术创新的政府专项基金。通过拨款资助、贷款贴息和资本金投入等方式，扶持和引导科技型中小企业的技术创新活动。根据中小企业和项目的不同特点，创新基金的支持方式主要有贷款贴息和无偿资助。

① 贷款贴息：对已具有一定水平、规模和效益的创新项目，原则上采取贴息方式支持其使用银行贷款，以扩大生产规模。一般按贷款额年利息的 50%～100%给予补贴，贴息总额一般不超过 100 万元，个别重大项目可不超过 200 万元；

② 无偿资助：主要用于中小企业技术创新中产品的研究、开发及中试阶段的必要补助，科研人员携带科技成果创办企业进行成果转化的补助，资助额一般不超过 100 万元；

（3）地方性优惠政策。如早在 1997 年杭州市创办高科技企业孵化基地时，就规定对通过资格审查进驻基地的企业将提供免 3 年租费的办公场所，并给予一定的创业扶持资金。近年杭州市又提出建设“天堂硅谷”，把发展高科技作为重点工程来抓，与之相配套的措施是杭州市及各区县（市）均建立了“孵化基地”，为有发展前途的高科技人才提供免费的创业园地，并拨出数目相当可观的扶持资金。在全国各地许多地方都有类似的创业优惠和鼓励政策，如上海的张江高科技园区、北京的中关村高科技园区等，创业者要学会充分利用相关政策。

（4）巧借外力筹措创业资金。2000 年 8 月，上海浦东发展银行与联华便利合作，推出面向创业者的“投资 7 万元，做个小老板”的特许免担保贷款业务，由联华便利为创业者提供集体担保，浦发银行向通过资格审查的申请者提供 7 万元的创业贷款，建立联华便利加盟店，许多缺乏资金的创业者因此得以圆创业梦。像联华便利一样，现在很多公司为迅速扩大市场份额，常会采取连锁加盟或结盟代理等方式，推出一系列优惠待遇给加盟者或代理商，如免收加盟费、赠送设备、在一段时间内免费赠送原材料，对代理商先货后款、延后结款赊购赊销等，虽然不是直接的资金扶持，但对缺乏资金的创业者来说，等于获得了一笔难得的资金。

当然，对于创业者来说，善用自我积累，进行滚动发展也是一个不错的方式，虽然发展速度可能会相对慢一些，但是没有包袱，做事可以更加从容，保持一种良好心态。创业者还可以选择典当等方式筹措创业资金。

创业融资的方法多种多样。创业者需要灵活性，做任何事情都不能拘泥于一个定式。

二、融资决策原则

根据同行业相关经验，一般来说，融资过程中有以下几条原则可供借鉴：

（1）融资总收益大于融资总成本。

（2）融资规模要量力而行。

（3）尽可能降低融资成本。

（4）确定恰当的融资期限。

（5）选择最佳融资机会。

（6）尽可能保持企业的控制权。

（7）选择最有利于提高企业竞争力的融资方式。

（8）寻求最佳资本结构。

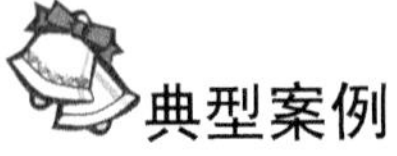

典型案例

新东方的创业传奇

作为国内最大的英语培训机构，新东方声名赫赫。十几年来，它帮助数以万计的年轻人实现了出国梦，莘莘学子借此改变了自己的命运。有人评价说，“在中国，任何一个企业都不可能像新东方这样，站在几十万青年命运的转折点上，站在东西方交流的转折点上，对中国社会进步发挥如此直接而重大的作用。”

这样的赞誉现在看来也许并不为过，但对于创办新东方的俞敏洪来说，当初却根本没有这样的“雄才大略”。

失意的80年代

1978 年，俞敏洪高考失利后回到家里喂猪种地。由于知识基础薄弱等原因，俞敏洪第一次高考失败得很惨，英语才得了 33 分；第二年又考了一次，英语得了 55 分，依然是名落孙山。那时俞敏洪并没有远大的志向，作为一个农民的孩子，离开农村到城市生活就是他的梦想，而高考在当时是离开农村的唯一出路。尽管生活条件比较艰苦，俞敏洪仍在微弱的煤油灯下坚持学习。

1979 年，县里办了一个外语补习班，俞敏洪挤了进去。住在 30 人一间的大房子里，俞敏洪的感觉就是进了天堂：可以一整天都用来学习了，可以在电灯下读书了。到了第二年春节，俞敏洪在班里的成绩已经进入前几名。功夫不负有心人，1980 年，俞敏洪坚持考了三年后，最终考进了北京大学西语系。

1985 年，俞敏洪毕业留在北大成了一名教师。接下来是两年平淡的生活。中国随后出现的留学热潮，让俞敏洪也萌生了出国的想法。1988 年俞敏洪托福考了高分，但就在他全力以赴为出国而奋斗时，美国对中国紧缩留学政策。以后的两年，中国赴美留学人数大减，再加上他在北大学习成绩并不算优秀，赴美留学的梦想在努力了三年半后付诸东流，一起逝去的还有他所有的积蓄。

为了谋生，俞敏洪到北大外面去兼职教书，后来又约几个同学一块儿出去办托福班，挣出国的学费。1990 年秋天，俞敏洪的如意算盘被打碎了：因为打着学校的名头私自办学，北京大学在校园广播、有线电视和著名的三角地橱窗里高调宣布了对俞敏洪的处分决定。

被迫下海

1991 年，俞敏洪被迫辞去了北京大学英语教师的工作，为了挽救颜面不得不离开北大，生命和前途似乎都到了暗无天日的地步。但正是这些折磨使他找到了新的机会。尽管留学失败，俞敏洪却对出国考试和出国流程了如指掌；尽管没有面子在北大待下去，俞敏洪却因此对培训行业越来越熟悉。

离开北大后，俞敏洪开始在一个叫东方大学的民办学校办培训班，学校出牌子，他上交 15% 的管理费。这一年他 29 岁，他的目标是挣一笔学费，摆脱生活的窘境，然后像他的同学和朋友一样到美国留学。

卢跃刚在他的《东方马车》一书中生动描述了俞敏洪这段创业经历：他在中关村第二小学租了间平房当教室，外面支一个桌子，放一把椅子，“东方大学英语培训班”正式成立。第一天，来了两个学生，看“东方大学英语培训部”那么大的牌子，只有俞敏洪夫妻俩，破桌子，破椅子，破平房，登记册干干净净，人影都没有，学生满腹狐疑。俞敏洪见状，赶紧推销自己，像是江湖术士，凭着三寸不烂之舌，活说死说，让两个学生留下来，并交了学费。夫妻俩正高兴着呢，两个学生又回来了。他们心里不踏实，把钱又要回了……

尽管困难重重，但拼死拼活干了一段时间后，俞敏洪的培训班渐渐有了起色。眼看着培训班越来越火，俞敏洪渐渐萌生了自己办班的念头。

从地下室起步

1993 年 11 月，俞敏洪拿到了办学执照，在只有 10 平方米漏风的办公室里，新东方开始了充满艰难的发展历程。在 1993 年冬天，俞敏洪自己拎着浆糊桶在零下十几度的冬夜去贴广告，把浆糊刷在柱子上，广告还没贴上去，浆糊就冻成冰了。更要命的是，当新东方在 1994 年有一点发展的时候，就跟别的单位产生了竞争，一有竞争，就产生了麻烦。例如新东方广告员拿广告去贴的时候，别的培训部就拿刀子在等着你，说你敢贴我就敢捅了你，新东方的广告员是被人捅过的，进医院缝了好几针。俞敏洪当时花了很多时间，找公安管理部门跟他们协商，最后反而跟他们交上了朋友。

经过这样的摸爬滚打，俞敏洪从一介书生成长为能打理方方面面的合格“校长”。到

1994 年底，学校同期有两千人在读。那时，他又有了出国的机会，但是终究舍不下苦心经营的学校，留了下来。

1995 年，学生在校人数已达一千多人。此时俞敏洪已经能够感受到教育产业的魅力，办学校的目的不再只是为了钱。有了明确的信念，新东方步入了迅速发展的黄金时期。

组建核心团队

1995 年底，新东方发展进入第二个重要关头：学校的迅速膨胀使俞敏洪感到很吃力，为了使事业健康发展，他开始寻找合作伙伴。当时，在国内的熟人并没有发现志同道合者。他以新东方学校校长的身份踏上了美国的土地，在那里，他找到了自己当年的同学，一个个地游说，希望那些在美国有成功经历的精英能够和自己一起回国办教育。通过 5 天的劝说，他说动了王强——贝尔实验室工程师，再加上徐小平、包凡一、杜子华。到 1996 年 10 月，俞敏洪成功地组建了新东方的 5 人校长团体，他自己依然是校长，另外 4 人是分管各自业务的副校长。经过在海外多年的打拼，这些“海归”身上都积聚了巨大的能量。这批汇聚到新东方的个性桀骜不驯的人，把世界先进的理念、先进的文化、先进的教学方法带进了新东方，5 个人各自负责一摊儿，齐头并进，出现了新东方的又一个鼎盛期。由于他们的加入，新东方又开辟了出国咨询、口语培训、大学英语培训等业务，这样，从单纯的出国英语培训，新东方已经开始提供多品种的教育服务。但是在发展中也产生了矛盾，个人利益如何保证的问题提上日程。从 1998 年开始酝酿，到 2000 年结束，新东方完成了从一个手工作坊式的企业向一个现代化企业转变的过程。对俞敏洪而言，从昔日个人管理唯我独尊到今天的董事会管理集体决定，变化是巨大的。

俞敏洪在回顾这段时期说：“对管理者的让利实际上是形成了新东方强大团队，可以毫不夸张地说，我们这个团队在全中国是数一数二的。我们也会有矛盾，但我们绝不会有什么‘散伙’或‘集体辞职’之类的事情发生。这样的团队才能保障我们事业的未来，精明的人应该学会放弃，应该知道放弃的背后会得到什么。”

俞敏洪说自己最成功的决策，就是把那帮比他有出息的海外朋友请了回来，“在新东方，没有任何人把我当领导看，没有任何人会因为我犯了错误而放过我。在无数场合下，我都难堪到了无地自容的地步，我无数次后悔把这些精英人物召集到新东方来，又无数次因为新东方有这么一大批出色的人才而骄傲。因为这些人的到来，我明显地进步了，新东方明显地进步了。没有他们，我到今天可能还是个目光短浅的个体户，没有他们，新东方到今天还可能是一个名不见经传的培训学校。”

品牌建设

在世界品牌价值实验室（World Brand Value Lab）编制的 2010 年度《中国品牌 500 强》排行榜中北京新东方教育科技（集团）有限公司位列其中第 94 位，品牌价值 64.23 亿元。

新东方的教师们以开发学生兴趣、轻松教学为主要特点的授课方式不仅受到学生的欢迎，也逐渐形成新东方的品牌个性，而俞敏洪谦和、可亲、幽默的特点也自然融入品牌文化内涵中。

俞敏洪深刻地了解其目标客户群——学生——最需要什么，在学习的过程中又需要什么样的环境，新东方创造什么样的附加价值能够很好地赢得顾客满意和顾客忠诚。针对大学生对通过 CET 的乏力和无助，俞敏洪摸索出一种有效的应试教育方法，为他们解决“麻烦”。同时，摸索他们的喜好，通过有个性的讲师以调侃的讲课方式创造一个轻松、愉快的学习氛围，传递培训之外的附加价值，从而使学员获得愉快的体验，新东方不仅获得了顾客满意，同时还因为学员的人际传播，获得好的口碑及更大的价值。

新东方之所以区别于其他同类企业而获得了高速发展，和其独特的师资有密切联系。新东方所具有的别具一格的教学方式的老师就是支持其高速发展并取得成功的核心竞争力。可贵的是，新东方不拘一格的用人方式使这种核心竞争力得以保持和延续。

开办培训业务之初，俞敏洪到国外把留学生说服回国，加入他的新东方教育事业。徐小平、王强、包凡一、杜伟等人加入新东方团队，以及众多海归的加盟，使很多学生因为新东方的专业化而信任新东方。而这批教师所具备的气质、个性，又在新东方这个相对自由的平台上得以淋漓尽致地发挥，从而渐渐形成了新东方授课的独特风格。这使新东方很快名噪一时，在市场中形成强大的影响力，获得比较高的知名度。而新东方所设置的一系列授课准则及风格，也逐渐成为新东方的特色，新东方品牌得到了有效的传播。

俞敏洪为师者出身的谦和及对媒体的“不设防”，使得新东方很容易获得媒体的关注。而无论是 ETS 风波、买楼被骗 2 亿元资金还是应对高层内斗，尽管教师出身的俞敏洪未深谙公关危机应对的各项原则，但其真诚却一次次使新东方转危为安，这无疑挽救了新东方及新东方的梦想，也为中国教育事业的发展注入了一剂强心药。

新东方高层内斗事件由于新东方的高知名度而被置于媒体和公众注目的境地，对新东方而言，如果处理不当，对其品牌造成的打击将会波及整个教育行业。而俞敏洪的责任感和真诚，以及大度，化解了外部对新东方形成的压力，使得新东方顺利渡过一劫。

俞敏洪真诚的公关危机应对策略，使得新东方的形象在公众的认知上达到了新的高度，这无疑使得新东方在品牌美誉度的积累和提升上速度更快。

制胜法宝

俞敏洪从来不讳言自己出奇制胜的法宝：让利。“让利于学生，让利于教师，让利于管理者，让利于社会。”这个连傻子都觉得有些傻的招儿，在他的成功中发挥了关键的作用。

新东方创业之初，要在激烈的竞争中站稳脚跟，当时出国考试培训市场已经有了 30 多家单位，俞敏洪只做了三件“小事”，很快从重围中杀出一条血路。一是当时市面的收费在 300 元~380 元，俞敏洪将价格降到 160 元；但是考虑到价优未必质优，俞敏洪为了吸引学生，开设了免费培训课，20 次授课之后，感觉效果不错的学生再交 160 元继续学习。这当然付出了沉重的代价，但是也赢得了良好的声誉。二是当时许多培训班在学费之外，开班后往往又以最新资料等名目另外收费，在新东方所有资料对学员一律免费赠送。绝不让学生有上当受骗的感觉，是新东方恪守的信条。三是经常给学生以惊喜，如发给大家各种资料，赠送新东方的笔记本，这些"小礼物"培养了学生与新东方之间的感情，这也是新东方虽然没有刻意宣传但却具有良好口碑的原因之一。

这些宝贵的经验在今天的新东方仍然得以贯彻，目前，虽然新东方在出国考试培训市场上占据垄断地位，完全有能力操纵价格获取更大的利润，但其仍然以实惠的价格服务于学员。

把新东方做成一个现代企业

新东方以一种不可思议的速度在急剧扩张，而俞敏洪得意的是他将新东方做成了一个有流水生产线的标准企业，任何一个走进新东方的学员最终会变成一个合格的流水线"产品"。俞敏洪想做的就是将自己的生产线规范化、规模化。

目前，新东方的培训项目包括 TOEFL、GRE、GMAT、TSE、美国口语、美国电影口语听说以及职业和大专英语教育等各个方面。同时，学校还为学员提供出国资料的查询、留学咨询、美国签证咨询等相关的服务。学校规模也从最初的一个班 13 个学员发展到现在仅一个暑期班就达 2 万人的规模。

据称，新东方的资料室是国内独一无二的出国资料总汇，对学员免费开放，在这里可以查阅北美最新入学情况和奖学金资料，出国过程中的种种疑问和难题也可以在此得到解决。学校定期举办的各种留学讲座，一年一度的英语专题系列讲演会，都在社会和学员中引起强烈反响。可以说，新东方对学员的帮助，已经远远超过英语考试的范畴而渗透到出国留学的各个方面。

俞敏洪自己也从一个老师逐渐转变成一个企业家。

新东方以语言培训为核心，拥有短期语言培训系统、职业教育系统、基础教育系统、文化传播系统、科技产业系统、咨询服务系统、发展研究系统等多个发展平台，是一家集教育培训、教育产品研发、教育服务等于一体的大型综合性教育科技集团。

新东方教育科技集团于 2006 年 9 月 7 日在美国纽约证券交易所成功上市，成为中国第一家海外上市的教育机构。上市首日收盘于 20.88 美元。新东方董事长、持有公司 31.18% 股权（4400 万股)的俞敏洪的资产一跃超过 10 亿人民币，成为中国最富有的老师。

资料来源：1. http://jy.gxccedu.com/cyzd/cyjy/2009-06-20/577.html

2. http://info.jrj.com.cn/news/2007-01-08/000001904990.html

结合上述案例，列出你自己对创业管理的战略计划，并在本情境的经营模拟中加以运用。

实训题

实训 2-1　基本战略规划实训

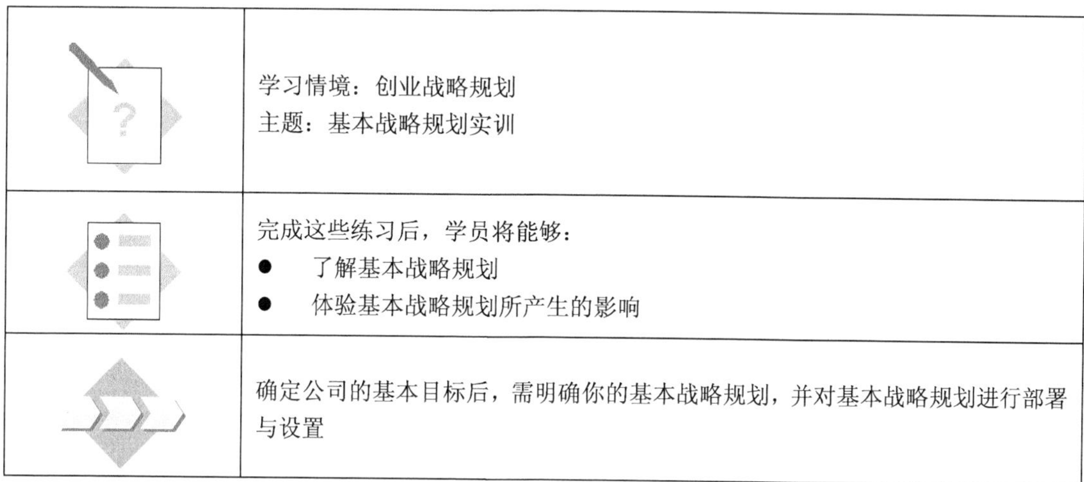

学习情境：创业战略规划
主题：基本战略规划实训

完成这些练习后，学员将能够：
- 了解基本战略规划
- 体验基本战略规划所产生的影响

确定公司的基本目标后，需明确你的基本战略规划，并对基本战略规划进行部署与设置

1. 基本战略策略预测与分析

进入“单人自定义软件”模式，分别选择难度等级=3，5，8，先将速度调为最小值，列出每个公司的基本战略策略，预测该公司的前景，然后将速度调到最大，直到30年经营结束，将结果填写在公司综合排名结果栏中，最后进行验证。

难度等级=3

公 司 名 称	基本管理策略	董事长兼 CEO 的态度	预测公司综合排名	公司综合排名结果

难度等级=5

公 司 名 称	基本管理策略	董事长兼 CEO 的态度	预测公司综合排名	公司综合排名结果

难度等级=8

公 司 名 称	基本管理策略	董事长兼 CEO 的态度	预测公司综合排名	公司综合排名结果

2. 根据你的观察与分析，列出每种战略策略的优缺点

基本管理策略	董事长兼 CEO 态度	优　　点	缺　　点

实训 2-2　品牌策略实训

	学习情境：创业战略规划 主题：品牌策略规划实训
	完成这些练习后，学员将能够： ● 创建和维护品牌策略 ● 理解不同的品牌策略所产生的影响 ● 查找品牌策略在不同地区不同产品的价值
	进入总公司明细报表中，分别查看每个公司的品牌策略，并进行下面的系列操作

1．请在总公司明细报表中设置好自己公司的品牌策略，并提出你设置这种品牌策略的理由。

2．根据你对 2-1 中一次模拟经营软件的观察，采用独立“品牌策略”的公司，同一产品在不同的地区，品牌的认知度、忠实度及综合评价会一致吗？为什么？

实训 2-3　研发中心规划实训

	学习情境：创业战略规划 主题：研发中心规划实训
	完成这些练习后，学员将能够： ● 根据创业战略规划的要求对研发中心进行规划 ● 理解不同研发中心规划对公司产品的科技带来的影响
	选择普通模式，进入单人高手模式，选择第一项“1.腾飞的希望”，你的公司研发出一种可以改善掌上电脑性能的科技，大大领先于现有的科技等

1．研发中心规划：

（1）建立一所研发中心，建造费用为多少？每月管理费用为多少？

（2）对所建的研发中心，使用“规划库”规划出研发电子元件、芯片、塑料三个基础原料的研发中心，平均每个原料使用三个部门研发，研发周期均为两年。

2．影响研发中心规划的因素有哪些？经营过程中，如果有其他公司要购买你的科技，你的决策是什么？为什么？

3．如果对本设置进行模拟经营，你认为科技对公司的影响力如何？

实训 2-4　融资实训

	学习情境：创业战略规划 主题：融资实训

	完成这些练习后，学员将能够： ● 利用银行贷款融资 ● 利用发行股票融资 ● 利用股市变化来融资
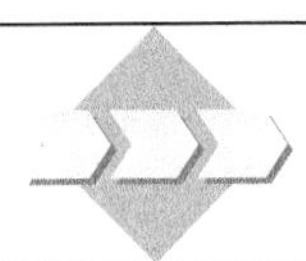	选择普通模式，进入单人高手模式，选择第一项“1.腾飞的希望”，你的公司研发出一种可以改善掌上电脑性能的科技，大大领先于现有的科技，如果希望使用科技，进入制造行业，需要进行等

1. 银行贷款融资

（1）在工具栏，进入“财务运作”，进入“借款/偿还贷款”，列出目前你公司的下列数据，并贷款信用限额的一半。

年　月	贷款总额	月利息率	信用限额	利　率

（2）根据你的观察，贷款的利率会有变化吗？你如何决定你的贷款数量？

2. 发行股票融资

（1）在工具栏，进入“财务运作”，进入“发行新股”，观察选择发行数量与价格，这时能发行股票来筹集资金吗？

（2）如果你能经营公司一段时间，当公司开始有盈利后，再进入“财务运作”，进入“发行新股”，观察选择发行数量与价格，这时能发行股票吗？如果可以，请发行一定数量的股票，以筹集资金。

年　月	发行股票数量	发行价格	发行上限	体　会

3. 利用股市变化来融资

进入“股市”，对你感兴趣的公司进行股票买卖操作，从中赚取差价，以进行筹资。

4. 继续完成“腾飞的希望”的要求。

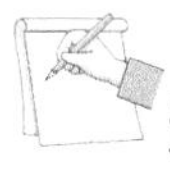

进阶技巧

1. 品牌技巧

公司开始经营就要决定品牌政策，因为变更品牌政策会导致以前的品牌报废。品牌的选择可参考以下各品牌的优缺点。

（1）单一品牌战略。优点：城市的所有商品均采用同一品牌，广告费花费少，品牌提升快。缺点：若有一种或少数几种商品质量差，则会影响所有产品的品牌评价，品牌忠实度将大幅下降，甚至变为负值。

（2）系列品牌战略。优点：城市的同一系列商品采用同一品牌，广告费花费较少，品牌提升较快。缺点：若有一种或少数几种商品质量差，则会影响同一系列产品的品牌评价，品牌忠实度将大幅下降，甚至变为负值。

（3）独立品牌战略。优点：不同商品采取不同品牌，品牌评价互不影响。缺点：所有商品均要单独做广告，广告费花费较多。

2. 研发

研发，就是生产技术的提升，而生产技术的提升，就是产品品质的提升。

软件中对技术的影响作了简化，以一个百分比来衡量技术和品质。例如，芯片的品质中，原材料硅的影响占 5%，而技术占 95%。假设我们的硅是外购的，质量是 50，那么原材料对于芯片的品质贡献就是 50×5%=2.5，而我们的芯片制造技术一开始是最低的 30，那么技术的贡献是 30×95%=28.5，我们出产的芯片的质量就是 2.5+28.5=31。当我们的研发将芯片制造技术从 30 提高到 100 时，这时我们的芯片质量就是 95+2.5=97.5，提高了 66.5。

当有某家公司的研发超过 100 时（如达到了 110），所有公司在该项技术的水平都要重新计算。例如你原来的技术是 80，那你的技术在质量中的加权就是 80/110，而不再是 80/100。同样，当你的研发上升时，会造成竞争对手的技术水准的下降。

在本软件中技术之间没有差别。制造芯片和制造瓶装牛奶的技术力从 30 提升到 100，所需要的研发资源是一样的。这个设定使得我们在生产经营和研发中偏爱那些高附加值的产业。

无差别的技术导致了另一个结果，就是关键技术。芯片质量对台式机、笔记本、掌上机三种电脑产品质量的影响有 40%，也就是一个研发导致了三种产品 66.5×40%=26.6 的品质提升，如果这三种产品的品质最初是没有任何技术含量的 31 的话，现在就提高了近一倍，这会导致消费者的强烈反应。像这样一种技术会大幅影响到一大堆产品的品质，就可以称为关键技术，而大部分技术的影响力都非常有限。如电子元件在电子产品（手机、DVD 等）、电脑产品、电器产品中都有应用，也是一个关键技术。而钢材、塑料因为被广泛应用，虽然在许多产品中的影响不大，但总体的产品质量水平提升很大，其生产技术也是关键技术。

如果芯片研发所需的资源是瓶装牛奶的 10 倍，那我们的研发重点和顺序就要慎重考虑。但是在无差别技术的情况下，往往是用零售业积累了资金直扑高附加值的产业的生产和研发。

研发的一个问题是重复研发。如果几个研发小组在同时进行同一项研发，那么其成果是重复的而不是叠加的。这样就限定了一个项目最多只有一个研发中心的 9 个研发部门参与。而一个研发小组各部门合作的结果是 1+1＜2 的，即单独一个部门研发一个项目时的效率最高，一口气研发 10 年比一年一年研发的效率要高好几倍。

研发的另一个问题是研发力只与设定研发项目时有关，设定项目时研发部门的级别是 1，其后部门级别的上升不会影响研发进度和研发成果，只有下一次研发才能享受升级的成果。所以当设定研发项目后若立刻进行了一次特训，千万记得把研发项目重设一遍。

CTO 据说能在平时的训练中加速研发人员的升级，不过他会在研发完成后自动调整研发项目，而新项目可能完全不符经营者的发展战略。

经营者也可以向别人购买技术，因为你开局时往往没钱支撑太多的研发中心。技术领先的公司一般不愿意卖技术，但能成功向它买到的几率还是有 20%～30%左右。从技术排第二的公司就能 100%地买到技术。

3. 融资

国外的创业学课程中，首先讲的必然是融资。在国内，融资却只有做投行的人才会接触到。这部分是因为国外的资本市场发达，融资的成本低，不像国内有种种中国国情和中国特色，上市资格是稀缺资源。因为中国传统缺乏信用体系和信用文化，小企业创业只能依赖于自我积累和亲朋的投资。

软件中的融资包括贷款和增发股票两种。贷款和增发的上限是由经营者总公司的利润决定的，具体的算法公式不明。增发的价格是市价，而贷款的利率波动的原因不明。

在软件初期，贷款的总额只得几个或者十几个百万元（虽然软件的基本单位是元，定价时甚至有分，但百万元是一个你作规划时的基本单位，像一个矿场连地皮带建筑需要 8～15 个百万元，一家大型工厂连带车间大约是 3.5 个百万元），只能作为流动资金不足时的应急，初期的投资仍需依赖于增发新股。

增发新股虽然不要利息，但是会稀释经营者的股权。相对于经营者公司壮大后的股票回购所付出的代价，贷款的利息简直微不足道。一般而言，贷款的年利率在 10%上下，也就是月利率在 8‰左右。贷 1 000 万元的月利息才 8 万元，而 1 000 万元所能购得的经营类资产的月利润至少要比这个数多一个 0。所以初期过后你的资金链站稳脚跟了，就可以用贷款去扩张，并且习惯于债务的存在，因为在自有资金不多（十几个百万元）的情况下，用几十个百万元的贷款去扩张，有助于利润的迅速扩大和股票价值的上升。

学习情境三　零售业企业经营模拟

学习目标

- ◆ 了解零售业创业经营的基本内容
- ◆ 学会创业管理中零售业经营策略
- ◆ 学会分析客户需求及进行机会分析

技能目标

- ◆ 掌握零售业经营各部门管理要求
- ◆ 掌握零售业经营策略

任务一　零售业创业管理指导

任务引入

亚马逊书店

互联网上有这么一家书店，如果按传统书店所需的营业面积来计算的话，它的规模约占好几平方英里。它有 310 万种以上图书供你选购，你得开着汽车，才能浏览完它所提供的书目。这就是亚马逊网络书店（Amazon.com）。根据美国互联网及数码媒体调查公司公布的数据，2007 年感恩节至圣诞节期间的 5 周内，亚马逊成为最受欢迎电子商贸网站，访问人次高达 569.3 万。接受调查的消费者中有 32%的人把亚马逊网站列为他们最喜爱的在线购物网站，原因有品种齐全、价格合理、在线操作容易。亚马逊网站同时也是访问者购物最多的网站，42.1%的被访者曾在亚马逊网站上购物，平均消费了 128 美元。

JeffBezos 于 1995 年 7 月在西雅图市郊贝尔维尤的一栋租来的两个房间的屋子里，以 30 万美元第一笔投资创业，成立亚马逊书店。他将一个车房改装成货仓和工作坊、三个“升阳”微系统计算机工作站和 300 个“顾客”测试网址。四年后，这家公司拥有 1 310 万名顾客，遍及 160 多个国家和地区，成为网上零售先锋，它 1998 年的销售额是 30 亿美元，1999 年则完成了价值近 80 亿美元的交易。截至 1999 年 9 月，亚马逊公司已将 1 800 多万种商品列于网上销售。

亚马逊的主要业务策略包括以下几方面。

☑ 商品浏览：将商品合理分类和规划，便于用户挑选。

☑ 商品检索：提供多种搜索工具和方法帮助用户搜索。

☑ 主动推荐和个性化服务：根据用户特点提供特色服务，亲切友好与用户交互“一点即通”技术，为用户订货提供极大的便捷。安全的信用卡支付过程采用特殊的加密程序，用户不用担心网络传输过程中的安全问题。

☑ 提高网上购物的效率：强大的配送系统使客户享受“所定即所得”。

☑ 退货规定：大部分商品 30 天内可全额退货。

亚马逊公司是电子商务领域的技术领先者，它在电子商务领域的创新如：“一点即通”、“个性化的购买服务”、“搜索服务”、“浏览特性”等，带动了网上商务变革的步伐。整个网站的建设旨在为客户提供舒适便捷的购物环境享受外，还着力加强客户对品牌的忠诚度，吸引回头客，留住老客户。现已证明，72%以上的交易都是老顾客的行为。

很多事实表明，亚马逊公司已成功地建立了自己的商业品牌，一个由 Opinion Research 公司近期完成的全美范围内的品牌调查表明，1.117 9 亿成年人（即 60%的美国成年人）了解 Aamzon 的品牌。另一调查表明，Aamzon 品牌在世界品牌排名中列第 57 位。

处于筹备创业阶段的你，已有了零售业的初步规划，但对零售业的经营与管理还不是很了解，为此希望加强对零售业的基本流程的了解，包括零售业的销售、采购、库存等重要部门的管理，为此希望你结合相关基础知识与技能完成以下两个子任务。

任务一：零售公司创业定位。

任务二：“采购部门”、“库存部门”、“销售部门”的业务管理。

任务分析

亚马逊公司成功的奥秘究竟在哪儿，以下几点是业内人士的分析。

1. 定位于高科技企业

亚马逊公司与众不同地把自己定位于高科技企业，而非流通企业。该公司首席执行官贝索斯说：“技术使亚马逊公司在零售业出人头地。传统的零售业最重要的三个因素是场所、场所，还是场所。而对亚马逊来说，三个最重要的因素是技术、技术，还是技术。”在亚马逊公司，雇员中最多的不是门市部店员，而是软件工程师。它的应用技术软件经常不断地开发创新，使企图抄袭者难以得逞。

2. 方便舒适的网上购物环境

方便购书是亚马逊书店的最大特色，通过网络，顾客可以任意检索、浏览、购买任何书籍。亚马逊书店通过“一点即通”（1-Click）设计，用户只要在该网站买过一次书，其通信地址和信用卡账号就会被安全地存储下来。下回再购买时，顾客只要用鼠标点一下欲购之物，网络系统就会帮你完成以后的手续，其中包括消费者的收件资料，甚至刷卡付费也可由网络系统代劳。亚马逊公司还利用软件收集顾客在购物爱好和购物历史方面的信息，随时为顾客购买图书提供建议。亚马逊书店的独特魅力吸引了众多的消费者。其业务遍及全球，20%的书籍销往世界各地。美国律师玛西亚·艾丽斯在香港工作，当她每次回美国时，总要带回满箱书籍。而现在她可以随时在网上购书，再没有搬运之苦了。

3. 高效率的服务

亚马逊书店不仅网上服务功能强大，网下服务也非常高效。它给顾客送货的时间等于找到订货商品加上装运时间，中间无任何滞留。亚马逊书店实行 24 小时全天候购物，美国当地的消费者如果选择标准的送货方式，那么，其装运时间根据购物者距离远近为 3～7 天，加上一天的找货时间，购物者在网上下了订单之后，只要 4～8 天，就能收到所购的货物了。

4. 实实在在的价格折扣

以实惠的价格吸引顾客，并以此提高竞争力，始终是亚马逊公司重要的经营策略。亚马逊总裁贝索斯一针见血地指出，大部分网络商业失败的原因，在于不懂得网络商业较之传统商业来说是属于规模化商业，其主要特征是高额的固定成本和低度的可变成本。网上出售的商品由于没有中间商的利润截留，其价格应该低于传统商店出售的商品价格。拒绝提供折扣优惠是网上商业的一项极大错误。基于这种认识，亚马逊公司被认为是世界上最大的折扣商，号称有多达 30 万种以上的书籍可提供购买折扣优惠。事实上，亚马逊公司提供折扣优惠的商品远不只这个数字，有 40 万种以上的商品，包括书籍、音乐唱片及视盘等，折扣率最高的达 40%。

5. 零库存运转

亚马逊公司的货物实行零库存运转。亚马逊公司的库存图书很少，维持库存的只有 200 种最受欢迎的畅销书。一般情况下，顾客买书下了订单后，亚马逊才从出版商那里进货。购书者以信用卡向亚马逊公司支付书款，而亚马逊公司却在图书售出 46 天后才向出版商付款，这使它的财务周转较传统书店顺畅得多。相较传统的零售书店，亚马逊公司的退书率可谓微乎其微。传统书店退书率一般为 25%，高的达 40%，而亚马逊的退书率却只有 0.25%。

以上特点使亚马逊公司确立了其在电子商务领域的霸主地位。

结合以上案例，你会为你经营的零售业设置哪些特色，以确定公司的成长与地位？为了有效实现本情境的子任务，建议先进行本情境后的实训 3-1 食品零售企业模拟经营，然后再学习相应知识链接中的相应知识点，最后学习“进阶技巧”中的“零售业的经营”。

知识链接

一、零售业概述

1. 零售及零售业

零售是向最终消费者个人或社会集团出售生活消费品及相关服务，以供其最终消费之用的全部活动。这一定义包括以下几点。

零售是将商品及相关服务提供给消费者作为最终消费之用的活动。如零售商将汽车轮胎出售给顾客，顾客将之安装于自己的车上，这种交易活动便是零售。若购买者是车商，而车商将之装配于汽车上，再将汽车出售给消费者则不属于零售。

零售活动不仅向最终消费者出售商品，同时也提供相关服务。零售活动常常伴随商品出售提供各种服务，如送货、维修、安装等，多数情形下，顾客在购买商品时，也买到某些服务。

零售活动不一定非在零售店铺中进行，也可以利用一些使顾客便利的设施及方式，如上门推销、邮购、自动售货机、网络销售等，无论商品以何种方式出售或在何地出售，都不会改变零售的实质。

零售的顾客不限于个别的消费者，非生产性购买的社会集团也可能是零售顾客。如公司购买办公用品，以供员工办公使用；某学校订购鲜花，以供其会议室或宴会使用。所以，零售活动提供者在寻求顾客时，不可忽视团体对象。在我国，社会集团购买的零售额平均为 10%左右。零售业是指以向最终消费者（包括个人和社会集团）提供所需商品及其附带服务为主的行业。

零售业是最古老的行业之一。也是最重要的行业之一。零售业的每一次变革和进步，都带来了人们生活质量的提高，甚至引发了一种新的生活方式。

零售业是反映一个国家和地区经济运行状况的晴雨表。国民经济是否协调发展，社会与经济结构是否合理，首先在流通领域，特别是在消费品市场上表现出来。

零售业是一个国家和地区的主要就业渠道。由于零售业对劳动就业的突出贡献，很多国家甚至把扶持、发展零售业作为解决就业问题的一项经济政策。

现代零售业是高投资与高科技相结合的产业。现在，零售商们运用着最先进的计算机和各种通信技术对变化中的消费需求迅速作出反应。

2. 西方零售业的四次重大变革

零售业中的某些变化之所以能提升到重大变革的高度，必须满足三方面的条件：一是革新性，即这一变化应产生一种全新的零售经营方式、组织形式和管理方法，并取得支配地位；二是冲击性，即新的零售组织和经营方式将对旧组织和旧方式带来强烈的冲击，同时也影响着顾客购物方式的变化和厂商关系的调整；三是广延性，即这场变革不是转瞬即逝，而是扩展到一定的空间、延续一定的时间。从这几个方面考察，西方零售业历史上曾出现过四次重大变革。

（1）第一次零售变革：百货商店的诞生

零售业的第一次重大变革是以具有现代意义的百货商店的诞生为标志的。学术界称之为“现代商业的第一次革命”，足见其划时代的意义。尽管当时百货商店被称为具有革新性的经营手法现在看来十分平常，诸如明码标价和商品退换制度；店内装饰豪华，顾客进出自由；店员服务优良，对顾客一视同仁；商场面积巨大，陈列商品繁多，分设若干商品部，实施一体化管理等。但这些改革对当时传统零售商来说，已是一个质的飞跃。

① 销售方式上的根本性变革。百货商店是世界商业史上第一个实行新销售方法的现代大型销售组织。其新型销售方法，概括起来有以下四方面。

- 顾客可以毫无顾忌地、自由自在地进出商店。
- 商品销售实行“明码标价”，商品都有价格标签，对任何顾客都以相同的价格出售。
- 陈列出大量商品，以便于顾客任意挑选。
- 顾客购买的商品，如果不满意时，可以退换。

这些销售方式，在现在看来虽然是一件十分平常的事情，但它是由百货商店的诞生及其对零售销售的变革而来的。

② 经营上的根本性变革。当时出现的百货商店最大一个特点是，设有若干不同的商品部，这些商品就像是一个屋顶下的“商店群”，即把许多商品按商品类别分成部门，并由部门来负责组织进货和销售。而且百货商店主要以生活用品为中心，实行综合经营的大型销售组织。按不同商品和不同销售部门来经营，虽然每个部门的经营规模不大，但由于它是汇聚在一个经营体之中的，因而这种综合经营的规模比起之前的杂货店和专门店来说就十分庞大。因此，百货商店实行综合经营也是其适应大量生产和大量消费的根本性变革内容之一。

③ 组织管理上的根本性变革。传统的城市零售店和乡村杂货店，店主不仅亲自营业，而且自行负责人、钱、物的管理。与此根本性不同，百货商店由于同时经营若干系列的商品，企业规模庞大，因而其经营活动分化成相对独立的专业性部门，实行分工和合作；而管理工作则是分层进行的，企业订有统一的计划和组织管理原则，然后由若干职能管理部门分头执行。因此，百货商店是在一个资本的计划和统制下，按商品系列实行分部门、分层次组织和管理的。

（2）第二次零售变革：超级市场的诞生

① 革命性变化。超级市场标志着一场零售革命的爆发，其对零售业的革新和发展以及整个社会的变化带来了以下影响。

- 开架售货方式流行。开架售货尽管不是超级市场首创，但它却是因超级市场而发扬光大的，超级市场采用的自选购物方式，作为一个重要的竞争手段不仅冲击了原有的零售形态，而且影响了新型的零售业态，后来出现的折扣商店、货仓式商店、便利店等都采取了开架自选或完全的自我服务方式。
- 人们购物时间大大节省。随着女性工作时间增多，闲暇时间减少，人们已不把购物当作休闲方式，要求购物更方便、更快捷，超级市场恰好满足了人们的这种新要求，将原本分散经营的各类商品集中到一起，大大节省了人们的购物时间，使人们能将有限的闲暇时间用于旅游、娱乐、健身等活动，创造了一种全新的现代生活方式。超级市场实施的统一结算和关联商品陈列，也大大节省了人们选购商品和结算的时间。
- 舒适的购物环境普及。超级市场所营造的整齐、干净的舒适购物环境，取代了原先脏乱嘈杂的生鲜食品市场，使人们相信购买任何商品都能享受购物乐趣。
- 促进了商品包装的变革。开架自选迫使厂商进行全新的商品包装设计，展开包装、标识等方面的竞争，出现了大中小包装齐全、装潢美观、标识突出的众多品牌，这也使商场显得更整齐、更美观，造就了良好的购物环境。

② 产生背景。超级市场的出现和发展现在看来有其历史的必然，其产生背景如下。

- 经济危机是超级市场产生的导火线。20 世纪 30 年代席卷全球的经济危机使得居民购买力严重不足，零售商纷纷倒闭，生产大量萎缩，店铺租金大大降低，超级市场利用这些租金低廉的闲置建筑物，采取节省人工成本的自助购物方式和薄利多销的经营方针，实现了低廉的售价，因而受到了当时被经济危机困扰的广大消费者欢迎。
- 生活方式的变化促成了超级市场。二战后，越来越多的妇女参加了工作，人们生活、工作节奏加快，加上城市交通拥挤，原有零售商店停车设施落后，许多消费者希望能到一家商场，停车一次，就购齐一周所需的食品和日用品，超级市场正是适应消费者的这种要求而产生的。
- 技术进步为超级市场创造了条件。制冷设备的发展为超级市场储备各种生鲜食品提供了必要条件，包装技术的完善为超级市场中的顾客自选提供了极大的方便；而后来的电子技术在商业领域的推广运用，更是促进了超级市场利用电子设备，提高售货机械化程度。此外，冰箱和汽车在西方家庭中的普及使消费者的大量采购和远距离采购成为可能。

（3）第三次零售变革：连锁商店的兴起

连锁商店是现代大工业发展的产物，是与大工业规模化的生产要求相适应的。其实质就是通过社会化大生产的基本原理应用于流通领域，达到提高协调运作能力和规模化经营效益的目的。连锁商店的基本特征表现在以下四个方面。

① 标准化管理。在连锁商店中，各分店统一店名，使用统一的标识，进行统一的装修，在员工服饰、营业时间、广告宣传、商品价格方面均保持一致性，从而使连锁商店的整体形象标准化。

② 专业化分工。连锁商店总部的职能是连锁，而店铺的职能是销售。表面上看，这与单体店没有太大的区别，实际上却有质的不同。总部的作用就是研究企业的经营技巧，并直接指导分店的经营，这就使分店摆脱了过去靠经验管理的影响，大大提高了企业管理水平。

③ 集中化进货。连锁总部集中进货，商品批量大，从厂家可以得到较低的进货价格，从而降低进货成本，取得价格竞争优势。由于各店铺是有组织的，因此，在进货上克服了盲目性，不需要过大的商品库存，就能保证销售需要，库存成本又得到降低。各店铺专门负责销售，就有更多的时间和手段组织推销，从而加速了商品周转。

④ 简单化作业。连锁商店的作业流程、工作岗位上的商业活动尽可能简单，以减少经验因素对经营的影响，由于连锁体系庞大，在各个环节的控制上都有一套特定的运作规程，要求精简不必要的过程，达到事半功倍的效果。

（4）第四次变革：信息技术孵化零售业

信息时代，网络技术的发展对零售业的影响是巨大的，它的影响绝不亚于前三次生产方面的技术革新对零售业影响的深度和广度。网络技术引发了零售业的第四次变革，它甚至改变了整个零售业。这种影响具体表现在以下几个方面。

① 网络技术打破了零售市场时空界限，店面选择不再重要。店面选择在传统零售商经营中，曾占据了极其重要的地位，有人甚至将传统零售企业经营成功的首要因素归结为："Place Place Place"（选址、选址，还是选址），因为没有客流就没有商流，客流量的多少，成了零售经营至关重要的因素。连锁商店之所以迅速崛起，正是打破了单体商店的空间限制，赢得了更大的商圈范围。而在信息时代，网络技术突破了这一地理限制，任何零售商只要通过一定的努力，都可以将目标市场扩展到全国乃至全世界，市场真正国际化了，零售竞争更趋激烈。对传统商店来说，地理位置的重要性将大大下降，要立足市场必须更多地依靠经营管理的创新。

② 销售方式发生变化，新型业态崛起。信息时代，人们的购物方式发生了巨大变化，消费者从过去的"进店购物"演变为"坐家购物"，足不出户，便能轻松在网上完成过去要花费大量时间和精力的购物过程。购物方式的变化必然导致商店销售方式的变化，一种崭新的零售组织形式——网络商店应运而生，其具有的无可比拟的优越性将成为全球商业的

主流模式并与传统店铺商业展开全方位的竞争；而传统零售商为适应新的形势，也将引入新型经营模式和新型组织形式来改造传统经营模式，尝试在网上开展电子商务，结合网络商店的商流长处和传统商业的物流长处综合发挥最大的功效。零售业的变革不再是一种小打小闹的局部创新，而是一场真正意义上的革命。

③ 零售商内部组织面临重组。信息时代，零售业不仅会出现一种新型零售组织——网络商店，同时，传统零售组织也将面临重组。无论是企业内的还是企业与外界的，网络技术都将代替零售商原有的一部分渠道和信息源，并对零售商的企业组织造成重大影响。这些影响包括业务人员与销售人员的减少，企业组织的层次减少，企业管理的幅度增大，零售门店的数量减少，虚拟门市和虚拟部门等企业内外部虚拟组织盛行。这些影响与变化，促使零售商意识到组织再造工程的迫切需要。尤其是网络的兴起，改变了企业内部作业方式，以及员工学习成长的方式，个人工作者的独立性与专业性进一步提升。这些都迫使零售商进行组织的重整。

④ 经营费用大大下降，零售利润进一步降低。信息时代，零售商的网络化经营，实际上是新的交易工具和新的交易方式形成过程。零售商在网络化经营中，内外交易费用都会下降，就一家零售商而言，如果完全实现了网络化经营，可以节省的费用包括：企业内部的联系与沟通费用；企业人力成本费用；避免大量进货的资金占用成本、保管费用和场地费用；通过虚拟商店或虚拟商店街销售的店面租金费用；通过 Internet 进行宣传的营销费用和获取消费者信息的调查费用等。另外，由于网络技术大大克服了信息沟通的障碍，人们可以在网络上漫游、搜寻，直到最佳价格显示出来，因而将使市场竞争更趋激烈，导致零售利润将进一步降低。

在过去的 20 年间，国外的零售业又产生了以下几种类型。

（1）类型专卖店（CATEGORY SPECIALIST）是一种占地面积 8 000 平方英尺，经销的商品品种少，但种类多的折扣商店。如 Toys “R” Us 玩具专营店等。

（2）家具改建中心（HOME-IMPROVEMENT）将传统的五金商店和木材贮藏场综合起来的类型专营商。如美国 HOME DEPOT。

（3）仓储会员店（WAREHOUSE CLUB）是一种以低价格无服务的方式向顾客和小企业提供有限种类的商品的普通商品零售商。如山姆会员店。

（4）折扣零售商（OFF-PRICE RETAILERS）是以低价经销具有时尚性，但并非总是一类品牌的纺织品。如 MARSHALL。

（5）目录商店（CATALOG SHOWROOM）是指其陈列室邻近期货仓的一种零售商。

各类零售店的特点如 3-1 表所示。

表 3-1　各类零售店的特点对比

类　型	面　积	位　置	交　通
便利店	50～200m^2	居民区、办公区、医院、学校等	步行易达
食品超市	500～1 000 m^2	居民区、通勤交通要道、车站等	步行可达
综合超市	大于 2 500 m^2	居民区、商业密集区等（门前有自行车停放处）	步行、自行车可达，有公交车辆
大型综合超市	大于 7 000 m^2	集中住宅区、城乡结合部、商业密集区等（有大型自行车停放处和适当停车场）	少量步行、大量公交车，自行车、汽车可达
仓储超市	大于 1 000 m^2	城乡结合部（必须有大型停车场）	汽车、大量公交车

3. 中国零售业

（1）中国零售业的变革历程

第一阶段：改革开放初至 1989 年底，传统百货商店占零售市场绝对主导地位。

第二阶段：1990—1992 年底，超级市场开始涌现，动摇了百货商店的市场基础。

第三阶段：1993—1995 年底，各种新型零售组织崭露头角，出现百花齐放的局面。

第四阶段：1996—1999 年，跨国零售商进入，加速了零售业现代化进程。

第五阶段：1999 年以后，零售竞争日益加剧，连锁经营趋势增强。

（2）中国零售业变革的动因

对于中国这场正在进行的深入而广泛的零售变革，目前有三种说法解释其背后引发的原因和原动力。

第一种说法是零售业的变革源于技术进步力量的推动。近代，西方零售业的发展经历了四次重大变革，如今西方国家发达的现代零售业就是这几次零售革命的结果。近代零售业的多次变革，每一次都能找到技术力量推动的影子，它是伴随着同期技术革命所引发的产业革命而诞生的孪生兄弟。尤其是信息时代，网络技术在社会、经济各个领域的广泛运用，电子商务的兴起，迫使传统零售企业从管理观念、管理模式、组织结构和作业流程都将发生相应变革。而在中国，引发前三次零售革命的技术条件均已成熟，网络技术也已逐渐渗透到社会经济生活的各个角落，因而中国零售业变革是大势所趋。与西方发达国家不同的是，中国零售业是多项变革同时进行，而不是呈阶段性发展，这就导致这场变革的复杂性和急剧性。

第二种说法是零售业外部市场环境变化导致零售业内部做出相应调整。根据“零售组织进化论”的“适者生存”观点：零售企业必须同社会经济环境的变化相适应，才能继续存在和发展，否则就将不可避免地被淘汰。经过多年的经济体制改革，中国市场环境已经发生了根本性的变化，在从卖方市场向买方市场转化过程中，消费者逐渐成为控制市场的主导力量，信息技术的发展使得消费者的个性化和多样化需求得到充分满足，如果零售商不相应调整经营方式，则制造商极有可能越过中间商直接向消费者提供商品和服务；同时，跨国零售集团的进入，以更先进的管理方式提供更优质的顾客服务，使中国零售竞争在更高平台上展开，这些都迫使中国零售商为赢得生存空间而进行全方位的变革与创新。

第三种说法是经济发展进程中零售业自身发展规律所引发的内部结构调整。从近代西方发达国家零售业发展历程来看，零售业有着自身的发展规律，如西方学者总结的“零售轮转学说”、“零售综合化和专业化循环学说”、“零售辩证学说”和“零售组织生命周期学说”等，都从不同角度阐释了零售业发展演变规律，说明商品流通系统通过自身的发展变革，能够在大量生产与多样化消费之间，通过创造新的组织形式，充分发挥协调生产与消费的功能。在中国经济高速发展时期，零售组织的自我更新引起零售业的嬗变，西方新型组织形式和经营方式的引入促进了零售业内部进行着质的变化。

（3）中国零售商面临的挑战

① 零售业自身变革带来的挑战。

② 技术进步带来的挑战。

③ 消费者需求变化带来的挑战。

④ 竞争与合作带来的挑战。

二、零售业的 25 个理念

（1）零售是变化：零售业无时无刻不在发生变化，变化是绝对的，不变是相对的。零售业随着经济的发展而发展，而相应的调整也要“与时俱进”，包括业态的、商品结构的、组织架构的等，只有在变化中零售业才能发展，否则只能被市场竞争的巨浪掀翻。

（2）零售是方便：零售业是最大限度地为消费者提供方便。这种方便要体现在商场的各个角落、各个细节之中，从代客礼品包装、免费寄存，到提供婴儿手推车，商家在悄然间随着时代进步。现在逛商场，不仅体会着商家这种无处不在的服务项目，更体会到方便、快捷、舒适等现代的人文关爱，小到自动擦鞋机、手机充电站、吸烟室，大到会员俱乐部、顾客服务中心，可以说消费者越来越能在商场中找到上帝的感觉。

（3）零售是服务：零售业是为消费者提供全方位的服务。从某种意义上讲，零售就是服务，服务创造价值，服务工作管理到位，乃是企业形象塑造、无形资产的增值。“顾客是我们的衣食父母”、“顾客满意是我们永久的追求”、“顾客永远是对的”这些企业的服务理念是通过实践而提炼出的精华。只有视顾客为上帝，顾客才会反过来将商场视为自己的家，有了家的感觉，双方才会在“双赢”中各自获益。

（4）零售是管理：管理是企业永恒不变的主题，想把企业做得好，做得活，使企业得以长足发展，就得千方百计地提高企业效率。零售业的管理更是要创出特色模式，提高科学管理水平，才能进一步提升企业的核心竞争能力。

（5）零售是活动：零售业的活动是企业不断保持活力的源泉。无论是文化公关还是业务促销活动，都是企业对外展示自身形象、促进企业效益提升的不二法宝。“不搞活动是等死，搞活动是找死”这是一家商场老总的肺腑之言，现在的商场竞争已从传统的商品和服务的竞争，向现代化的营销竞争转变，商场不仅要练好内功，更重要的是要学会“打仗”，活动就是竞争的载体，是企业在开放性的市场中要直面的关隘。

（6）零售是纪律：强大的纪律保证了一支零售队伍战无不胜。从某种意义上说，纪律即规章、制度、法制，“无规矩不成方圆”。零售团队好比作战队伍，市场亦即战场，只有纪律严明，才能打胜仗。这里涉及到团队建设、制度执行等诸多方面。

（7）零售是激励：只有不断的激励，团队才能保持旺盛的取胜欲望。激励包括指标的激励、个人价值实现的激励，有激励，才有激情，企业才会保持永续向前的不竭动力。

（8）零售是体现：零售业就是体现业态，体现科技能力。零售的体现是全方位的，一个地区经济的发达程度在零售上体现得最为明显，真正的 Shopping Mall 还是集中在北京、上海这些特大城市中，业态的丰富、商品的繁荣反映了地区在经济多层次、物流运输等诸多方面的实力。

（9）零售是效率：零售业就是保持高效率，高流转。商品的周转次数是零售业重要的指标体系之一，它体现了零售业的效率，如果不能很好地解决这个问题，企业将陷于库存积压、资金流不畅等诸多问题。市场在淘汰低效率的零售企业，零售企业也在选择中淘汰低效率的供应商。“末位淘汰”不仅应用于人力资源管理上，而且日益被商家所重视，从而应用在对于品牌和经销商的管理上。在效率问题上，不能单纯地追求速度和数量，更要注重质量和品质。

（10）零售是系统：零售业就是由多个相互关联、独立统一的系统集合而成的。系统间的协调、组织如何直接影响到其整体的前行，系统内的每个单元更要发挥最大的功用，如何保持系统内部各部分的最佳配置和最优组合是零售业要重点关注的。

（11）零售是细节：零售就是细微之处见真章。细节决定成败，这点对于零售业尤为重要。国内零售业与世界零售巨头的差距在此体现得更加明显，从收货到客服、营运、采购，每一个环节环环相扣，处处用数字说话。

（12）零售是诱惑：零售就是诱惑消费者购物进而赚取利润，同时又不断地抗拒诱惑。零售业的诱惑体现在两方面：一方面是通过店堂陈列、整体布局、商品品质来吸引顾客产生购买欲望，进而产生购买行为；另一方面是零售从业人员如何抗拒外来的利益驱使，从而不使企业自身肌体被腐蚀。

（13）零售是单品驱动：零售业就是靠单品来赢取利润。随着市场竞争的加剧、商品的品类更加繁多，单品管理已成为企业在日常管理中最为重要的手段之一。

（14）零售是丰满陈列：零售业就是靠丰满的陈列赢取顾客“眼球”。终端促销在现代营销中显得越来越重要，除了现场促销活动，如折扣、减价、赠送、现场示范等，商品展示与陈列及 POP 广告等也愈发显得重要。强化品牌在终端的展露度，以增加销售。

（15）零售是顾客满意：零售业就是靠顾客满意来赢取商誉。顾客的满意度如何会影响到企业的无形资产和商誉度，所以对商品和服务质量的管理应提到重要议事日程中来，而且要将顾客满意率控制到 99%以上。顾客的口碑效应是巨大的，而且会影响到企业的消费客群。

（16）零售是解决问题：零售业就是靠不断地解决问题来化繁为简，化整为零。问题不怕有，怕的是发现问题不解决，那样只会使问题更加复杂化。零售业的问题更多地体现在商品、服务、价位和渠道四个方面，而要使问题顺利解决，不仅要配备专业、职业素养高的管理人员，还要使解决问题的渠道畅通。作为企业领导虽不需亲力亲为，但也要做到不定期地了解不同的声音，从而做到政令畅通。

（17）零售是降低成本：零售业就是靠不断降低成本来赚取更大的毛利。在零售业的利润越来越低的情况下，不但要提高销量，而且更要降低成本。

（18）零售是控制损耗：零售业就是靠控制损耗来赚取更大的利润。损耗是零售业不可避免的一个问题，损耗一般根据企业的不同情况都有一个底线，如果超越了这个底线，就要从自身查找问题，及时解决。

（19）零售是品种丰富：零售业就是靠丰富的品种来吸引消费者，达到赢利的目的。现代消费的需求越来越多样化、个性化，只有品种丰富才能吸引更多的消费群体光顾，才能满足顾客一站式购物的需要。但品种丰富不代表“大而全”，而要在品类的宽度和深度上下气力，在“精”的基础上做“全”、做“大”。

（20）零售是人旺货畅：零售业就是靠人气、货品的兴旺和畅通来凝聚财源。只有人气兴旺、货品畅通才能广聚财源，没有人气的商场离关门也不远了，而要做到这两点并非易事。人气的提升除了商场自身具有积聚人气的魅力外，其营销手段的运用会让商场常处于社会的焦点之中，其人气自然而来；货品畅通则需要有颇具实力的供应商和廉洁、高效的营销和采购队伍来通力作战，货品丰富、品类繁多，自然会吸引更多的受众群体光顾，商场才会人旺货畅。

（21）零售是市场导向：零售就是由市场来导向经营方针和策略。一切围着市场转，以市场为导向，才不会迷失方向，清醒地认识自我。不要轻视任何对手，也不要将对手想象得过于强大。现代营销越来越重视数字和表格的作用，将市场的声音快捷、科学地反映到营销执行者耳中，从而使营销的效应力达到最大。

（22）零售是销售商品：零售就是销售商品。就字面上理解，零售就是销售商品，而零售业就是研究如何将生产厂商生产的商品通过各种手段予以销售，从而产生经济和社会效益。

（23）零售是销售金额：零售就是销售金额。销售金额是衡量零售成功的重要指标，只有销售额上去了，才会赢得更多供应商的信赖，才会为企业赚取更多的利润，才能谈发展，但指标的压力也使诸多零售人员不堪重负，所以零售业也是经营人才更换最频繁的行业之一。

（24）零售是与众不同：零售就是与众不同，独具特色。有个性才有生命力，才能在竞争中长盛不衰。在千店一面中，如何彰显其独特的魅力，是零售业必做的功课之一。零售的与众不同体现在店面风格令人耳目一新，商品定位准确鲜明，服务超值高效，促销标新立异等方面。

（25）零售是增加会员：零售就是靠不断增加的会员来使自己立于不败之地。对于一个商店来说，如何锁定固定的消费群体，是其在市场竞争中赢得份额的重要举措，而会员制是零售业日益重视的一种重要营销手段。

任务二　零售业经营策略

任务引入

家乐福启示录

2008 年，家乐福创始家族哈雷集团退出监事会，法国亿万富翁、LVMH 集团掌门人伯纳德·阿诺特成为家乐福集团第一大股东，由于伯纳德·阿诺特并没有零售业经验，而且相比 LVMH 的奢侈品，零售业利润则显得低得可怜，这不会让新来的大股东满意。金融危机爆发后，原本深度依赖国际市场的家乐福，迅速收缩战线，撤离日本、俄罗斯市场，并关闭了比利时门店。

2010 年 7 月，路透社对外透露了家乐福集团计划出售旗下东南亚新马泰 61 家门店资产的消息。在中国，继大连新华绿洲店、西安小寨店、河南焦作店、佛山家天下店陆续关闭后，身处虚假价格风波中的家乐福或将再关闭春城店和镜湖店，此时家乐福华东区、华北区、华南区和中西区的中国四大区域都出现关店问题，其经营弊端再次凸显。

以家乐福 2009 年财报为基准的统计显示，家乐福亚洲营业收入仅占其净销售总额的 7.8%，而欧洲为 79%。随着占亚洲销售 15%的东南亚门店被出售，亚洲比例将继续下滑。

资料来源：21 世纪经济报道．http://www.sina.com.cn/，2011-02-25

假设你希望在零售业行业发展，你需要先对此行业的经营有一些基本的了解，在此基础上，你需了解零售地周围可能的客户群及客户群的需求，为此请在开展市场调查的基础上，制订一个简要的零售业营销策略。

任务一：零售公司商品销售策略调查。

任务二：你经营零售店的经营策略。

任务分析

据家乐福内部人员透露，在家乐福大股东换血后，总部高层更愿意用财务数字说话，一旦发现哪些门店或区域有亏损或前景不佳，则立马止损，所以才会从2010年下半年至今频现关店事件。

“关店本身也是一种策略，并不是不可行，但家乐福需要思考的是看清楚其在选址、一线员工培训、高级人才保障、体系管理、收费模式等方面的问题，并做出转型，否则在未来或许家乐福将不断出现关店风波。”廉波分析。

“首先是选址，涉及关店的大多是二三线城市的门店，家乐福在这些城市经常遭遇选址瓶颈，比如当地区域竞争对手已占据最好位置，而与愿意重金拿下商业繁华地段物业的大润发等相比，家乐福又不愿多花成本，更不愿意采用TESCO的购买物业方式，因此经常会入驻一些不适合做卖场的地段，这等于在开店最初阶段就输了对手一截。”家乐福中国区一位原高层表示，“其次，家乐福偏好收渠道费的方式导致零供关系恶化，比之竞争对手，其并没有价格优势，而在消费水准低于大城市的二三线城市，失去价格优势等于失去客源。”

资料来源：http://www.cs.com.cn/xwzx/09/201102/t20110215_2775982.html

以上案例及分析说明，零售市场调查研究是经营决策的前提，只有充分认识市场，了解市场需求，对市场做出科学的分析判断，决策才具有针对性，从而拓展市场，使企业兴旺发达。同时零售市场的经营策略在零售经营中起到至关重要的作用。

知识链接

一、开店前的调查

1. 市场调查

（1）针对开店的可能性做全面性的调查，重点在于提供开店预定营业额推算及店铺规模大小决定的参考因素；内容包括该地区的市场特性和该地区的消费特征。

（2）对该地区消费者的生活形态做深入的研究，作为决定商品与整体营业的参考；重点在于店铺结构、价格和促销方法等；内容包括消费者生活形态的深入分析和设定店铺格调的基础资料。

（3）不可忽略的事：对该地区的过去、现在、未来的趋势和发展都必须考虑到。

（4）在作分析比较时，与其以该商圈的成熟度作判断的基准，倒不如以类似的某一成熟商圈来作比较，更能作为对该地区开店的研究。

（5）三个重点。

① 生活结构——对人口结构、家庭户数构成以及收入水平、消费水平、购买行为的调查。

② 都市结构——对地域、交通、繁华地段、各项都市机能的调查，以及都市未来发展规划的预测。

③ 零售结构——对地域购买动向、行为构成及店铺构成、大店名店销售动向的调查。

2. 测定营业额

（1）设定商圈。

（2）推测该商圈的购买力。

（3）本店在该商圈各行业全部所拥有的消费者的购买力当中的市场份额（市场占有率）。

3. 明确店铺定位

需要考虑的因素有以下三点。

（1）商圈内的人口情况——大城市中已集中了商业、大学、住宅、旅游等功能区，根据 80/20 法则，定位必须瞄准商圈内的 20%的主力顾客。

（2）目标顾客的收入水平。

（3）消费意识和品位（生活方式/习惯→“生活的创造者”）。

4. 选址

（1）两重意义——宏观选址（对某个国家、地区、城市的选择）和微观选址（对某个街区及具体位置的选择）。

（2）各城市基本地域类型——中心商业区；次级商业区；专门商品商业区；居民街坊区；近郊区。

（3）商圈：店铺吸引顾客的地理区域（来店顾客居住的地理范围），是以店铺所在地为中心，沿一定距离向四周扩散所形成的店铺吸引顾客的辐射范围。

（4）选址时必须明确商圈范围、构成及特点；了解商圈内人口因素；市场因素以及一些非市场因素的有关资料，并由此评估经营效益，确定大致选址地点。

① 商圈形态。

☑ 商业区——商业行为的集中区，特色为商圈大；流动人口多、热闹、各种商店林立。消费习性为快速、流动、娱乐、冲动购买及消费金额较高等。商圈效益使得销售额相对较高；投资费用相对较大；竞争性强。较适宜大型综合商店和特色专卖店。

- ☑ 住宅区——住户数多，至少须有 1 000 户以上。消费习性为消费群稳定，便利性、亲切感、家庭用品购买率较高，为家庭生活提供服务的公司较受欢迎。
- ☑ 文教区——消费习性为消费群以学生居多；消费金额普遍不高；休闲食品、文教用品购买率较高，但寒暑假期是淡季。
- ☑ 办公区——消费习性为便利性、外食人口多、消费水平较高等，消费目的主要是采购生活办公用品、谈生意、进餐等，午间和晚间为营业高峰；周末与节假日生意清淡，适合餐馆和日用品店。
- ☑ 车站区——人流量大，旅客多选购容易携带商品，较适合食品、礼品店等。
- ☑ 市郊——主要为流动顾客提供生活、休息、娱乐和维修车辆等服务。

② 商圈的确定。通过售后服务登记、顾客意向征询、赠券等形式搜集有关顾客居住地点的资料→划定商圈。

配合每天人口的流动情形，探讨该地区人口集中的原因，流动的范围；观察设店地区内工作和学习者的流动性、购物者的流动性、城市规划、人口分布、公路建设、公共交通等，运用趋势分析进行商圈设定。

③ 商圈分析的内容。

- ☑ 人口规模及特征——人口总量和密度；常住和流动人口；年龄分布；平均教育水平；拥有住房的居民百分比；总的可支配收入；人均可支配收入；职业分布；人口变化趋势；到城市购买商品的邻近农村地区顾客数量和收入水平。
- ☑ 劳动力保障——管理层的学历、工资水平；管理培训人员的学历、工资水平；普通员工的学历、工资水平。
- ☑ 供货来源——运输成本；运输与供货时间；制造商和批发商数目；可获得性与可靠性。
- ☑ 促销——媒体的可获得性与传达频率；成本与经济情况。
- ☑ 经济情况——主导产业；多角化程度；项目增长；免除经济和季节性波动的自由度。
- ☑ 竞争情况——现有竞争者的商业形式、位置、数量、规模、营业额、营业方针、经营风格、经营商品、服务对象；所有竞争者的优势与弱点分析；竞争的短期与长期变动；饱和程度。
- ☑ 商店区位的可获得性——区位的类型与数目；交通运输便利情况、车站的性质、交通联结情况、搬运状况、上下车旅客的数量和质量；自建与租借店铺的机会大小；城市规划；规定开店的主要区域以及哪些区域应避免开店；成本。
- ☑ 法规——税收；执照；营业限制；最低工资法；规划限制。
- ☑ 其他——租金；投资的最高金额；必要的停车条件；附近单位的性质等。

④ 人口特征资料可从政府的人口普查、购买力调查、年度统计等资料中获知；特定商

品的零售额、有效购买收入、总的零售额等资料可从商业或消费统计公告中查到。

⑤ 竞争分析需考虑因素：现有商店的数量、规模分布；新店开张率；所有商店的优势与弱点；短期和长期变动以及饱和情况等。

⑥ 商圈内的零售饱和指数=潜在顾客数目×消费者人均零售支出/商店的营业面积

⑦ 选择行业多角化的商圈开业（如果商圈内居民多从事同一行业，则该行业波动会对居民购买力产生相应影响）。

（5）选择店址的方法。

① 设立店铺前的市场调查。

☑ 调查实施概要——调查目的；对象；数据；方法；日期。

☑ 调查对象特性——性别、年龄、婚否；职业；教育；居住；子女构成；家庭人数；房间数；家庭每月收入（购买力、消费习惯）；交通工具。

☑ 上街者的住处及动向分析——上街者到其他主要店市去的上街频次。

☑ 主要零售店来客调查——主要零售店顾客的商圈分布状况和顾客的年龄、性别、特性。

☑ 购买金额及购买商品的调查——分析商圈全体及主要零售店平均每人购买额，一个月中及一次的购买金额，购买地点。

☑ 分析主要零售店的商品销售情况等。

☑ 调查上街者的商品购买情形——在哪一家店铺、买什么、买了多少等；何种商品在哪家店铺销售了多少，同一商圈内消费量所占百分比。

☑ 调查主要大型商品的普及状况和今后一年间的购买预定情况等。

☑ 家庭经济状况、支出内容比例以及商品的购买状况等。

☑ 竞争店的广告宣传和各种促销方式的分析等。

② 顾客调查。

☑ 消费者购物倾向调查。

目的——对于居住地居民有关年龄、职业、收入对商品购买的倾向把握，以调查可能的商圈范围。

对象——以学校或各种团体的家庭为对象，或依据居住地点以抽样方式进行家庭抽样调查。

方法——以邮寄或直接访问均可。

项目——居住地点、家庭结构、成员年龄、职业、工作地点、商品购买倾向。

优缺点——居住地购物倾向于设店预定地的评价易于比较，但调查费用偏高。

☑ 逛街者购物动向调查。

目的——对实际逛街者的消费购买动向调查，以把握零售业的商业潜力。

对象——对步行者的抽样调查，或百货店主要顾客调查。

方法——通过对行人在一定时间段采取面谈方式，时间以 10 分钟以内为佳。

项目——居住地、年龄、职业、逛街目的、使用交通工具、逛街频率、商品购买动向。

优缺点——调查费用较低，但对于居住地与设店预定地购物依存度难以明确把握。

☑ 顾客流动量调查。

目的——对日期、时间流动量的把握，作为确定营业体制的参考。

对象——流动的 15 岁以上人群。

方法——与逛街者购物动向调查并行，而依时间、性别区分。

优缺点——方法比较容易，并可提供促销运用的参考。

☑ 消费者动态调查。

以街为单位的最新人口资料；市区概况、市区长期计划、城市规划图（目前与未来）。可在工商服务处的商业概要、商业评估报告书中获得资料。

到店址附近（车站、公园、咖啡店等）了解人的——性别、年龄、携带品、谈话内容等；与他们聊，了解消费动向。

在高处调查步行者类别——学生、主妇、职员等；单独行动、结伴而行、带小孩、其他，统计比例；从何处来，哪里汇合，分散到何处去。

车站及其周围情况——交通流量、方向、时间范围。

顾客流动的原则——如顾客喜欢走哪一边（看预设店址一天通过人次、前往方向、分流地点和假设顾客→标示在地图上）——目前通行路线是否稳定，有何设施会改变交通流量；去周边商店购物后心理的影响。

可选择周五、周六、周日以小时为单位，推算总量，制成交通流量表（某一时间的流量）。

5. 其他调查

（1）竞争对手调查

① 竞争店构成调查：

目的——作为新店构成的参考。

对象——预定商圈内的竞争店铺。

方法——针对竞争店使用面积、场所、销售体制进行调查。

② 竞争店商品构成调查：

目的——作为新店铺商品构成的参考。

对象——竞争店商品构成。

方法——着重商品量的调查。

③ 竞争店价格水平调查：

目的——了解常备商品的价格水平，作为新店铺的参考。

对象——对达到预定营业额或毛利额标准的商品进行调查。

方法——对于陈列商品的价格、数量进行调查，尤其是年节繁忙期间更为重要。

④ 竞争店客流量调查：

目的——作为新店铺的参考。

对象——出入竞争店 15 岁以上的消费者。

方法——了解竞争店一个时间段、日期段的客流量，尤其注意特殊日期的调查。

（2）城市规划分析

① 短期规划和长期规划。在了解地区内的交通、站点、街道、市政、绿化（吸引人聚集的）、公共设施（如公园、运动场等）、住宅及其他建设或改造项目的规划的前提下，作出最佳地点选择。

② 未来效益评估包括：平均每天经过的人数；来店光顾的人数比例；光顾顾客中购物、消费者的比例；每笔交易的平均购买量等。

6. 店址选择的技巧

（1）掌握好店铺的商圈。调查商圈的方法如下。

① 将来店顾客的住址系统地加以搜索整理，制成档案，将顾客的住址以点状方式打在地图上，描绘出商圈的概略轮廓。

② 在散发的传单上，加印赠品兑换券，在回收兑换券同时记录顾客住址等基本资料，同样将顾客的住址以点状方式打在地图上，描绘出商圈的概略轮廓。

③ “LSM 拜访法（区域、店铺、市场第一个字母）”，即在店铺附近的公司和住宅等进行商圈市场访问调查。其作用包括了解自己店铺的实际情形、得知其他竞争同行的商圈范围及实力、推算出自己店铺的市场占有率。

④ 商圈简易推定法，即 80/20 法则：设想好自己要开店的区域；散发有针对性的消费倾向调查表；回收表格后筛选出 20%的潜在主力客户；将这些客户的地址标在地图上并用红线将离店铺最远主力客户的地址连接起来；红线在地图上围出的圈就是你店铺的核心商圈。

小店的聪明之举是充分利用大型店铺的聚客能力，在附近开店营业、在其内设柜或在某某商品一条街开店。

注意某条街核心店对商圈的影响。

（2）同行密集的地方是好店址。商业吸引商业、人流吸引人流；但经验也并非是绝对的；只有贵重商品、耐用消费品和装饰性强的商品顾客往往喜欢在比较后才购买的商品才适于集中扎堆经营，日常生活用品等使用频率高的商品不宜集中经营。

（3）拐角的位置较理想——“拐角效应”。拐角的优点：可以增加橱窗陈列的面积；两条街道的往来人流汇集于此，有较多的过路人光顾；可以通过两个以上的入口以缓和人流的拥挤。但选择哪一面作为自己店铺的正门很重要，通常选择交通流量大的一面作为店铺的正门。

（4）三岔路口是好位置。注意尽量发挥自己的长处，在店铺正面入口处的装潢、店名招牌、广告招牌、展示橱窗等要精心设计、抓住顾客的消费心理，将过往行人吸引到店铺中来。

（5）坡路上开店大不可取。

（6）“稳赚不赔”的金铺面。

① 选对商圈；

② 向上发展；

③ 向下发展；

④ 向小区发展——努力把“顾客关系”培养成“朋友关系”以建立稳固的顾客群。

开店选址的最基本原则是“顺路”；一条街可分成“阴面”和“阳面”，开店讲的是人气，人气旺财气就旺；店铺最好夹在许多吃喝玩乐店的中间；同时店铺附近最好不要有空地、工地，以免人气和财气“上气不接下气”。

“顺路”的另一个指标是“好不好找”，太宽、车流量大的路边不容易聚集人潮、人气，不是开店的好地点。

（7）开店方位的讲究。店铺正门的朝向与当地的气候密切相关，并受风向、日照程度、日照时间等因素的影响（如在南方城市，面向西的铺面会有日晒，在夏季如果没有空调，会因炎热吓跑不少顾客；在北方城市，面向西北的铺面较易受寒风的侵袭，也不利于顾客进店消费）。

7. 店址选择注意事项

早、中、晚都要在预定的店址观察行人及他们经过此地的目的；了解铺面附近各店的情况。

（1）繁华地段虽好，但绝非唯一选择。

（2）选择好店址不要怕高租金，花大钱开个大门市，不如花大钱找个好门市；但须好好盘算投资回报率。

（3）其他问题。

安全——防盗、防破坏、治安状况、火源、噪音、灰尘等。

广告宣传——把铺面设置在某一著名的建筑物或自然物旁，这些地段都是当地人人皆知、路人易见之处。

租赁房屋及柜台——了解房屋的基本条件及价格、房屋的产权情况；房屋有无破损、楼面的受力以及水电等情况；税收情况；合约要规定租期、价格，是否可以进行装修、税额的负担、面积；其他杂费谁来负担等。

与房主联营——协议内容可包括经营项目、投资比例、分红比例，参加联营的人员名单及数量、分配等。

注意城镇的变化——不少城镇人口稠密区和商业繁华区都在不断增多和扩大，必须四面扩张，但不是相等平齐的，而是先有条件和后有条件的。

看准了就着手进行——你在选，别人也在选！

（4）选址不可忽略的细节（天时、地利、人和）。

① 交通便利——主要车站附近；顾客步行不超过20分钟路程的街道（观察马路两边行人的流量，较多一边较好）。交通设施（火车站、公交车站、主要道路等）是否完善，距离远近，汽车班次，乘客数等。

② 接近人群聚集的场所——如剧院、电影院、公园、大型店等娱乐场所附近或工厂、机关附近；他们的规模、聚集程度、就业人口、远近、交通量等；这些场所易于吸引行人出入也易于记忆。

③ 人口增加较快的地方。

④ 较少横街或障碍物的一边——行人为了要过马路而躲避车辆或来往行人，会忽略一旁的店铺。

⑤ 自发形成某类市场的地段。

⑥ 根据经营内容选择地址。

⑦ “傍大款”。

⑧ 商业中心的街道。

⑨ 有广阔空间的店面。

⑩ 由冷变热的区位。

⑪ 其他。如城市规划；住宅区建设规划；新车站、新路线、停车站新建计划；道路拓宽计划；工业区建设、建厂计划；教育设施；大型商店、医院建设计划等。

8. 店铺的投资分析

（1）是否选择在商业区域内。

☑ 位于交通运输站——以上班族为主要服务对象，应经营日常用品以及价格较低且便于携带的消费品为主。

☑ 位于住宅附近——以居民为主要服务对象，应经营综合性消费品为主。

☑ 位于办公楼附近——应经营文化办公用品为主且商品档次应较高。

☑ 位于学校附近——应以文具、饮食、日常用品为主。因购买力有限，应以中、低档用品为主；寒、暑假是淡季。

（2）是否选择了合适的专营店铺的人员。

（3）是否有良好的店铺规划设计。

（4）是否选择适当的行业类别（火车站、汽车站附近批发性为宜；居住区、办公区零售业为宜）。

（5）是否投资于专业化的商品店铺。

9. 位置的好与差及注意点

（1）黄金位置——商业区（成本高，但可能的利润也高）。

① 人口流动大的车站码头。

② 人口密，数量绝对多、人口质量高的小区。

③ 同行聚集的街道、集市。

④ 大专院校的周边。

（2）同条街位置比较好的——三岔路口；拐角；只有车道和人行道的街（人车穿流其中）；有公交车站旁边；大公司、企业旁边；生意兴隆的一边。

（3）位置较差的——主车道、自行车、人行道被护栏隔开的街道。

① 坡度较大的街道。

② 偏僻、卫生差的小巷。

③ 可能被重新改造的街道。

④ 商业网点已基本配齐的区域和楼层高的位置。

（4）注意——选址的预见性和远见性（可能发生的变化）。

① 周边环境（卫生情况；繁华程度）。

② 交通条件（乘车、停车、运输）。

③ 周边建设（道路宽度；分隔情况）。

④ 人口情况（数量；质量等）。

⑤ 目标顾客收入；消费意识、品位等。

二、开店前的准备

1. 概算店铺经营费用

（1）固定费用——房租、员工工资、固定资本折旧费、利息、押金利息等。

（2）流动费用——水电费、电话费、运输费、包装费、商品损失、各种杂费等。

2. 为开店融资

（1）确保可调度资金的数量。

（2）确保资金利息低廉。

（3）确保有余力筹措周转资金。

（4）确保自有资金。

3. 筹备开店事务

（1）市场调查——商圈调查；竞争店铺调查等。

（2）经营计划——店铺地点确定；测算营业额及规模；投资预算等。

（3）内部装修——店铺内部装修；货架订制；所有设备与经营用具、招牌制作等。

（4）商品及服务内容——商品及服务构成；政策；商品订购；重点商品及服务确定。

（5）商品采购——理清进货渠道并具体实施（脚踏实地开发商品的路径——独特的；找到好的批发商或货源，但做好预备方案）。

（6）陈列方式——确定陈列方式及数量。

（7）销售计划——销售目标促销计划及收支预算。

（8）广告宣传策划——开业前后的广告计划；媒体选择。

（9）店规及制度拟订——经营绩效评估方案；奖励制度；服务制度；各种竞赛制度等。

（10）人事任用——人事任用与店员招聘及教育培训。

（11）总务事务——报表；购物袋；指示牌；店员制服；店内音乐等事务性用品及总务性工作用品的准备。

（12）商品进场——商品进场；陈列布置等。

（13）开张准备——开张方式拟订；开张赠品准备；开张广告方式的确定。

（14）正式营业。

4. 租房

可以选择直接租房或接手转租店（转租的原因），要注意以下细节问题。

（1）房屋面积是否确实。

（2）合同上注明租房金以外的其他一切费用由哪一方交或共同以什么比例分摊。

（3）注明房租的截止日期和款项的具体交纳办法。

（4）在出租方的各种物品交接清单上签字。

（5）注明押金数目。

（6）注明因天灾及不可抗拒的因素造成的损害及合同的中止等情况不须承租方负责。

（7）核实出租方是否为真正的房屋拥有者。

5. 面试店员

（1）店前筛选。在店前接待应聘者，并留心观察；如有不符的应婉言谢绝。

（2）面试的流程：

店前筛选（基本资料、第一印象）→填写应征资料→基本测试→面谈→口试、笔试、实务→调查资料及背景→核准、裁决→相关资料审核→录用（上述流程中如有条件不符者应婉言谢绝）。

（3）面试的重点。

应聘者的眼神和面部表情；其工作经验及有突出表现的资历；谈吐风度、心态志趣与工作计划；离职原因及应聘动机；能否轮班、加班；有无一生规划或进修计划；个性、家庭背景和经济负担；告知应聘者本店的背景、未来计划、制度、福利、培训、待遇和工作内容等情况。

（4）选拔测试。

☑ 笔试——测试其学术理解程度。

☑ 面试的复选条件——考察机敏度、应变能力、工作潜力及知识。

☑ 专业面试、笔试或实务操作——测验其专业知识和技能。

（5）避免无效面试的心态和技巧（略）。

（6）“人不可貌相！”——做记录，建立人才资料库。

（7）决定录用的标准。

☑ 其能力、学历、经历是否符合公司的要求。

☑ 公司的待遇能否满足其经济负担。

☑ 如是特殊高级人才，应多方探讨，了解其操守品性等。

☑ 公司的发展是否能配合其个人发展或个人理想。

☑ 录用此人对公司的经营或其他人有无影响或排斥。

☑ 对于录用的一般人员，优先选择灵活、务实、工作经历稳定、背景单纯、人缘好的。

☑ 面试后的复查。

6. 行政方面

如工商、税务的登记办理，消防审验卫生（健康证）的办理等。

7. 开设账户

选择合迁的银行，设立银行结算账户。

8. 店铺的设计与装潢

（1）店铺形象的构成。

① 店铺的内外观。门面是销售的前奏；经过装饰能使人一看便知是什么性质的店铺、出售何种档次的商品或服务；具有保护内容、显示特色的意义；起到改善购物环境和营造舒适气氛的作用。

② 店铺的商品陈列。制造舒适轻松气氛；易看易取、自由自在。

③ 店铺的服务质量。良好的服务质量，有礼貌的店员、能与顾客沟通；懂得商品知识和市场流行趋势；乐于排忧解难。能给店铺带来良好的声誉。

（2）店铺形态的设计。在店铺设计时制造对顾客的诱导性，使顾客在店内停留的时间增长，让顾客用充分的时间细心选择商品。

门面宽、深度浅的店铺——较适合的行业为餐饮服务业；书报店；快速冲印店；西式点心店；日式点心店等。

门面窄、深度长的店铺——较适合的行业为餐饮服务业；美容美发店；礼品店；化妆品店；首饰店；书店；玩具店；文具店；日常用品店；自助洗衣店等。

（3）店铺外观的主要构成。

① 招牌，是店铺店标、店名、造型物及其他广告宣传的载体；代表出售某种品质的商品或服务。

较流行的有——屋顶招牌；标志性招牌；栏架招牌；翼招牌；活动招牌；壁上招牌和其他。

“四易”原则——易见、易读、易明、易记。

② 橱窗，是店铺的眼睛、商铺内商品“精英”的荟萃和演示台，集中了店铺内最敏感的信息；是最具艺术性的结构。

功能如下：

☑ 店铺外观的一部分，以特殊的造型设计吸引行人的注目。

☑ 展示店铺的经营方式，陈列出经常销售和新推出的商品，体现店铺的格调。

☑ 随着社会环境与自然环境的变化而改变设计，指导流行趋势、引导消费潮流。

☑ 向顾客提供新商品信息。

☑ 留住往来行人的脚步，制造顾客光临机会，并刺激其消费欲望。

一个构思新颖、主题鲜明、风格独特、装饰美观、色调和谐的橱窗应注意：橱窗横度线最好与顾客的视平线相等；必须考虑防尘、防热、防淋、防晒、防风、防盗等；不影响店面外观造型，设计规模应与店铺整体规模相适应；陈列商品必须是本店销售的且是最畅销或新潮的；如陈列季节性商品必须在季节到来之前一个月预先陈列出来，起到宣传作用；商品陈列前先确定主题，万不可乱堆乱摆，分散了消费者的视线；尽量少用商品做衬托；容易液化变质的商品，以及日光照晒下容易损坏的商品，最好用其模型代替或加以适当的包装；保持清洁；陈列勤加更换，如有时间性的宣传和陈列容易变质的商品；橱窗的形式设计要根据店铺的位置、营业项目和营业场所的大小而定。

③ 店面的开放度有开放型、半开放型和封闭型。

（4）店铺外观的设计原则。

① 必须符合自身的行业特点，从外观和风格上使人一目了然地了解店铺的经营特色。

② 要符合主要客户的‘口味’。

③ 充分考虑与原建筑风格及周围店面的协调，过分的“个性、另类”会让人觉得“粗俗”。

④ 简洁，宁可“不足”不能“过分”，不宜采用过多的线条分割和色彩渲染，以免给顾客“太累”的视觉。

⑤ 色彩要统一协调，不宜采用生硬的、强烈的对比。

⑥ 招牌上的字体大小要适宜，可通过衬底色来突出店名，非特殊不要用狂草或外文字母。

⑦ 灯箱、布告板、宣传栏要遵守交通法规或城管条例。

（5）店铺的内部装潢。

① 天花板——设计时首先考虑高度，如太高则上部空间太大，使顾客无法感受到亲切的气氛；过低，虽然可给顾客一份亲切感，但压抑感也随之而来；其次是形状，对于顾客心理、陈列效果、店内气氛都有很大影响；再次是应与照明设备相配合。

② 墙壁——是陈列商品的背景，应与所陈列商品的色彩及内容协调、与店铺的环境和形象适应，设计形式有以下几种。

☑ 壁面上架设陈列柜，以摆放、陈列商品。

☑ 壁面上安置陈列台，作商品展示处。

☑ 壁面上的简单设备，作装饰用。

③ 地板——图形设计上有刚柔两种。

☑ 以正方形、矩形、多角形等直线条组合为特征的图案带有阳刚之气，较适合以男性消费者为主的店铺使用。

☑ 以圆形、椭圆形、扇形和几何曲线等组合为特征的图案带有柔和之气，较适合以女性消费者为主的店铺使用。

④ 内部装饰的材料选择——光滑的材料能反射光线；粗糙的材料可以吸收光线（空间大的店铺应以粗一点的材料为主，而空间小的宜采用光滑质感材料；大面积的墙面可以粗一些，重点装修的墙面则要精细一些，以取得对比的效果。

☑ 天棚——木、石膏板、金属板、石棉板、玻璃纤维等。

☑ 墙面——（与门窗、灯具或通风孔洞相结合）涂料、油漆、木质壁材、墙纸等。

☑ 地面——瓷砖、石材、塑料地板、地毯等。

⑤ 店内装饰的技巧——要有广告效应，给消费者以尽量强烈的视觉刺激；结合商品特点加以联想，起导购作用（新颖独特以吸引顾客的“眼球”，并想进去看看）；防止人流进店后拥挤。

（6）货柜、货架的设计。

① 使商品醒目，容易选择，取放方便；因地制宜，结合建筑格局布置、安放。

② 设计以便于保持陈列商品、整齐清洁、美观大方、易取易放，并能充分显示商品特点，保证正常销售需要为原则。

（7）色彩搭配。

① 色彩的三种属性——色相、明度、彩度。

色相——指红、黄、绿等原色，是所有色彩的基本色。

明度——表示色彩明亮度的颜色如淡粉红色、鲜红色、淡黄绿色等；表示色彩黑暗度的颜色如浅灰色、紫色、褐色等。

彩度——是色彩的鲜明度，如黑、白、红等，又可分为暖色系和冷色系。

☑ 暖色系是很容易亲近的色系，如红、黄等色，适合面向年轻阶层的店铺，同色系中粉红、鲜红、鹅黄色等为女性喜欢的色彩。

☑ 冷色系看来有很远很高的感觉，有扩大感，严寒地区及天花板很高的店铺不宜使用该色彩，否则进入店内会感到很冷清，亲切感骤降；但夏季能产生清凉感。

② 颜色对人心理上的效果如下。

白色——喜悦、明快、洁净、纯洁。

灰色——中庸、平凡、温和、谦让、中立。

黑色——静寂、沉默、悲哀、绝望、严肃、死亡。

红色——热情、喜悦、活力、积极、爱情、革命、奔放。

黄色——快活、希望、发展、愉快、智慧。

橙色——健康、乐观、活泼、积极、嫉妒。

绿色——生命、和平、自然、健全、成长、旅行、环保。

蓝色——沉静、沉着、海洋、广阔、消极、精致、久远。

紫色——华丽、高贵、神秘、永远。

店铺色彩必须考虑墙壁、地板、商品等色彩的协调。

相反色系的对比有：黑—白；黄—黑；红—白；黄—红等。

（8）灯光设计。

灯光设计可以增强商品的魅力和商铺的商业气氛。人工光源的最基本作用有以下两方面。

① 直接用于店铺的外部照明，以照亮店铺的门面和店前环境，通常以实用为基本要求。

② 为烘托店铺气氛、环境而设立的各种装饰灯，可以增加店铺门前的形式美，以霓虹灯和橱窗灯最常用。

按光源来说，分单色光源（以店内为主）和多色光源（主要用于外部装饰）。多色光因视觉反应不同，形成的心理感觉有：

☑ 玫瑰色光源——华贵、高雅、幽婉。

☑ 淡绿色光源——柔和、明快。

☑ 深红色光源——刺激性较强，使人的心理活动趋向活跃、兴奋、激昂或焦躁不安。

☑ 靛蓝色光源——刺激较弱，使人的心理活动趋向平衡，控制情感发展，也容易产生沉闷或压抑的感觉。

店铺外部灯光设计：

霓虹灯——以补充显示门市招牌为主，兼有宣传美化作用；是以远眺为主的光源设计；

色彩选择一般以单色和刺激性较强的红、绿、白为主，突出简洁、明快、醒目的要求；字体要大，图案力求简单，并伴以动态结构的字体、图案等。

橱窗灯——属于近距离的外观灯饰，是观赏光源；不应使用强光，灯色间的对比度不易过大；光线的运动、变换、闪烁不宜过快或过于激烈；否则会使人眼花缭乱，造成不舒适的感觉。

外部装饰灯——起烘托气氛的作用，应与店铺的经营特色一致。

店铺内部灯光设计：

吸引顾客的注意力，使顾客在舒适视觉环境中浏览商品，进而产生购物冲动。

自然光源——基本照明应尽量使用自然光源，既可降低费用又避免灯光对货品颜色的“曲解”。

灯光照明——是基本照明光源，起保持整个店铺基本亮度的作用。如果整体亮度稍暗，容易使人产生沉闷压抑感，使顾客心理活动趋向低迷。

装饰陪衬光源——以装饰或陪衬商品为主兼作局部照明；起美化店内环境、宣传商品、营造购物气氛的作用。但须注意亮度与灯色对环境与商品的陪衬和破坏作用，具体如下。

① 注意装饰光源与照明光源的协调搭配，装饰光源只起陪衬与辅助作用，不要喧宾夺主，不宜安装过多，亮度也不宜过强，对比不宜过大。

② 对于专用于装饰和映衬商品的光源，注意光色与商品的协调；一般安装在柜台内或直接用来照射商品，要点有以下内容。

- ☑ 如果商品本身色调明快清晰，则灯光朦胧才能产生较好意境。
- ☑ 如果商品本身色调较暗，则应使用较强灯光，以突出商品形象。
- ☑ 彩色光线照射或映衬在色彩鲜艳的物体或商品上，如果光色与物体相同，则物体或商品会特别鲜艳，但如果光色是物体或商品的补色，则会减弱物品颜色的鲜艳程度，使物体或商品变得灰暗，光色越趋向两个极点，结果往往就越相背。

③ 注意灯光对色彩的“曲解”——“灯下不观色”。

要掌握——远光要强，近光要弱；远光多色交融，近光少色或单色；远光多变多动，近光少变少动或慢变慢动等。

（9）使店铺更符合“心理学”。

亮好，还是不亮好——进行实验比较。

音响大小影响“流动率”——音响越吵闹，顾客吃东西的速度就越快。

气味也很重要——有积极的一面也有消极的一面；注意与顾客嗅觉相适应（过犹不及）。

座椅舒适度决定“换桌率”——快餐店的椅子通常又硬又直，目的就是加快“换桌率”，而酒吧为了让顾客坐的越久，消费越高，因此往往选择舒适的沙发。

八成人喜欢凑热闹——测量店里的“热闹指数”——从早上以每小时为单位，用画“正”

字的方式，统计每小时的消费人数，再制成“热闹时刻表”，分析周、天、每时段生意的好或差、询问者多少、有什么问题、销售额多少等（依此理可制作周、月、季等销售汇总表用以分析）；再想点子炒热“冷清时段”。

（10）其他。

给人的感觉——安全、舒适、满足（雅致、明亮、和谐）、适用、坚固、经济、美观的原则。

主题——营业性质、功能、销售内容、方式等的体现。

通道——流畅、便利、安全、切忌杂乱。

动线——人物流动的方向和路线；如店堂太大，可设置区域服务台。

个性化风格——特色、服务、质量、环境、气氛（硬件、人、声音）相得益彰；如：瓦罐汤的古朴典雅、民族特色、山寨、传说等。

（11）店员制服的设计和选择。应整洁、大方、沉稳、典雅，并量身定做。

9. 店铺的投资分析

（1）是否选择在商业区域内。

☑ 位于交通运输站——以上班族为主要服务对象，应经营日常用品以及价格较低且便于携带的消费品为主。

☑ 位于住宅附近——以居民为主要服务对象，应经营综合性消费品为主。

☑ 位于办公楼附近——应经营文化办公用品为主且商品档次应较高。

☑ 位于学校附近——应以文具、饮食、日常用品为主。因购买力有限，应以中、低档用品为主；寒、暑假是淡季。

（2）是否选择了合适的专营店铺的人员。

（3）是否有良好的店铺规划设计。

（4）是否选择适当的行业类别（火车站、汽车站附近批发性为宜；居住区、办公区零售业为宜）。

（5）是否投资于专业化的商品店铺。

10. 店铺命名

俗语说“不怕生错相，就怕起错名”，可见店铺命名的重要。店铺命名的基本原则是——名副其实。同时，还要注意以下原则：

（1）表明店铺的性质和经营范围。

（2）表明服务对象。

（3）体现服务特色和风格。

（4）表明店主身份特征。

（5）表明营业时间长短。

（6）表明店面的大小与方位；
（7）暗示价格的幅度。

肯德基和麦当劳的选址诀窍

肯德基和麦当劳作为全球最大的餐饮集团，它们的选址方法一直备受外界关注，因为只要有它们的地方，那里就是商业中心，地价飞涨，所以很多大型房产企业都会通过各种方法吸引它们落户。为此，铺铺旺特派人员进行详细调查。

据北京铺铺旺研究中心工作人员透露，肯德基非常重视快餐店的选址，选址决策一般是两级审批制，通过两个委员会的同意，一个是地方公司，另一个是总部。其选址成功率几乎是百分之百，是肯德基的核心竞争力之一。

北京铺铺旺研究中心胡教授向我们介绍说通常肯德基选址按以下几个步骤进行。

（一）商圈的划分与选择

1. 划分商圈

肯德基计划进入某城市，就先通过有关部门或专业调查公司收集这个地区的资料。有些资料是免费的，有些资料需要花钱去买。把资料收集齐了，就开始规划商圈。北京铺铺旺调查员黄师傅给我们展示了一份肯德基 2009 年的选址资料，资料信息涵括地区的各个方面。

商圈规划采取的是记分的方法，例如，这个地区有一个大型商场，商场营业额在 1 000 万元算一分，5 000 万元算 5 分，有一条公交线路加多少分，有一条地铁线路加多少分。这些分值标准是多年平均下来的一个较准确经验值。

通过打分把商圈分成好几大类，以北京为例，有市级商业型（西单、王府井等）、区级商业型、定点（目标）消费型，还有社区型、社区和商务两用型、旅游型等。

2. 选择商圈

即确定目前重点在哪个商圈开店，主要目标是哪些。在商圈选择的标准上，一方面要考虑餐馆自身的市场定位，另一方面要考虑商圈的稳定度和成熟度。餐馆的市场定位不同，吸引的顾客群不一样，商圈的选择也就不同。

例如，马兰拉面和肯德基的市场定位不同，顾客群不一样，是两个“相交”的圆，有人吃肯德基也吃马兰拉面，有人可能从来不吃肯德基专吃马兰拉面，也有反之。马兰拉面的选址也当然与肯德基不同。

商圈的成熟度和稳定度也非常重要。如规划局说某条路要开，在什么地方设立地址，将来这里有可能成为成熟商圈，但肯德基一定要等到商圈成熟稳定后才进入，例如说这家店三年以后效益会多好，对现今没有帮助，这三年难道要亏损？肯德基投入一家店要花费好几百万元，当然不冒这种险，一定是比较稳健的原则，保证开一家成功一家。

（二）聚客点的测算与选择

1. 要确定这个商圈内最主要的聚客点在哪

例如，北京西单是很成熟的商圈，但不可能西单任何位置都是聚客点，肯定有最主要的聚集客人的位置。肯德基开店的原则是：努力争取在最聚客的地方和其附近开店。

过去古语说“一步差三市”。开店地址差一步就有可能差三成的买卖。这跟人流动线（人流活动的线路）有关，可能有人走到这，该拐弯，则这个地方就是客人到不了的地方，差不了一个小胡同，但生意差很多。这些在选址时都要考虑进去。

人流动线是怎么样的，在这个区域里，人从地铁出来后是往哪个方向走等。这些都派人去测量，有一套完整的数据之后才能据此确定地址。

例如，在店门前人流量的测定，是在计划开店的地点掐表记录经过的人流，测算单位时间内多少人经过该位置。除了该位置所在人行道上的人流外，还要测马路中间的和马路对面的人流量。马路中间的只算骑自行车的，开车的不算。是否算马路对面的人流量要看马路宽度，路较窄就算，路宽超过一定标准，一般就是隔离带，顾客就不可能再过来消费，就不算对面的人流量。

肯德基选址人员将采集来的人流数据输入专用的计算机软件，就可以测算出，在此地投资额不能超过多少，超过多少这家店就不能开。

2. 选址时一定要考虑人流的主要动线会不会被竞争对手截住

因为人们现在对品牌的忠诚度还没到说，我就吃肯德基，看见麦当劳就烦，好像还没有这种情况。只要你在我跟前，我今儿挺累的，我干嘛非再走那么一百米去吃别的，我先进你这儿了。除非这里边人特别多，找不着座了，我才往前挪挪。

但人流是有一个主要动线的，如果竞争对手的聚客点比肯德基选址更好的情况下那就有影响。如果是两个一样，就无所谓。例如，北京北太平庄十字路口有一家肯德基店，如果往西一百米，竞争者再开一家西式快餐店就不妥当了，因为主要客流是从东边过来的，再在那边开，大量客流就被肯德基截住了，开店效益就不会好。

3. 聚客点选择影响商圈选择

聚客点的选择也影响到商圈的选择。因为一个商圈有没有主要聚客点是这个商圈成熟度的重要标志。如北京某新兴的居民小区，居民非常多，人口素质也很高，但据调查显示，找不到该小区哪里是主要聚客点，这时就可能先不去开店，当什么时候这个社区成熟了或比较成熟了，知道其中某个地方确实是主要聚客点才开。

为了规划好商圈，肯德基开发部门投入了巨大的努力。以北京肯德基公司而言，其开发部人员常年跑遍北京各个角落，对这个每年建筑和道路变化极大，当地人都易迷路的地方了如指掌。经常发生这种情况，北京肯德基公司接到某顾客电话，建议肯德基在他所在地方设点，开发人员一听地址就能随口说出当地的商业环境特征，是否适合开店。在北京，肯德基已经根据自己的调查划分出的商圈，成功开出了56家餐厅。

肯德基与麦当劳市场定位相似，顾客群基本上重合，所以我们经常看到一条街道一边是麦当劳，一边是肯德基，这就是肯德基采取的跟进策略。因为麦当劳在选择店址前已做过大量细致的市场调查，挨着它开店不仅可省去考察场地时间和精力，还可以节省许多选址成本。当然肯德基除了跟进策略外，它自己对店址的选择也很有优秀之处值得借鉴。

信息来源：http://www.tianya.cn/publicforum/content/house/1/299519.shtml

三、零售店的开业

1. 开业造势

（1）邀请众人来捧场——亲朋好友、左邻右舍等。

（2）花团锦簇——营造热闹的开业气势，吸引更多人来关注。

（3）请名人——名人效应，拉抬声势，或舞龙舞狮队助阵以凝聚人气。

（4）把喜气带给顾客——提供特别服务或送礼轻情重的小礼物；使你的店铺成为“热门话题”。

（5）见者有份礼——如气球、面纸、传单等引起更多人的关注。

（6）特价优惠——以延长开张当天的气势。

（7）面面俱到——准备要周详，一个顾客就等于一个市场！

2. 促销

广告是把产品的内容介绍给消费者，引导消费者去接近产品，而促销则是促销人员主动把产品带到消费者面前。

（1）促销的意义：通过各种方式，使消费者相信他们自己正需要这种产品或服务，而且有很大需要，最好现在就立即买入或消费。（如限时提供服务，否则打7折的方法）

（2）促销的目的：

① 加速货品的销售，使营业额大幅增加。

② 提高店铺知名度，使他们想起这类产品或服务时，便能想起你的店铺商品或服务。

③ 刺激大众的消费欲望，使其产生消费冲动。

④ 经常性地提醒公众有这种商品或服务。

⑤ 制造消费商机，直接面对潜在用户，游说他们采用某种商品或接受某种服务。

（3）促销方法：

① 赠品促销法。可拉近与顾客的距离，但赠品好商品要更好，让顾客感觉物有所值，且随购赠品不可千篇一律，如吸引来小孩就可带来大人。

赠送的技巧——组织要得当周密，应遵循扩大知名度、信任度和美誉度三个层次的推进。注意：

☑ 确定受赠对象与范围。

☑ 要与社会公益活动恰当地结合起来，将收到较好的社会效益和经济效益。

☑ 常用品等可采取小包装免费送上门试用的形式。

② 心理促销法。

☑ 待客热情，特别是消费愿望不大强烈的顾客。

☑ 多献殷情，特别对其貌不扬的顾客。

☑ 分清轻重，盯住带有女伴的男客。

☑ 主动招呼，特别对那些犹豫不决的顾客。

☑ 察言观色，特别对富有顾客多介绍商品的优良品质。

③ 胃口促销法。利用人们的不安心理、好奇心理、逆反心理、争胜心理和心理定势，对于越是难以得到的东西就越有占有欲望。

制造悬念——设置悬念→解开悬念（把顾客引来并拖住）。

④ 限定法（有所不为才能有所为）。通过商品的有限性来吸引特定的顾客，包括：

☑ 品种限定——推出自己的独特产品。

☑ 陈列限定——专业店陈列商品时不要把畅销品摆得过多，以免给人以批量的感觉，使其身价降低；应较少陈列畅销品，以此强调稀有价值，并使顾客产生唯恐错过良机而急于购买的心理。

☑ 人员限定——对具有独特专长的店员实行预约服务的方法。

☑ 时间限定——某种商品或服务的销售或服务限定在一定的时间内，也可以是一定时间段的减价或优惠销售，如新产品上市、节假日、周年庆等。

⑤ 其他促销法。

☑ 有奖促销法——应有清晰易懂、公开公平的活动原则，并符合国家现行的法律、法规对有奖销售的规定。

☑ 免费试用促销法——逐户分送、定点分送、寄送、选择分送、零售点分送、联合分送、媒体分送、销售商品附赠、凭优惠券兑换等方式。

☑ 优惠券促销法——消费者可凭此券享受折扣、特惠价、换取某种赠品甚至免费待遇等；方式可分为媒体发放、直接送给消费者、利用特殊渠道发放等。

☑ 包装促销法——凭借某些特殊的包装而使产品显得较为突出，从而增加销售量；方式可分为包装内赠送、包装外赠送、包装上赠送和利用包装赠送等。

☑ 示范促销法——通过现场的示范表演来达到促销的目的。

☑ 还本促销法——出具一定的信用凭证在若干时间后将此商品销售款的全部或大部分退还给消费者。

☑ 方便促销法——在销售产品过程中，尽量为顾客提供如搬、运、包装、配套、维修服务的方便；如流动美容院。

☑ 原价促销法——先以原价销售取得客户信任，然后再加价（吃亏便是福！）。

（4）促销应注意的问题。

① 价格对促销的影响。

② 促销过程中绝不能只求价格低廉，而应配合各类营销手段以吸引顾客、说服顾客，使其对商品或服务感到满意；通过另外的方式补贴给消费者。

③ 形式应灵活多变。

④ 重视店主在促销活动中的作用。

⑤ 活跃促销现场气氛，让顾客感到购物的乐趣等。

（5）折扣战。

① 旺季促销与淡季促销。旺季促销的目的——打破过去的销售记录，再创新的营业记录；使顾客从“理性消费”→“感性消费”→“感动消费”。

淡季促销的目的——刺激买气，利用降价、折扣、推出新产品或举办各种比赛等方式，提高营业额和士气！

② 营收目标与客数目标。促销前应设定“营收目标”和“客数目标”，才能预估要多少人手、准备多少商店、寄发多少传单、印刷多少海报、刊登多少广告等；促销的目标与最终结果，一定要让顾客满意、员工乐意、老板得利，做到“三赢”。

3. “炒热”一家店

（1）开业宣传。门店开业是宣传的绝好机会，如请第一位到店“站脚助威”的顾客剪彩，并奉送纪念品以示敬意。

（2）广告推广。广告虽然能提升店铺的知名度，但知名度和好的形象不能画等号——“我们认识了你，但并不等于信得过你。”

（3）价格的学问和艺术。价格的尾数不同，给消费者带来的影响也不同。

四、零售业的经营策略

1. 零售业赢利模式

（1）进销差价+低成本模式（沃尔玛）。

（2）通道费模式（家乐福）。

（3）自有品牌模式。

（4）网上零售模式。

2．店铺的概念——鲜活的生命体

（1）门面——脸面。

（2）店堂——身姿。

（3）装修——服饰。

（4）服务——灵魂。

（5）管理——自律。

（6）经营——应对。

（7）气氛——气质。

（8）资金——血脉。

（9）赚钱——成功。

2．店铺赚的是——服务钱

服务质量的优劣能决定一个企业在竞争中的成败。对于店铺而言，服务质量更是其立身之本。

3．赚钱店铺的特征

（1）拥有一个灵魂人物（理解理念；明白该做什么，并及时、正确去做的人）。

（2）创新、创新、再创新！

（3）致力追求成长。

（4）确保合理的利润（赚钱，且达到一定水平）。

（5）以顾客为出发点（换位思考）。

（6）倾听顾客的声音。

（7）把握良机（如淡、旺季等）。

（8）发挥特色（商品、服务、店面、员工等）。

4．商品规划需要考虑的因素

（1）商品组合——包装、搭配、摆设、价位等。

（2）本地顾客层别。

（3）季节差别、时期差别（商品的生命周期）。

（4）购买动机的差别。

（5）家庭结构的差别、年龄段的差别。

（6）领薪前后的差别。

（7）与周围竞争店的差别。

5. 店铺的商品分类

（1）畅销商品。

（2）高利润商品。

（3）展示性商品——通过展示引人注目的商品。

（4）滞销商品。

6. 店铺的开店方式

如果是合股，应着重把“合作制度”建立起来（例如，谁负责什么工作，对亲友的优待程度，盈余分配，万一亏损怎么处理等）。

7. 开店前应考虑的要素

（1）进行充分的调查——包括：所处位置是否有吸引力；周围环境好坏、交通条件是否方便顾客；街道设施对店铺是否有利；服务区域的人口情况；目标顾客收入水准、消费意识及品位等。

（2）环境好坏的两种含义——店铺周围的环境状况和店铺所处位置的繁华程度。

（3）交通条件是否方便——停车；运输；乘车等。

（4）周围设施对店铺是否有利——如果城区干道中的车道、自行车道、人行道被栅栏隔开，这就是一种封闭的交通，不利于商铺经营；街道宽度不要超过 30 米，太宽敞反而不聚集人气；专家调查研究发现，25 米宽的街道最易形成人气和顾客流。如果干道上只有车道和人行道，车辆行驶中，视线很自然能扫到街两边的铺面；行人在街边行走，很自然进入店铺。

（5）服务区域的人口情况。

（6）目标顾客收入水准。

（7）选好位置——三岔路口、拐角的位置一般较好；坡路上、偏僻角落、楼层高的位置较次。

（8）从业远景可能性；有效途径；可能问题和竞争对手的情况。

8. 店铺经营的原则

（1）顺应地理环境。

（2）适合顾客阶层。

（3）积极宣传。

（4）通道顺畅。

（5）容易选购——分类；易见、易选、易买。

（6）购物乐趣。

（7）注重效率——管理制度化。

（8）可变性。

（9）安全性。

（10）经济性。

9. 提升经营业绩的实战秘诀

（1）比隔壁的店铺做得好一点。因为消费者只能在十分有限的范围内进行直接的比较，只要比隔壁的店铺做得稍微好一点，就可以显著提高店铺的经营业绩。

“隔壁”通常指的是500米以内距离。

（2）优秀的店员可使经营业绩提高20%。因为在店铺生意中，60%以上的营业额来源于消费者临时决策的购买行为，很多消费者是在销售现场临时决定购买特定商品的。

良好的店面设计与装潢、适销对路的商品或服务以及各种促销活动，只是起到吸引消费者进门的效果，是否购买或消费很大程度上取决于店员的销售与服务技巧（天赋+训练+经验）。

（3）重点经营“当家”商品。“80/20”原则——分析店铺商品的销售资讯。

（4）旺季一定要“热卖”。旺季占年总营业额的70%以上。

但注意——货源充足；及时发掘出当季的“当家”商品，重点管理；有效的促销措施要到位，在店铺内制造出“热卖”的气氛。

（5）充分利用销售淡季。

应对销售淡季的三项措施：

① 降低固定的店铺维持费用，如减少店员，将一部分店铺场地出租等。

② 出奇制胜，使淡季不淡。如反季节销售。

③ 临时经营其他项目（反正闲着也是闲着）。

（6）顾客变“常客”。使顾客获得额外的利益，如VIP卡、积分奖励等。但最关键的还是重视店员的作用，使其对常客们格外地敬重，使顾客的满意度更高。

（7）老板坐店，好处多多。

① 直接打点生意，掌握最直接有效的市场资讯。

② 老板现场管理，店员一般都会更加卖力地工作，自然会提高经营业绩。

③ 可以现场决策，处理一些棘手和影响店铺业绩或信誉的琐事（店铺生意是“守”出来的）。

（8）把握集团消费。

① 主动出击，对可能的集团消费紧追不放。

② 不能把集团消费当作散客对待，包括价格的优惠、特殊的服务、满足特殊的要求，甚至给予一定的商业信誉。

10. 店员的管理

（1）个人方面的准备。

☑ 保持整洁的仪表——仪容整洁；穿着素雅；化妆清新。

☑ 恢复旺盛的精力——调整好自己的情绪；始终保持一个乐观、向上、积极、愉快的心态。

☑ 修成大方的举止——言谈清晰、举止大方得体、态度热情持重、动作干脆利落。

（2）销售方面的准备（有备才能无患）。

☑ 备齐商品。

☑ 熟悉价格。

☑ 准备售货用具。

☑ 整理环境。

11. 店铺的待客之道

店铺兴旺的秘诀：

（1）察言观色——“招财眼”。

（2）摸顺顾客的“毛”。

（3）宾至如归才会猛掏钞票。

（4）赞美顾客。

（5）如何使顾客成为“回头客”。

（6）不要与顾客争执。

（7）柜台接待技巧。

（8）建立顾客资料。

12. 店铺的财务管理

（1）店铺基本财务知识。

（2）控制店铺经费开支的要点。

（3）店铺的财务管理。

（4）现金流管理。

（5）店铺利润的核算。

（6）往来业务管理。

（7）防止“偷手”的高招。

13. 店铺的危机应对

（1）开店失败的六大原因。

① 选项失误——开店与准备特定的商品或服务是店铺生意的“结果”而不是“原因”；店铺生意的根本原因是在特定的地点，有足够的消费者对特定的商品或服务有现实的消费需求。

② 选址不当——选址是决定店铺成功与否的最关键因素。

③ 管理不善——用人不当、怠慢顾客、进货失误、补货不及时、现场管理混乱等。

④ 缺乏足够的专业知识、经验和业务关系——这些都是店铺生意的进入障碍（做特定生意必须达到的前提条件）。

☑ 进入障碍的两个重要因素是资金和专业知识；还要具备通用知识。

☑ 通用知识包括各种通用的管理知识、营销知识、各种基本常识等。

☑ 专业知识是特定行业的知识，是特定行业所独有的。

☑ 专业知识有特定的核心专业知识，核心专业知识是赚钱的原因；所有的店铺都应有其核心的专业知识，也就是专业经验和特定的业务关系，这是获得竞争优势的关键。

⑤ 资金不足——包括开办资金和经营资金。

⑥ 所有权出现纠纷。

（2）应对店铺危机。

① 资金周转不灵。

☑ 寻求新的资金来源，如借贷、要求供应商给予更多的商业信用额度。

☑ 将可以变现的商品或资产变现，如降价处理滞销的商品，将店铺的一部分出租给其他人。

☑ 如果是由于新的项目导致资金危机，那么适当地缓缓项目效果会很明显；切记——不要在资金紧张的时候再头脑发热、盲目追加投资！

② 人员危机。防患于未然——尽量防止重要员工的突然离职，可采取给予合理报酬，描绘未来美好前景等增加店铺对其吸引力。

有备无患——培养众多的后备人才。

③ 信任危机。提出切实可行的解决方案，用自己的信心去感染员工们，使其重新恢复士气，与你共渡难关，走出危机。

④ 信誉危机。有时出现信誉危机，只要处理得当，也可以转化为好的事情（免费的广告）。危机同样也会带来发展的新机遇。

尽量避免危机的出现，在经营过程中重视现金的流量，一个公司不会因为利润低而倒闭，却可能由于资金周转不灵而关门；自己是老板，要控制门店生意的各个环节、细节；

要遵守商业道德，遵纪守法，否则危机的出现是迟早的事！

（3）赔钱的店铺如何脱手。

① 原因。

☑ 生意只有几年的生命周期（城市建设、产品周期）。

☑ 店主不想干了。

☑ 店铺不能赚钱。

☑ 不得不清算。

② 原则。

☑ 尽量减小损失。

☑ 该负责的要负责。

☑ 履行对员工的义务。

典型案例

沃尔玛“零售帝国”经营策略揭秘

1918 年，山姆·沃尔顿出生于美国阿肯色州的一个偏僻小镇上。山姆·沃尔顿小时候家里并不富裕，这使他养成了勤俭、节约的良好习惯。自幼便尝尽生活艰辛的山姆·沃尔顿心中早已根深蒂固地扎下了“对每一个美元都珍重不已”的观念，这对他后来形成的经营风格不无影响。他曾言：“我们并肩合作，这就是秘诀。我们为每一位顾客降低生活开支。我们要给全世界一个机会，来看一看通过节约的方式改善所有人的生活，会是个什么样子的。”

1940 年 6 月 3 日，他作为管理实习生参加了依阿华得梅因的彭尼店的工作。正是在这里短期的工作经历，为他后来选择以零售业作为自己的事业奠定了基础，也可以说这里是现代零售巨头的起源地。经过反复考虑，山姆·沃尔顿最终决定加入了彭尼公司，正式步入了他的零售业生涯。在彭尼店里，山姆·沃尔顿学到了很多零售业务知识，初步树立起了他经营零售业的信心。

1945 年 8 月二战结束后，沃尔顿复员回到家乡，恰逢在阿肯色的新港——一座仅有 7 000 人口的小城，有一个巴特勒兄弟公司所属的本·富兰克林杂货连锁店正待出售，所有条件都符合山姆·沃尔顿和妻子海伦的标准。但是，沃尔顿和海伦只能筹集到 5 000 美元，好在岳父罗布森借给他们 2 万多美元，于是他们与店主很快便达成协议，山姆·沃尔顿在他 27 岁的这一年接管了他的第一个零售店，专卖 5 美分至 10 美分的商品。由于山姆·沃尔顿待人和善，附近的住户都愿意到他店里来选购商品。山姆·沃尔顿每年都会把这个商店的开业日期作为它崛起的起点而加以庆祝。此后，山姆·沃尔顿开始尝试直接向制造商进货，这样他可以节省 25%左右的费用。因此，他的零售价也可以随之得以降低。然而，事情并不是一帆风顺的，因为在大多数情况下，这些制造商为了不触犯像巴特勒这样的大公司，往往会拒绝山姆·沃尔顿的要求。于是，山姆·沃尔顿只好驾着汽车到邻近的州去寻找供货商。终于，他在田纳西州找到了愿意按低于本·富兰克林批发价向他供货的供应商。山姆·沃尔顿与他们建立了稳定的购销关系。这样一来，他必须白天在自己的店中忙碌一天，等到工作结束后，紧接着就跳上他的老爷车，一路风尘地赶往田纳西州去拉货。尽管很辛苦，但当他的整个驾驶舱、后座和自制拖车满载着按优惠价买到的货物时，山姆·沃尔顿觉得所付出的一切都是值得的。

山姆·沃尔顿对顾客的服务细致入微，例如，在他的小店里，商品的摆放方式更便于顾客进行挑选。他对每位顾客都面带微笑，甚至能叫出大多数客人的姓名，让所有的顾客都感动于他的真诚和热情。在山姆·沃尔顿的努力下，小店业绩由第一年的 10.5 万美元，到第二年的 14 万美元，再到第三年的 17.5 万美元，而在原店主手中时仅为 7.2 万美元。在接下来的时间里，沃尔顿使他的商店销售额增加到每年 25 万美元，成为整个六个州位居首位的本·富兰克林特许经营店。

自此之后，山姆·沃尔顿一直将小镇和小城郊区作为选址开店的金科玉律。这一战略使山姆·沃尔玛在相当长的时期内远离了大城市的残酷竞争，在不为人所注意的时候悄然长大成林。1951 年，山姆·沃尔顿夫妇以投资额两倍的价钱卖掉了小店，转而迁居本顿维尔。当山姆·沃尔顿带着全家搬到位于阿肯色州西北角的本顿维尔时，这个小镇还是个只有 3 000 人口的农村边远地区小镇，离最近的城镇罗杰斯也有约 10 千米。这里的情形可以用海伦的一句话来形容："实在是一个看起来糟透了的乡下地方"。山姆·沃尔顿在这里买下了一家名为哈里逊的杂货店，加上另租下的隔壁理发店，拥有了不足 400 平方米的店面，但在本顿维尔及其附近地区来说，他的店已是最大的商店了。山姆·沃尔顿把小店命名为"沃尔顿 5 分 ~ 1 角商店"。为了为小店争取第一批顾客，沃尔顿在当时的《本顿先民主报》上刊登广告说："沃尔顿 5 分 ~ 1 角商店重新装修开业，保证所有商品物美价廉，儿童可免费获赠气球，别针一打只要 9 分钱，玻璃杯一只 9 角"，这恐怕是山姆·沃尔顿所做的第一个广告，也是为数不多的广告之一。老店原来每年的营业额只有 32 000 美元，主要卖些花边、帽子、裁剪纸样等乡下杂货店的传统商品。山姆·沃尔顿扩大了店面，将老式货架换成新式陈列架和柜台，并开始采用自助式服务的经营方式，小店面貌立刻焕然一新，营业额也直线上升。山姆·沃尔顿一开始就获得巨大的成功。第一年本顿维尔的商店营业额就达到了 70 万美元。1964 年，沃尔顿已经拥有 5 家连锁店，1969 年增至 18 家商店。沃尔顿把中小城市和附近大的村镇放在优先地位。其经营模式都是一致的：低利润、小库存、大批量进货、多在成本上下功夫并且积极利用信息工具。

山姆·沃尔顿完全明白取得成功的关键因素是哪些，要想继续前进，任何一个因素都不能忽视。美国实行五天工作制，但山姆·沃尔顿深信，只要选择了零售业这一行，周末上班就是应该履行的职责。一年四季除了圣诞节上午关门半天，让职工去参加普天同庆的庆祝活动外，天天都要开门营业。对山姆·沃尔顿的员工来说，以真诚热情的态度、细致周到的服务把人们吸引至自己的商店，并且使他们不断地重新光顾，这才是首要的任务。山姆·沃尔顿开店坚守着一个信念，“只要商店能够提供最全的商品、最好的服务，顾客就会蜂拥而至。”他向员工提出了两条要求：“太阳下山”和“十英尺态度”。“太阳下山”是指每个员工都必须在太阳下山之前完成自己当天的任务，而且，如果顾客提出特殊的要求，也必须在太阳下山之前满足顾客；“十英尺态度”是指，当顾客走进员工十英尺的范围内时，员工就必须主动地询问顾客有什么要求，而且说话时必须注视着顾客的眼睛。

除此之外，他还提出十大经营法则：

☑ 全心经营，比别人更尽心尽力；

☑ 和同事分享利润；

☑ 激励你的同事；

☑ 凡事和同事商量；

☑ 感激同事对公司的贡献；

☑ 成功之后要大肆庆祝，失败之后则不丧心志；

☑ 聆听公司内每一个人的意见；

☑ 超越顾客的期望，他们就会再度光临；

☑ 控制成本低于竞争对手；

☑ 逆流而上，走不同的路，放弃传统的观念。

这一时期山姆·沃尔顿的经营主要有两个特点：第一，就是一家店赚了钱，马上投资再开另一家店，不断扩张。到 1968 年，他有 15 家商店分布在本顿维尔周围地区，年营业总额达到了 140 万美元。第二，就是不断改变经营方式，力求创新。成功的发展进一步促进了沃尔顿的扩张欲望，1962 年，他决定尝试一种更大规模的本·富兰克林经营模式，他与弟弟巴德·沃尔顿在密苏里的圣·罗伯特开了一家面积为 13 000 平方英尺的商店——沃尔顿家族中心。开始时的营业面积只有 1 200 平方米，后来扩大到近 2 000 平方米，年营业额超过了 200 万美元。对于圣·罗伯特这个人口仅 15 000 人的小镇来说，一个面积扩大了的杂货店竟能吸引来这么巨大的购买力，连山姆·沃尔顿也感到难以置信。到 1962 年底，山姆·沃尔顿与巴德·沃尔顿和罗布林家族的合伙王国已发展到 16 家，一跃成为全美最大的本·富兰克林单一特许加盟店和全美最大的独立杂货店经营者。

但是，山姆·沃尔顿通过阅读商业期刊以及与制造商和供应商谈生意得知，他现在控制的这些日用百货正面临着严重的威胁，这种威胁已经在东部具体化。这种威胁就来自廉价销售。到 1962 年，廉价销售已经成为一个年销售额 20 亿美元的行业。他已经确信，如果他不从事廉价销售，他的百货连锁店肯定在劫难逃。于是，山姆·沃尔顿又对一种全新的经营形式——折扣商店产生了浓厚的兴趣。这种营销模式的特点是以低价大量进货，然后便宜卖出，经营系列综合商品。即它以同样的商品，只要卖得比别家商店便宜，销量就能高出别家商店许多。山姆·沃尔顿认为，折扣商店注定代表了未来零售业发展的主流，自己必须赶快进入。于是，1960—1962 年间，山姆·沃尔顿带着自己的想法跑遍了全国各地，考察了当时国内主要的几个折扣商店连锁集团。回到本顿维尔后，他又就近仔细观察了已在阿肯色州西北郡开业的一家叫做霍沃德的折扣商店。

1962 年 7 月 2 日，第一家沃尔玛折扣百货店在离本顿维尔不远的罗杰斯城隆重开业，占地 16 000 平方英尺，店名为沃尔玛。这一次。沃尔顿第一次打出了“沃尔玛”这一招牌和“天天低价”的口号。商店经营的商品品种繁多，其中包括珠宝首饰、涂料及工具、礼品、家具、布匹、婴儿用品及儿童和成年男女服装等 22 类。店内共设 3 个收款通道，其中有一个是“快道”，是专为那些购买品种少于 5 种的顾客设置的。在当地报纸上刊登的促销广告上，沃尔玛宣称：将“每天对所有的商品提供最低价”，日后的每一天，沃尔玛都认真地履行了自己对顾客的承诺，这条亲切周到的服务口号，帮助沃尔玛创造了一个又一个的奇迹，战胜了自己的对手，赢得了顾客的心。一些广告接着列举了沃尔玛的商品标价，并与制造商建议的零售价进行了比较，例如，月光牌熨斗，一般商店卖 17.95 美元，在沃尔玛仅卖 11.88 美元，可以便宜 34%；春明牌手套，在别处卖 10.80 美元，沃尔玛售价只要 5.97 美元。广告上还许诺，上衣、外套、裙装等便宜 1/2 ~ 1/3。并且所有商品的质量都是一流的，由制造商提供品质担保。第一家沃尔玛折扣店第一年的营业额就达到了 70 万美元。而且事实证明，山姆·沃尔顿的这一创新产生了深远的效应，到 1974 年，这家店的营业面积达到 5 500 平方米，销售额达到 540 万美元。

1983 年 4 月，山姆·沃尔顿自己的仓储俱乐部——山姆批发俱乐部正式开业。不到 3 年时间，又有 40 个山姆俱乐部开业，在商店的数量上很快超过了普格斯。到 1988 年，普格斯俱乐部和山姆俱乐部共同统治了整个行业。山姆·沃尔顿变得非常有信心，他一下子又投入到一项更加雄心勃勃的实验之中，那就是超级玛特项目。每个沃尔玛店平均占地 62 000 平方英尺，山姆俱乐部平均占地 10 万平方英尺，第一个超级玛特却占到了 22 万平方英尺。1987 年圣诞节过后的第三天，这种超级玛特在达拉斯郊区正式开业，一个星期就有 5 万名顾客光临。一个月后，山姆·沃尔顿在堪萨斯的托皮卡开了第二家超级玛特。1988 年，凯玛特年销售额是 273 亿美元，沃尔玛是 206 亿美元。但是，沃尔玛的纯利润却首次超过了它的竞争对手，达到 8.372 亿美元，而凯玛特是 8.03 亿美元。

在接下来的 20 世纪 90 年代，沃尔玛成功成为了全世界最大的零售商。这时候，它的新任领导人格拉斯给沃尔玛制订了一份野心勃勃的长期目标：年销售额达到 3 000 亿美元。实现此目标的唯一途径是：用沃尔玛控制整个零售业的方法来占领食品杂货领域，并将沃尔玛模式推向更加广阔的海外市场。1991年末，沃尔玛进军墨西哥；1992年进入波多黎各市场；1994年初挺进加拿大，同年秋，在中国香港开了一家合资店；1995年，分别在阿根廷和巴西小试牛刀；1996年，在中国深圳开了第一家沃尔玛店；1997年底，沃尔玛进军德国。至此，沃尔玛国际市场的销售额已达到每年50亿美元。到1997年为止，拥有728 000名工人的沃尔玛早已超过了通用汽车公司，一跃成为全美最大的独立雇主。更具有深刻意义的是，沃尔玛和其他廉价连锁店——凯玛特、如意玩具公司等，提供的工作岗位已取代了制造业，造就了充斥美国的新蓝领阶层。沃尔玛的销售收入在持续上升，速度之快令人瞠目结舌，当时预计2000年会突破2 000亿美元大关。事实证明这并非妄言。

2001年初，全世界的受众听到了一条令人震惊的消息：沃尔玛的销售额超过了比尔·盖茨控制的微软，成了当今世界上最大的公司。然而，山姆·沃尔顿平凡的经历似乎在向世人讲述：你也完全可以创造一个“零售帝国”。

资料来源：http://www.cmmo.cn/home.php?mod=space&uid=78229&do=blog&id=4127

结合上述案例，列出你自己对零售店经营的策略，并在本情境的经营模拟中加以运用与验证。

案例分析

1. 沃尔玛建店选址的特点

沃尔玛确定了一个原则，不与大都市的大型商场竞争，而是从小镇入手，凡人口超过4 000人的小镇就建店。见缝插针，迅速扩张，最终以“小镇包围城市”的战略跃上全球第一的地位。

2. 定价与服务方式

（1）低成本战略：在物流运营过程中尽可能降低成本，把节省后的成本让利于消费者，这是沃尔玛一贯的经营宗旨。沃尔玛商品定位于中下阶层，并以低出别家商店的价格出售，因而不仅吸引了众多顾客，而且连锁店越开越多。

（2）不打虚价：沃尔玛商店很少有99元或95元等接近整数的标价，而更多看到的是73元或42元的价格，因此顾客能强烈地意识到在这里所付出的每一分钱，都是物有所值。

（3）十英尺态度：沃尔玛另一个引人注目的特点就是良好的服务。沃尔玛提出顾客永远是对的，要求员工做到“当顾客走到距离你十英尺的范围内时，你要温和地看着顾客的眼睛向他打招呼，并询问是否需要帮助。”这有名的“十英尺态度”是沃尔玛对顾客奉为圭臬的守则。同时，对顾客的微笑还是量化的标准，即对顾客露出你的“八颗牙齿”。

（4）自助式选货：将老式货架换成新式陈列架和柜台，商品的摆放方式更便于顾客进行挑选，并开始采用自助式服务的经营方式。

3. 经营办法

（1）天天低价：沃尔玛要求，供应商的报价必须是给其他商家的最低价，在此基础上，沃尔玛以进货量巨大、帮助供应商进入世界市场、现金结算等三个理由，要求供应商降价25%。以低价大批量进货，然后便宜卖出。

（2）广告：在当时广告尚未普遍时，把商店的开业日期作为它崛起的起点而加以庆祝以引人注意；在当地报纸上刊登的促销广告上，列举了沃尔玛的商品标价，并与制造商建议的零售价进行了比较。

（3）连锁经营：一家店赚了钱，马上投资再开另一家店，不断扩张。

（4）销售模式：折扣商店、购物广场、大卖场、山姆会员店、家居店、社区店等形式，这些业态分别适合不同层次的消费者。

4. 用人策略

沃尔玛企业文化中崇尚的三个基本原则中第一条是“尊重个人”，并十分重视对员工的精神鼓励。沃尔玛不但强调尊重顾客，而且还强调尊重公司的每一个人。在沃尔玛内部，虽然各个职员分工不同，但少有歧视现象。沃尔玛的职员不称作员工，而称合作人。正如沃尔玛一位董事长曾经说的“我们是由具有奉献精神、辛勤工作的普通人组成的群体，来到一起为的是实现杰出的目标，我们虽然有不同的背景、肤色、信仰，但坚信每一个人都应受到尊重和尊严的待遇。

资料来源：http://www.ncicc.com.cn/Template/article/dzqk_article.jsp?aid=2003775

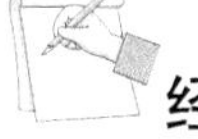

经营模拟

经营模拟 3-1　食品零售企业模拟经营

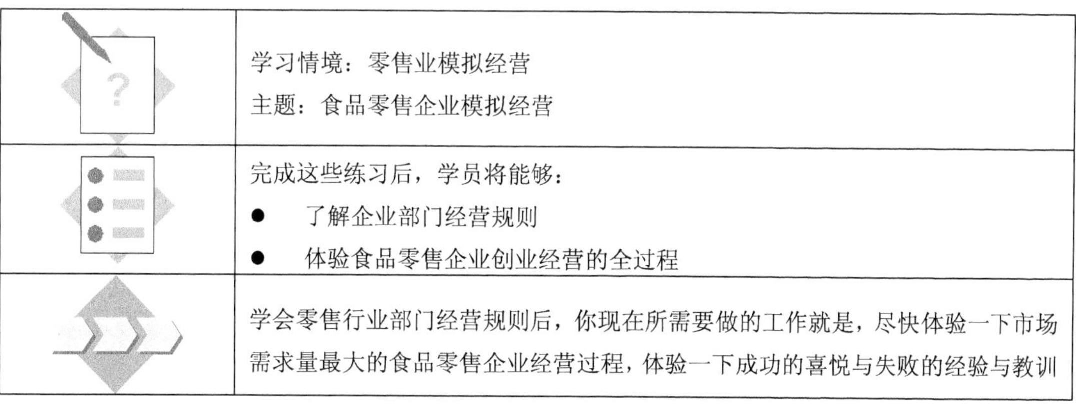

	学习情境：零售业模拟经营 主题：食品零售企业模拟经营
	完成这些练习后，学员将能够： ● 了解企业部门经营规则 ● 体验食品零售企业创业经营的全过程
	学会零售行业部门经营规则后，你现在所需要做的工作就是，尽快体验一下市场需求量最大的食品零售企业经营过程，体验一下成功的喜悦与失败的经验与教训

1. 企业各部门经营规则

请以单人高手模式进入“1. 腾飞的希望”，然后进入“管理指导”中，了解“采购部门”、“销售部门”、“库存部门”、“广告部门”、“研发部门”、“制造部门”等部门的管理指导，同时结合所学的理论，描述一下产品“需求”、“供应”、“库存”与商品“价格”制定之间关系。

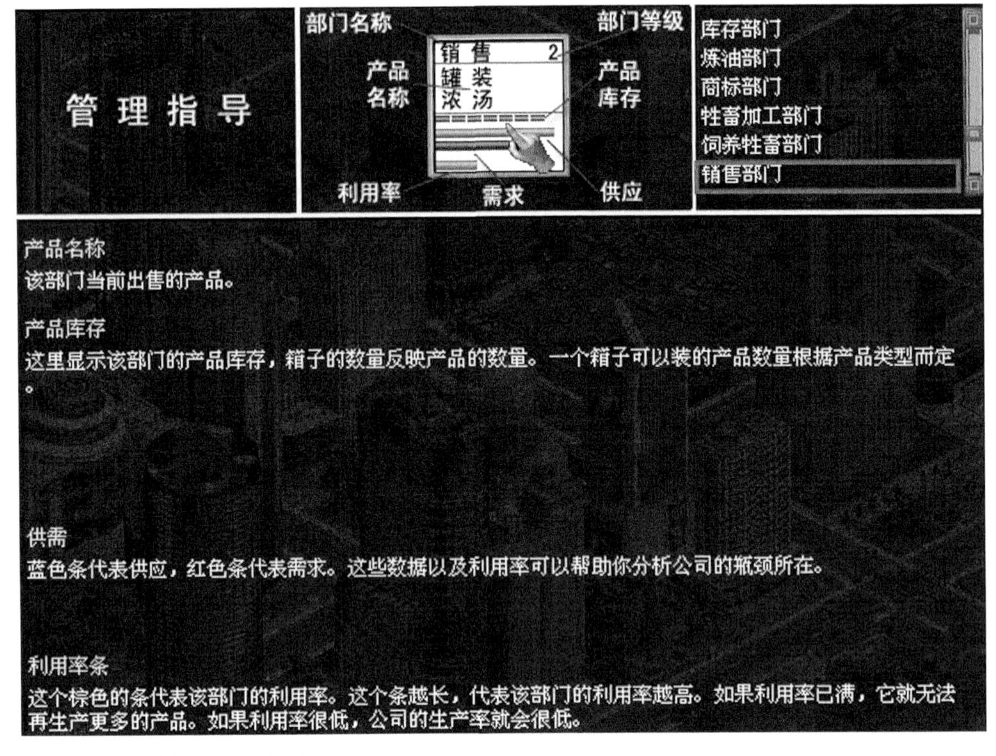

2. “沙漠变绿洲”模拟经营

请以单人高手模式进入“2. 沙漠变绿洲”，背景说明如下。

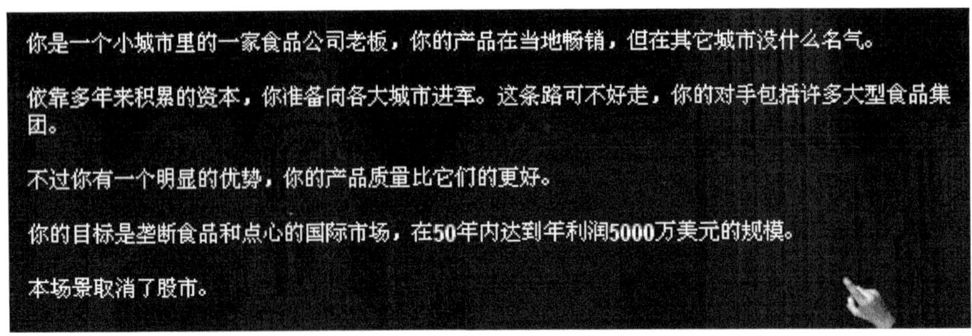

检验方式：以个人是否完成目标、完成目标的时间为检查依据，相应表格如下。

姓名（学号）	公 司 名 称	是否完成目标	完成时间（年）	排　　序

经营模拟 3-2　零售业巨头模拟经营

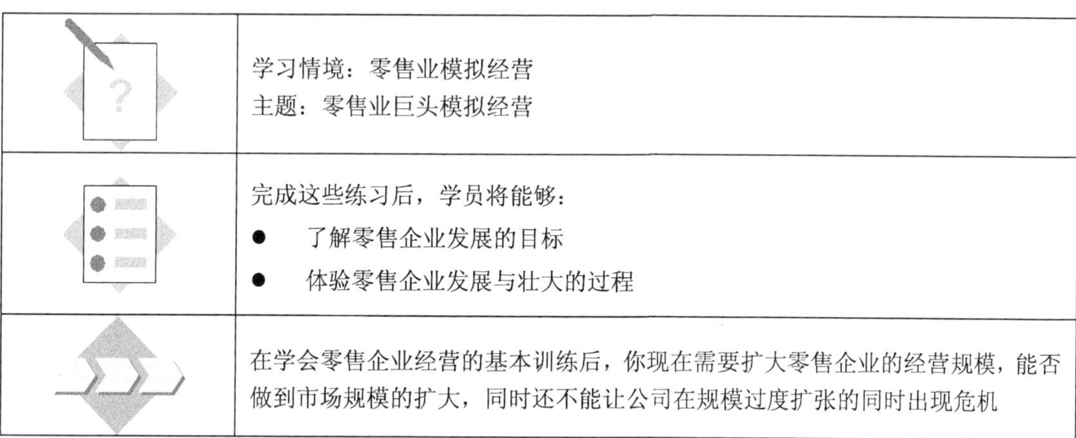

	学习情境：零售业模拟经营 主题：零售业巨头模拟经营
	完成这些练习后，学员将能够： ● 了解零售企业发展的目标 ● 体验零售企业发展与壮大的过程
	在学会零售企业经营的基本训练后，你现在需要扩大零售企业的经营规模，能否做到市场规模的扩大，同时还不能让公司在规模过度扩张的同时出现危机

1. “零售业巨头”模拟经营

请以单人高手模式进入“4. 零售业巨头”，背景说明如下。

你的公司在医药界能够排进前3位。但是你的主要竞争者已经投入巨资开发非常先进的药品，如果它们能够成功，就能把你赶出这个市场。

你要获得比它们还快的发展速度，在60年内占领医药市场，达到年利润1亿美元的目标。

本场景中取消了和食品相关的产业。

检验方式：以个人是否完成目标，完成目标的时间为检查依据，相应表格如下。

姓名（学号）	公 司 名 称	是否完成目标	完成时间（年）	排　　序

2. 零售产品市场调查

请对某类商品中的两到三个品种，不同零售商的销售策略（价格、折扣、服务等）进行调查，以组为单位安排产品种类，以个人为单位安排在不同地区或不同商场进行实地调查，要求要有图片等真实证据，一组提供一份调研报告。

经营模拟 3-3　零售行业模拟经营

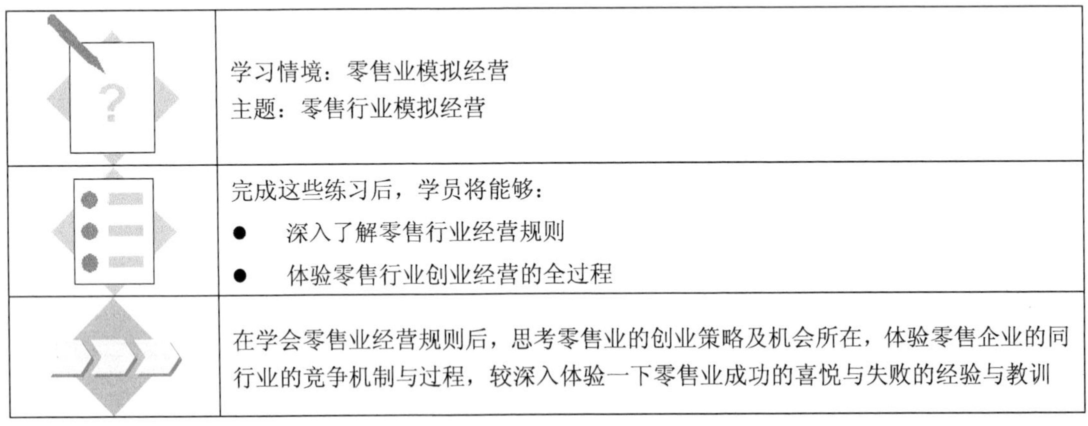

	学习情境：零售业模拟经营 主题：零售行业模拟经营
	完成这些练习后，学员将能够： ● 深入了解零售行业经营规则 ● 体验零售行业创业经营的全过程
	在学会零售业经营规则后，思考零售业的创业策略及机会所在，体验零售企业的同行业的竞争机制与过程，较深入体验一下零售业成功的喜悦与失败的经验与教训

1. 零售业模拟经营

首先进行分组，每组人数不超过 7 人，然后以多人软件或单人自定义软件模式进入模拟系统，每组按以下要求进行系统设置。

目　　录	子　目　录	设 置 内 容
基本	难度等级	1 级
环境	全部	系统默认
竞争对手	全部	系统默认
进口	全部	系统默认
目标任务	数值 1 玩家资产	0.5 亿
	数值 1 其他参数	系统默认
	数值 2 投资回报率	10%
	数值 2 全部参数	系统默认
	产业	零售业
	产业　其他参数	系统默认
	产品	系统默认

检验方式：以组为单位，以个人是否完成目标、最后综合得分为检查依据，相应表格如下。

组名：

姓名（学号）	公 司 名 称	是否完成目标	综 合 得 分	排　　序

2．分组讨论

分组讨论本次经营模拟的经验与教训，参赛队员准备一份零售业经营模拟的经验总结（PPT 报告）建议包括经营思路、经营过程、经营中出现的问题、处理的方法、体会、零售业创业的机会所在等。

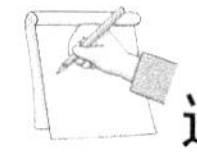

进阶技巧

1．零售业的经营

零售业是最基本的行业，也是经营者最先入手的行业之一。它是直接面向最终消费市场的企业，通过买卖差价获取毛利，再扣除维持费、员工费用、培训费用即是净利。它一般有购、销、商标、广告共四种部门。商标部门是做 OEM 的，没有另外的开支，只有员工的开支。而广告部门也只有员工的开支，广告费用是计在总公司的头上的。

在这里介绍一下部门的概念。每一家公司都有 3×3 的空位，可以设立最多 9 个部门，如果是工厂的话也可以叫做车间，如果是农场的话也可以叫做畜牧场或者农田。每个部门都可以与横向、直向、斜向的相邻的部门相连接，表示物流。例如，采购—商标—销售—广告，四个部门以这个顺序连接起来，表示采购部门进货，送到商标部门把产品打上自己的标签，再送到销售部门去卖，最后这个销售部门卖的产品要由广告部门负责做广告，当然连上广告部门但不做任何广告支出也可以。如何设计这 3×3 的位置，特别是工厂中一种原材料出几种产品，或者几种原材料出一种产品，或者几种原材料出几种产品，通过位置设计以最大限度利用空间出产尽可能多的产品，或者最大限度增加产能，这是一个智力游戏。游戏里提供了一些参考方案，用户可以自己设计。

部门有一个等级，当经营者设置一定的训练费用，或者在总部的人事部组织一次特训，或者这个部门长期在 100%的满负荷情况下工作，部门就会升级，最高是 9 级。除了农场外，升级后，部门的工作能力就会提高，6 级的产能大约是 1 级的 3 倍半，而 9 级的产能是 1 级的 6 倍多。农场升级的结果除了产能上升外，出产的畜产品和农作物的品质也上升。

部门的等级也会变化。当经营者更换采购和销售的货品品种时，等级会下降一级；当你更改制造部门的制造内容时，等级会降到 1；如果用另一个部门替换这个部门，等级也是从 1 开始。所以，部门等级是经营者的无形资产。

零售业包括了专卖店和百货店两类。专卖店包括了从电脑汽车到玩具和体育用品等十几个行业，但是不包括食品业。也就是说除了食品之外的所有类别消费品都有自己的专卖店，但有几个消费品类别是共用专卖店的，像手表和首饰，以及电器与电子产品。不包括食品业，大概是因为食品业很难做出精品式的品牌，毕竟像哈根达斯那样的成功者在食品业中是少数。百货店包括了从便利店到大型超市的各型百货类商店，除了百货商店是专营食品类以外的商品，其他都是以食品为主，并依规模大小兼营食品以外的商品。

专卖店和百货店的差别是，专卖店容易吸引购买者，而百货店经营范围大。如果某个产品比较受市场欢迎，专卖店的销售额会更大；如果不受市场欢迎，专卖店就会变成一根鸡肋，而百货店则可以改进别的货。另外，在竞争中，以专卖店对抗对手的百货店，是一种基本策略。

百货店包括便利店，小、中、大型超市，以及百货商店。便利店和中小型超市主营食品（包括甜点、零食、主食、饮料、畜牧产品五类）、药品、生活用品等，百货店在规模上相当于中型超市，而大型超市可兼营各类产品。规模差异除了决定经营范围差异外，还决定了建设成本、维持成本、员工人数和费用，以及销售能力上的差异。

软件并没有提供不同规模的百货店和专卖店的辐射范围，也无从看出不同规模在营业收入上的差异，所以在百货店规模上的选择主要依赖于成本上的考虑。有人比较喜欢使用中型超市和百货商店，因为建设成本和维持成本比大型超市少许多，而大型超市的销售并不见得突出，唯一的优势是经营范围的自由度，可以在食品类和非食品类之间转换。

一般一种产品（每个类别都有 2～6 种产品）在一座城市里有 3～8 个销售点，就饱和了，可以从产品明细菜单里看到饼状图。在饱和的情况下，再增加销售点，就会发生挤出，不是你和对手之间相互挤出，就是你自己的店之间相互挤出。市场的总需求量是否会增加，目前还不清楚。不过前面已经说过，城市不会因为经济繁荣而成长，估计一座城市的总需求是一定的。小地图上有个城市总人口数，这个数字似乎并不会增加。另外，品质的增加和价格的下浮，可以增加某个店的销售，但可能不能增加总的市场需求量。所以，在已经垄断一个市场并饱和销售后，可以考虑适当提价。

提价并不要求已经垄断。每个产品有一个总体评价，只要保持你的总体评价值高于其他对手的同种产品，就可以尽量提价。不过 NPC 对于价格的调整非常频繁，很快你就会发现对手的评价又高过你了，所以建议只对你独家生产的产品涨价。

零售业的缺点是依附性，没有竞争优势，没有核心竞争力。除非是自产自销，否则你对货源缺少控制。

2. 关于员工训练

一个员工大约要花 25 万才能从 1 级升到 9 级。特训时，每家公司平时的训练费的柱子如果打满的话，特训的效果要好一倍。另外，就算你员工的级别到了 9 级，仍然会参加特训，因为特训是全员进行的，这样实际上就造成了浪费。

学习情境四　制造业企业经营模拟

学习目标

- 掌握制造业经营各部门的管理要求
- 学会制造业的经营策略
- 了解商业模式的基础知识

技能目标

- 能够理解制造业的运营流程
- 能够分析制造业经营的创业机会
- 识别制造业企业的赢利模式及核心竞争力

任务一　制造业创业管理指导

任务引入

耐克集团创始人菲尔·奈特的创业故事

菲尔·奈特（PhilKnight），耐克传奇领袖，是财富500强公司里最古怪的领导人之一。

亿美着墨镜，以超“酷”形象示人；他曾是长跑运动员，后以1 000美元起家缔造了百

王国；他的公司是著名的广告先锋，但却直言“我不相信广告”。

向球场一 美国数以百万计的电视观众，看到了这样一段广告：一个篮球飞快地滚

始带球移动 那里的一位英俊小伙轻松地用穿着彩色运动鞋的脚将球勾入掌中，开

之一飞冲天 传来发动机引擎的刺耳噪音，引擎的咆哮声越来越响，小伙子随

会感叹于他精 秒是乔丹的“云中漫步”，即使从未看过篮球比赛的观众，也

双鞋与此也有必 告不仅是证明乔丹拥有特殊的飞行能力，也暗示他脚下那

广告中，那个神奇的小伙子就是著名的NBA球星迈克

尔·乔丹，他脚下的那双运动鞋就是著名的品牌“耐克”鞋。

把握创业机会

奈特一直很喜欢运动，他高中的论文几乎全都是跟运动有关的，就连大学也选择的是美国田径运动的大本营——俄勒冈大学。虽然耐特喜欢运动，但只是一位成绩平庸的 1 英里跑运动员。

在俄勒冈，奈特遇到了自己一生的良师益友，就是自己的教练比尔·鲍尔曼。20 世纪 50 年代，鲍尔曼曾连续打破世界长跑纪录，俄勒冈州尤金市也因此而扬名。他是个事业心极强的人，一心要使自己的运动队超过其他队。训练比赛中，运动员的脚病是最常犯的，鲍尔曼便想设计出一种鞋，底轻而支撑又好，摩擦力小且稳定性强，这样可以减少运动员脚部的伤痛，跑出好成绩。于是，鲍尔曼精心设计了几幅运动鞋的图样。他找了好几家制鞋公司，但却没有人理会他，倔强的鲍尔曼干脆自己请教补鞋匠，学会了做鞋，在一次运动会上，他的队员穿上了由他亲手制作的、外表难看但轻巧舒适的鞋，结果跑出了比以往任何一次比赛都好的名次。

从俄勒冈大学毕业后，奈特继续到斯坦福大学攻读 MBA 学位，而鲍尔曼则继续在大学里做田径教练和设计运动鞋。1960 年，奈特毕业了。期间他在一个调查报告中提到，很多体育名将和普通运动员其实都有一个共同的目标——打败阿迪达斯，让越来越多的运动员穿上日本生产的高质量低价格的跑鞋——Tigers（虎牌）。毕业后的奈特决定到日本去寻找一个机会。在日本的展览会上，奈特碰到了日本的虎牌运动鞋厂家，他自称来自美国的“蓝丝带运动公司”，刚好虎牌需要一个代理商来打入美国市场，于是就把代理权给了这个初出茅庐的小伙子。拿到代理权的奈特立即找到了鲍尔曼，他们两个人出资 500 美元，组成真正的蓝丝带运动公司，成为虎牌运动鞋在美国的独家经销商，开始了最初的创业。这个“蓝丝带”就是“耐克”的前身。

初建品牌

刚起步时候，没有仓房，奈特就把存货放在岳父家的地下室里，他和鲍尔曼两个人一个管财务，一个管设计，配合得十分默契。事实证明，他对市场的预测是正确的，这种低价运动鞋销量很好，第一年便销售了价值 8 000 美元的货品。1968 年，经鲍尔曼改制过的 Cortez 鞋成为虎牌运动鞋的最畅销产品，而奈特为公司的发展打下了坚实的财务基础。公司的生意开始逐渐好转起来。不久，日本总公司察觉产品销路不错，便要求他们先汇款后发货。这样一来，鲍尔曼他们的成本就大大地提高了，只好加倍努力推销。但日本方面还常常不按期交货，甚至把一等品偷偷地留在日本销售，把次品送往美国。一次，鲍尔曼他们收到一批鞋，顾客穿了两个星期，鞋底鞋帮就分家了。他们只好忍气吞声，为了维护信誉，及时给顾客退换了。更可气的是，虎牌又派代表来到尤金市，提出购买鲍尔曼公司 51% 的股份，并在 5 个董事中占两席，如果拒绝这个要求，立即停止供货。受尽日商刁难的鲍尔曼和耐特忍无可忍，断然拒绝这一非分的要求。

奈特和鲍尔曼决定开一家属于自己的公司，他起名为耐克（NIKE），这是根据希腊胜利之神的名字而取的。而NIKE这个名字，在西方人的心里很吉利，易读易记，很能叫得响。他们很快推出了以“耐克”命名的运动鞋，并且设计了精美的商标。耐克那个著名的“一勾”商标十分醒目，具有视觉上的吸引力，以及运动鞋和其他体育用品应具有的动感，象征力量和速度。

打造核心竞争力

在运动鞋行业，耐克面临着激烈的竞争。奈特和鲍尔曼意识到，如果不能开发出比现在产品更好的新产品，提高市场占有率就根本没希望。而且，那时，美国鞋商生产出来的还远比不上前联邦德国阿迪达斯公司生产的外国鞋。1975 年，一个星期天的早晨，鲍尔曼在烘烤华夫饼干的铁模中摆弄出一种尿烷橡胶，用它制成一种新型鞋底，在这种华夫饼干式的鞋装上小橡胶圆钉，使得这种鞋底的弹性比市场上流行的其他鞋的弹性都强。这种看上去很简单的产品改进，成为耐特和鲍尔曼事业的起点。

1976 年，耐克的销售收入从 1975 年的 830 万美元猛增到 1 400 万美元。它像野火一样发展起来，公司为开发新样式跑鞋而花费巨资。在这些改进中，耐克气垫给人留下了很深的印象。耐克气垫是用来嵌入鞋跟部的充气垫，它是公司制鞋技术上的一张王牌。它能比泡沫海绵或橡胶保持更长时间的弹性。穿着舒适、平稳。现在，几乎所有耐克公司出品的正宗的耐克运动鞋都嵌有这种气垫。有趣的是，消费者并不清楚这其中的奥秘，然而，这点却又正是耐克高质量、高性能、高品质之所在。怎么办呢？销售策划人员于是在广告上动了一番脑筋。很快，一幅十分有特色而又吸引人的广告画面出现了。在一只耐克鞋的脚跟部开了两个“窗子”，人们透过“窗子”可见到鞋底的耐克气垫。这幅广告画大大吸引了消费者，并且使他们一目了然地明白了耐克比其他运动鞋技高一筹之处。

随后的两年里，“耐克”的销售额紧跟着就翻了两番。到 20 世纪 70 年代末，耐克公司有将近 100 名研究人员，其中许多人有生物、化学、实验生物学、工程技术、工业设计学、化学和多种相关领域的学位。这雄厚的研究力量开发出 140 余种不同式样的产品，其中不少产品是市场最新颖和工艺最先进的。这些样式是根据不同脚型、体重、跑速、训练计划、性别和不同技术水平设计的。这些风格各异、价格不同和多种用途的产品，吸引了成千上万的跑步者，使他们感到耐克是提供品种最齐全的跑鞋制造商，数百万各式各样、各种能力的跑步者都有了这种观念。

耐克文化

靠着永不停息的企业理念，到了 1979 年，耐克通过策划新产品的上市及其强劲推销，市场占有率达到 33%，终于挤进原来由阿迪达斯、彪马和 Tigers 所建的“铁三角”，成为销售明星。到了 1981 年，其市场份额甚至达到 50%，遥遥领先于阿迪达斯，而奈特本人也跑进了《福布斯》杂志令人垂涎的美国最富有的 400 人之列。

“体育、表演、洒脱自由的运动员精神”是耐克追求的个性化的公司文化。这个具有鲜明特色的公司文化一反传统观念的企业形象。耐克是富有冒险精神的开拓型公司，就在他们青翠的俄勒冈州公司所在地，已经培育出一种精心设计的文化，耐克一位老资格的经理曾经回忆："那就像是在一个充满手足情义的环境中工作。同事们在一起痛快地喝酒，滔滔不绝地谈论体育，并自诩为活跃且反传统的人物。"每6个月，奈特的管理队伍都要聚会讨论策略。这个大吵大闹的聚会以"针锋相对"著称。

奈特总是鼓励对抗，甚至是怂恿对抗，而且他和其他人一样，接受别人的大声指责。耐克企业的所在地，就像校园一样，有森林、慢跑小径、湖泊、足球场。耐特希望创造出一个祥和的工作环境，他认为世界已经够混乱的了，工作时间应像家一样自由。就在耐克著名的广告策略中，也表现出不同于别人的活力。耐克寻找的运动员的类型有别于阿迪达斯，他们特立独行、个性强烈、脾气暴躁、富于进攻性。例如网球明星麦肯罗，人们总是看到他在网球场上大发脾气，与权威们争吵。还有网球名将阿加西，他留胡子，长发蓬乱，将牛仔裤剪短当网球裤，而这种牛仔网球裤也就成了耐克公司的特色产品。有了这些大牌体育明星做活广告，耐克运动鞋已不再仅仅是运动鞋，而成了偶像和社会地位的象征物。

资料来源：世界创业实验室. http://elab.icxo.com/htmlnews/2012/08/17/1447221.htm

处于筹备创业的阶段的你，已制订了一份未来公司的战略规划，但对公司经营还不是很有信心，为此希望加强对公司部门的管理工作的了解，特别是对公司销售、采购、库存与制造等重要部门的管理更是你必须要加强的，为此希望你结合企业管理的基础知识与技能完成以下两个子任务。

任务一：掌握建设工厂的一般流程。

任务二：掌握"制造部门"的管理指导。

任务分析

对部门的管理需要各种综合能力，一般认为可以从以下几个方面来考虑。

1. 专业能力

作为一个主管，你必须掌握一定的专业知识和专业能力，随着你的管理职位的不断提升，专业能力的重要性将逐渐减少。作为基层的主管，个人的专业能力将非常的重要，你要达到的程度是，能直接指导你下属的实务工作，能够代理你下属的实务工作。专业能力的来源无非是两个方面：一是从书本中来；二是从实际工作中来。而实际工作中你需要向你的主管、你的同事、你的下属去学习。"不耻下问"是每一个主管所应具备的态度。

2. 管理能力

管理能力对于一个主管而言，与专业能力是相对应的，当你的职位需要的专业越多，相对而言，需要你的管理能力就越少。反之，当你的职位越高，管理能力要求就越高。管理能力是一项综合能力，需要你的指挥能力，需要你的决断能力，需要你的沟通协调能力，需要你的专业能力，也需要你的工作分配能力，如此等等。管理能力来自书本，但更多的来自实践，因此要提高你的管理能力，需要不断地反思你的日常工作，用你的脑袋时常去回顾你的工作，总结你的工作。

3. 沟通能力

所谓沟通，是指疏通彼此的意见。这种沟通包括跨部门间的沟通、本部门内的沟通（包括你的下属、同事和上级）。公司是一个整体，你所领导的部门是整体中的一分子，必然会与其他部门发生联系，沟通也就必不可少。沟通的目的不是谁输谁赢的问题，而是为了解决问题，解决问题的出发点是公司利益，部门利益服从公司利益。部门内的沟通也很重要，下属工作中的问题，下属的思想动态，甚至下属生活上的问题，作为主管你需要了解和掌握，去指导，去协助，去关心。反之，对于你的主管，你也要主动去报告，报告也是一种沟通。

4. 培养下属的能力

作为一个主管，培养下属是一项基本的、重要的工作。不管你所领导的单位有多大，你要牢记你所领导的单位是一个整体，要用团队的力量解决问题。很多主管都不愿将一些事交给下属去做，理由也很充分。交给下属做，要跟他讲，讲的时候还不一定明白，需要重复，然后还要复核，与其如此，还不如自己做来得快。但关键的问题是，如此发展下去，你将永远有忙不完的事，下属永远做那些你认为可以做好的事。让下属会做事，能做事，教会下属做事，是主管的重要职责。一个部门的强弱，不是主管能力的强弱，而是所有下属工作的强弱。绵羊可以领导一群狮子轻易地去打败狮子领导的一群绵羊，作为主管，重要职责就是要将下属训练成狮子，而不需要将自己变成狮子。

因此对部门的管理，简要来说，你需了解公司及本部门的业务（专业能力），部门的组织与控制（管理能力），部门的上下级及部门之间的协调（沟通能力），下属的培训（培训能力），当然还有必需的学习与宣传等能力。而这一切能力不能仅从书本上得到，更需从企业实践中体验与加强。

为了有效实现本情境的子任务，建议先进行本情境后的经营模拟 4-1 服装产品模拟经营，然后再学习相应知识链接中的相应知识点，最后学习“进阶技巧”中的“制造业的管理指导”与“工厂选址技巧”。

知识链接

一、建厂流程

要创办一家新的制造企业，一般来说可参考以下九个步骤进行，本资料主要根据：http://www.jianchangwang.com/pro.php 上提供的资料修改而成，可供创办新制造企业参考。

1. 前期相关审批

主要包括：工厂项目立项备案、用地、选址及环境评审、获取土地使用证及规划审批等。这几项内容中部分是可以同步进行的，大部分地区的具体操作流程基本大同小异，部分地区可能会在具体细节上顺序及操作方式有所不同。

买地建厂投资流程：签订投资意向或合资合作意向书、工商注册（工商行政管理局）、企业名称预先核准申请表、公司具体名称、股东名称、出资总额、出资比例（如股东是法人，需带营业执照副本复印件）、验资证明、环保证明、房产证明。

项目备案（计划局、发改委）：编制项目简介、填写项目申请备案表、项目备案请示、企业法人营业执照正副本复印件、组织机构代码证复印。

相关手续办理（环保局、建设局、土地局）：环保评审 / 审批、选址意见书、建设用地规划许可证、地质灾害评估报告、土地评估、建设用地勘测定界报告、建设用地预审。

办理土地证（土地局）：地籍调查表、用地申请及法人身份证复印件、公司章程及营业执照、国土资源局规划股出图意见、建设部门一证一书、环保证明、一书四方案、土地评估。

其中关于选址，在全球范围内对许多制造业企业所做的调查表明，企业认为下列因素是进行设施选址时必须考虑的。

☑ 地理位置、当地各项成本及原材料和成品运输成本。

☑ 劳动力的获取条件及雇员的生活环境质量。

☑ 与市场或客户的接近程度及服务的便利程度。

☑ 与供应商和生产制造资源的接近程度和便利程度。

☑ 政策优势及当地其他软环境。

☑ 越来越多的投资者关注风水和运势。

2. 厂房整体及配套设计

设计通常包括设计前期工作、初步设计和施工图设计三个阶段。

（1）设计前期工作：包括可行性研究、厂址选择和设计任务书的编制。设计任务书由建设项目的主管部门组织编制，其目的是根据可行性研究报告和厂址选择报告，对建设项目的主要问题，即产品方案、建设规模、建设地区和地点、专业化协作范围、投资限额、资金来源、要求达到的技术水平和经济效益等作出决策。

（2）初步设计：根据批准的设计任务书进行编制。初步设计包括：确定主要原材料、燃料、水、动力的来源和用量；规定工艺过程、物料储运、环境保护等设计的主要原则；明确设备、建筑物和公用系统的构成和要求；进行工厂布置，设计全厂和车间的平面布置图；提出生产组织、管理信息系统和生活福利设施的方案；计算主要设备材料的数量、各项技术经济指标和工程概算。批准后的初步设计是建设投资的拨款、成套设备订购和施工图设计的依据。

（3）设计施工图：绘制各种建筑物的建筑结构详图、设备和管线的安装详图、各项室外工程的施工详图、编制全部设备材料明细表和施工预算。

需要特别提出的是关于消防审批和验收。

3. 厂房建设

厂房的整个建设施工项目过程将集中考验建设企业对于项目运作和管理的整体实力。一般来讲，多数企业会疏忽建设项目的多方协调以及对于工程质量和进度的有效管理和监控。由于工程进度延期进而造成工厂投产的延期所带来的损失往往是惊人的，因此，越来越多的建设企业在加强对于项目整体专业化监控和管理，以确保项目的可控性。与之配套的，专业化的项目咨询管理服务正得到广泛的认可和接受。

（1）施工前建设手续办理（建设局）：施工图审查与批准、建设工程单体审批、建设工程规划许可证、招投标。

（2）办理施工许可证（建设局）：建设用地许可证、工程报建表及号码、建设工程规划许可证、中标通知书、意外伤害保险单、图纸审查批准书等。

（3）施工后验收（审计局、建设局、消防队、气象局、环保局）：环保验收、审计验收、规划验收、防雷验收、消防验收、工程验收。

（4）办理产权证（房管局）：登记人的营业执照或身份证复印件两份、国有土地使用证、建设工程规划许可证、竣工验收备案证明书、房屋建筑面积测绘成果报告等。

4. 产品工艺流程及生产布局

工厂布局基本原则如下。

（1）统一原则。在布局设计与改善时，必须将各工序的人、机、料、法四要素有机结合起来并保持充分的平衡。因为四要素一旦没有统一协调好，作业容易割裂，会延长停滞时间，增加物料搬运的次数。

（2）最短距离原则。在布局设计与改善时，必须要遵循移动距离、移动时间最小化，前提是保障合理的作业空间。因为移动距离越短，物料搬运所花费的费用和时间就越小。

（3）人流、物流畅通原则。在进行 Layout 设计与改善时，必须使物流畅通无阻。在 Layout 设计时应注意：尽量避免倒流和交叉现象，否则会导致一系列意想不到的后果，如品质问题、管理难度问题、生产效率问题、安全问题等。

（4）充分利用立体空间原则。随着地价的不断攀升，企业厂房投资成本也水涨船高，因此，如何充分利用立体空间就变得尤其重要，它直接影响到产品直接成本的高低。

（5）安全满意原则。在进行 Layout 设计与改善时，必须确保作业人员的作业既安全又轻松，因为只有这样才能减轻作业疲劳度。切记：过度材料的移动、旋转动作等可能会产生安全事故，每次抬升、卸下货物动作等也可能会产生安全事故。

（6）灵活机动原则。在进行 Layout 设计与改善时，应尽可能做到适应变化、随机应变，如面对工序的增减、产能的增减能灵活对应。

为了能达成灵活机动原则，在设计时需要将水、电、气集中统一布局，采用自上而下的接入方式，最大限度保障现场整洁，并保障未来现场变化的灵活性。设备尽量不固定基础而采用方便移动的装置。

（7）经济产量及生产线平衡原则。未达到一定的经济产量，布置一条流水线将造成资金浪费。各工序要平衡，按工时和节拍定员分工，达到连续流水作业。

（8）舒适原则。照明、通风、气温应适度，噪音、热气、制造粉尘、震动应隔离。

（9）空间优化原则。库存空间最小化，最大限度地减少原材料和成品空间。最大限度地加快作业周转，快速连续移动过程中仅存放合理数量的在制品。

5. 工厂组织机构及人员规划

工厂组织机构及人员规划属于人力资源规划的重要组成部分。

人力资源规划包括以下五个方面。

（1）战略规划。战略规划是根据企业总体发展战略的目标，对企业人力资源开发和利用的方针、政策和策略的规定，是各种人力资源具体计划的核心，是事关全局的关键性计划。

（2）组织规划。组织规划是对企业整体框架的设计，主要包括组织信息的采集，处理和应用，组织结构图的绘制，组织调查，组织设计与调整，以及组织机构的设置等。

（3）制度规划。制度规划是人力资源总规划目标实现的重要保证，包括人力资源管理制度体系建设的程序，制度化管理等内容。

（4）人员规划。人员规划是对企业人员总量，构成，流动的整体规划，包括人力资源现状分析，企业定员，人员需求和供给预测，人员供需平衡等。

（5）费用规划。费用规划是对企业人工成本、人力资源管理费用的整体规划，包括人力资源费用的预算、核算、结算，以及人力资源费用控制。

人力资源规划的程序即人力资源规划的过程，一般可分为以下几个步骤：收集有关信息资料、人力资源需求预测、人力资源供给预测、确定人力资源净需求、编制人力资源规划、实施人力资源规划、人力资源规划评估、人力资源规划反馈与修正。

人力资源计划只有充分地考虑了内、外环境的变化，才能适应需要，真正地做到为企业发展目标服务。内部变化主要指销售的变化、开发的变化，或者说企业发展战略的变化，还有公司员工的流动变化等；外部变化指社会消费市场的变化、政府有关人力资源政策的变化、人才市场的变化等。为了更好地适应这些变化，在人力资源计划中应该对可能出现的情况做出预测和风险估计，最好能有面对风险的应对策略。

6. 工厂日常管理流程

流程管理在现代企业的管理中起到非常重要的作用。它既可以使管理人员有效地组织生产，提供服务，又可以有效地分清楚部门之间、人与人之间的责任，更可以有效地控制生产质量和服务质量，及时发现问题并及时解决问题，还可以帮助企业实施量化指标等。总的来说，实施流程管理，首先是有利于企业运作规范化，提高了效率，保证了运作质量；其次是有利于企业实施标准化，标准化的建设有利于企业品牌的树立，有利于业务快速和大规模的复制；最后有利于企业实现信息化，信息化管理可以大大提高企业的效率，提高劳动生产率，特别是能够借助互联网手段实现远程服务和远程控制。

通常，主要从以下几个方面来确定正确和完善的管理流程体系。

（1）流程的准确性。流程的准确性主要指以下几个方面。

① 流程名称是否在所有流程中得到统一，尤其需要关注有子流程调用的情况。

② 流程名称是否与实际想要表达的流程内容相符，如描述在制品盘点的流程不应该称为“在制品管理流程”，而是“在制品盘点流程”，一般尽量避免“××管理流程”的命名方式。

③ 实际业务活动和流程所描述的是不是一致的，流程中各个环节的逻辑关系是否正确，是否和现实情况相符合。之所以把准确性作为第一条审定内容来强调，是因为概念的不清晰或理解不一致常常是导致不同部门、岗位之间对业务认识不一致的重要根源之一。

（2）流程的完备性。流程的完备性是指流程不存在缺漏环节，对于突然发生和异常的情况也有完备的描述和相应的处理环节。例如成品采购收货流程中，如果发生数量不符，如果是供应商或运输公司所致，则需要进行索赔，这些环节都需要在流程图里体现出来。这一点上，往往很多企业会强调，突发状况是难以预料的，异常是不能避免的，这是事实，但是并不代表就无法去描述，分类分级分层方法将起到积极作用。

（3）流程的合理性。两个层面：初级层面的含义是指流程是否需要存在，是否符合相关制度的规定，或流程的制定是否违背公司现有制度。另一层面的含义是指在流程显性后，审视现有做法本身内容的合理性，潜在或已经存在的问题点、管控点是否清晰等。

（4）正确合理的流程边界切分。流程的边界是否清晰是流程能否描述清晰的关键，如何通过过程边界、对象范围边界做到线条明晰，是需要重点关注和理解掌握的。

我们将这一点具体化成以下四个由浅到深的审查项。

① 确定流程的起始和结束是否正确和合理。

② 在流程结束时确定是直接结束还是转入别的流程。

③ 确定流程和相关流程的接口关系是否正确合理，如新增供应商管理，什么叫新增供应商，什么情况下触发新增供应商管理流程。新增供应商管理流程和订单管理流程以及供应商管理流程相互关系是怎样的，衔接是否正确。

④ 子流程调用时是否切分清楚流程的边界，起点终点是否有重叠情况发生，如成品外包辅料采购流程中涉及到采购订单签订流程、跟单流程和收货流程三个子流程，相互边界是否清晰，有无重叠的情况。

（5）关键节点的检查。关键节点的检查主要有以下几种情况。

① 当流程需要多个部门或岗位参与时，需要检查发起部门是否准确，参与部门是否齐

全，相互间的权责是否清晰描述。

② 评审或组织评审环节。主要检查评审的对象、形式、目标以及其他内容是否清晰。参与评审的部门是否齐全，各自权责是否清晰。参与审核的层级是否合适。

③ 流程的起始节点、流程中的核心环节，需要描述清晰准确。需要对开始、结束节点都给以说明，需要描述每种可能引发流程开始的情况。对于转入别的流程情况和自行结束的情况，都需要逐一说明。

（6）流程说明的检查。为了在流程显性化过程中更加清晰、以很简洁地形成更完整的流程概念，一般将流程目的、适用范围、职责分工、关键节点说明以及相关制度文件表格设计在流程图中。

我们可以从以下三个方面进行归纳。

① 流程的目的。是否写清楚该流程的目的，规范什么事情，防范什么问题，解决什么问题。

② 适用的范围。是否写清楚什么情况下使用该流程，是否标识出特殊情况。如外派培训管理流程，需要写清楚什么情况下属于外派培训，哪些人适用于外派培训。

③ 职责分工。是否写清楚流程相关部门的职责，是否有归口管理部门，相关部门各自担负怎么样的权责，如谁来检查，如有审核环节谁来批准。

7. 设备安装调试及配套设施

新建工厂所需的生产设备，需要专业人士依据有关的安装调试规范，进行设备安装与调试，并保持完整的设备安装调试记录，同时应由专业人员制定完成未来日常的设备保养及管理制度。

（1）开箱验收。新设备到货后，由设备管理部门会同购置单位、使用单位（或接收单位）进行开箱验收，检查设备在运输过程中有无损坏、丢失，附件、随机备件、专用工具、技术资料等是否与合同、装箱单相符，并填写设备开箱验收单，存入设备档案，若有缺损及不合格现象应立即向有关单位交涉处理，索取或索赔。

（2）设备安装施工。按照已经制定的产品工艺流程及设备平面布置图，以及设备安装施工图、基础图、设备轮廓尺寸以及相互间距等要求划线定位，组织基础施工及设备搬运就位。

安装过程中，对基础的制作，设备就位、装配连接、电气线路等项目的施工，要严格按照施工规范执行。

安装工序中如果有恒温、防震、防尘、防潮、防火等特殊要求时，应采取措施，条件具备后方能进行该项工程的施工。

（3）设备试运转。设备试运转一般可分为空转试验、负荷试验、精度试验三种。

① 设备的空转试验：是为了考核设备安装精度的保持性，设备的稳固性，以及传动、

操纵、控制、润滑、液压等系统是否正常，灵敏可靠等有关各项参数和性能在无负荷运转状态下进行。一定时间的空负荷运转是新设备投入使用前必须进行磨合的一个不可缺少的步骤。

② 设备的负荷试验：试验设备在数个标准负荷工况下进行试验，在有些情况下可结合生产进行试验。在负荷试验中应按规范检查轴承的温升，考核液压系统、传动、操纵、控制、安全等装置工作是否达到出厂的标准，是否正常、安全、可靠。不同负荷状态下的试运转，也是新设备进行磨合所必须进行的工作，磨合试验进行的质量如何，对于设备使用寿命影响极大。

③ 设备的精度试验：一般应在负荷试验后按说明书的规定进行，既要检查设备本身的几何精度，也要检查其工作（加工产品）的精度。这项试验大多在设备投入使用两个月后进行。

（4）设备试运行后的工作。首先断开设备的总电路和动力源，然后做好下列设备检查、记录工作。

① 做好磨合后对设备的清洗、润滑、紧固，更换或检修故障零、部件并进行调试，使设备进入最佳使用状态。

② 做好并整理设备几何精度、加工精度的检查记录和其他机能的试验记录。

③ 整理设备试运转中的情况（包括故障排除）记录。

④ 对于无法调整和消除的问题，分析原因，从设备设计、制造、运输、保管、安装等方面进行分析和归纳，并完成相应的分析报告。

⑤ 对设备试运转作出评定结论，处理意见，办理移交生产的手续，并注明参加试运转的人员和日期。

（5）设备安装工程的验收与移交使用。

① 设备基础的施工验收由相关技术与质量检查人员会同土建施工员进行验收，填写施工验收单。基础的施工质量必须符合基础图和技术要求。

② 设备安装工程的最后验收，在设备调试合格后进行。由设备管理部门、工艺技术部门会同其他相关部门和人员，在安装、精度、安全、使用等各方面进行鉴定与验收，做出鉴定，填写安装施工质量、精度检验、安全性能、试车运转记录等凭证和验收移交单，设备管理部门和使用部门共同会签方可完成竣工验收。

③ 设备验收合格后办理移交手续。

④ 设备开箱验收单（或设备安装移交验收单）、设备运转试验记录单由参加验收的各方人员签字后及随设备带来的技术文件，由设备管理部门纳入设备档案管理；随设备的配件、备品，应填写备件入库单，送交设备仓库入库保管。

⑤ 设备移交完毕，由设备管理部门根据本企业相关流程签署相关文件（如设备运行通

知书等），并将文件副本分别保存在设备管理部门、使用单位、财务部门作为存档及固定资产管理凭证。

对于生产设备配套设施的规划、设计和相关制作应进行详细的时间计划，结合生产设备的安装调试进度计划来完成及实施。

通常，配套设施包括与主生产设备配套的相关辅助工艺装备和设施，以及根据工艺流程所需要的相关作业工装具和物料周转器具等。

几乎所有配套设施都是非标准装置，需要依据生产设备及生产工艺流程，由专业人员及专业团队协同现场相关人员完成相应的规划、设计和制作。随着社会分工的专业化的进一步推进，越来越多的配套设施将趋向于系列化和标准化。

8. 人员招聘及培训

人员招聘和培训属于人力资源的战术计划范畴。

战术计划则是根据公司未来面临的外部人力资源供求的预测，以及公司的发展对人力资源的需求量的预测，根据预测的结果制订的具体方案计划，包括人员具体需求时间表、招聘、培训、工资福利政策、梯队建设和组织变革。

（1）招聘计划针对公司所需要的人才和人员数量，应由人力资源部门制订出该项人才的招聘计划，一般一个年度为一个段落。招聘计划一般包括以下内容。

① 人员需求清单，包括招聘的职务名称、人数、任职资格要求等内容。

② 招聘信息发布的时间和渠道。

③ 招聘小组人选，包括小组人员姓名、应聘者的考核方案等。

④ 招聘的截止日期及新员工的上岗时间。

⑤ 费用：招聘预算，包括资料费、广告费、人才交流会费用等。

⑥ 招聘工作时间表，尽可能详细，以便于他人配合。

招聘计划的实施应由人力资源部门负责总体的组织与协调，由其他各相关部门和人员共同协作依据人员招聘流程完成。

（2）人员培训计划。

人员培训计划是人力资源计划的重要内容，人员培养计划应按照公司的业务需要和公司的战略目标，以及公司的培训能力，分别确定和制订针对不同方面人才的培训计划。

① 根据各职位所应担负的职责、主要工作成果、所需工作技能以及绩效，确认各职位在职期间各阶段的训练需求（到职 3 个月，到职 12 个月，到职 24 个月），设定在公司工作个人训练需求定义的基础（各职位职责、主要工作成果及应具备的工作技能）。

职位培训课程设计，同时应考虑管理系统，或特定客户要求。由各部门主管会同人力资源部相关人员依照培训需求，设计开发培训课程，确定培训课程内容，并培养内部讲师。

② 用人单位主管从员工所处职位的功能需求出发，根据员工的个人能力特点及绩效表

现，给员工设定个人培训发展计划，生成员工的个人培训科目计划时间表及培训实施时间（新进、3 个月、12 个月、24 个月等）。

培训计划的实施应由人力资源部门负责总体的组织与协调，由其他各相关部门和相关的培训讲师及受训人员共同协作完成。

顺便说明一下，所有培训，除了事先需要制订切实可行的培训计划之外，培训结束时应有相应的培训记录及培训考核或测试，并将考核结果记入相关受训人员的档案记录中。

9. 试运行及整改

这里说到的试运行和整改，是指建厂项目管理自身的最终试运行环节，不同于建设项目政府有关方面的试运行验收或工厂项目环保试运行验收，这两项来自于政府或主管机构的验收将按照相关方面的试运行和验收程序和要求来进行验收。

试运行和整改，将主要集中在软件和硬件两个方面来考查和检验建厂项目的各部分的完成情况及状态评估和整改。具体在以下几个方面进行逐项检验和考查。

☑ 工厂整体物流体系的合理性。

☑ 工艺流程的合理性和生产作业流程完整性。

☑ 生产节拍的平衡以及产能评估。

☑ 生产设备及工艺装备的运行状态。

☑ 生产各环节设备及装备的操作和维护规范。

☑ 设备能耗和动力系统。

☑ 工厂各部门及生产各环节的人员规划和实际合理性。

☑ 生产运营各主要管理流程的运行状况及合理性。

☑ 厂房及土建各部分施工质量的评估。

☑ 环境和安全的评估。

针对以上各部分的试运行及整改进行之前，应制订详细完善的试运行控制计划和各部分相对应的控制表（点检表），在现场考查记录后，针对出现的各种问题制订相应的整改计划并对于该计划进行有效的追踪落实。

二、物流规划与供应链模式设计

2008 年 3 月，由康明斯公司与北汽福田汽车股份公司按 50：50 比例投资组建的合资企业——北京福田康明斯发动机有限公司正式成立。项目总投资额逾 27 亿元人民币，可年产 2.8 升和 3.8 升直列四缸高压直喷式轻型柴油机 40 万台，是康明斯在华最大的轻型发动机生产基地。

对于汽车制造业而言，汽车发动机处于汽车链条中的一个重要的环节，其成本、质量与供应链的响应速度直接关系着整车的竞争能力。因此，如何在建厂之初就对工厂物流进行科学的设计与规划尤为重要。

资料来源：中国物流产品网.http://www.56products.com/，2010-6-28

1．新建工厂的物流规划

对新建工厂的物流规划往往会陷入一个怪圈，即一提物流就想到要建设多大面积的仓库，购买多少货架与叉车。实际上，一个新工厂的物流规划更是供应链模式的规划，其目的是实现大批量、多品种生产的速度与精准，实现在质量、成本、速度上的多赢。具体来讲，新建工厂的物流规划包括以下内容。

（1）确定供应链的模式。

（2）搜集零部件的尺寸明细。

（3）根据上述两条设计厂内与厂外物流。

（4）考虑反向物流。

（5）留出一定的冗余以应对市场的变化。

2．供应链模式的设计

供应链模式的设计是物流规划与设计的前提。如果没有一个清晰的供应链模型，物流的设计与规划就无从谈起。这一环节需要考虑的因素很多，如对客户的响应时间、供应商的所在地、保障生产的库存、质量控制模式等都会影响到是否需要物流场地，需要多少库存来保障生产与满足客户的需求。工厂供应链模式的设计需要从以下几个方面入手。

（1）明确工厂的运营目标。在设计供应链模式之前，首先明确工厂的运营目标，因为只有与客户的需求相匹配，才能知道整条供应链的挑战及如何有针对性地去设计或逐步提高与改善。福田康明斯建厂之初就明确要建立世界一流的发动机工厂，实现卓越运营的目标，所以在运营的各环节提出了高标准的要求，例如，不允许纸质的包装上线和叉车上线，这两项要求对物流部门提出了非常高的要求；同时在质量管理上，质量目标已经决定了福田康明斯是使用体系来保障质量的，所有部件是驻厂检验，这就决定了物流流程中不用考虑质量检验的区域。

（2）明确客户的需求。按照公司规划，未来福田康明斯的客户均是整车厂，而整车厂的采购模式与管理水平各不相同，这就要求福田康明斯根据客户的不同情况设计出不同的计划模式。如我们在系统中设计机加生产使用按库存生产（MTS）的模式，而总装 ATPU 生产线根据不同客户的情况配置成按库存生产（MTS）与按订单配置生产（CTO）两种模式，基于这两种模式与客户共同确认订单的交货周期与生产锁定的周期。

（3）明确供应商的布局。根据目前国内发动机零部件的产业布局，福田康明斯的主要供应商集中在长三角地区、湖北及东北地区，与福田康明斯的距离绝大部分超过 1 000 千米，所以为保障生产的不断线与快速地对客户的订单进行响应，必须在工厂与工厂的附近有一周的库存。

基于以上三个要素，根据产量的逐年递增，可设计出不同的供应链模式，此模式确定后，物流的规划与设计思路也逐渐清晰。

任务二 制造业经营策略

任务引入

富士康的创业

1974 年，24 岁的郭台铭和几个朋友在中国台湾建立了一家鸿海塑料企业有限公司，以下简称鸿海，一起承接塑料零件订单。

鸿海成立不久，马上遭遇经济危机，原材料价格上涨，经营十分困难。合伙的朋友决定放弃，但是郭台铭不肯，就借钱盘下了这家公司。

郭台铭的第一份生意主要从事电视机相关零件的制造。刚刚起步，郭台铭就受困于技术难关：工厂技术度依赖模具师傅。

郭台铭拿着刚刚累积的几十万新台币的资金，就开始盘算是否要投资模具工厂。

郭台铭投资建厂，引进新设备，和信赖的员工摸索生产工艺和流程。这个过程非常辛苦，每天辛苦加班到深夜。以至于创业的前几年，郭台铭都在问自己："我的决定是正确的吗？"

靠着第一批模具机器和技术积累，鸿海开始和台湾前十大制造商有了业务往来，开拓了第一批生意。

于是，郭台铭省吃俭用，累积下来的又一批资本金不断被投入到购买更精良的设备上。1984 年，鸿海从美国引入高级设备，整整花掉公司一年收入的十分之一。

不仅如此，随后的几年，相继从瑞士引进高级设备，聘请日籍顾问，又引进日本的精密机械技术。公司人员不到千人，郭台铭就慷慨地用大笔资金送员工到海外学习。

学习力——大变中找先机

除了吃苦耐劳精神和强大的专注力，郭台铭还有极强的学习能力，通过实践又变为对行业趋势的判断能力。

在管理工厂的同时，郭台铭和所有重要的客户交朋友，了解这些人的想法，掌握一线厂商全球 IT 行业的沿革趋势，甚至他还深入了解客户公司管理。

1983 年，鸿海就利用日本的进口设备，开发完成第一批连接器，正式进入 PC 领域，鸿海进入每年 20%成长的稳定期。

1988 年，鸿海已经成长为一家拥有 1 000 名员工、2.5 亿元新台币收入的企业。

郭台铭没有放慢脚步，他观察到大陆的投资机会，开始大举进军，利用深圳的土地、人力资源，设下鸿海日后发展最重要的生产基地。

接下来的十年，鸿海大产能、低成本、高技术的竞争力，陆续从 LG 集团抢走苹果订单，成为思科全球最大的网络设备供应商，拿下索尼 Play Station 游戏机订单、英特尔奔腾四连接器订单。不可思议的是，2003 年，鸿海还同时拿下诺基亚和摩托罗拉的订单。

竞争——要做就做到最好

在手机和 TFT-LCD 领域，鸿海远不是一个先进入者。

早在 1999 年，各大厂商已经“为手机狂”时，郭台铭认为手机制造成本过高，一直按兵不动。

一直等到手机价格足够为大众接受时，郭台铭拿下国际前列数家手机厂商的巨量订单。两年过后，富士康国际从鸿海集团单独分离在中国香港上市，成为全球最大的手机代工厂。

同样，在手机毛利往下走时，鸿海开始向 TFT-LCD 和纳米技术进军，一举投入 200 多亿元新台币，又从最后的进入者改头换面进入第一阵营。

郭台铭下一步又在想什么？他的下个行业布局又渐次展开，这几年，鸿海宣布投入 1 000 万美元设立上海安心购，重启 IT 渠道扩张计划。

此前，鸿海通过旗下广宇转投资赛博数码布局内地零售渠道市场，目前已成长为内地三大 3C 产品零售商之一。在 2008 年底内部高级主管会议上，郭台铭强调，“2009 年将全力抢攻内地 IT 渠道市场”。

2009 年，郭台铭投资 1 亿元新台币与讯联共同成立康联生医科技公司，突然切入生物科技。

还有一款未来的秘密武器——纳米技术，郭台铭透露，纳米技术第一个商品化产品花了将近 10 年的研究时间，将会在很短时间内公布。

郭台铭的大行业图景正慢慢展开。

资料来源：陈墨. 21 世纪经济报道，2010-6-16

假设你希望在制造业行业发展，你需要先对此行业的经营有一些基本的了解，了解制造业的上下游产业的基本流程，并在此基础上，明确公司在制造业的战略规划与经营策略。郭台铭也正是在制造业的不断发展与战略规划中得到成长的，为此，在此情境，请通过模拟训练与知识链接中的内容，完成以下两个子任务。

任务一：具备制造业经营的基本应用能力。

任务二：从制造业的全面模拟体验中，掌握制造业的经营策略。

任务分析

为了有效实现本情境的两个子任务，建议先进行本情境后的经营模拟 4-2 玩具产品模拟经营，然后再学习相应知识链接中的相应知识点，最后学习“进阶技巧”中的“制造业的模拟经营技巧”部分。如果时间许可，创业者还想要进一步提升制造业的规划与管理能力，可再进行本情境后的经营模拟 4-3 电器产品模拟经营与经营模拟 4-4 电脑产品模拟经营模拟训练，在反复训练与思考中加强制造业的创业管理能力。

知识链接

一、企业经营战略的构成

一个科学的企业经营战略，是由经营战略依据、经营战略思想、经营战略目标、经营战略重点和经营战略对策等基本要素构成的，并通过经营战略决策和经营战略规划及其计划来表达和实现的。

1. 经营战略依据

要确立一个切实可行又激励职工，为实现经营战略行为而奋斗的企业经营战略，必须在调研预测分析的基础上，综合揭示和反映企业内外的共同性和差异性，从而确定经营战略的客观依据。任何性质的经营发展战略，都是全方位的，开放系统的，着眼于未来发展的，必须把企业经营同国内外大环境联系起来而发展自身。这就要尽量占有情报资料，密切注意相关科学技术发展和市场供需变化，从中预测其最新的发展趋势，作为企业经营战略依据。另一方面，还要掌握企业内外的差异性，对经营战略的有利条件、竞争能力和不利的制约因素等内部个性的研究，也是经营战略的一个重要依据。

2. 经营战略思想

作为企业经营战略灵魂的指导思想，它对经营战略目标、经营战略重点、经营战略决策起着统帅作用。但一个正确的战略思想的形成不是偶然的，它是对企业在一个历史时期发展，总体上起决定性作用的客观规律的高度概括；是企业经营过程中总结提炼经验教训，以及对企业适应市场环境变化中主要矛盾进行分析研究的产物。经营战略思想来源于企业经营管理主要矛盾的分析研究，企业经营战略就是改变不适应市场变化的条件和解决发展中的主要矛盾。经营战略的指导思想概括并产生指导方针，指导方针体现并制约指导思想。两者相辅相成，指导企业经营战略各构成要素之间的相互作用，发挥经营战略的整体功能。经营战略思想是一个重要的前提性的构成要素。

3. 经营战略目标

作为在一定经营战略时期企业要达到的经营目的和期望结构的经营战略目标，其正确与否及其水平高低，直接影响着企业生产经营活动的成败。因此，经营战略目标的确定，必须对外部环境和内部条件的调查预测资料进行综合分析。其目的是在尊重客观可能性的前提下，充分发挥主观能动性，实现外部环境与内部条件的最佳组合，形成特定的企业经营战略。特别是要积极改变企业内部条件，主动适应外部环境变化，并在市场环境变化中捕捉企业的经营机会。经营战略目标是企业经营战略的主干，要通过定性方法确定这条主干的发展水平和发展方向；通过定量方法确定这条主干的发展程度和发展速度。综合定位和定时、定性和定量的研究方法所确定的经营战略目标，既要具有先进性，又要具有可行性。并要具备目标的多层次，以便进行评价和优选，达到从不同角度优化经营战略目标的目的。

4. 经营战略重点

一个企业经营战略有没有经营战略重点及其具备经营战略目标的多档次，以便进行比较和优选，达到从不同角度优化经营战略目标的目的，是很重要的。经营战略重点恰当与否，是能否实现战略目的的关键环节。经营战略重点作为实现经营战略目标的关键部位，既包括企业经营管理中比较薄弱的关键环节，也包括相对竞争中的优势或变异中的主要矛盾。没有重点就没有战略。明确经营战略重点就为实现经营战略目标确定了主攻方向，以便恰当合理地集中使用人力、财力、物力等资源，掌握战略指导的主攻权。

在经营战略实现的全过程中，以经营战略目标为主干和核心，其经营战略重点还因战略阶段的不同而有所变化或相对侧重，以便实行分阶段的战略指导。前后阶段既有区别又联系密切，前阶段成为后阶段的准备和基础，后阶段是前阶段的继续和发展。要依据客观条件的成熟程度，及时实现前后阶段的转移及其经营战略重点的转移。

5. 经营战略对策

作为实现经营战略思想、经营战略目标和经营战略任务的主要措施和手段的经营战略对策，其主要目的是为了谋求在解决企业战略发展过程中，经营战略目标与市场环境变化之间的不相适应性。如果经营战略目标与市场供需变化相脱节，不仅会制约企业的发展，还会威胁企业的生存。因此，企业必须通过制定正确的经营战略对策，促使经营战略目标与市场环境的变化相互适应。经营战略对策是强劲而有力的措施和手段，以确保经营战略能够具有突破性或跳跃式的发展态势。就经营战略对策特征而言，它主要具有预见性、针对性、灵活性和配套性四个方面。

二、企业运营战略

1. 企业运营战略概述

企业运营战略是运营管理中最重要的一部分，传统企业的运营管理并未从战略的高度考虑运营管理问题，但是在今天，企业的运营战略具有越来越重要的作用和意义。运营战略是指在企业经营战略的总体框架下，如何通过运营管理活动来支持和完成企业的总体战略目标。运营战略可以视为使运营管理目标和更大的组织目标协调一致的规划过程的一部分。运营战略涉及对运营管理过程和运营管理系统的基本问题所做出的根本性谋划。

由此可以看出，运营战略的目的是为了支持和完成企业的总体战略目标服务的。运营战略的研究对象是生产运营过程和生产运营系统的基本问题，所谓基本问题是指包括产品选择、工厂选址、设施布置、生产运营的组织形式、竞争优势要素等。运营战略的性质是对上述基本问题进行根本性谋划，包括生产运营过程和生产运营系统的长远目标、发展方向和重点、基本行动方针、基本步骤等一系列指导思想和决策原则。

运营战略作为企业整体战略体系中的一项职能战略，它主要解决在运营管理职能领域内如何支持和配合企业在市场中获得竞争优势。运营战略一般分为两大类：一类是结构性战略——包括设施选址、运营能力、纵向集成和流程选择等长期的战略决策问题；另一类是基础性战略——包括劳动力的数量和技能水平、产品的质量问题、生产计划和控制以及企业的组织结构等时间跨度相对较短的决策问题。

企业的运营战略是由企业的竞争优势要素构建的。竞争优势要素包括低成本、高质量、快速交货、柔性和服务。企业的核心能力就是企业独有的、对竞争优势要素的获取能力，因此，企业的核心能力必须要与竞争优势要素协调一致。

运营战略是以最有效地利用企业的关键资源，以支持企业的长期竞争战略以及企业的总体战略的一项长期的战略规划，因此，运营战略涉及面通常非常广泛，主要的一些长期结构性战略问题包括以下几项。

☑ 需要建造多大生产能力的设施？

☑ 建在何处？

☑ 何时建造？

☑ 需要何种类型的工艺流程来生产产品？

☑ 需要何种类型的服务流程来提供服务？

2. 企业运营战略的竞争优势要素

为了保持竞争力，不同国家的企业有不同的竞争优势要素。运营战略成功的关键是明确竞争的重点优势要素。了解每个竞争重点优势要素的选择后果，做出必要的权衡。竞争力是指企业在经营活动中超过其竞争对手的能力，是一个企业能够长期地以比其他企业（或竞争对手）更有效的方式提供市场所需要的产品和服务的能力。竞争力是决定一个企业生存、发展、壮大的重要因素，是企业取得竞争优势的保证条件。

斯金纳等人最初定义的“四种基本竞争优势要素”为成本、质量、快速交货和柔性。现在又出现了第五种竞争优势要素——服务，这是 20 世纪 90 年代企业为获取差异化竞争优势而首选的竞争优势要素。

（1）成本——低成本。价格是顾客必须对产品或服务支付的金额。显然，在质量、功能相同的条件下，顾客将选择价格较低的产品或服务。价格竞争的实质是成本竞争，生产运营成本越低，企业在价格上就越有竞争优势。

（2）产品质量和可靠性——提供优质产品。质量分为两类：产品（服务）质量和过程质量。产品质量包括产品的功能、耐用性、可靠性、外观造型、产品的合格率等，质量的好坏反映产品满足顾客需要的程度。

质量的竞争力表现在两个方面：一是保持产品的高质量水平；二是提供更好的产品或服务。过程质量的目标是生产没有缺陷的产品，可以预防性地解决产品的质量问题。

（3）时间——快速交货、交货可靠性和新产品的开发速度。顾客对交付产品或提供服务在时间上的要求，包括快速或按时的交货能力。在同一质量水平下，企业间竞争优势差异的重要表现就是时间性。据国外资料分析表明：高质量、高功能在国际竞争中的作用逐步下降，而代之以呈上升趋势的是准时或快速交货的竞争能力。

（4）柔性。从战略的观点看待企业的竞争力，柔性是由与企业运营过程设计直接相关的两个方面构成的。

一是企业为客户提供多种产品和服务的能力，最大的柔性意味着提供顾客化的产品与服务的能力，以满足独特的需求，这常被称为“大规模定制”。

二是企业快速转换工艺生产新产品的能力，或者快速转换服务流程提供服务的能力。

（5）服务。在当今的企业环境中，为获取竞争优势，企业开始为客户提供“增值”服务。这不论是对提供产品还是提供服务的企业都是重要的。原因很简单，正如范德墨菲说：“市场力来源于服务，因为服务可以增加客户的价值。”

（6）下一个竞争优势要素——环保。现在，又出现了两种可能为企业提供竞争优势的趋势：环保工艺和环保产品的运用。消费者对环境越来越敏感，更倾向于购买对环境无害的产品。越来越多的企业意识到绿色制造对提高自身利益的竞争机制的深远意义。

3. 企业运营战略的竞争理论

研究战略理论的目的是为了给企业提供一种广泛适用性的框架、程序或模式，指导企业应树立什么样的战略指导思想，如何投入竞争，应确定什么样的竞争目标，实现这些目标时需要采取什么样的方针、策略与方法。运营战略是与企业总体战略紧密相联而又服务于总体战略的，是企业战略理论的具体细化、发展与应用。

运营战略竞争理论是研究如何使运营系统的各要素有机结合，形成整体优势的思想体系。20 世纪 90 年代运营战略指导思想与传统观点相比，有了很大的差异。

第一，传统的观点认为运营战略应以成本和效率为中心，强调规模经济和高产出；而最新的战略竞争理论则强调对产品竞争实力的保障，以保障和发展竞争优势为出发点来实现企业的竞争优势。

第二，现代竞争理论是从保持竞争优势出发，把运营系统各要素（如生产类型、技术、管理系统等）有机地结合起来形成整体优势；而不是像传统观点那样过分强调品种少、批量大、技术高、质量好，注重某个要素的优势。

总之，运营战略竞争理论是以竞争为导向并以取得竞争优势为基础来拟定和实施运营战略决策的。按照迈克尔·波特（Michael Porter）的竞争战略理论观点，运营竞争战略也可以分为总成本领先战略、差异化战略、目标集聚战略三种基本类型，较详细的内容可参阅学习情境二中的相关内容。

典型案例

汽车帝王——亨利·福特的成功秘诀

如今，汽车已在现代都市里扮演着不可缺少的角色，汽车的发明更是人类历史上的一大进步。曾有人把它的出现和蒸汽机的发明相提并论，可见意义的重大。而提起汽车，就必须提起一个人，那就是亨利·福特，他是第一个将小汽车正式命名为“轿车”的人，也是世界著名品牌“福特”汽车的创始人，从一个一文不名的穷小子到亿万富翁，福特个人奋斗的历史已经成为许多年轻人津津乐道的传奇。而他给后人留下的，也不仅仅是有关汽车的东西，还有更多。

不愿做农场主的发明家

1863 年 7 月 30 日，福特出生于美国密歇根州底特律市郊的一个小城。父母都以经营农场为生。作为长子，福特被父亲寄予了很大的希望，希望他可以继承祖业，更多地关注农场事务。

但是福特对土地根本没有多大的兴趣，他喜欢的是机械。童年时看到的蒸汽机给他留下了深刻的印象，那是他第一次目睹不靠马拉的车，福特更加相信了机械的力量是无穷大的。

于是 17 岁那年，他离开了家乡，独自一人到位于底特律的密歇根汽车制造公司。但在这家拥有 2 000 人的底特律最大的工厂，福特只工作 6 天就辞职不干了，原因是“该公司优秀的员工需要花费好几个小时才能修复的机器，我只要 30 分钟就可以修好，因而其他员工对我十分不满”。后来，他又先后从事过机械修理、手表修理、船舶修理等工作，并且还一边工作一边参加夜校学习，以便将来能够“不屈居于人下被别人利用而过一生，自己开一家制造机械的工厂”。

梦想是好的，但现实却是残酷的。在底特律的日子，是不断奋起，又不断失败的，钟表厂梦的破灭，研究内燃引擎的碰壁，这个年轻的机械师觉得心灰意冷起来。或许回到家是好的选择？于是在离家两年之后，福特又回到了故土。

福特在家里待了 10 年，这 10 年他结了婚，继承了父亲留的土地，但一直没有放弃自己的发明。他不是种田的那种人，他喜欢紧张而刺激的都市生活，他渐渐产生了这样一个想法：设计一种可以烧汽油的发动机，并且让这个发动机驱动四轮车。这样，人们出门不再需要马了，他们将驾驶这种无马马车去上班、旅游。

一旦产生了这个想法，它就在福特的脑海里扎下了根。福特做梦都想实现这个梦想。“一定要走出农场，去底特律！”他下定决心要去闯世界。尽管妻子克拉拉非常留恋这个温馨的家，然而，她还是毫不犹豫地拿起了行李，没有半句怨言，随着丈夫来到了人生地不熟的底特律。

梦想成真的“速度之魔”

当时正处于一个新兴汽车即将取代马车的过渡时代，1893 年，美国的杜里埃兄弟设计出美国的第一辆用汽油发动的汽车，此后，还有许多年轻人在跃跃欲试。想法是许多人都会有的，但是要变成现实就要付出巨大的努力了。

在担任底特律照明公司工程师的同时，福特把自己所有的精力都放在了汽车之上，在朋友的帮助之下，工夫不负有心人，1896 年 6 月 4 日，福特的第一辆汽车诞生了，尽管这辆车速度极慢，形状奇怪无比，但却是福特和朋友的杰作！这也是底特律的第一辆汽车！福特开着这辆车在城里转来转去，引来了许多人的围观，别人都叫他“疯子亨利”！

而一次偶然的机会，福特遇见了著名的发明家爱迪生，激动的福特向爱迪生说明了自己的想法，得到了这个发明大王的称赞和鼓励。于是，36 岁的福特准备孤注一掷了，他辞去了工作，潜心于汽车的研制工作。到 1899 年，他已经成功造出了自己的第三辆汽车。

1901 年，福特驾着自制的赛车参加一年一度的全美汽车大赛，战胜了所有对手，赢得了冠军。从此，福特闻名全国，美国的《天马杂志》称他为“速度之魔”，他成了底特律的英雄。1902 年，他又参加了一次全国性的汽车大赛，结果又远远地超过了第二名。这两次胜利不仅使得他名声大噪，还结识了许多巨商大贾，为以后的成功打下了良好的基础。

1902 年 11 月，福特终于有了一个自己的公司——福特汽车公司。公司的标志是一个蓝色的椭圆形，中间是模仿福特签名的大写字母“F”和“ford”，从此，这个标志成了福特汽车公司的象征，直到今天。

在当时来看，初生的福特公司有许多方面还不成熟，许多部门、规章制度刚刚建立，工厂也很破旧。但是它的思想却是成熟的，因为福特对此早就有了一套自己的设想。福特公司成立之初，福特便设计了高、中、低三种档次的汽车以期占领市场。其中高档车主要为富人服务。生产高档车带来的利润很大，但顾客数量有限。

第一年，福特推出的 A 型车成了底特律人的抢手货，福特公司赚取了可观的利润，仅股息就分发了 10 万美元。一下子股东就相当于收回了所有投资。面对巨大的成功，福特清醒地认识到这只是表面的辉煌。因为人们现在只是对汽车这个新东西感到好奇，一旦他们习惯了使用汽车，便会变得更挑剔。汽车的质量和价格就成了福特公司的生命。

很明显，小小的福特公司不可能占据全部汽车市场，必须突出重点。生产什么车为主呢？面对各位股东，福特说："美国地域辽阔。生活着很多人，大多数是工人、农民。他们才是汽车的真正需要者。我主张多生产低档车，特别是标准化的大批量生产，把便宜实用的汽车卖给这些人。这才是我们公司长期的战略！"

说着容易，做起来可难！低档车尽管技术上难度不高。但却不得不面临许多新的问题，这着实使福特费了一番脑筋，为了让家家户户都用上这种车，他的车必须简单，轻便，耐用，容易修理，而且还必须能在崎岖不平的乡间路上奔驰。这些都对零件提出了新的要求。还有更重要的一点，这种车必须便宜，以使每个家庭都能够买得起。为此，福特不得不在设计时更多地考虑经济因素，这么多的要求简直让人无所适从，许多种设计方案被一次次的否定了，福特也被搞得筋疲力尽。要怎么做才能恰如其分地满足顾客的要求呢？

有一天，他忽然想通了，必须使汽车构造简单化，只有简单，汽车才可能轻便，才会容易修理，一旦哪部分有问题，换个标准零件就够了。而且，简单的设计更易于大批量生产，当生产量增大时，生产成本就会降低，汽车价格就可以更加低廉。福特把以前的设计图纸全部扔在一旁，重新开始设计。

"标准化，简单化"

设计中福特不时提醒自己。经过几次修改，福特新的设计定型了。它被命名为福特牌T型号汽车，后来成为汽车历史上最著名的车型，几乎成为汽车的代名词。事实证明，T型车受到了巨大的欢迎，整个国家都被淹没在T型车的狂潮之中，从1908年诞生到1927年的更新换代，福特生产的T型车数量是整个世界汽车总量的一半。

直到今天还没有哪一个车型能望其项背。当时的美国，一个人说自己有一辆汽车，则一定是指福特的T型车。福特以其傲视群雄的气概一跃成为汽车大王。同时，福特汽车公司也当然地坐到了美国汽车业第一大公司的宝座上。

永不停止的革新

与福特不停息的发明相比，他的商业思想也在不断的革新。面对雪片般的订单，福特在欢喜的同时也在发愁，因为工厂里原始的组装技术根本无法应付这种大规模的机械化生产。

但是一个偶然看到的现象给了他灵感。有一天，他走在路上，路过一个屠宰场，看到牛送进来以后先用电电击，然后放血，将牛吊起来，然后用锯开膛剖腹，最后分割，这个过程是分别由不同的人来完成的。福特心想，我可以将这种具有连贯性又有工作效率的流水作业的方式运用到我的汽车制造上。1913年春，世界上第一条汽车流水装配线在福特的工厂里诞生了，大规模流水装配线带来的是生产方式上的革命，福特公司连创世界汽车工业时代的生产纪录：1920年2月7日，一分钟生产一辆汽车，1925年10月30日，10秒钟生产一辆汽车，这样的速度让同行为之震惊，更让世界为之震惊。而这种以流水装配线的生产方法和管理方式为核心的福特制，为后来汽车工业的发展树立了楷模，掀起了世界范围内具有历史进步性的"大量生产"的产业革命。

不仅如此，福特很注意工人的生活，他想：造出去的车如果我的员工都买不起，我生产车还有什么意义呢？我必须要让我的员工首先买得起我所造的车，只有这样循环才能启动公司的发展。而在当时，美国工人的工资是很低的，每天 1 美元到 1.5 美元，一个月一天不休息，一个月也只有几十元钱。于是福特让公司的公关经理把所有媒体的记者都请来，他说，从今天开始福特车所有的生产线上的员工每一个人的工资涨到每 5 美元，这句话惊呆了所有在场的人。在当时，一辆福特汽车大概要卖 200 多美元，如果一个员工一天挣 1 美元多，那么他一辈子也买不了一辆车，反过来讲，如果一天挣 5 美元，立刻就可以变成福特汽车的买主。福特真正希望的是他生产的产品有人要，有人用，一般的社会大众能够把它当做交通工具，而不是前面讲的一种奢侈品。他刺激汽车行业发展的方法不是车本身降价，而是把员工的工资涨上去。因此，福特是聪明的，他不是把汽车制造当做简单的做生意，而是要将整个汽车行业带动起来，创造这个市场。

“5 美元工作日”这个新奇的提法，引起了全美暴风骤雨般的热烈反响。工人们无不拍手称快，他们从此以后可以过上真正体面的生活，可以挺起胸膛做人了。无数工人从全国各地涌向底特律，要求在福特汽车厂工作，以至于福特不得不把“雇员已满”的牌子挂到工厂大门口。而新闻界对此给予了罕见的赞扬，记者们一个个激动万分。“新的经济时代已经来临！”记者们在各大报头版新闻中纷纷给予赞扬。当然，最后获利的还是福特。

成败后人评说

事业上的巨大成功，传媒的过分青睐，面对自己庞大无比的福特王国，福特开始得意洋洋、居功自傲了：我曾经做了那么多的事情，这些成就应该都归我所有了。他表露出自己强烈的占有欲和权力欲。曾经慧眼识人才，现在却开始排斥异己，过分猜忌。在这种状态下，许多跟他一起共同奋斗的老战友、老伙伴都被赶出了公司，而他们后来都成了福特竞争对手的得力干将。

不仅如此，世界局势也在发生变化。20 世纪 20 年代后期，美国开始形成了一个巨大的旧车市场，大批质量相当不错的二手车只需几十甚至十几美元就可买到，这对一向以“价廉物美”而著称的 T 型车是一个极大的冲击。同时，由斯隆领导的通用汽车公司生产出了许多时髦多样和先进豪华的汽车，满足了不同阶层的购买需求，也对 T 型车形成了较大的竞争压力。而这时的福特依然将主要的资金和精力投入到 T 型车中去，结果到 1927 年，顽固的福特不得不让自己心爱的黑色 T 型车死亡，整个公司停产一年转产新的 A 型车。由于转产组织匆忙、耗资巨大，加之接踵而来的经济大萧条的影响，福特公司元气大伤，整个 20 世纪 30 年代都未能恢复，分别被通用（1927 年）和克莱斯勒（1936 年）超过。后来经过全公司员工的拼力追赶，才算在“全国第二”的位置上站稳脚跟，那种产量独占全国一半以上的日子一去不复返了。1945 年，福特不得不让位于孙子亨利·福特二世。1947 年 4 月 7 日，亨利·福特因脑溢血死于底特律，终年 83 岁。

福特是汽车工业史上的一个传奇，在大起大落之中，他创造了自己的王国，不管他最后做了些什么，他留给人类的还是有许多可以回味、必须思索的东西。“当他来到人世时，这个世界还是马车时代。当他离开人间时，这个世界已经成了汽车的世界。”这是 1947 年 4 月《纽约时报》上的一段文字，它形象地概括了“福特”与这个世界的联系。

毕竟，我们无法忘记，是他，在 20 世纪初生产出世界第一辆家庭车——福特 T 型车，把大伙从马车挪到“嘟、嘟”叫唤的汽车上，使我们生活的这个世界开始飞转起来了，他给我们插上了文明的翅膀。

成功秘诀

拥有舍弃继承家业的抉择力。

永不停止创新的精神。

练就迅速捕捉灵感的目光——即使是宰牛过程，也能发现玄机。

资料来源：康丽. 88 位世界富豪的成长记录. 中国戏剧出版社，2004

结合上述案例，列出你自己对制造业经营的策略，并在本情境的经营模拟中加以运用与验证。

经营模拟

经营模拟 4-1　服装产品模拟经营

	学习情境：制造业模拟经营 主题：服装产品模拟经营
	完成这些练习后，学员将能够： ● 了解服装产品经营规则 ● 体验服装产品创业经营的全过程
	假如你希望从事的创业活动为服装产品制造相关行业，你需要学会制造业经营规则后，思考服装业的创业策略及机会所在，为此请尽快体验一下服装产品的制造业经营过程，体验一下制造业成功的喜悦与失败的经验与教训

1. 服装工业产品经营模拟

首先进行分组，每组人数不超过 7 人，然后以多人软件或单人自定义软件模式进入模拟系统，每组按以下要求进行系统设置（提示：服装产品在本次模拟中只包括皮夹克、牛仔裤、汗衫）。

目　　录	子　目　录	设 置 内 容
基本	难度等级	2级
环境	全部	系统默认
竞争对手	全部	系统默认
进口	全部	系统默认
目标任务	数值1玩家资产	2亿
	数值1其他参数	系统默认
	数值2全部参数	系统默认
	产业　全部参数	系统默认
	产品	只添加服装产品

检验方式：以组为单位，以个人是否完成目标、最后综合得分为检查依据，相应表格如下。
组名：

姓名（学号）	公 司 名 称	是否完成目标	综 合 得 分	排　　序

2. 分组讨论

分组讨论本次经营模拟的经验与教训，并写一份服装工业产品经营模拟经验总结。

经营模拟 4-2　玩具产品模拟经营

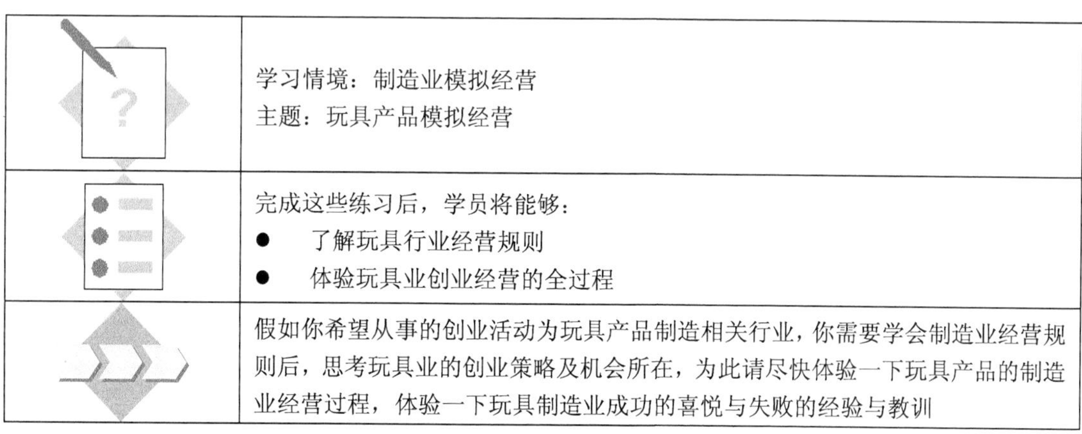

学习情境：制造业模拟经营
主题：玩具产品模拟经营

完成这些练习后，学员将能够：

- 了解玩具行业经营规则
- 体验玩具业创业经营的全过程

假如你希望从事的创业活动为玩具产品制造相关行业，你需要学会制造业经营规则后，思考玩具业的创业策略及机会所在，为此请尽快体验一下玩具产品的制造业经营过程，体验一下玩具制造业成功的喜悦与失败的经验与教训

1. 玩具工业产品经营模拟

首先进行分组，每组人数不超过 7 人，然后以多人软件或单人自定义软件模式进入模拟系统，每组按以下要求进行系统设置（提示：玩具产品在本次模拟中只包括便携软件机、玩具车、玩具娃娃、电视软件机）。

目　录	子　目　录	设 置 内 容
基本	难度等级	3 级
环境	全部	系统默认
竞争对手	全部	系统默认
进口	全部	系统默认
目标任务	数值 1 玩家资产	3 亿
	数值 1 其他参数	系统默认
	数值 2 全部参数	系统默认
	产业　全部参数	系统默认
	产品	只添加玩具产品

检验方式：以组为单位，以个人是否完成目标、最后综合得分为检查依据，相应表格如下。

组名：

姓名（学号）	公 司 名 称	是否完成目标	综 合 得 分	排　序

2. 分组讨论

分组讨论本次经营模拟的经验与教训，并写一份玩具工业产品经营模拟经验总结。

经营模拟 4-3　电器产品模拟经营

学习情境：制造业模拟经营

主题：电器产品模拟经营

<table>
<tr><td>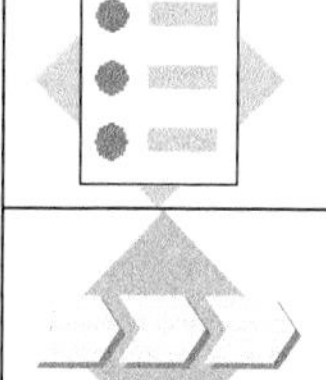</td><td>完成这些练习后，学员将能够：
● 了解电器行业经营规则
● 体验电器业创业经营的全过程</td></tr>
<tr><td>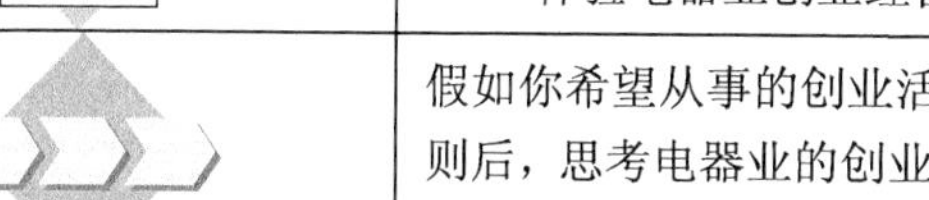</td><td>假如你希望从事的创业活动为电器产品制造相关行业，你需要学会制造业经营规则后，思考电器业的创业策略及机会所在，为此请尽快体验一下电器产品的制造业经营过程，体验一下电器制造业成功的喜悦与失败的经验与教训</td></tr>
</table>

1. 电器工业产品经营模拟

首先进行分组，每组人数不超过 7 人，然后以多人软件或单人自定义软件模式进入模拟系统，每组按以下要求进行系统设置（提示：电器产品在本次模拟中只包括空调、微波炉、电视机、音响）。

目　录	子 目 录	设 置 内 容
基本	难度等级	3 级
环境	全部	系统默认
竞争对手	全部	系统默认
进口	全部	系统默认
目标任务	数值 1 玩家资产	3 亿
	数值 1 其他参数	系统默认
	数值 2 全部参数	系统默认
	产业　全部参数	系统默认
	产品	只添加电器产品

检验方式：以组为单位，以个人是否完成目标以及最后综合得分为检查依据，相应表格如下。

组名：

姓名（学号）	公 司 名 称	是否完成目标	综 合 得 分	排　序

2. 分组讨论

分组讨论本次经营模拟的经验与教训，并写一份电器工业产品经营模拟经验总结。

经营模拟 4-4　电脑产品模拟经营

	学习情境：制造业模拟经营 主题：电脑产品模拟经营
	完成这些练习后，学员将能够： ● 了解电脑行业经营规则 ● 体验电脑业创业经营的全过程
	假如你希望从事的创业活动为电脑产品制造相关行业，你需要学会制造业经营规则后，思考电脑业的创业策略及机会所在，为此请尽快体验一下电脑产品的制造业经营过程，体验一下电脑业成功的喜悦与失败的经验与教训

1. 电脑工业产品经营模拟

首先进行分组，每组人数不超过 7 人，然后以多人软件或单人自定义软件模式进入模拟系统，每组按以下要求进行系统设置（提示：电脑产品在本次模拟中只包括台式电脑、笔记本电脑、掌上电脑、打印机）。

目　录	子目录	设置内容
基本	难度等级	4 级
环境	全部	系统默认
竞争对手	全部	系统默认
进口	全部	系统默认
目标任务	数值 1 玩家资产	4 亿
	数值 1 其他参数	系统默认
	数值 2 投资回报率	10%
	数值 2 全部参数	系统默认
	产业　全部参数	系统默认
	产品	只添加电脑产品

检验方式：以组为单位，以个人是否完成目标、最后综合得分为检查依据，相应表格如下。

组名：

姓名（学号）	公 司 名 称	是否完成目标	综 合 得 分	排 序

2. 分组讨论

分组讨论本次经营模拟的经验与教训，参赛队员准备一份电脑工业产品经营模拟的经验总结（PPT 报告），建议包括经营思路、经营过程、经营中出现的问题、处理的方法、体会、电脑工业产品创业的机会所在等。

进阶技巧

1. 制造业的管理指导

关于本软件的制造业管理指导方面，你可在建立好工厂后，点击生产规划，当然你可以自己设定，也可以用预设，如果是初学者建议用预设。

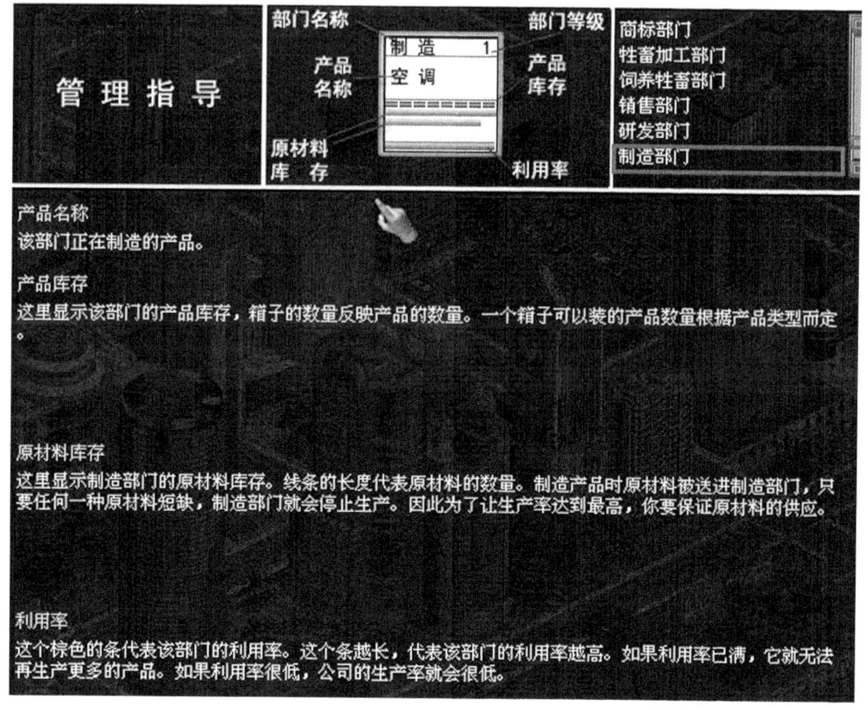

在创建工厂时一般要注意以下几项内容。

（1）选定要制造的产品，这也是你创建工作的目的所在。

（2）选定工厂所在地，主要考虑所在地的制造成本、消费能力、配套原材料等。

（3）确定项目工厂规模，大/中/小+自动化程度，不同规模的工厂建造成本不同，每月管理费用也不同，需根据市场需求及你所能达到的份额来确定，自动化程度主要考虑是否要转产，考虑到会转产时选自动化程度高的，自动化程度高的一般来说管理费用会高一些。

在管理工厂时一般要考虑以下几项内容。

（1）产品库存。它决定了你的工厂管理与市场销售的效率。

（2）原材料库存。要随时了解，库存不足时可考虑新的供应商。

（3）利用率。最高值为100%，可反映你公司的营销情况。

（4）部门等级。反映工厂的生产效率或产能，可通过加强培训与提高利用率来提升。当部门等级达到工厂设定的最高产能时，本软件为9级，就不会再提升。

2. 制造业的模拟经营技巧

制造业，就是工厂。对于那些没接触过会计学，只会算流水账的人来说，贸易的会计处理很容易懂，而制造业的会计则显得复杂无比。不要怕，在本软件中，没有摊销和折旧，能简化的都简化了，不能简化的也都由电脑帮经营者算好了。在这里制造业的会计变得和零售业一样，只有进货成本、销售额、期间成本（维持费、员工工资、培训费三项）以及运费四个因素，当技术升级时再加一项设备更新费用。

在本软件中，制造业分为两类：一类是中间产品的生产；另一类是最终消费品的生产。除了芯片引擎之类的个别产品外，中间产品的单位价值比较低。而最终消费品分为近二十个行业类别，每个类别有2～4种产品。先谈中间产品的生产。

中间产品的生产又可分为两类：一种是材料类的生产，像玻璃、钢材、塑料、纺织品。其特点是：（1）由矿场或者农场的产出品加工而成；（2）产品单位价值比较低，生产过程的附加值也比较低。另一种是零部件的生产，如电子元件、汽车车身。其特点是：（1）一般由前一类中间产品加工而成，是最终消费品的零部件；（2）产品单位价值相对较高，附加值也较高。

最终消费品则可分为三类：低附加值的、中附加值的以及高附加值的。低附加值的，典型代表是食品，价格也低，购买量大，运费对于价格的影响比较大，而消费者对于价格很敏感。结果只能在生产地同城销售，而且最好生产地就在城里，以减少运费。当然也有例外，在教学课程中有一课是巧克力，生产技术达到完美，而巧克力又是对质量和品牌比较敏感，对价格不敏感的产品，就可以跨城销售。中附加值的，典型代表是服装，运费占价格的比重较小，消费者对于价格的敏感程度较低，而品牌和质量的影响比较大。一般情况下是同城销售，在质量较高时可以跨城销售。而高附加值的，品牌和质量的影响最大，价格极不敏感，典型代表是电脑类和汽车类。

这儿补充一下软件对于消费者在采购上的设定，这个设定是按照市场学课本的。消费者在采购上会考虑三个因素：价格、质量、品牌。不同的产品，这三个因素的比重不同，具体的比重数值大概是参考现实世界定出来的。三个因素按比重加权后，得出一个评价值，这个评价值再与当地其他公司提供的产品的评价值相比较，然后才决定消费者的消费态度。有时其他 NPC 没有在当地销售同类产品，电脑会自行设定一个中性的当地企业，当然它的生产技术很差，产品质量一般，它不会具体卖产品，但被消费者拿来作为一个参照系。有时你卖的产品连这个中性的当地企业都无法生产，当地的数字就是你的数字，那你就可以拼命提价了。

在消费者决定一个消费态度之后，还要受你的产品的品牌知名度和品牌忠诚度的影响。有时你因为价格太高导致评价比别人低，但是广告开支造成的品牌知名度和高质量导致的品牌忠诚度仍能吸引消费者。如果质量太差，会导致负的品牌忠诚度，表示消费者非常想离你而去。

低附加值与高附加值的消费品制造业的另一个差别是在所需的原材料上。低附加值消费品的制造往往是直接以农场和矿场的产品为原材料，而高附加值消费品的制造则以中间产品为原材料，从矿场到成品要经过 2～4 个中间环节。这意味着高附加值消费品的制造需要对中间产品制造工厂的大量的投资，并且中间产品往往会产能过剩。另一个办法是在一个工厂里直接将原材料经过几个制造环节生成最终产品，这样节省了中间产品制造工厂的投资，但是会造成产能不足，不能充分挖掘市场潜力。这种方案适用于初期资金不足时，等到手中有钱了，还是建议一个厂出一个产品，每个中间产品都专设一个厂，在成本和产能上更划算。

除了所需原材料的差别外，高附加值产品对技术的依赖更大。原材料的品质的影响很小，所以研发先行对于高附加值产品很重要。而且如果技术不佳时就进行生产销售，往往会销量不佳，因为你还没有超过当地的平均水准（一个中性的标准，并不一定就有产品销售）。

在部门等级不均衡的最初几年，工厂在部门设计上，为了尽力加大产能，降低单位产品上的成本，往往会一家厂出一种产品、尽量增加制造部门。需要 1 种原料的产品，在 9 个部门中可以排出 6 个制造部门；需要 2 种原料的产品，在 9 个部门中可以排出 4 个制造部门；需要 3 种原料的产品，在 9 个部门中可以排出 3 个制造部门。但到了部门等级都到 9 级时，产能相对于销售能力过剩，这种设计反而造成了浪费。

所以均衡的设计，应该是一个制造部门对应于一个销售部门。

一家厂出一个产品的规划有另一个好处，就是不需要调整部门的规划，因为规划是通用性的，要转产只要把购入的原料改一下就可以了。不过在训练上的投资就报废了，所以只适用于 1 级的工厂。

对于同时在一座工厂里生产几种产品的规划，软件提供了许多参考方案，有兴趣的人可以自己慢慢研究。这种方案往往适用于初期资金和技术不足时，尤其是中间产品的生产。一个工厂只生产一种中间产品时，消费品工厂的需求往往不足以吸收其产能，为此一是将工厂建成小规模的，二是将工厂设计成同时生产几种产品。不过到了后期就需要新设工厂增加产能了，而管理上会因为各家工厂的需求不平衡而造成不便。

3. 工厂选址技巧

对于高附加值的消费品生产，其中间产品的采购决策是一件很头痛的事。如果能够外购的话，建议先暂时外购，同时加强研发，等研发完成后再自产，因为自产意味着要从矿场开始直到中间产品的工厂为止的一大笔投资。在无从外购时，可以去别的城市找找看，虽然城际运费相对于其原价是一个很大的数字，有时甚至运费比原价还要高，但是对于高附加值的制造业来说，原材料的成本只是一个很小的数字，在暂时没钱自产时，付运费比花钱投资要划算。

有时所需的中间产品在别的城市的港口有供应，因为你不能直接购买别的城市港口的产品，所以你可以在当地建一个小工厂，从港口进货后再转卖到你的最终消费品制造工厂。

有时你自建了中间产品的制造工厂，但是当地的下游企业却消化不掉它的产能，而你又打算在别的城市开发新市场。新的最终消费品工厂是建在新市场边上，还是建在中间产品所在的城市？若新工厂是建在新市场边上，中间产品是就地外购，还是花一笔城际运费自产自销？

中间产品外购还是内购，这个答案很简单。如果你有工厂在生产的话，尽可能内购。因为你的成本并没有看起来那么高，你的进价有很大一块是你另一个厂的利润。但是对于新厂选址，则要考虑运费的情况。

软件对于城际运费的算法有两个 Bug。软件中，台北与汉城的距离只有 24 千米，而台北市东边到西边却有上百千米，城际距离远小于实际距离，甚至小于同城内的距离，这是件不可思议的事。另一个 Bug 是车体和引擎的运费，比整车的运费要高许多。

另外，运费是以产品自身的价值为基础进行计算的，而不是以体积、重量为基础进行计算的。结果就是原材料的运费少得可怜，运一只引擎的运费所能运的钢材，够造几百只引擎了。对于这种情况，较好的对策是，将高附加值的生产放在市场当地，而原材料和车体引擎之外的中间产品，则可以统一在某个城市生产。

4. 科技更新

当科技更新时，只要科技一升级，相关的制造部门等级就会下降，如果产品的研究周期为三年的话，三年工厂等级就会下降一次，变成 7 级甚至 5 级，你得再次培训。

学习情境五　农业企业经营模拟

学习目标

- ◆ 掌握农业经营部门管理的要求
- ◆ 学会农业经营策略
- ◆ 加强创业精神的理解

技能目标

- ◆ 能够理解农业的运营流程
- ◆ 能够分析农业的行业机会

任务一　农业创业管理指导

任务引入

葡萄种植专业户季伟平的创业之路

季伟平，男，丽水市云和县葡萄种植专业户。拥有规模超过 60 亩、30 多个葡萄品种的葡萄基地，另有 80 亩枣园基地，2007 年产值达 15 万元。面对如今的成功，季伟平依然朴素、淡然，一如创业之初面对种种困难时拥有的那份淡定和坚毅。为了拓展业务、保持卓然业绩，季伟平走上了创新之路，由此，他的眼神中多了一丝渴望和野心。

初出茅庐，志存高远

1992 年，季伟平从云和县职业技术学校毕业。在毕业的关口，他同样有着对人生发展前途和未来的多重选择，但是他和当时的大部分毕业生有着不一样的选择。“我生在农村，长在农村，但是从城里回到农村后，我就是不能安于日出而作、日落而息的现状。”略显瘦弱但是精干的季伟平说，“我想过用知识和勤劳改变贫穷的命运，让农村人过上像城里人一样的生活。”每一个成功的人都会有成功的理由。季伟平这种在当时略显激进的想法

“逼”着他走向创业之路，虽然这条路异常坎坷，但是已然是成功的开端。

经验缺乏，历程坎坷

“我 19 岁那年，养起了山鸡。那是我第一次创业。”季伟平平静地说，语气中却透露着豪气。接着说起如何筹钱买山鸡时，他甚是感慨，“那是 1993 年刚过完春节，我先是说服父母把猪杀了，然后东借点西借点才凑了 2 500 块。”但毕竟是第一次，人年轻，没经验，不了解市场，季伟平在毫不知情的情况下从黑心鸡贩那买了商品肉鸡当种鸡养。“那些都是退化的品种，即使我再用心、再努力，花再大的心血也无济于事。”辛辛苦苦大半年，又杀猪又凑钱的，第一次创业却以失败告终，连饲料费合在一起，总共亏了 5 000 多元。

首次创业，甚至是在没有退路的情况下，就遭遇如此失败，对人的信心打击之大可想而知。但就在这次失败后第二年，季伟平就着手开始了自己的第二次创业。“当时听说养狗赚钱，1994 年我又借钱，养起了 30 只肉狗。”新的信息带来新的希望和机会，让季伟平暂时忘却了首次创业的失败，重新燃起斗志。但是由于缺乏应有的养殖技术，一年时间不到，30 只肉狗得病死了 16 只。季伟平提起这次创业，仍然流露些许伤心，“我一个人把死狗一只一只埋了，伤心、绝望一下闷到胸口……真的感觉天都阴了。”更让季伟平愧疚的是让父母跟着一起受累了。“为了支持我创业，家里欠了一屁股债。然后我就去乡所在地的一家玩具厂打工，来贴补家用。”年纪轻轻，接连两次创业，遭遇两次失败，历程之坎坷在季伟平黝黑的皮肤上留下了印记，说话语气中也能时常流露出沧桑之感。

锲而不舍，掘首桶金

两次创业对季伟平的打击很大，但是难能可贵的是他对创业仍然没有死心。“我相信只要努力总有一天会成功。”就是这样坚定的信念让季伟平一直坚持着，并最终印证了“天道酬勤”这句话。“就在在玩具厂打工的日子，有一次我在电视上看到山东枣庄一农户种葡萄发了家，我开始心动了。”季伟平说起当时的创业动机依然兴奋。葡萄作为创业项目在当时确实是明智的，因为种植优质葡萄当时在丽水地区还是空白，而葡萄酒等葡萄加工产品的销路却很好。虽然有了方向，但是资金问题仍然棘手。“家里欠债拿不出钱，我就只能用打工挣的仅有的一点钱到金华买了一批葡萄种回来种。”这期间季伟平一边种葡萄，一边继续在玩具厂打工。尽管每天在玩具厂工作很辛苦，即使再累，从工厂回来他总要去葡萄园看看。“看着葡萄树一天天长大，我的心就踏实，也感觉越来越有希望。”季伟平憨笑着说，展现了新一代创业者的朴实。为了种好葡萄，季伟平几乎跑遍了丽水大小书店了解相关的种植技术，还托人从北京购回一大堆关于种好葡萄的书，边自学边摸索。但是好事多磨，由于管理不善，葡萄不是得黑痘病就是锈病等，结果在丰收时节分文未收，不懈的努力再一次付诸东流。“这次失败已经不是扛住扛不住了的问题了，家里已是极力反对，正好那时杭州有家工厂招工，家里人都叫我去。连着几次失败让我的信心一点一点丧失，自己心里也产生了动摇。”就在临出发的前一晚，季伟平又特意去葡萄园转了一圈，当看到自己辛辛苦苦种起来的葡萄时，终于还是没忍心走。

“我既然头开了，就一定要坚持下去。‘我相信只要我努力一定可以种出好葡萄！’我当时就是这样激励自己的。”这时，这种必胜的信念多了一份对这份事业的热爱和真挚的感情。季伟平毅然放弃了去杭州打工的机会，留在家里一门心思研究葡萄技术。总结经验，不仅从书本里找技术，还虚心向前辈和专家请教。“我跑过金华农科所，向那里的科研人员学习。还了解到浙江农业大学的陈履荣教授对种植葡萄非常有研究，我就打电话去向他请教。陈教授很热心地帮我解决了很多技术上的问题，可能是被我的真诚和创业精神感动了吧。”季伟平再次憨憨地笑了起来，非常真实。有了之前的巨大付出，成功终于来了，来得一点也不突然。1998 年，季伟平的葡萄园终于结出累累硕果，又大又甜的葡萄被批发商抢购一空，赚了 7 000 多元。这是季伟平创业以来掘到的第一桶金！“兴奋。”季伟平用两个字来形容拿着这笔钱时的心情。这次成功更加坚定了季伟平的创业信心。

创新创业，立体发展

在葡萄种植稳定后，季伟平又看中了冬枣市场。经过周密的市场调查和了解，发现南方很少有人种植鲜枣，前景应该非常乐观。于是他先后三次到山东对冬枣种植进行现场考察，后引进优质冬枣苗万余棵，在云和高胥村又租了 80 亩地，建起丽水市第一个冬枣园。此后他不断扩大规模，又种起雪梨、樱桃、草莓等水果，一个立体的、多方向发展的果园初具规模。

季伟平现在重点发展的是一个以果园观光为主打的农家乐项目，客人可以在这里品尝自己亲手采摘的水果，甚至能体验水果种植。

回报社会，共同致富

季伟平觉得自己现在取得的成绩和社会各界的支持，特别是市县相关技术领导的指导是分不开的，因此他长存回报社会之心，带动村民一起创业，共同致富。“对于前来取经的农民，我都是热情对待，毫不保留地向他们传授管理技术，甚至手把手地教他们修剪、施肥。”2007 年季伟平还成立了大田水果专业合作社，为云和葡萄种植户统一购置农药、化肥，接下去还要统一管理、统一品牌、统一销售，争取更大的经济效益。

资料来源：http://www.qsn365.com/qsn365/articles/49240

处于筹备创业阶段的你，如果未来创业计划希望在农业方面，而你对农业还不是十分清楚，希望对农业的相关信息进行进一步了解，特别是对农业公司销售、采购、库存与生产等重要部门的管理更是你必须要加强的，为此希望你结合企业管理的基础知识与技能完成以下两个子任务。

任务一：农业的市场出路。

任务二：农业创业的创业管理。

任务分析

对农业创业的市场出路及管理，一般认为可以从以下几个方面来考虑。

一、农业市场分析

下面以肉食品行业发展为例，图 5-1，5-2 为河南大用（集团）实业有限公司杜文君董事长所列举的一些资料数据，从近二三十年中国及全球的发展趋势看，肉食品行业有着广阔的发展前景。

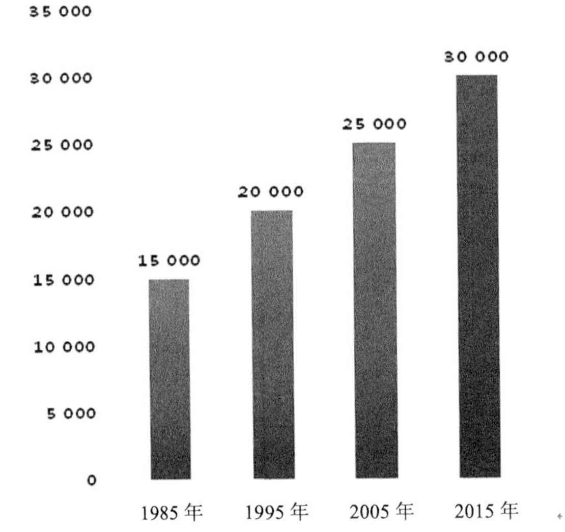

图 5-1　全球肉类需求趋势

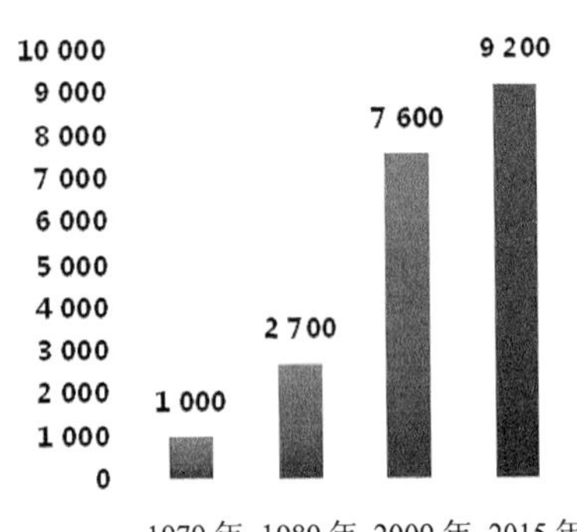

图 5-2　中国肉类需求趋势

图 5-3 说明，我国强劲的经济增长与城镇化速度，使得居民消费能力极大提高，形成了巨大的肉食品消费能力。

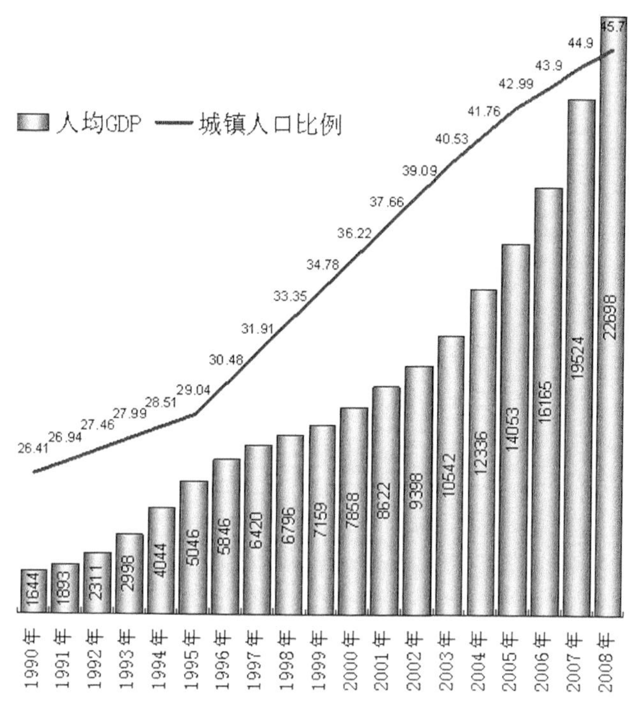

图 5-3　中国经济增长与城镇化速度

综合分析，未来若干年，我国农业的市场前景十分看好，给创业带来了巨大前景。

二、农业的创业管理

关于农业的创业管理，下面关于睿农科技示范园的创始人姚依东的报告可供参考。

姚依东于 2004 年注册创立了费县睿农业有限公司（睿农科技示范园）。短短四年中，姚依东靠着他那份执著和全体“睿农人”的睿智，使公司由原来松散的繁育场、饲料厂、渔场等几个不起眼的小企业，整合发展壮大成为国家级农村优秀青年培训工程示范基地和临沂市市级农业产业化重点龙头企业。企业发展中有以下经验值得借鉴。

1. 厚积企业文化，筑固发展根基

用姚依东的话说，企业文化是企业管理的组成部分，是企业的内在素质要求，也是企业管理最基本的和最重要的内容。企业拥有了自己的文化，才能使企业具有持久的生命活力，企业文化底蕴的厚薄，决定了企业根基的稳固，它如同血液，将“营养”供输到企业的各个方面，支撑企业不断地发展和壮大。一句话，良好的经济效益来源于良好的企业形象，良好的企业形象依赖于优秀的企业文化。他们将“诚信，利民，创新，发展”作为睿农企业文化精髓，要求每个“睿农人”嘴里说着，心里念着，工作里用着，把企业文化体现在企业运行的方方面面，形成一种向心力、凝聚力和企业合力，使企业全体成员心往一处想，劲往一处使，凝聚团队智力，共谋企业发展，筑牢企业发展根基。

2. 坚持产业化运营，做大做强企业

多年来，姚依东带领着企业始终坚持以科学技术为先导，诚实守信为根本，对内加强管理，对外同养猪户、养鱼户进行紧密合作，与原料供应商和产品销售商建立高度信任关系，实行产业化经营模式，促使公司发展壮大。一是抢抓机遇，乘势而上。公司新建了“洋三元”杂交猪生产项目，建起了高标准的种猪舍、保育猪舍和育肥猪舍，配备了产床等先进设备。从猪的配种、产仔、保育、育肥、防疫、卫生等环节，定人、定岗、定责。严格落实责任制，责、权、利有机结合，使睿农业有限公司不断发展壮大，跨入全省同行业先进行列。繁育场现占地 50 亩，设三个场区：种猪繁育区、保育区、育肥区，栏舍面积 16 000 平方米，投放基础母猪群 800 头，存栏 8 000 头，年出栏优良种猪 5 000 头，出栏商品猪 10 000 头。合作养猪大户 96 家，投放基础母猪群 3 000 多头。二是质量为先，堵漏源头。他带领的公司非常注重产品质量，视质量为生命。为搞好无公害肉猪生产，从饲料源头上控制残留药物和有害物质的添加，解决合作养猪户使用饲料的随机性，公司配套建起了一个年产 2 万吨的饲料专供生产厂，饲料注册了“睿农牌”商标，除专门为合作养猪户提供饲料外，还开发了肉鸡、蛋鸡、牛、羊、兔、鱼等各类饲料。饲料厂生产严格技术操作规程，绝对禁止使用违禁药品和添加剂，确保饲料的质量和信誉，形成了“养殖－供料－技术”一条龙服务，深得养殖户的欢迎和拥护。

3. 实行规模化发展，带领农民致富

多年来，姚依东带领公司实行“公司+基地+农户”的农业产业化经营模式，公司发展的同时从不忘带动乡亲们致富。特别是在规模化养殖方面，更为明显。一是自公司成立早期即开始运作“养殖企业带动养殖大户”，与农户建立了“合同养猪小区”。公司对养殖大户实行从策划建栏舍到供种、供料、免费防疫、技术服务、仔猪保护价回收一条龙服务，合同化管理，同养猪大户确立了良好的合作关系。二是为使每个合作养猪户都成为高水平的养猪高手，公司每月专门邀请有关专家对他们进行一次免费培训。平时由副总经理带领技术服务小组，定时上门技术服务，帮助他们找问题、解难题，手把手地教，面对面地学，提高了他们的饲养管理水平，也使睿农良种猪繁育场和合作户顺利地度过了 2006—2007 年度的“猪无名高热”大疫情。三是为每个养猪户订了《山东养猪通讯》、《齐鲁牧业报》，进一步丰富了他们的养猪知识，较及时地了解市场信息，坚定了他们大力发展养猪业的信心。

通过优质高效的全方位的服务，至目前，已有 12 个乡镇的 1 500 余农户与公司形成了稳定的合作关系，投放种猪 3 000 头。同时，饲料加工销售和淡水鱼养殖也为养殖户提供了优质服务，累计受益农户 2 100 户，每年可使受益农户获得 2 000 万元纯收入。目前，在全县发展规模化养猪大户 96 家，饲养种猪 3 000 多头，年出栏商品猪 6 万头，年纯收入超过 2 000 万元。为拓宽经营渠道，公司在许家崖大型水库建立了规模化网箱养鱼基地。2004 年以来，先后投资 300 多万元，投放鲤鱼、鲫鱼、罗非鱼、美国斑点叉尾鮰鱼等鱼种 100 多万尾。通过规范管理和科学喂养，获得良好经济效益。该养鱼场生产的产品，报经省级抽检，2006 年已获得山东省无公害农产品产地认定证书，目前已成为费县最大的规模化养鱼企业之一，带动了库区 100 多家养鱼户发展渔业，发家致富。

4. 推广标准化养殖，提高经济效益

为了实现标准化养殖，姚依东充分利用新技术、新工艺来提高猪群健康度，减少疾病风险，降低生产成本和管理成本，提高养殖效益。一是夏季为了降温，猪场每栋舍全部安装了湿帘、风机等设备，启动后每栋舍内能够降低 8℃～10℃；二是为了提高种公猪利用率，母猪产仔率，降低疾病传播风险，猪场在给母猪配种时全部使用人工受精；三是为了降低疾病垂直传播几率，提早建立仔猪自身免疫系统、加快生长速度，缩短母猪繁育周期，猪场使用高营养饲料对仔猪进行 21 天早期断奶；四是为了减少母猪产仔应激和仔猪断奶应激产生的不良后果，猪场在母猪产仔前后两周和仔猪保育阶段分别在饲料中添加中草药进行疾病预防和保健；五是在饲料中添加有益菌群，能改善肠道内环境，提高饲料消化吸收率，使料重比降低，排泄物当中的有害菌和氨气产生量减少，也改善了饲养环境，减轻了污染压力；六是作为环保配套设施，沼气设备使粪尿通过发酵灭菌再加工成配方有机肥料用于种植业，沼气用于取暖照明，从而实现了生态农业的良性循环，保护了环境，提高了经济效益和社会效益。通过“统一猪舍建设标准，统一供种，统一饲料配送，统一免费防疫，统一技术培训，统一商品猪回收销售”标准化养殖，使猪群健康度普遍提高，死亡降低到 5%以下，全程料重比达到 2.5∶1，出栏商品猪都能符合安全食用标准，生产效益提高 30%。

5. 支持公益事业　努力回报社会

姚依东乐善好施，在带领群众致富的同时，积极参与公益活动，努力回报社会。2005 年 10 月他向费县钟山学校捐资 1 万元，资助了 10 名贫困高中学生。2005 年至 2006 年捐资 2 万元，在山东畜牧兽医职业学院设立了睿农助学金，资助经济上困难的学生，以便帮助这些学生顺利度过大学生活，完成学业。2007 年 8 月，通过费县团县委组织的帮扶工程，又拿出 5 000 元钱资助了一名贫困大学生。与此同时，对很多非合同养猪户的咨询、求助提供无偿帮助，在养猪技术和信息上给予了他们极大的支持，8 年来，以相对低廉的价格给农民提供了 10 000 多头种猪，在一定程度上对改良费县地方种猪、优良肉猪的生产起了促进作用，间接产生了 5 000 多万元的经济效益。

知识链接

一、农业基础知识

1. 农业的定义

农业是国民经济中一个重要产业部门，是以土地资源为生产对象的部门。它是通过培育动植物生产食品及工业原料的产业。农业属于第一产业。利用土地资源进行种植的活动部门是种植业；利用土地空间进行水产养殖的是水产业，又叫渔业；利用土地资源培育采伐林木的部门是林业；利用土地资源培育或者直接利用草地发展畜牧的是牧业。对这些产品进行小规模加工或者制作的是副业。它们都是农业的有机组成部分。对这些景观或者所在地域资源进行开发展出的是观光业，又称休闲农业。这是新时期随着人们的业余时间富余而产生的新型农业形式。

狭义的农业是指种植业。包括粮食作物、经济作物、饲料作物和绿肥等的生产活动。

2. 农业生产的特点

与其他部门相比，农业生产具有以下两个显著的特点。

（1）地域性

含义：在空间的分布上具有明显的地域差异，不同的地域，生产的结构品种和数量都不同。

成因：生产的对象是动植物，需要热量、光照、水、地形、土壤等自然条件。不同的生物，生长发育要求的自然条件不同。世界各地的自然条件、经济技术条件和国家政策差别很大，形成明显的地域性要求。

要求：因地制宜。

（2）季节性和周期性

含义：生产在时间分配上的特殊规律，即生产的一切活动都要按季节顺序进行，并有一定的变化周期。

成因：动植物的生长发育有一定的规律，并且受自然因素的影响。自然因素随季节而变化，并有一定的周期。农业生产的一切活动都与季节有关，必须按季节顺序安排，季节性和周期性明显。

要求：因时制宜、抢季节、不违农时。

3. 农业的投入和产出

农业投入—产出的一般模式如图 5-4 所示。

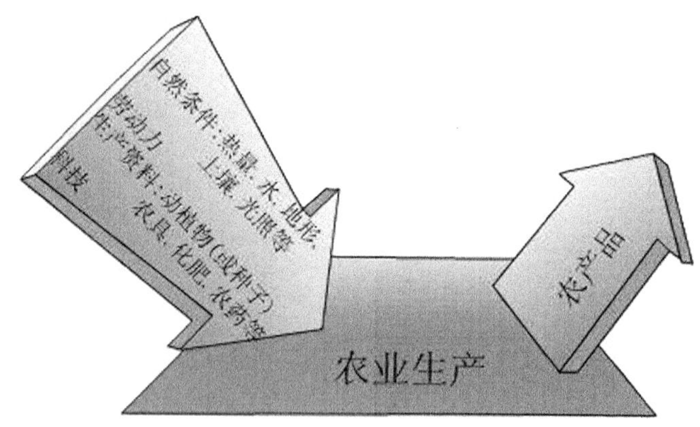

图 5-4　农业投入—产出的一般模式

图 5-4 展示了农业投入—产出的一般模式。动植物的生长繁殖与自然条件密切相关，因而，动植物（或者是植物种子）以及热量、光照、水、地形、土壤等自然条件成为农业必要的投入。在这些投入的基础上，经过劳动者的劳动（即投入劳动力），农业就可获得产出。随着社会生产力的发展和经济水平的提高，农业生产中，生产资料的投入比重逐渐增加。农业机械替代手工农具，解放了劳动力，提高了劳动生产率；化肥、农药等的投入，可促进农业的产出。在现代农业中，加大科技投入（如培育良种，改进灌溉技术，改良工作方式等），成为提高农业产出的重要手段。

4. 农业的分类

由于动植物的不同地域分布，以及自然条件、社会经济条件的地域差异，世界上形成了多种农业地域类型，如热带雨林迁徙农业、商品谷物农业、乳畜业等。

（1）按生产对象分类。通常情况下，依据农业生产对象的不同，将农业分为种植业、畜牧业、林业、渔业和副业。世界主要农业地域类型，基本上分属畜牧业和种植业；有些情况下，农民在自己田地上同时经营种植业和畜牧业，这样的农业称为混合农业。

（2）按投入多少分类。如果投入的生产资料或者劳动力较少，扩大土地面积成为增加农业产出的主要手段，这样的农业称为粗放农业。粗放农业一般分布在地广人稀、自然条件较为恶劣、生产力水平低下的地区。如果投入的生产资料或者劳动力较多，用提高单位面积产量的方法来增加农业的产出，这样的农业称为密集农业。现代世界的农业主要是密集型的。随着现代科技的发展，蔬菜、花卉、养猪、养禽等农业，出现了技术和资金密集的工厂化生产，并发展迅速。

（3）按产品用途分类。如果农民生产的产品，大多数甚至全部供自己及家庭享用，这样的农业称为自给农业。自给农业主要分布在发展中国家，绝大多数主要是为了解决自己及家庭成员的食品供应，同时也生产少量其他产品，如蔬菜等，供日常生活需要。如果是以销售产品为目的来进行农业生产，这样的农业称为商品农业。商品农业主要分布在发达国家，以及发展中国家的一些地区。商品农业普遍进行专业化生产，一般情况下，一个农场只种植一种农作物或者饲养一种畜或禽。

二、农业企业及其特征

1. 农业企业的界定

狭义的农业企业是指实行独立核算的农业生产经营单位。广义的农业企业是指与农业有关的产前、产中、产后相融合的综合（一体化）经营企业。总之，农业企业是指在一定地点，集合劳动力、土地、设备、资本和技术等生产要素从事经营活动，为社会提供动植物产品（包括食物与天然纤维）和相关服务，并在利润动机和承担风险条件下，实行独立经营、独立核算、自负盈亏的经济单位。农业企业是我国农业经济的基础单位和国民经济的细胞。农业企业在社会主义市场经济条件下，是独立的商品生产者，称为市场经济中的经济主体。

2. 农业企业生产要素的特点和作用

农业企业对生产要素有着以下特别要求。

（1）土地：包括土地本身及其所包含的自然资源。自然资源是农业生产的客观条件和物质基础，土地是农业生产的最基本的生产资料。

（2）劳动力：农业劳动力包括农户务农人员和企业中生产产品和提供服务的人员。农业企业的劳动者必须具有一定的生物学知识、经济管理学知识和相应的职业操作技能。

（3）资本：生产性固定资产和货币形式的流动资金，都是资本。

（4）技术：作为生产要素的技术是指各种知识在再生产过程中的应用。在现代农业企业中，技术是生产要素的首位，其他三个生产要素都要受到这个要素的影响。

（5）制度：是指农业企业所选择的体制、机制和行为规范。

（6）生态资源存量：对于农业企业来说，生态资源存量非减性和稳定性，是其可持续发展的自然基础。

现代农业企业生产要素可以用如下公式来表达：

现代农业企业生产要素=[(土地+劳动+资本)×技术]×制度±生态资源存量

3. 农业企业的特征

农业企业具有一般企业的特征：

（1）农业企业的经营目的是获得利润。

（2）农业企业必须独立核算、自负盈亏。

（3）企业具有法人资格，受到国家有关法律的保护和约束。

（4）农业企业拥有经营自主权，行使企业应有的职能。

此外，农业企业具有本部门企业的特征：

（1）地处广大农村，企业的生产经营活动具有分散性特点。

（2）主要从事第一产业，提供动植物产品的生产、加工、流通和服务。

（3）具有多种经济成分和多种经营形式。

（4）生产活动是在自然条件下进行的，受自然因素的影响很大，生产条件较差，工作比较艰苦。

三、农业创业步骤

农业创业是指某一个人或团体，通过寻找和把握农业行业机遇，去创立、创设或创新农业事业和职业岗位，在农业行业领域内去创造价值和谋求发展，并通过自己的产品或服务来满足社会某些人群的愿望和需求；也是指人们在农业行业领域内进行投资，从事农业生产、加工、运输、服务等活动的过程。包括种植、养殖规模经营、进行设施农业生产、从事农业经纪活动、组建农民经济合作社、创办农业企业等。农业创业的步骤如图 5-5 所示。

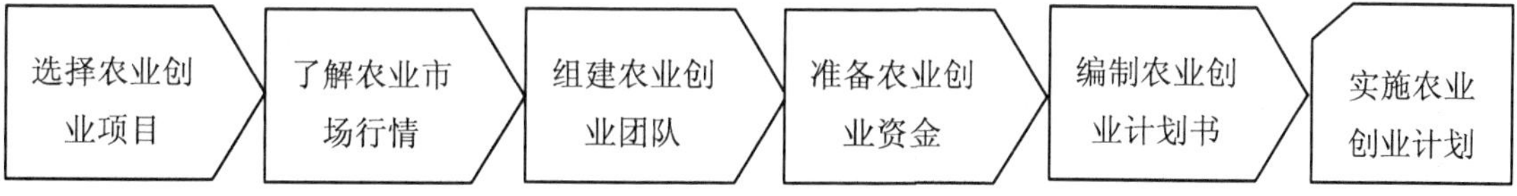

图 5-5　农业创业的步骤

1. 选择农业创业项目

（1）农业创业的种类

农业创业的种类包括设施园艺业、规模种植业、规模养殖业、休闲观光农业、农产品加工业、现代农业服务业等。

（2）选择农业创业项目要遵循的原则

① 国家政策鼓励和支持，发展前景良好、适应社会需求、适合个人兴趣、充分利用 地方资源等方面。

② 坚持创新，做到“人无我有、人有我优、人优我特”。

③ 量力而行，从干小事、求小利做起。

2. 了解农业市场行情

（1）了解农业市场行情的途径

① 跑一跑市场。

② 查一查资料：要了解全国的农产品行情，进入中国农业网（http://www.agronet.com.cn），你就可以立即查到全国各地的农产品批发价格。

③ 问一问行家。

（2）应该了解的农业市场行情

① 谁是你的客户？

② 谁是你的对手？

③ 购销渠道在哪里？

④ 发展前景怎么样？

3. 组建农业创业团队

人们在选朋友时，往往倾向于和自己类似的人，这叫物以类聚、人以群分。相似的价值观是人们相互吸引的主要因素，使得大家相处更为融洽，但若选创业搭档，则是在目标与价值观一致的前提下，互补最好。

我们在组合团队时需要考虑由不同特点的人组成，如会当家的、能算账的、懂技术的、跑市场的等。并因人而异把他们安排在恰当的位置上，要充分分析人的特点，特长，用足他们的长处，才能发挥最大的能效。

4. 准备农业创业资金

明智的创业者在企业开办时，因陋就简，或者先租用现有的场地、厂房和机械设备，这种做法不仅有效地解决了部分启动资金问题，还大大降低了创业风险。当然，每个企业创办时总会有一些投资，这个投资一定要控制在合理、够用的范围内。

（1）启动资金的构成

① 启动资金：是用来支付场地（土地和建筑）、办公和机械设备、原材料和商品库存、营业执照和许可证、开业前广告和促销、工资、保险以及水电费和电话费等费用的总和。人们通常把它称为“本钱”。

② 启动资金的分类：其包括固定资产（投资）和流动资金（活动经费）。

- ☑ 固定资产：是指为企业购买的价值较高、使用寿命长的东西。如加工茶叶的机械设备，运输蔬菜的车辆等。一般为场地和建筑、办公设施、机械设备。
- ☑ 流动资金：是指企业日常运转所需要支出的资金。如茶叶中的鲜叶、新鲜蔬菜等。一般为购买并储存原材料和成品、促销费、工资、租金、保险、其他日常费用。

（2）预测创业所需要的启动资金

① 启动资金总量预测。

无论启动资金是高还是低，都需要一个确切的数字。其预测是一件专业性很强的事情。可通过下列途径获取启动资金的信息。

☑ 正在运营公司的人。

☑ 供应商渠道。

☑ 专业协会。

☑ 创业指南。

☑ 特许经营组织。

☑ 商业咨询顾问。

☑ 与创业起步相关的文章。

② 固定资产预测。

☑ 企业用地和建筑：建厂房（资金需求量大，时间长，但可以根据自己的需要进行设计）、买房（简便快捷，但资金需要量大）、租房（比较灵活）。

☑ 设备：是指企业需要的所有机器、工具、工作设施、车辆、办公家具等。对于制造商和一些服务行业，最大的需要往往是设备。一些企业需要在设备上大量投资，因此了解清楚需要什么设备，以及选择正确的设备类型非常重要。

☑ 根据中国的税法，以下折旧率适用于大多数小企业：固定资产类型及折旧率：工具和设备为 20%，机动车辆为 10%，办公家具为 20%，店铺为 5%，工厂建筑为 2%。

③ 流动资金预测。

企业要运转一段时间才能有销售收入。例如，农业生产企业在销售之前必须把农产品生产出来；农业现代服务业在开始提供服务之前要买设备、材料和用品；农产品零售商和批发商在卖货之前必须先买货；所有企业在揽来顾客之前必须花时间和费用进行促销与宣传。

农业企业的流动资金支付时间的长短要根据农产品的生产周期而定。例如，种植蔬菜、粮食、油菜、棉花的农业企业，其作物的生长周期；种植花卉林果的农业企业，其植物的生长周期；饲养蛋鸡、生猪、奶牛和水产养殖的农业企业其产品的周期；鲜活农产品经销企业，为了保持产品鲜活，要求当天进，当天出，周期最短。

因此，你必须预测，在获得收入之前企业能够支撑多久。一般而言，刚开始的时候销售并不顺利，因此，流动资金要有计划并留有余地。预测的资金计划如下。

☑ 原材料和成品储存：制造商生产产品需要原材料；服务行业的经营者也需要些材料；零售商和批发商需要储存商品来出售。预计的库存越多，需要用于采购的流动资金就越大。既然购买存货需要资金，就应该将库存降到最低限度。如果企业允许赊账，资金回收的时间就更长，就需要动用资充实库存。

☑ 促销：新企业开张，需要促销自己的商品或服务，而促销活动需要流动资金。

☑ 工资：如果雇用员工，那么在起步阶段就得给他们付工资。同时还要以工资方式支付自己家庭的生活费用。计算流动资金时，要计算用于发工资的钱。

☑ 租金：企业一开始运转就要付企业用地用房的租金。需要流动资金。

☑ 保险：企业一开始运转就必须投保并给付所有的保险费，这也需要流动资金。

☑ 其他费用：在企业起步阶段，还要支付一些其他费用，例如，电费、文具用品费、交通费。

☑ 不可预见资金预测。开办农业企业，启动资金预测得再准，难免也会有疏漏，况且有一些事情是突发性的，有些事情是不可预见的。如果在预测启动资金总量时留有余地，就能及时有效的应对，不至于束手无策。

（3）创业资金的筹集

任何企业都要成本，就算是最少的启动资金，也要包含一些最基本的开支。启动资金，对于你来说，应该是一笔不小数目。如何筹措到这笔资金，关系到能否启动创业项目。多数创业者难以以自己之力拿出来，这就需要多方筹集。

① 自有资金。

☑ 个人存款：是实现创业理想的物质基础，也是启动资金的重要组成部分。

☑ 寻找投资合伙人：在创办一家企业时必须要有一套详细的实施计划和可行性论证，如果确信项目有前途，有竞争力，但又缺少长期经营资金，那么可以寻找投资合伙人。首先你要让合伙人充分了解对创建公司的构想、经营目标、市场形势。最好拟一份上述内容的详细说明，使合伙人能详尽了解情况，以增强投资信心。

② 现在条件。就是你和你的合伙人现存的场地、房屋、办公用品和机械设备以及交通工具，能够利用的尽可能利用，如果是合伙创业，也要做到亲兄弟明算账，利用了谁的现有条件，都要事前谈好租用的费用，避免时间长，为了利益分歧而伤了和气。

③ 亲友借款。一定要做到诚实无欺、信守承诺。

④ 银行贷款。银行贷款被誉为创业融资的“蓄水池”，在创业者中很有“群众基础”。事实上，银行贷款对于一个处于创业阶段的企业来说一般不适用，因为这个时候企业一方面还没有建立信用，另外企业也缺乏固定资产进行抵押或担保。其可以采用以下三种方式。

☑ 信用贷款：指银行仅凭对借款人资信的信任而发放的贷款，借款人无须向银行提供抵押物。

☑ 担保贷款：指以担保人的信用为担保而发放的贷款。

☑ 贴现贷款：指借款人在急需资金时，以未到期的票据向银行申请贴现而融通资金的贷款方式。

提醒创业者因为申请贷款除了与银行打交道，还要经过工商管理部门、税务部门、中介机构等。而且手续繁琐，任何一个环节都不能出问题。

⑤ 融资。

☑ 融资租赁：也就是企业生产用的设备、设施等固定资产，企业可以不选择购买，而是找租赁公司用融资的形式，这样可以为企业节省一大笔固定资金支出。当然这种方式下，你的营业利润率必须超过贷款利率。

☑ 向供应商融资：是企业合理制定应收账款政策，通过充分利用供应商应付账款的付款期，来达到利用供应商资金进行周转的目的。

☑ 向其他债权人融资：创业初期的企业可以选择向熟人等其他债权人进行融资，但是这种融资方式必须充分合理设计相关选择性条款，如赋予债权人以后某个时点的入股资格和条件等。

☑ 现有股东借款：股东借款给公司，而不是增资入股，在企业资金周转正常的情况下再行抽回。

⑥ 争取政府出台的创业基金，项目款等。

5. 编写农业创业计划书

（1）计划书的内容

① 计划摘要。

② 企业简介。

③ 产品或服务。

④ 人员组合。

⑤ 市场预测。

⑥ 营销方案。

⑦ 生产或服务计划。

⑧ 投资预算及利润分析。

⑨ 风险预测及防范。

⑩ 工作进度安排。

（2）创业计划的论证

① 专家论证。

② 多方咨询。

③ 风险评估。

6. 实施农业创业计划

（1）做好四个准备

① 组合好人员。

② 准备好资金。

③ 选择好场地。

④ 制定好制度。

（2）走好四个程序

① 工商注册。

② 税务登记。

③ 银行开户。

④ 择时开业。

7. 规避农业创业风险

（1）创业风险的产生原因

① 资金缺失。

② 论证缺失。

③ 信息与信任缺失。

④ 资源缺失。

⑤ 管理缺失。

（2）农业创业风险的种类

① 自然风险。

② 技术风险。

③ 市场风险。

④ 订单风险。

⑤ 农资及其价格方面风险。

（3）规避农业创业风险的对策

① 用足优惠的农业政策资源。

② 成立农业专业合作组织。

③ 寻求与知名企业的市场协作。

④ 创新，走可持续发展道路。

⑤ 走多元化发展道路。

⑥ 走一体化发展道路。

8. 成功实现农业创业

（1）努力降低成本

① 控制日常支出：节约。

② 货比三家采购。

③ 压缩原料库存。

④ 精打细算生产。

⑤ 提高产品合格率。

⑥ 减少产品的积压。

⑦ 及时收回货款。

⑧ 减少银行利息。

⑨ 加快资金周转。

⑩ 盘活存量资金。

⑪ 减少人员费用。

（2）提供优质产品或服务

① 质量好才是真的好。

② 服务好才有回头客。

（3）改善销售方式

① 拓宽销售渠道。

② 提升品牌影响。

（4）采用创新成果

① 应用新兴技术。

② 生产新型产品。

③ 提供新型服务。

四、农业创业政策

1. 农业补贴政策

近年来，我国实施了“四减免”、“四补贴”等支农惠农政策，先后在全国范围内取消了农业特产税、牧业税、农业税和屠宰税，切实减轻了农民负担。利用好农业政策平台是农业创业者必走的“捷径”，国家出台的多项惠农政策主要包括以下几项。

（1）粮食直补政策。农民种植粮食作物直接补贴，按耕地面积直接由中央财政从粮食风险基金中拿钱补贴给农民，根据地方人口平分到单位面积。目前，粮食直补每种植小麦一公顷为 150 元，每种植早稻一公顷为 150 元（中稻和晚稻为 225 元）。各地方可以根据基础数据上调。对代耕代种种植的农户，地方政府按面积再实行奖励。

（2）农作物良种推广补贴政策。这是中央财政为加快我国农作物良种推广，促进农作物良种区域化种植，提高农产品品质而设立的专项资金。中央财政对高油大豆、优质专用小麦、专用玉米和水稻种植按不同标准给予补贴。补贴标准按照被国家列入推广示范区的高油大豆、专用玉米种植面积，中央财政每公顷补贴 150 元；计税耕地种植的水稻，中央财政给予每公顷 150 元补贴。农作物良种补贴资金运行管理实行省级列支、专户直拨。与此同时，财政部会同农业部等部门对小麦良种补贴政策和方式进行认真研究，要求在扩大补贴范围的同时，加大小麦良种补贴工作的示范带动效果。

（3）大型农机具购置补贴政策。按农业部的《农业机械购置补贴专项资金使用管理暂行办法》（财农[2005]11 号），农民、农场职工、农机服务组织、农村合作组织、农业园区业主（以下统称购机者）购置补贴机具目录中的农业机械，从事农业生产，都可享受专项资金补贴。目录所列耕整机，以市场经销价为计算基数补贴 30%；拖拉机，以市场经销价加选配件（实选数）价格为计算基数补贴 20%；植保机械，以市场经销价为计算基数补贴 10%；割晒机，以市场经销价为计算基数补贴 40%；其他类机械，以市场经销价为计算基数补贴 20%。地方财政根据情况预拨补贴资金到各区县财政部门，各区县可结合当地实际在“全额购机，购后补贴”和“差价购机，当场兑现”两种方式中任选一种。但无论哪种方式都必须保证购机者能够及时、足额地享受到补贴。

（4）农资综合直补政策。农资综合直补政策是指在现行粮食直补制度基础上，对种粮农民因柴油、化肥、农药等农业生产资料增支而实行的综合性直接补贴政策。补贴资金全部由中央财政负担，一次性拨付给地方并重点向粮食主产区和产粮大县倾斜，年内不再随后期农业生产资料实际价格变动而调整。

（5）能繁母猪补贴政策。为丰富市民“菜篮子”，缓解猪肉供给偏紧的矛盾，保障猪肉等主要副食品市场的平衡供应，每头母猪可获 50 元补贴。养殖业每养殖一头能繁母猪，就可得政府补助 50 元，其中中央财政负责 30 元，省级财政和市县财政负责 20 元。

2. 农业保险政策

政策性农业保险是由政府主导、组织和推动，由财政给予保费补贴或政策扶持，按商业保险规则运作，以支农、惠农和保障“三农”为目的的一种农业保险。政策性农业保险的标的划分为种植面积广、关系国计民生、对农业和农村经济社会发展有重要意义的农作物，包括水稻、小麦、油菜。为促进生猪产业稳定发展，对有繁殖能力的母猪也建立了重大病害、自然灾害、意外事故等商业保险，财政给予一定比例的保费补贴。政策性农业保险险种主要包括以下几项。

（1）农作物保险。发生较为频繁和易造成较大损失的灾害风险，如水灾、风灾、雹灾、旱灾、冻灾、雨灾等自然灾害以及流行性、暴发型病虫害和动植物疫情等。对于水稻、小麦、油菜等主要参保品种，各级财政保费补贴 60%，农户缴纳 40%。

（2）能繁母猪保险。政府为了解决饲养户的后顾之忧，提高饲养户的养猪积极性，平抑目前市场的猪肉价格，进一步降低养殖能繁母猪的风险，国务院于 2007 年 7 月 30 日颁布了《关于促进生猪生产发展稳定市场供应的意见》，建立能繁母猪补贴制度，积极推进能繁母猪保险工作。为有效降低养殖能繁母猪的风险，鼓励能繁母猪生产，国家建立能繁母猪保险制度，保费由政府负担 80%，养殖户（场）负担 20%。

3. 透明的农业专项资金扶持政策

为加快发展高效外向农业，提高农业产业化水平，促进农业增效、农民增收，鼓励和吸引多元化资本投资开发农业，鼓励投资者兴办农业龙头企业，鼓励科研、教学、推广单位到项目县基地实施重大技术推广项目，国家或有关部门对这些项目下拨专门用途或特殊用途的专项资金予以补助。这些专项资金都会要求进行单独核算，专款专用，不能挪作他用。补助的专项资金视项目承担的主体情况，分别采取直接补贴、定额补贴、贷款贴息以及奖励等多种扶持方式。

（1）专项资金补助类型。高效设施农业专项资金，重点补助新建、扩建高效农产品规模基地设施建设。

农业产业化龙头企业发展专项资金，重点补助农业产业化龙头企业及产业化扶贫龙头企业，对于扩大基地规模、实施技术改造、提高加工能力和水平给予适当奖励。

外向型农业专项资金，重点补助新建、扩建出口农产品基地建设及出口农产品中品牌培育。

农业三项工程资金，包括农产品流通、农产品品牌和农业产业化工程的扶持资金，重点是基因库建设。

农产品质量建设资金，重点补助新认定的无公害农产品产地、全程质量控制项目及无公害农产品、绿色、有机食品获证奖励。

农民专业合作组织发展资金，重点补助“四有”农民专业合作经济组织，即依据有关规定注册，具有符合“民办、民管、民享”原则的农民合作组织章程；有比较规范的财务管理制度，符合民主管理决策等规范要求；有比较健全的服务网络，能有效地为合作组织成员提供农业专业服务；合作组织成员原则上不少于 100 户，同时具有一定产业基础。鼓励他们扩大生产规模、提高农产品初加工能力等。

海洋渔业开发资金，重点补助特色高效海洋渔业开发。

丘陵山区农业开发资金，重点补助丘陵地区农业结构调整和基础设施建设。

（2）补助对象、政策及标准。按照“谁投资、谁建设、谁服务，财政资金就补助谁”的原则，补助对象主要为种养大户、农业产业化重点龙头企业、农产品加工流通企业、农产品出口企业、农民专业合作经济组织和农产品行业协会等市场主体，以及农业科研、教学和推广单位。

4. 税收优惠政策

对于独立的农村生产经营组织，可以享受国家现有的支持农业发展的税收优惠政策。《中华人民共和国农民专业合作社法》第五十二条规定，“农民专业合作社享受国家规定的对农业生产、加工、流通、服务和其他涉农经济活动相应的税收优惠。支持农民专业合作社发展的其他税收优惠政策，由国务院规定。”

2008年3月5日，温家宝总理在第十一次全国人民代表大会上指出：“全部取消了农业税、牧业税和特产税，每年减轻农民负担1 335亿元。同时，建立农业补贴制度，对农民实行粮食直补、良种补贴、农机具购置补贴和农业生产资料综合补贴，对产粮大县和财政困难县乡实行奖励补助。”“这些措施，极大地调动了农民积极性，有力地推动了社会主义新农村建设，农村发生了历史性变化，亿万农民由衷地感到高兴。农业的发展，为整个经济社会的稳定和发展发挥了重要作用。”

5. 其他优惠政策

为进一步推动农业产业化的发展，促进农业生产要素“回流”，切实保障各项农业政策更好地贯彻实施，农业部联合工商、金融、交通等管理部门出台了一系列配套措施和鼓励政策。

（1）财政贴息政策。财政贴息是政府提供的一种较为隐蔽的补贴方式，即政府代企业支付部分或全部贷款利息，实质是向企业以成本价格提供补贴。财政贴息是政府为支持特定领域或区域发展，根据国家宏观经济形势和政策目标，对承贷企业的银行贷款利息给予补贴。政府将加快农村信用担保体系建设，以财政贴息政策等相关方式，解决种养业“贷款难”问题。为鼓励项目建设，政府在财政资金安排方面给予倾斜和大力支持。农业财政贴息主要有两种方式：一是财政将贴息资金直接拨付给受益农业企业；二是财政将贴息资金拨付给贷款银行，由贷款银行以政策性优惠利率向农业企业提供贷款。为实施农业产业化提升行动，对于成长性好、带动力强的龙头企业给予财政贴息，支持龙头企业跨区域经营，促进优势产业集群发展。中央和地方财政增加农业产业化专项资金，支持龙头企业开展技术研发、节能减排和基地建设等。同时探索采取建立担保基金、担保公司等方式，解决龙头企业融资难问题。此外，为配合各种补贴政策的实施，各个省和市同时出台了较多的惠农政策。

（2）土地流转资金扶持政策。为加快构建强化农业基础的长效机制，引导农业生产要素资源合理配置，推动国民收入分配切实向“三农”倾斜，鼓励和引导农村土地承包经营权集中连片流转，促进土地适度规模经营，增加农民收入，中央财政设立安排专项资金扶持农村土地流转，用于扶持具有一定规模的、合法有序的农村土地流转，以探索土地流转的有效机制，积极发展农业适度规模经营。

（3）小额贷款政策。为促进农业发展，帮助农民致富，金融部门把扶持“高产、优质、高效”农业、帮助农民增收项目作为重点，加大小额贷款支农力度。明确要求基层信用社必须把 65%的新增贷款用于支持农业生产，支持面不低于农村总户数的 25%，还对涉及小额信贷的致富项目，在原有贷款利率的基础上，下浮 30%的贷款利率。

（4）绿色食品保障制度。为推行农业标准化生产，深入实施无公害农产品行动计划，各地质检部门建立农产品质量安全风险评估机制，健全农产品标识和可追溯制度。强化农业投入品监管，启动实施“放心农资下乡进村”示范工程。工商部门积极配合发展“绿色食品”和“有机食品”工程，积极培育和保护名牌农产品，加强农产品地理标志保护和监管力度，扎实组织开展“红盾护农保春耕、保夏播、保秋收”三次专项执法行动。严厉打击制售假冒伪劣农资坑农害农行为，努力营造公平竞争、规范有序的市场环境。继续强化“菜篮子”市长负责制，确保“菜篮子”产品生产稳定发展。

任务二　农业经营策略

任务引入

杂交稻之父

以史为鉴之 20 世纪 70 年代：袁隆平——建国以来贡献最大的农学家。

据老一辈说，真正重新吃饱饭，是在 20 世纪 70 年代末，以前的稻子是高高的，风一吹就倒，换了矮水稻以后，粮食真是翻了出来。报纸上曾引述农民的话说：“我们吃饱饭，靠的是两‘平’，邓小平和袁隆平。”

袁隆平的水稻南优 2 号，比以前的水稻单产增产 20%，于 1973 年研究成功，1976 年开始推广。20 世纪 80 年代，国际组织给他的奖项多得像米粒一样。中国有九亿农民，他一个人相当于干了两亿农民的活。有人预估，他的种子共创造效益 5 600 亿美元。假设其中分零头给他，那么他的资产就会大致与 2010 年度的世界首富卡洛斯·斯利姆·埃卢的 590 亿美元相当。

2000 年 12 月 11 日，以袁隆平名字命名的“隆平高科（000998）”在深交所上市。

1960 年罕见的天灾人祸，带来了严重的粮食饥荒，一个个蜡黄脸色的水肿病患者倒下了，袁隆平的 5 尺之躯也直接经历了饥饿的痛苦。

袁隆平目睹了严酷的现实，他辗转反侧不能安睡。当时，人民已当家作主人，但仍未摆脱饥饿对人们的威胁。他决心努力用学过的专业知识，尽快培育出亩产过 800 斤、1 000 斤、2 000 斤的水稻新品种，让粮食大幅度增产，用农业科学技术战胜饥饿。

袁隆平赞成这样一个公式：知识+汗水+灵感+机遇=成功。

杂交稻过关

1964 年 6 月到 1965 年 7 月，他和妻子邓哲找到了 6 株雄性不育的植株。成熟时，分别采收了自然授粉的第一代雄性不育材料种子。经过两个春秋的试验和科学数据的分析整理，撰写出第一篇重要论文《水稻的雄性不育性》，发表在 1966 年《科学通报》第 17 卷第 4 期上。文中还预言，通过进一步选育，可以从中获得雄性不育系、保持系（使后代保持雄性不育的性状）和恢复系（恢复雄性可育能力），实现三系配套，使利用杂交水稻第一代优势成为可能，将会给农业生产带来大面积、大幅度的增产。这篇重要论文的发表，被一些同行们认为是“吹响了第二次绿色革命”的进军号角。

又经过 8 年历经磨难的“过五关”（提高雄性不育率关、三系配套关、育性稳定关、杂交优势关、繁殖制种关），到 1974 年配制种子成功，并组织了优势鉴定。1975 年又在湖南省委、省政府的支持下，获大面积制种成功，为次年大面积推广做好了种子准备，使该项研究成果进入大面积推广阶段。

1975 年冬，国务院作出了迅速扩大试种和大量推广杂交水稻的决定，国家投入了大量人力、物力、财力，一年三代地进行繁殖制种，以最快的速度推广。1976 年定点示范 208 万亩，在全国范围开始应用于生产，到 1988 年全国杂交稻面积 1.94 亿亩，占水稻面积的 39.6%，而总产量占 18.5%。10 年全国累计种植杂交稻面积 12.56 亿亩，累计增产稻谷 1 000 亿公斤以上，增加总产值 280 亿元，取得了巨大的经济效益和社会效益。

随着杂交水稻的培育成功和在全国大面积推广，袁隆平名声大振。在成绩和荣誉面前，袁隆平公开声称现阶段培育的杂交稻的缺点是“三个有余、三个不足”，即“前劲有余、后劲不足；分蘖有余，成穗不足；穗大有余，结实不足”，并组织助手们，从育种与栽培两个方面，采取措施加以解决。

20 世纪 80 年代初期，面对世界性的饥荒，袁隆平心中再一次萌发了一个惊人的设想，大胆提出了杂交水稻超高产育种的课题，试图解决更大范围内的饥饿问题。

1985 年，袁隆平以强烈的责任感发表了《杂交水稻超高产育种探讨》一文，提出了选育强优势超高产组合的四个途径，其中花力气最大的是培育核质杂种。可是多年的育种实践，却没有产生出符合生产要求的组合。他便果断迅速地从核质杂种研究中跳了出来，向新的希望更大的研究领域去探索。

袁隆平凭着丰富的想象、敏锐的直觉和大胆的创造精神，认真总结了百年农作物育种史和 20 年“三系杂交稻”育种经验，以及他所掌握的丰富的育种材料，于 1986 年 10 月提出了“杂交水稻育种的战略设想”，高瞻远瞩地设想了杂交水稻的两个战略发展阶段，即三系法为主的器种间杂种优势利用；两系法为主的籼粳亚种杂种优势利用；一系法为主的远缘杂种优势利用。这是袁隆平杂交水稻理论发展的又一座新高峰。

1. 市场导向原则

大力发展商品经济是各个农户家庭发展农业的着眼点。我们必须通过加强农业管理，搞好农业的商品化生产和经营，提高农产品商品率，这就需要坚持市场导向原则。

（1）农业管理必须克服自然经济观念。长期以来，我国农村实行自然经济的生产经营方式，生产什么，生产多少，怎样生产，都从自身的需要出发，许多农户“养猪为过年，养牛为耕田，种一年庄稼，讨一年生活”。近几年来，这种状况虽有所好转，但并没有从根本上得到改变。只是随着生产的发展，农民生产的产品剩余增多，到市场上交换的也就增加了。许多农民仍然不注意市场需求，不关心消费者的偏好，只是从自己方便出发，“想生产什么，就生产什么，想生产多少，就生产多少”，使得农业生产发展没有大的突破，农产品商品率很低。这种状况必须从根本上得到改变。农户家庭要搞好农业管理，首要一环是要摆脱小生产的生产组织方式，克服自然经济观念，增强商品经济意识。

（2）坚持以市场为导向，搞好生产经营管理。以市场为导向的原则，就是使农业生产转移到以消费者为中心，以市场需要为中心的轨道上来，坚持“消费者需要什么，我们就生产什么”，“市场需要什么，我们就卖什么”，这就要求我们认真搞好市场调查和市场预测，了解消费者需求及其特征，了解市场现状及变化趋势，预测各种农产品供求情况及价格变化趋势，依据这些制订自己的生产经营计划及实施方案。

2. 经济效益原则

（1）农业管理应以经济效益为中心。所谓经济效益就是人们在生产、交换、分配、消费等方面产生的有益的效果，就是农业生产经营中产出与投入间的比较。坚持经济效益原则就是以最小人力、物力消耗取得最大的经济成果。

（2）坚持集约化经营。坚持集约化经营是实现经济效益的重要途径。所谓集约化经营就是节约型的经营，就是节约人力、物力、财力型经商，就是节约资源型的经营。我国以前的农业生产本是实行粗放经营，各项资源得不到充分利用，造成了很大浪费。这与我们的国情是极不相称的，虽然我国是一个农业大国，但除了劳动力资源比较充裕以外（且不谈素质如何），其他农业资源按人口平均计算都是稀缺的，这要求我们必须实行集约化经营。

3. 优化组合原则

生产过程是生产要素按照一定比例结合互相作用的过程，生产要素之间的配置状态，对生产发展速度起着决定性作用。一般来说，生产要素的配置方式，决定着生产过程的性质。生产要素的配置比例，决定着生产结果的优劣。彻底解放生产力的关键，在于实现生产要素最优组合，如果各要素之间缺乏合理的比例，势必导致某种要素未被充分利用和另一种要素被过量利用，从而影响生产的过程和结果，阻碍生产力的发展。

二、农业经营策略——农业企业化

农业企业化是在现实中国国情条件下实现农业现代化的核心问题。概括地讲，农业企业化是在市场经济条件下，农业生产逐渐成为一种适应新形势要求的市场化、规模化和深度开发化的渐次高度化过程。作为家庭联产承包制之后我国农村改革的“第二次飞跃”，农业企业化是一场自下而上的、内生的制度变迁。

1. 内涵

首先我们来定义一下农业企业，它是指使用一定劳动资料，独立经营，自负盈亏，从事商品性农业生产以及与农产品直接相关的经济组织。通常有三类农业企业：一是农产品生产企业；二是农产品加工企业，主要指农产品初级加工企业；三是农产品流通企业，即农产品的运输与销售企业。这三类企业并不总是截然分开的，可以是混合型或者从某种类型发展为混合类型。这一定义与乡镇企业既相互联系又相互区别。

农业企业化是一个发展的过程，是根据市场经济运行的要求，以市场为导向，以经济效益为中心，以农业资源开发为基础，在保持家庭联产承包责任制稳定不变的前提下，在现有农村生产力水平和经济发展水平基础上，把分散经营的农民组织起来，从而聚集力量，装备和武装农业，既调整增量，扩大新经济增长点的生产规模，也调整存量，优化资源组合，全面提高农业生产力，从而解决农业生产过度分散化和非组织化这一当前我国农业问题的主要症结的过程。

2. 特征

国内外的发展经验表明，农业企业化一般具有如下基本特征。

（1）由传统农业逐渐向现代农业转化，农业经济由自然经济发展到商品经济（交换经济），实现管理对象的商品化。农业商品经济的发展，一方面促进了化肥、农药、农机具等生产资料各产业部门的发展；另一方面也促进了农产品加工、储藏、运输、销售等农业产品各部门的发展。从而为农业生产的专业化、社会化奠定了基础。更重要的是，农业的商品化把广大农业生产者直接推向市场，这就使他们必须按市场的要求来调整市场和品种结构，以实现农产品的商品化，获得净收益。这促使生产者主动了解市场信息，讲求生产经营之道，改进农业生产技术，也就开始了向现代农业转化的历程。高度的商品化既是农业现代化的起点，也是实现农业现代化管理的重要途径。

（2）作为大多数生产经营主体的家庭农场的农场主（所有者）逐渐成为企业的管理经营者，家庭农场成为名副其实的高度商品化的企业，实现生产经营主体的企业化。它们自主经营、独立核算，以盈利为根本目的，生产是为了销售，经营是为了获得利润。生产经营主体的企业化要求家庭农场内部实行企业化管理，也要求对农业企业的管理应遵循价值规律，采用经济手段通过市场加以调控。

（3）农业生产的专业化。包括三个层次的含义：一是从宏观上讲，农业作为一个产业部门，在全国范围内形成地区专业化；二是由于农业生产经营的集中化、商品化，扩大了农前、农中、农后各产业部门和各类农场的分工，从而促进了部门专业化和农场专业化；三是从微观来看，农业部门和农场专业化的发展，又把一种产品的不同部分或不同工艺阶段都分成了专项生产，推动了农业生产工艺专业化。农业生产专业化在这三个层次上的发展，使科学、高效的组织管理方式的运用成为可能，从而才有可能实现生产要素的合理配置，进一步降低生产成本，大大提高生产效率。

（4）随着农业生产力的发展，社会分工越来越细，农业生产的商品化、专业化和社会化程度不断提高，农业同相关产业部门相互结合，彼此依存日益密切，从而出现了供、产、销或农、工、商等农业经营的一体化。形成以农业为核心并与有关的经济部门密切结合的产、供、销统一经营的有机经济系统。经营一体化中农业与相关经济部门的结合是互相依存、密不可分的关系。尽管农业是核心，但推动一体化发展的却是非农经济部门。发达国家的实践表明，这是农业经营管理的有效途径。由于各地区经济和资源禀赋条件的差异，农业经营一体化的组织形式也是不尽相同的。

3. 与农业产业化的关系

农业企业化与农业产业化之间是一种什么样的关系？从经济学分类讲，农业企业化属于微观经济，农业产业化属于中观经济，农村经济发展属于宏观经济。农村宏观经济发展依赖于农业微观经济的发展，介于两者之间的是农业产业化。农业产业化的微观基础是农业企业化，是农民而不是政府成为农业发展的活动主体。农业企业化更大范围的扩散和发展，像专业分工、追求利润最大化、调整产品结构等，直接导致农业产业化；而农业产业化也为农业企业化的进一步发展创造了广阔的前景。农业产业化的经济学含义是农业内部结构高度化与多样化。一是调整农业内部结构和种植业内部结构。例如，我国狭义的农业在农业、林业、牧业、渔业总产值中的比重不断下降，由 1978 年的 80.0%下降为 1998 年的 58.1%，导致农业附加值提高。二是农业多样化指数不断提高。如果在农业、林业、牧业、渔业总产值中，只有农业产值，则多样化指数等于 1，当林业、牧业、渔业分项产值增大时，则多样化指数大于 1，并不断增大。1978 年全国农业、林业、牧业、渔业总产值多样化指数为 1.51，到 1998 年已提高到 2.33。

农业产业化与农业企业化是相互联系又有区别的概念。农业产业化的表现形式是农业企业化，农业产业化的过程也是农业企业化的过程。农业产业化从组建农业企业和具有企业化经营性质的经济组织开始，到这些农业组织成熟而结束。在此意义上，农业产业化与农业企业化是同一过程。

4. 与家庭联产承包制的关系

家庭联产承包制与农业企业化之间是一种什么样的关系呢？他们是中国农业改革与发

展的“上篇”与“下篇”的关系，两者相互联系，又相互区别。首先，农业企业化建立在稳定家庭联产承包制的前提下，这是指基本口粮田、水田和高产粮田仍然按原承包制方式，保持基本不变。其次，农业企业主要从事经济作物种植业和林果业、牧业、养殖业、水产业的生产、初级加工和运输销售等。再次，农业企业化过程中的土地流转和兼并主要是利用荒地、坡地、山地、滩涂、海水面以及少量耕地，通过投资、开发、整治、发展高附加价值的经济作物。最后，农业企业与所带动的农户是少数与多数的关系，是企业制与小农家庭制的关系，两者并不相互排斥，而是相互依托，共同发展。家庭联产承包制与农业企业化组成了一个连续序列的组织创新和制度创新过程：当承包制对个人经济行为中自主权利的确认作为改革之初的一种新因素注入旧体制时，它曾极大地促进了农村生产力的解放，推动了农村经济的飞跃；但当它在新的市场经济制度下，容不下新的经济因素的发展时，必然会被历史所调整和改进，甚至淘汰，这是历史的辩证法；当制度变迁的收益超过变迁所要付出的成本时，制度创新或制度变迁的过程便会得以实现。由于农业企业化的基本方向是农民的企业家化，农业发展的企业化、市场化和商品化，农村经济的现代化，因而制度创新的过程实质上也就是利益的调整、分配与价值的增值过程。

农业企业化与农村经济发展水平密切相关。当农民人均收入在500～1 000元时，主要解决温饱问题；人均收入达到1 000～2 000元之间，农民表现为消费行为，如建新房、购买耐用消费品；当人均收入超过2 000元时，农民开始具有较强的投资倾向，产生了投资需求。这是农业企业化发展的动力。

5. 组织模式

农业企业化是多种类型的农业企业不断发展的长期过程，也是农村经济组织化过程，它不是一个模式。实践中出现的农业企业化主要有以下四种形式：一是农户联合经营方式。这种方式仍以小农家庭承包为基础，土地要素没有重新组合，但土地的承包权和经营权相对分离，采取共同作业方式，从事某一作物栽培种植、作业管理、收获、保存、运输销售，从而大大降低了生产成本。二是委托经营方式。农户通过土地租赁的形式把土地委托给“能人”经营，土地要素仍没有流动，但已经实现一定程度上的集中。例如，委托代耕、田间作业和收获，收取土地租金，或分享生产成果。有的农户因转业从事非农产业活动，干脆委托他人经营土地。三是合作经营方式。农民用土地、资金、技术、劳动力等要素入股，组成合伙人性质的生产合作社会。但是它不同于20世纪50年代的合作社，社员来自不同行政乡村，土地成片开发，选出经济能人经营。这种方式，土地所有权与经营权分离，农民既可以从劳动中获得工资收入，又可以从土地入股中获得预期收益。四是公司经营方式。生产完全按现代企业运作方式管理，产权清晰，经营方式现代化，产、供、销一体化，面向区域市场与全国市场，甚至还面向国际市场。

前两者属于农业企业化初级阶段，全部由农民自己创办，在目前具有更普遍的适应性和应用性；后两者属于中级或高级阶段，由于许多其他产业企业和外商不断进入，在今后具有广泛的发展前景。但无论哪一种方式，都可以扩大农业生产经营规模，降低生产成本。

6. 发展前景

农业企业化首先是农民创造出来的，农民是这场制度创新的主体。因此，他们在实践中以最快的速度传播，产生巨大的示范效应，创造出多样化的农业企业化的经营方式。我们对农民的创新应给予肯定，对私营的、集体的、股份的或其他的经济类型，都要给予鼓励。尽管目前农业企业化尚处于发展初期，但我们认为，这种方式以现代经营方式组织生产，把不同的生产力要素重新配置、重新组合，具有一定的规模经济，能够适应市场，提高农产品附加值，有着强烈的生命力。目前，虽然农业企业农户占全部农户比例极小，但是每个农业企业都直接或间接带动了周围的几十个农户甚至几百个农户，在带领农民脱贫致富方面起着播种机的作用。可以设想，如果这些农业企业占全国农户比重达到1%或2%，每个农业企业能够带动十几户或几十户农户，实际上就起到了我们曾长期所希望的使广大农民脱贫致富、实现小康目的的积极作用。

7. 案例

高盛养猪

据报道称，2008年下半年高盛斥资2亿~3亿美元，在中国生猪养殖重点地区湖南、福建一口气全资收购了10余家专业养猪厂。高盛为什么要养猪？难道中国没有更具投资价值的公司了？其实，早在2004年，高盛就开始布局中国农业市场。高盛在双汇最大的竞争对手雨润食品集团有限公司持有13%的股权，并在雨润2005年下半年香港上市时，承销了其首次公开募股。到2006年4月，高盛以20.1亿元中标价格夺得双汇集团100%股权，之后虽然所持双汇股份下降到52.86%，但仍然处于绝对控股地位。随着中国养殖规模化、专业化大举推进，已抓住了加工环节的高盛当然不会放弃向对市场和价格更有影响力的产业上游推进，这就不难解释高盛为什么会养猪了。

单从投资的角度看，高盛落子生猪养殖，不仅可以分散投资风险，还可以完善在中国的农业产业链的投资，谋求更广泛的市场收益。由于国内生猪养殖的集中度并不高，提前布局不仅可以降低进入的成本，还有助于形成规模扩张的先发优势。更重要的是，如今农副产品的竞争已然是整条产业链的竞争，高盛推进上下游一体化的布局符合产业发展趋势。高盛投资生殖养猪业，是一种战略上的布局，符合农业企业化的要求，给中国企业带来了一些启示和灵感。但是，中国企业在拟定战略的时候，切不可盲目大跃进，而应该审时度势，根据企业的实际需求和经济环境进行取舍。很多企业发展到一定阶段就带有一种青春期的扩张冲动，往往无法保持创业时的清醒和冷静，缺乏战略规划的习惯和如何取舍的能力。所以很多当年风云一时的企业，如巨人、爱多、神州、小霸王、秦池先后归于沉寂。

资料来源：http://www.jobcn.com/hr/News_content.jsp?ID=157859

三、现代农业介绍

1. 精准农业

（1）概念。精准农业是由信息技术支持的，根据空间变异，定位、定时、定量地实施一整套现代化农事操作技术与管理的系统。其基本含义是根据作物生长的土壤性状，调节对作物的投入，即一方面查清田块内部的土壤性状与生产力空间变异；另一方面确定农作物的生产目标，进行定位的“系统诊断、优化配方、技术组装、科学管理”，调动土壤生产力，以最少的或最节省的投入达到同等收入或更高的收入，并改善环境，高效地利用各类农业资源，取得经济效益和环境效益。

（2）构成。精准农业由十个系统组成，即全球定位系统、农田信息采集系统、农田遥感监测系统、农田地理信息系统、农业专家系统、智能化农机具系统、环境监测系统、系统集成、网络化管理系统和培训系统。其核心是建立一个完善的农田地理信息系统，可以说是信息技术与农业生产全面结合的一种新型农业。

2. 有机农业

（1）概述。有机农业（Organic Agriculture）是指在生产中完全或基本不用人工合成的肥料、农药、生长调节剂和畜禽饲料添加剂，而采用有机肥满足作物营养需求的种植业，或采用有机饲料满足畜禽营养需求的养殖业。

（2）特点。有机农业与传统农业相比较，有以下特点。

① 可向社会提供无污染、好口味、食用安全的环保食品，有利于保障人民身体健康，减少疾病发生。

② 可以减轻环境污染，有利于恢复生态平衡。

③ 有利于提高我国农产品在国际上的竞争力，增加外汇收入。

④ 有利于增加农村就业、农民收入，提高农业生产水平。

（3）前景。我国有机农业的发展起始于 20 世纪 80 年代，1984 年中国农业大学开始进行生态农业和有机食品的研究和开发，1988 年国家环保局南京环科所开始进行有机食品的科研工作，并成为国际有机农业运动联盟的会员。1994 年 10 月国家环保局正式成立有机食品发展中心，我国的有机食品开发才走向正规化。我国各地发展了众多的有机食品基地，在东北三省及云南、江西等一些偏远山区有机农业发展得比较快，近几年来已有许多外贸公司联合生产基地进行了多种产品的开发，如有机豆类、花生、茶叶、葵花子、蜂蜜等。目前绝大部分有机食品已出口到了欧洲、美国、日本等国家和地区。从总体情况来看，我国有机食品的生产目前仍处于起步阶段，生产规模较小，且基本上都是面向国际市场，国内市场几乎为零。

在中国发展有机农业有着众多优势和广阔的发展前景。

① 我国有着历史悠久的传统农业，在精耕细作、用养结合、地力常新、农牧结合等方面都积累了丰富的经验，这也是有机农业的精髓。有机农业是在传统农业的基础上依靠现代的科学知识，在生物学、生态学、土壤学科学原理指导下对传统农业反思后的新的运用。

② 中国有其地域优势，农业生态景观多样，生产条件各不相同，尽管中国农业主体仍是常规农业依赖于大量化学品，但仍有许多地方，多集中在偏远山区或贫困地区，农民很少或完全不用化肥农药，这也为有机农业的发展提供了有利的发展基础。

③ 有机农业的生产是劳动力密集型的一种产业，我国农村劳动力众多，这有利于有机食品发展。同时也可以解决大批农村剩余劳动力。

④ 随着中国加入世贸组织脚步的临近，中国农产品的出口会受到绿色非贸易壁垒的限制，有机食品的发展能与国际接轨，可以开拓国际市场。同时随着我国人民生活水平的提高和环境意识的增强，有机食品的国内市场在近几年内将有较大发展，因此有机食品在国内外都会有广阔的发展前景。

典型案例

利农国际马承榕种菜六年成亿万富翁

中国利农集团，创建于2004年，总部在香港，是以蔬果等农产品的研发、标准化种植、标准化加工、品牌化销售为一体的综合型国际化农业公司。

创业规划

利农国际现任董事长兼CEO马承榕于2004年3月从种植西兰花开始了他的创业之路。

2004年7月，马承榕在中国大陆地区拥有了三个西兰花生产基地；在开始大面积种植的同时，马承榕开始思考一个许多企业家都想做但之前都没有做好的事情——农业生产工厂化。就是用工业流程化作业改造传统农业的道路，把农产品研发、标准化种植、标准化加工、品牌化销售作为一个工业流程进行细分管理，从而实现对农作物的生长周期、产出品质和生产成本的有效控制。这就需要拆解每个品种、每一个种植工序，而在不同的地域和不同的季节又有不同的操作，所以总的流程规范标准就是“品种—工序—地域—季节”的量级的工作，这是一项异常庞大而复杂的工程。马承榕执著地追求着！

融资

2005年4月，利农国际从单一种植西兰花扩展到了多个品种，并开始扩展自己的种植面积；但蔬菜生产的成本和土地租金及相关设施等需要大量的资金，刚发展一年的利农国际肯定不能靠自身的积累实现快速扩张。幸运的是之前一直从事科技投资的红杉资本关注到了利农的生产模式，并且非常认可马承榕的做法；所以利农国际拿到了 500 万美元，成了红杉资本投资的第一个非科技项目。

之后的 2007 年和 2008 年，红杉资本又对利农国际进行了两次注资，2008 年更是携手海纳亚洲投资了 3 000 万美元。通过 6 年时间的发展，利农国际已经发展成了拥有福建、广东、辽宁、山东、河北、浙江等省市的 15 个农场，共计万亩蔬菜种植基地；并且已经通过温室大棚种植初步实现了蔬菜生产的工业化切割；做好了快速扩张的基础工作。马承榕表示希望今后以每年 5 000 亩的速度提升公司规模。

生产基地

有了资金后的利农国际开始了第一轮扩张，将蔬菜种植基地扩展到了靠近消费市场的福建、广东重点城市的周边，如深圳周边的惠州、厦门旁边的漳州、泉州和福州旁边的宁德等地。在扩张的过程中，租地又是个难办而重要的环节。在中国政府没有明确土地政策，文化程度相对较低的农民没有契约意思的环境下；马承榕采取了自上而下的做法。先跟乡镇、村委会中比较有威望的人接洽，再通过他跟农民沟通；然后跟每个自愿出租的农户签约，并由干部作证；同时确保每一个农场都有一个从农民成长起来的老总，专门负责跟乡镇、村干部和村民打交道；以确保种植基地的稳定发展和运作。

生产计划

“农业要想获得好的利润，最关键的是制订种植计划。”马承榕有说不完的秘诀，但他最为看重的是种植计划。

看似普通的种植结构，其实背后有着精心的策划。在利农的福州总部设有专门的信息部。他们的工作就是通过各种渠道搜集不同时间蔬菜价格的变化，以制订最合理的种植计划，保证每种蔬菜批量上市的时候是市场价格最好的时候。利农的情报人员遍布全国主要的蔬菜批发市场和蔬菜主产区，同时利农还要通过种子公司搜集不同时间、不同种子的出售量，来预测市场未来的走向。

惠州基地的产品主要面向香港、深圳和东莞等东南沿海城市。当地的气候特点决定了当地蔬菜价格的变动轨迹。“夏天只要有绿叶的菜价格就非常贵，到冬天茄果类的价格就很好。同类蔬菜在不同季节的价格能差 10 倍。”所以在 12 月中旬，我们在农场中看到的大量都是茄子、西红柿和辣椒。

事实上，马承榕的计划不仅仅体现在种植安排上，他的农场本身也都是计划出来的。“我们首先确定目标城市，之后在调研的基础上做出这个市场每年单价比较高的蔬菜品种列表。”利农的技术人员会根据技术的可行性对列表中的品种进行挑选，确定种植品种后再确定预期占有的市场份额，根据这个份额确定种植数量，根据种植数量最后确定需要建设的农场规模。这样的倒推法保证了利农每个农场的蔬菜都供不应求，从来不愁销路。

销售

在做好了蔬菜高质量稳定供应之后，还有个很重要的环节是要把种出来的蔬菜卖个好价钱。马承榕通过建立互联网信息中心，将各主要地区的大型批发市场的蔬菜价格信息汇总在一起，研究出一年四季各个时期什么时候哪些蔬菜更好卖，什么时候价格最高；然后通过这些数据推算在什么时间种哪个品种的蔬菜，种多大量；然后通过标准化的蔬菜种植流程，在该品种蔬菜价格最高的时候推向市场。通过这样的信息中心，还可以辅助决策哪些地区可以继续新增种植面积，哪些地区需要调整种植品种等。

中国温室蔬菜生产企业利农国际集团 2010 年 10 月 29 日在美国纳斯达克证券交易所正式挂牌交易，上市当天股价大涨近 20%，成为近期赴美上市中国企业中的又一亮点。

资料来源：http://www.qncye.com/2010/1116/54860.html

结合上述案例，列出你自己对农业经营的策略，并在本情境的经营模拟中加以运用与验证。

经营模拟

经营模拟 5-1　畜牧业模拟经营

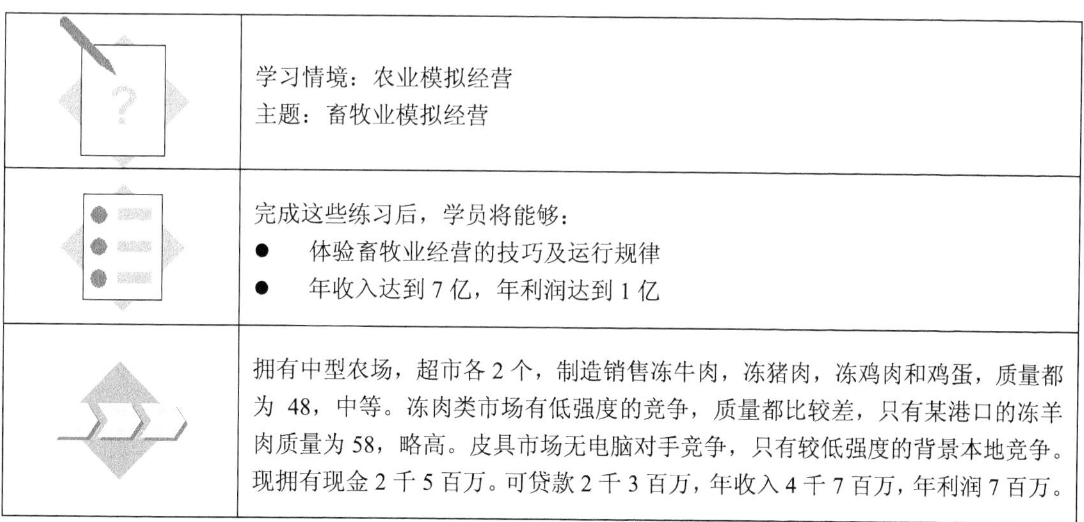

	学习情境：农业模拟经营 主题：畜牧业模拟经营
	完成这些练习后，学员将能够： ● 体验畜牧业经营的技巧及运行规律 ● 年收入达到 7 亿，年利润达到 1 亿
	拥有中型农场，超市各 2 个，制造销售冻牛肉，冻猪肉，冻鸡肉和鸡蛋，质量都为 48，中等。冻肉类市场有低强度的竞争，质量都比较差，只有某港口的冻羊肉质量为 58，略高。皮具市场无电脑对手竞争，只有较低强度的背景本地竞争。现拥有现金 2 千 5 百万。可贷款 2 千 3 百万，年收入 4 千 7 百万，年利润 7 百万。

请以单人高手模式进入“10．强劲对手”，背景说明如下：

你以前在肉制品市场上非常成功，但是最近国内开始进口外国的廉价肉制品，你无力与之竞争。你必须找到新的盈利点，例如牲畜业的其它副产品。

你要在30年内达到7亿美元的年收入，1亿美元的年利润。

检验方式：以个人是否完成目标，完成目标的时间为检查依据，相应表格如下。

姓名（学号）	公 司 名 称	是否完成目标	完成时间（年）	排　　序

经营模拟 5-2　农业模拟经营

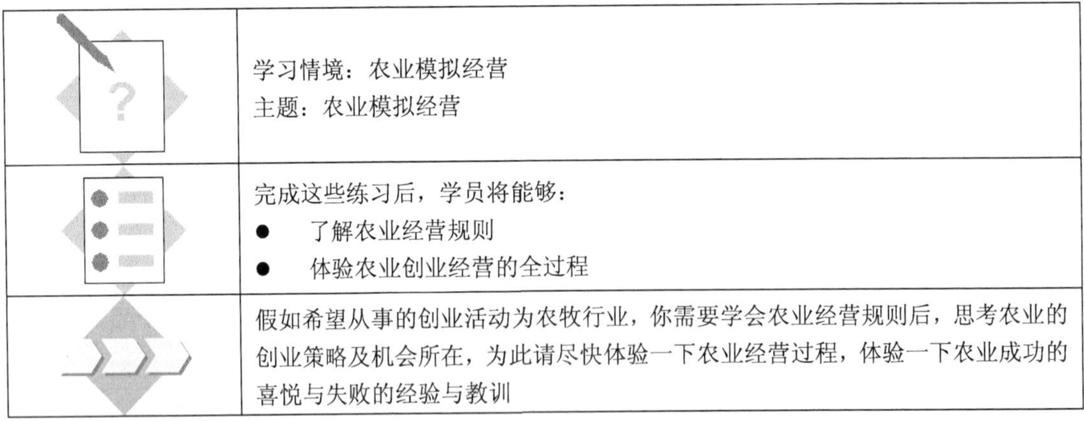

学习情境：农业模拟经营
主题：农业模拟经营

完成这些练习后，学员将能够：

- 了解农业经营规则
- 体验农业创业经营的全过程

假如希望从事的创业活动为农牧行业，你需要学会农业经营规则后，思考农业的创业策略及机会所在，为此请尽快体验一下农业经营过程，体验一下农业成功的喜悦与失败的经验与教训

1. 农业经营模拟

首先进行分组，每组人数不超过 7 人，然后以多人软件或单人自定义软件模式进入模拟系统，每组按以下要求进行系统设置（提示：农业在本次模拟中包括农场经营、农业产品加工、农业销售）。

目　录	子 目 录	设 置 内 容
基本	难度等级	6 级
环境	全部	系统默认
竞争对手	全部	系统默认
进口	全部	系统默认
目标任务	数值 1 玩家资产	8 亿
	数值 1 其他参数	系统默认
	数值 2 投资回报率	12%
	数值 2 全部参数	系统默认
	产业	农业
	产业　其他参数	系统默认
	产品	系统默认

检验方式：以组为单位，以个人是否完成目标、最后综合得分为检查依据，相应表格如下。

组名：

姓名（学号）	公 司 名 称	是否完成目标	综 合 得 分	排　序

2. 分组讨论

分组讨论本次经营模拟的经验与教训，参赛队员准备一份农业产品经营模拟的经验总结（PPT 报告），建议包括经营思路、经营过程、经营中出现的问题、处理的方法、体会、农业产品创业的机会所在等。

进阶技巧

1. 畜牧业经营技巧

畜牧业主要指鸡、牛、羊、猪四种禽畜的饲养。它提供蛋肉类食品（在软件中被称为畜牧产品）以及皮革、毛皮等工业原料。

畜牧业不需要技术，或者说没有什么技术含量。产品的品质取决于员工等级。

蛋肉类食品因为需求量很大，没有技术含量，生产简单，所以是超市在初期的主打项目。它的竞争集中在质量和价格上，质量取决于经营者的农场员工级别（前面已经提过了），而价格则取决于产能和运费。产品的需求量，经营者可以在产品明细中查到一个需求指数，食品一般是 80%，而服装一般在 50%～60%，电子类产品在 40%，首饰和香水则在 10%～20%。这个数值是固定的，城市不会因为经济繁荣而增加对高档消费品的需求指数。

在这里介绍一下农场。农场对于种植业和畜牧业是无差别的，也就是说经营者在同一所农场里的 3×3 的 9 个部门，可以既养猪又种棉花。农场和工厂有大、中、小三级规模的差别，小农场或者小工厂在建设、维持、员工、培训成本上低许多，但产能也小许多，而且根据教学课程的说法，单位产品的成本也要高，即同样的生产流程，如“养殖（牛）—畜牧制品（牛肉）—销售”这个典型的三部门生产线，小农场缺乏规模效益。所以选取怎样的规模，是很有讲究的。

在蛋肉类的价格上，前面说到产能和运费两个因素。大型农场的产能比中型农场大，中型的产能比小型的大，因此单位产品的成本较低。但是大型农场的产能太大，仅仅是一条三部门生产线，就足够供应近十家中型超市，这样就会产生一个运输问题。超市不能离得太远，距离一远，运费的上浮就抵消了单位成本的下降，所以农场必须离超市尽可能近。因为软件中没有提供一个计算工具或者辅助性的工具，所以超市的距离可以凭感觉设置。另一方面蛋肉类的生产只用中型农场的三部门生产线，一条生产线对应四家左右的超市，距离远了就另建农场。所以把农场建在市区，地价就会很贵。建了超市后再根据蛋肉类食品的价格建新的农场，也是一个办法。

产能的另一个因素是生产效率，也就是部门的级别。一家企业中最多 9 个部门，虽然培训开支是打在一起的，但是员工的成长却不是同一个速度。做事多的部门，也就是工作负荷长期较高的部门，级别成长得快，所以有时畜牧制品车间和销售部门的级别会比养殖部门高许多，这时畜牧制品车间的效率柱就会显示未充分利用。当看到畜牧制品部门的利用效率比较低，而销售部门并没有存货时，说明不是产品卖不动导致停产，而是原料供应不上。

这时可以增加养殖场，即两个或者更多的养殖场对应一个畜牧制品车间。这种因为级别上升导致的产能上升，以及用多个养殖场对应一个畜牧制品车间导致的成本节约，都会导致单位成本的下降。但这种设计当所有的部门都升到 9 级后，会造成养殖场相对于畜牧制品车间的产能过剩。同样，若几个制品车间对应于一个销售部门时，也会发生来不及卖出去的事。在后面工厂的部门设计中我们会谈到类似的情况。

对于蛋肉类食品来说价格很重要，因为其本身价格就不高，基本上属于薄利多销的产品，运费差一毛钱，产品在消费者中的评价就会差许多。但是对于工业原料来说，这个问题就不那么严重。

畜牧业出产的工业原料分两类：一种是食品工业的原料；另一种是服装工业的原料。食品工业是指鸡肉、蛋、牛奶三种，其中鸡肉和蛋本身又是可以直接上超市货架的畜牧产品；而服装工业则是指羊毛和皮革两种。食品工业的产品也是大多属于薄利多销的类型，但是产品价格相对畜牧产品要高一点，运费的影响不那么严重，往往是一两座工厂全城销售，不需要像畜牧产品那样全城分布 3～6 家中小型农场。而对于服装工业来说，自身的附加值就更高了，原材料的一点运费差异就不那么重要了。所以针对食品工业和服装工业的畜牧业，往往使用大型农场。为了简化管理，尽可能一个农场只生产一种产品。

2. 种植业经营技巧

种植业也是使用农场，但是有一个种植期和收获期的问题，一年是一种一收，货放在仓库里让销售部门全年卖，需要为种植期间的费用作资金准备。软件中并未考虑地理因素，例如，在莫斯科也可以种橡胶，算是一种简化。

种植业提供各种工业原料，粮和小麦是用于食品工业的，柠檬制成柠檬酸既可以用于食品工业也可以用于化工产品的生产。经营者可以根据自己的发展计划从十几种作物中进行选择。工厂一开始可以从 NPC 或者港口购货，为了保证经营者的工业的供货稳定，农场要尽早建起来，一旦收获期到了就转用自己的产品。因为港口的品质可能不尽人意，而 NPC 也可能会变更其内销政策。

这里再介绍一个内销的概念。所有生产性企业，其产品都可以规定是否内销。如果内销，就只能自产自销，在销售不足时会带来损失，如果允许外销，则壮大了经营者的对手。软件在内销的选项按钮上没有做好，让人无法确定企业是否可以内销。在这里给个说明，按钮呈绿色是只许内销，按钮和面板一样呈蓝色是允许外销。内销是以单个企业为单位的，同一产品的不同生产厂家可以确定不同的内销政策。当设定按钮之后，NPC 的工厂仍然可以从客户列表中查到，在下个月才会消失。

应用于食品和服装工业的种植业和应用于其他工业的种植业有一点很不同，就是需求量。食品和服装的需求量大，因此原料的需求量也大，往往一个大型农场只出产一种产品，甚至几个大型农场的产量才能满足一座城市的需求。但是其他工业的需求量比较小，如橡胶，只能用于制造轮胎和运动鞋（属体育用品）。一个大型农场的一条“种植—仓储—销售”三部门生产线所出产的橡胶，就足够供应四座城市的汽车和摩托车的轮胎消费。所以有时我们会采用中型农场来进行单一产品的生产，而大型农场则同时进行三种作物的种植。

种植业产品的品质和畜牧业一样，取决于员工的级别。

学习情境六　金融业企业经营模拟

学习目标

- ◆ 掌握金融业经营部门管理要求
- ◆ 学会金融业经营策略
- ◆ 了解创业团队建设的基础知识

技能目标

- ◆ 能够理解金融业的操作流程
- ◆ 能够分析金融业经营的创业机会

任务一　金融业创业管理指导

任务引入

小散创造神话

戴彦龙，一位幽默的哈尔滨老股民，拥有 17 年的炒股经历，操作过 300 只股票，赔过 40 只股票，考察过百家上市公司，股票账户从 2007 年的 2 万元炒至 2010 年的 100 万元，创造了不大不小的“小散”神话。

借款 5 000 元初入市“调研”百家公司

戴彦龙读大学时就开始接触股市，1994 年戴彦龙结婚，“当时真没什么钱，只是因为我懂一点股票，老婆就被我‘忽悠’，从她父母那里借了 5 000 元入市了。”

初入市，戴彦龙运气不错，“当时生活的很多日常花销都是从股票账户里赚出来的。”按戴彦龙的说法，股市有点像他的提款机，不过，因此他也养成不太好的习惯，就是经常从股票账户里提钱。

因为早年业务上的关系，戴彦龙与部分上市公司有过一点接触，这让他后来的股市操作受益匪浅。

1994年辞掉工作的戴彦龙开始尝试做生意，2000—2005年，戴彦龙做黄页广告，这让他与不少公司有了业务往来，包括内蒙古的亿利能源、鄂尔多斯、包钢股份，甘肃的敦煌种业，青海的西宁特钢以及新疆很多上市公司都去过。“我一般每到一个地方都会到上市公司去看看，可能不会接触到公司管理层，但与公司员工聊聊天，看看厂房设备，至少对这家公司形成感性认知。”戴彦龙说，几年间，他去过一百多家上市公司。

“折戟”信联股份 潍柴动力赚50%

十多年的炒股经历中，戴彦龙有过一天亏损30%的经历，那是因为炒茅台权证；在物贸股份上也有亏50%的惨痛教训，但最让他刻骨铭心的一次还是在信联股份。“2006年以25元买入信联股份，之后出差一个月，没想到这只股票连续下跌，到只有0.5元时才明白要止损。”戴彦龙说，虽然当时资金量并不多，只有2.5万元，但是这种重挫的感觉让他很受伤。买股票切忌捕风捉影，“君子不立危墙之下”，一旦意识到这是一面危墙，要懂得快跑。

随着账户的资金量变多，戴彦龙买股票也更谨慎，以前期操作的潍柴动力为例，戴彦龙9月以76元的价格买入，后以118元抛出，收益率50%以上。“买入前一定要找到多个买入的理由”。戴彦龙详细分析了“出手”的理由：两市业绩最优良、半年报分配方案是10转10、符合国家产业政策等。可能每只股票的理由都不同，但从潍柴动力来看，戴彦龙对个股的选择一方面关注业绩、行业政策，另一方面还有题材和预期上的想象空间。

牛市两万起步 三年多赚到百万

最让戴彦龙得意的是2007—2010年，2007年元旦其股票账户只有2万元，而到了2010年有100万元，不足四年时间翻了50倍，期间主要以短平快的操作手法为主，迅速寻找市场热点，牛市找上涨龙头，熊市找反弹龙头。

戴彦龙认为，主力操作一只股票，一般分几个阶段，最开始是震荡，小幅拉升，这个时间是最佳的介入时机；而如果你没有介入，最后在第二个拉升阶段买入，“不需要全部赚足，但至少在鱼肚子上咬了一口。”

目前，戴彦龙在资金的分配上主要分三个层次，大约50%~60%的仓位配置在绩优、符合国家政策、形象良好的个股，期待稳定增长；约30%的仓位进行比较激进的操作，主要选择可能成为市场热点的股票；最后10%~20%的资金则是跟随市场热点，做做“短平快”。

资料来源：http://www.chinanews.com/cj/2010/12-03/2697257.shtml

处于有一定资金基础，希望上一个台阶的你，如果未来的创业计划在金融业方面，而你对金融业还不是十分清楚，希望对金融业的相关信息进行进一步了解，特别是对金融业公司的股票发行、融资、股票及有价证券的交易、公司收购等更是你必须要加强的，为此结合企业管理的基础知识与技能完成以下两个子任务。

任务一：证券投资基础了解。
任务二：学会证券交易操作。

任务分析

对以上任务简要分析如下，供参考。

一、了解证券投资品种

证券投资品种是了解股票证券市场的基础知识，可从以下方面进行了解。

1. 有价证券

有价证券包括股票、国家债券、公司债券、不动产抵押债券等。国家债券出现较早，是最先投入交易的有价债券。随着商品经济的发展，后来才逐渐出现股票等有价债券。因此，股票交易只是有价债券交易的一个组成部分，股票市场也只是多种有价债券市场中的一种。目前，很少有单一的股票市场。

股票市场是上市公司筹集资金的主要途径之一。随着商品经济的发展，公司的规模越来越大，需要大量的长期资本。而如果单靠公司自身的资本化积累，是很难满足生产发展的需求，所以必须从外部筹集资金。公司筹集长期资本一般有三种方式：一是向银行借贷；二是发行公司债券；三是发行股票。前两种方式的利息较高，并且有时间限制，这不仅增加了公司的经营成本，而且使公司的资本难以稳定，因而有很大的局限性。而利用发行股票的方式来筹集资金，则无须还本付息，只需在利润中划拨一部分出来支付红利即可。把这三种筹资方式综合比较起来，发行股票的方式无疑是最符合经济原则的，对公司来说是最有利的。所以发行股票来筹集资本就成为发展大企业经济的一种重要形式，而股票交易在整个证券交易中因此而占有相当重要的地位。

股票市场的变化与整个市场经济的发展是密切相关的，股票市场在市场经济中始终发挥着经济状况晴雨表的作用。所以股市一方面为股票的流通转让提供了基本的场所，另一方面也可以刺激人们购买股票的欲望，为一级股票市场的发行提供保证。同时由于股市的交易价格能比较客观地反映出股票市场的供求关系，股市也能为一级市场股票的发行提供价格及数量等方面的参考依据。

2. 股票流通市场

股票流通市场是已经发行的股票按时价进行转让、买卖和流通的市场，包括交易所市场和场外交易市场两部分。由于它是建立在发行市场基础上的，因此又称为二级市场。相比而言，股票流通市场的结构和交易活动比发行市场更为复杂，其作用和影响也更大。

股票流通市场包含了股票流通的一切活动。股票流通市场的存在和发展为股票发行者创造了有利的筹资环境，投资者可以根据自己的投资计划和市场变动情况，随时买卖股票。由于解除了投资者的后顾之忧，它们可以放心地参加股票发行市场的认购活动，有利于公司筹措长期资金、股票流通的顺畅也为股票发行起了积极的推动作用。对于投资者来说，通过股票流通市场的活动，可以使长期投资短期化，在股票和现金之间随时转换，增强了股票的流动性和安全性。股票流通市场上的价格是反映经济动向的晴雨表，它能灵敏地反映出资金供求状况、市场供求，行业前景和政治形势的变化，是进行经济预测和分析的重要指标。对于企业来说，股权的转移和股票行市的涨落是其经营状况的指示器，还能为企业及时提供大量信息，有助于它们的经营决策和改善经营管理。可见，股票流通市场具有重要的作用。

二、学会证券交易操作

初学者要学习证券交易，以股票交易为例，一般称为散户，散户在开始投资股票时，几乎都没有任何投资常识，消息主导全部投资方向，如果一买就输，肯定是祖宗保佑，日后你最多只会小进小出，当个缴证交税的好居民；万一一买就赢，结果自以为是，通常都是大赔收场，如何能在投资的起步阶段尽可能减少损失及累积技术，就成为这个时期的重点。以下几点是对初入股市者的建议。

1. 关注投资信息

每天阅读各种股票投资及经济的新闻，要多注意有关股票知识的报道。至于个股的分析报道，大多是小道消息或是过时信息，千万不可以当成买股票的依据。在每天不知不觉地吸收知识中，你已经慢慢地具备了价值投资的基础观念。

2. 形成市场及产品观念

景气循环或公司获利的改变，多是长期的变化，经济学家也没办法准确预估，但投资者至少要有最基本的市场及产品观念，你必须要了解这家公司做什么？市场对其产品评价如何？竞争对手是谁？主要客户在哪里？如果有可能，你可以去试吃试用试玩，去第一线了解其产品的竞争力。成长投资需要长期观察才会有效，对散户投资者来说，最简单的方法或许就是最有效的方法。

3. 观察股市行情

上网观察各家公司的股价变化，日线、周线、月线的走势，分析他们上涨的原因，股价跟成交量的关系，股价跟消息面的关系，股价跟融资融券的关系，观察分析得越清楚，你赢的机会就越大。反向投资不是光用嘴说然后胡乱反向，你必须长期观察各种可能的变化，才可以作出正确的判断。

4. 学会分析判断

自己分析看看，把分析结果说给别人听，让他告诉你这只股票好不好。如果反映是正面的，试买一张练习一下技术。投资理财都是有风险的，长期规划是降低风险的不二法门，日本股神是川银藏先生根据一生的投资经验总结出五个原则，最后一个原则就是：孤注一掷的结果多是失败。散户没有失败的本钱，避免孤注一掷只有一个办法，买股票前你必须事先就有长远的投资计划。

巴菲特的父亲是股票的经纪商，从小就灌输他正确的投资观念，13 岁他就买了他第一只股票，并且得到了他的第一笔获利。股票投资没有速成法也不能靠运气，不能相信“专家”建议，也不能只听消息。想要投资获利，你就必须先建立正确的投资观念，然后多花时间研究，越年轻越早开始研究，时间就对你越有利。择日不如撞日，推托没时间只是借口，下定决心就从今天开始吧。

知识链接

一、债券投资与发行

1. 什么是债券及债券投资

债券是一种有价证券，是社会各类经济主体（如政府，企业等）为筹措资金而向债券购买者出具的、承诺按一定利率定期支付利息并到期偿还本金的债权债务凭证，它是一种重要的信用工具。其基本要素有票面价值、价格、偿还期限和利率。

债券投资可以获取固定的利息收入，也可以在市场买卖中赚取差价。随着利率的升降，投资者如果能适时地买进卖出，还能获得更大收益。目前，在上交所挂牌交易的债券品种主要包括国债、企业债、公司债、可转换债、可分离交易的可转债等。

2. 债券投资的特征

债券作为投资工具主要有以下几个特点。

（1）安全性高。由于债券发行时就约定了到期后偿还本金和利息，故其收益稳定、安全性高。特别是对于国债及有担保的公司债、企业债来说，几乎没有什么风险，是具有较高安全性的一种投资方式。

（2）收益稳定。投资于债券，投资者一方面可以获得稳定的利息收入，另一方面可以利用债券价格的变动，买卖债券，赚取价差。

（3）流动性强。上市债券具有较好的流动性。当债券持有人急需资金时，可以在交易市场随时卖出，而且随着金融市场的进一步开放，债券的流动性将会不断加强。

因此，债券作为投资工具，最适合想获取固定收益的投资人。

3. 为什么要进行债券投资

经典的投资学理念告诉我们“不要把鸡蛋放在一个篮子里面”，通过分散投资，将资金分散在股票、债券（包括国债、企业债以及公司债）等不同产品上，形成投资组合，会更好地实现投资安全性、收益性与流动性的良好结合。

4. 债券投资应考虑哪些问题

（1）债券种类。一般来说，政府债券风险较小，公司债券风险较前者要大，但收益也较前者大。

（2）债券期限。一般债券期限越长，利率越高、风险越大；期限越短，利率越低、风险越小。

（3）债券收益水平。债券发行价格、投资者持有债券的时间及债券的期限结构等都会影响债券收益水平。

（4）投资结构。不同品种、不同期限的债券的不同搭配会极大影响收益水平，合理的投资结构可以减少债券投资的风险，增加流动性，实现投资收益的最大化。

5. 债券发行

债券发行市场主要由发行者、认购者和委托承销机构组成。前面我们已经说过，只要具备发行资格，不管是国家、政府机构和金融机构，还是公司、企业和其他法人，都可以通过发行债券来借钱。认购者就是我们投资的人，主要有社会公众团体、企事业法人、证券经营机构、非营利性机构、外国企事业机构和我们的家庭或个人。委托承销机构就是代发行人办理债券发行和销售业务的中介人，主要有投资银行、证券公司、商业银行和信托投资公司等。债券的发行方式一般有公募发行、私募发行和承购包销三种。

国债发行按是否有金融中介机构参与出售的标准来看，有直接发行与间接发行之分，其中间接发行又包括代销、承购包销、招标发行和拍卖发行四种方式。

直接发行，一般指作为发行体的财政部直接将国债券定向发行给特定的机构投资者，也称定向私募发行，采取这种推销方式发行的国债数额一般不太大。而作为国家财政部每次国债发行额较大，如美国每星期仅中长期国债就发行 100 亿美元，我国每次发行的国债至少也达上百亿元人民币，仅靠发行主体直接推销巨额国债有一定难度，因此使用该种发行方式较为少见。

代销方式，指由国债发行体委托代销者代为向社会出售债券，可以充分利用代销者的网点，但因代销者只是按预定的发行条件，于约定日期内代为推销，代销期终止，若有未销出余额，全部退给发行主体，代销者不承担任何风险与责任。因此，代销方式也有以下不尽如人意的地方。

（1）不能保证按当时的供求情况形成合理的发行条件。

（2）推销效率难尽人意。

（3）发行期较长，因为有预约推销期的限制。

所以，代销发行仅适用于证券市场不发达、金融市场秩序不良、机构投资者缺乏承销条件和积极性的情况。

承购包销发行方式，指大宗机构投资者组成承购包销团，按一定条件向财政部承购包销国债，并由其负责在市场上转售，任何未能售出的余额均由承销者包购。这种发行方式的特征如下所述。

（1）承购包销的初衷是要求承销者向社会再出售，发行条件的确定，由作为发行体的财政部与承销团达成协议，一切承购手续完成后，国债方能与投资者见面，因而承销者是作为发行主体与投资者间的媒介而存在的。

（2）承购包销是用经济手段发行国债的标志，并可用招标方式决定发行条件，是国债发行转向市场化的一种形式。

公开招标发行方式，指作为国债发行体的财政部直接向大宗机构投资者招标，投资者中标认购后，没有再向社会销售的义务，因而中标者即为国债认购者，当然中标者也可以按一定价格向社会再行出售。相对承购包销发行方式，公开招标发行不仅实现了发行者与投资者的直接见面，减少了中间环节，而且使竞争和其他市场机制通过投资者对发行条件的自主选择投标而得以充分体现，有利于形成公平合理的发行条件，也有利于缩短发行期限，提高市场效率，降低发行体的发行成本，是国债发行方式市场化的进一步加深。

拍卖发行方式，指在拍卖市场上，按照例行的经常性的拍卖方式和程序，由发行主体主持，公开向投资者拍卖国债，完全由市场决定国债发行价格与利率。国债的拍卖发行实际是在公开招标发行基础上更加市场化的做法，是国债发行市场高度发展的标志。由于该种发行方式更加科学合理、高效，所以目前西方发达国家的国债发行多采用这种形式。

实际上，不管是什么方式对投资者来说都不重要，在发行市场上认购国债还是需要缴纳手续费的。

二、股票投资的基础知识及获利来源

1. 基础知识

（1）股票。股票是股份证书的简称，是股份公司为筹集资金而发行给股东作为持股凭证并借以取得股息和红利的一种有价证券。每股股票都代表股东对企业拥有一个基本单位的所有权。股票是股份公司资本的构成部分，可以转让、买卖或作价抵押，是资金市场的主要长期信用工具。

（2）股票面值。股票的面值，是股份公司在所发行的股票票面上标明的票面金额，它以元/股为单位，其作用是用来表明每一张股票所包含的资本数额。在我国上海和深圳证券交易所流通的股票的面值均为壹元，即每股一元。

股票面值的作用之一是表明股票的认购者在股份公司的投资中所占的比例，作为确定股东权利的依据。如某上市公司的总股本为 1 000 000 元，则持有一股股票就表示在该公司占有的股份为 1/1 000 000。第二个作用就是在首次发行股票时，将股票的面值作为发行定价的一个依据。一般来说，股票的发行价格都会高于其面值。当股票进入流通市场后，股票的面值就与股票的价格没有什么关系了。股民爱将股价炒到多高，它就有多高。

（3）股票净值。股票的净值又称为账面价值，也称为每股净资产，是用会计统计的方法计算出来的每股股票所包含的资产净值。其计算方法是用公司的净资产（包括注册资金、各种公积金、累积盈余等，不包括债务）除以总股本，得到的就是每股的净值。股份公司的账面价值越高，则股东实际拥有的资产就越多。由于账面价值是财务统计、计算的结果，数据较精确而且可信度很高，所以它是股票投资者评估和分析上市公司实力的重要依据之一。股民应注意上市公司的这一数据。

（4）股票发行价。当股票上市发行时，上市公司从公司自身利益以及确保股票上市成功等角度出发，对上市的股票不按面值发行，而制定一个较为合理的价格来发行，这个价格就称为股票的发行价。

（5）股票市价。股票的市价，是指股票在交易过程中交易双方达成的成交价，通常所指的股票价格就是指市价。股票的市价直接反映着股票市场的行情，是股民购买股票的依据。由于受众多因素的影响，股票的市价处于经常性的变化之中。股票价格是股票市场价值的集中体现，因此这一价格又称为股票行市。

（6）股票清算价格。股票的清算价格是指一旦股份公司破产或倒闭后进行清算时，每股股票所代表的实际价值。从理论上讲，股票的每股清算价格应与股票的账面价值相一致，但企业在破产清算时，其财产价值是以实际的销售价格来计算的，而在进行财产处置时，其售价一般都会低于实际价值。所以股票的清算价格就会与股票的净值不相一致。股票的清算价格只是在股份公司因破产或其他原因丧失法人资格而进行清算时才被作为确定股票价格的依据，在股票的发行和流通过程中没有意义。

2. 股票获利的两种来源

投资股票的获利来源有两个：一是公司分配盈余时股东所得的股利，二是股票买卖间的价差。

（1）股利。当你买进公司的股票时，即代表你成为该公司的股东。当你所投资的公司赚钱时，会按照你持有的股份占所有股份的比例，分配利润给你，此时你所获得的利润就是股利。须注意的是，当公司不赚钱的时候，股东就可能完全领不到股利了。股利可分成两种：一为股票股利；二为现金股利。

① 股票股利。假设 A 公司去年每股纯收益为 4 元。公司董事会决定这 4 元用等值的股票发给股东，这就是股票股利。4 元的股票股利相当多少股票？如果你只有 1 000 股，公司每股赚 4 元，表示你总共可得到约 4 000 元的股利。由于股票的面值为一股 10 元，因此你可得到相当于 400 股的股票股利。而你的持股总数将增加为 1 400 股。

② 现金股利。援用前一个例子说明，若公司将你应得的 4 000 元股利用现金的方式发放，就是现金股利。至于你的股票则没有任何异动，还是维持在 1 000 股。

（2）股票价差。当市场上对某只股票的需求量大于供给量时，该股票的价格就会上涨。所以，若投资人能低买高卖，就能赚取当中的差价。

关于领取股利。在沪深股市，股票的分红派息都由证券交易所及登记公司协助进行。在分红时，深市的登记公司将会把分派的红股直接登录到股民的股票账户中，将现金红利通过股民开户的券商划拨到股民的资金账户。沪市上市公司对红股的处理方式与深市一致，但现金红利需要股民到券商处履行相关的手续，即股民在规定的期限内到柜台中将红利以现金红利权卖出，其红利款项由券商划入资金账户中。如逾期未办理手续，则需委托券商到证券交易所办理相关手续。

三、股票的分类

1. 按股东权利分类

（1）优先股。优先股是“普通股”的对称，是股份公司发行的在分配红利和剩余财产时比普通股具有优先权的股份。优先股也是一种没有期限的有权凭证，优先股股东一般不能在中途向公司要求退股（少数可赎回的优先股例外）。

优先股的主要特征有三个。

一是优先股通常预先定明股息收益率。由于优先股股息率事先固定，所以优先股的股息一般不会根据公司经营情况而增减，而且一般也不能参与公司的分红，但优先股可以先于普通股获得股息，对公司来说，由于股息固定，它不影响公司的利润分配。

二是优先股的权利范围小。优先股股东一般没有选举权和被选举权，对股份公司的重大经营无投票权，但在某些情况下可以享有投票权。

三是优先股享有优先权。如果公司股东大会需要讨论与优先股有关的索偿权，即优先股的索偿权先于普通股，而次于债权。

优先股的优先权主要表现在以下两个方面。

① 股息领取优先权。 股份公司分派股息的顺序是优先股在前，普通股在后。

② 剩余资产分配优先权。股份公司在解散、破产清算时，优先股具有公司剩余资产的分配优先权，不过，优先股的优先分配权在债权人之后，而在普通股之前。

（2）普通股。普通股是“优先股”的对称，是随企业利润变动而变动的一种股份，是公司资本构成中最普通、最基本的股份，是股份企业资金的基础部分。

普通股的基本特点是基投资利益（股息和分红）不是在购买时约定，而是事后根据股票发行公司的经营实际来确定，公司的经营实际好，普通股的收益就高；而经营实际差，普通股的收益就低。普通股是股份公司资本构成中最重要、最基本的股份，亦是风险最大的一种股份，但又是股票中最基本、最常见的一种。

一般可把普通股的特点概括为如下四点。

① 持有普通股的股东有权获得股利，但必须是在公司支付了债息和优先股的股息之后才能分得。普通股的股利是不固定的，一般视公司净利润的多少而定。当公司经营有方，利润不断递增时普通股能够比优先股多分得股利，股利率甚至可以超过 50%；但赶上公司经营不善的年头， 也可能连一分钱都得不到，甚至可能连本钱也赔掉。

② 当公司因破产或结业而进行清算时，普通股股东有权分得公司剩余资产，但普通股股东必须在公司的债权人、优先股股东之后才能分得财产，财产多时多分，少时少分，没有则只能作罢。由此可见，普通股股东与公司的命运更加息息相关，荣辱与共。当公司获得暴利时，普通股股东是主要的受益者；而当公司亏损时，他们又是主要的受损者。

③ 普通股股东一般都拥有发言权和表决权，即有权就公司重大问题进行发言和投票表决。普通股股东持有一股便有一股的投票权，持有两股便有两股的投票权。任何普通股股东都有资格参加公司最高级会议每年一次的股东大会，但如果不愿参加，也可以委托代理人来行使其投票权。

④ 普通股股东一般具有优先认股权，即当公司增发新普通股时，现有股东有权优先（可能还以低价）购买新发行的股票，以保持其对企业所有权的原百分比不变，从而维持其在公司中的权益。例如，某公司原有 1 万股普通股，而你拥有 100 股，占 1%，现在公司决定增发 10%的普通股，即增发 1 000 股， 那么你就有权以低于市价的价格购买其中的 1%，即 10 股，以便保持你持有股票的比例不变。

在发行新股票时，具有优先认股权的股东既可以行使其优先认股权，认购新增发的股票，也可以出售、转让其认股权。当然，在股东认为购买新股无利可图，而转让或出售认股权又比较困难或获利甚微时，也可以听任优先认股权过期而失效。公司提供认股权时，一般规定股权登记日期，股东只有在该日期内登记并缴付股款，方能取得认股权而优先认购新股。

（3）后配股。后配股是在利益或利息分红及剩余财产分配时比普通股处于劣势的股票，一般是在普通股分配之后，对剩余利益进行再分配。如果公司的盈利巨大，后配股的发行数量又很有限，则购买后配股的股东可以取得很高的收益。发行后配股，一般所筹措的资金不能立即产生收益，投资者的范围又受限制，因此利用率不高。

2. 按票面形态分类

（1）记名股。这种股票在发行时，票面上记载有股东的姓名，并记载于公司的股东名册上。记名股票的特点就是除持有者和其正式的委托代理人或合法继承人、受赠人外，任何人都不能行使其股权。另外，记名股票不能任意转让，转让时，既要将受让人的姓名、住址分别记载于股票票面，还要在公司的股东名册上办理过户手续，否则转让不能生效。显然这种股票有安全、不怕遗失的优点，但转让手续繁琐。这种股票如需要私自转让，例如发生继承和赠予等行为时，必须在转让行为发生后立即办理过户等手续。

（2）无记名股。此种股票在发行时，在股票上不记载股东的姓名。其持有者可自行转让股票，任何人一旦持有便享有股东的权利，无须再通过其他方式、途径证明有自己的股东资格。这种股票转让手续简便，但也应该通过证券市场的合法交易实现转让。

（3）面值股。有票面金额股票，简称金额股票或面额股票，是指在股票票面上记载一定的金额，如每股人民币 100 元、200 元等。金额股票给股票定了一个票面价值，这样就可以很容易地确定每一股份在该股份公司中所占的比例。

（4）无面值股。也称比例股票或无面额股票。股票发行时无票面价值记载，仅表明每股占资本总额的比例。其价值随公司财产的增减而增减。因此，这种股票的内在价值总是处于变动状态。这种股票最大的优点就是避免了公司实际资产与票面资产的背离，因为股票的面值往往是徒有虚名，人们关心的不是股票面值，而是股票价格。发行这种股票对公司管理、财务核算、法律责任等方面要求极高，因此只有在美国比较流行，而不少国家根本不允许发行。

3. 按股投资主体分类

我国上市公司的股份可以分为国有股、法人股和社会公众股。

国有股指有权代表国家投资的部门或机构以国有资产向公司投资形成的股份，包括以公司现有国有资产折算成的股份。由于我国大部分股份制企业都是由原国有大中型企业改制而来的，因此，国有股在公司股权中占有较大的比重。

法人股指企业法人或具有法人资格的事业单位和社会团体，以其依法可经营的资产向公司非上市流通股权部分投资所形成的股份。目前，在我国上市公司的股权结构中，法人股平均占 20%左右。根据法人股认购的对象，可将法人股进一步分为境内发起法人股、外资法人股和募集法人股三个部分。

社会公众股是指我国境内个人和机构，以其合法财产向公司可上市流通股权部分投资所形成的股份。

我国国有股和法人股目前还不能上市交易。国家股东和法人股东要转让股权，可以在法律许可的范围内，经证券主管部门批准，与合格机构投资者签订转让协议，一次性完成大宗股权的转移。由于国有股和法人股占总股本的比重平均超过 70%，在大多数情况下，要取得一家上市公司的控制股权，收购方需要从原国家股东和法人股东手中协议受让大宗股权。除少量公司职工股、内部职工股及转配股上市流通受一定限制外，绝大部分的社会公众股都可以上市流通交易。

4. 按上市地点分类

我国上市公司的股票有A股、B股、H股、N股、S股等的区分。这一区分主要依据股票的上市地点和所面对的投资者而定。

A股的正式名称是人民币普通股票。它是由我国境内的公司发行，供境内机构、组织或个人（不含香港、澳门、台湾地区的投资者）以人民币认购和交易的普通股股票。

B股的正式名称是人民币特种股票。它是以人民币标明面值，以外币认购和买卖，在境内（上海、深圳）证券交易所上市交易的。

B股的投资人限于：外国的自然人、法人和其他组织，香港、澳门、台湾地区的自然人、法人和其他组织，定居在国外的中国公民，中国证监会规定的其他投资人。现阶段B股的投资人，主要是上述几类中的机构投资者。

B股公司的注册地和上市地都在境内，只不过投资者在境外或在中国香港、澳门及台湾地区。H股，即注册地在内地、上市地在香港的外资股。香港的英文是Hong Kong，取其字首，在港上市外资股就叫做H股。依此类推，纽约的第一个英文字母是N，新加坡的第一个英文字母是S，纽约和新加坡上市的股票就分别叫做N股和S股。

5. 按公司业绩分类

我国上市公司的股票按公司业绩分类，有绩优股和垃圾股。

（1）绩优股就是业绩优良公司的股票，但对于绩优股的定义国内外却有所不同。在我国，投资者衡量绩优股的主要指标是每股税后利润和净资产收益率。

一般而言，每股税后利润在全体上市公司中处于中上地位，公司上市后净资产收益率连续三年显著超过10%的股票当属绩优股之列。在国外，绩优股主要指的是业绩优良且比较稳定的大公司股票。这些大公司经过长时间的努力，在行业内达到了较高的市场占有率，形成了经营规模优势，利润稳步增长，市场知名度很高。

绩优股具有较高的投资回报和投资价值。其公司拥有资金、市场、信誉等方面的优势，对各种市场变化具有较强的随机适应能力，绩优股的股价一般相对稳定且呈长期上升趋势。因此，绩优股总是受到投资者，尤其是从事长期投资的稳健型投资者的青睐。

（2）垃圾股与绩优股相对应，指的是业绩较差的公司的股票。这类上市公司或者由于行业前景不好，或者由于经营不善等，有的甚至进入亏损行列。其股票在市场上的表现萎靡不振，股价走低，交投不活跃，年终分红也差。投资者在考虑选择这些股票时，要有比较高的风险意识，切忌盲目跟风投机。

四、基金及其分类

1. 什么是基金

基金是指通过发行基金单位（或基金券）将投资者分散的资金集中起来，交由专业的托管人和管理人进行托管、管理，动用资金，投资于股票、债券、外汇、货币、实业等领域，以尽可以减少风险，获得收益，从而使资本得到增值，而资本的增值部分，也就是基金投资的收益归持有基金的投资者所有，专业的托管、管理机构收取一定比例的托管管理费用。

股票是以 1“股”为单位的，基金则是以“基金单位”为单位的，在基金初次发行时，将其基金总额划分为若干等额的整数份，每一份就是一个基金单位。例如，基金金泰发行时的基金总额共计 20 亿元，将其等分为 20 亿份，每一份即一个基金单位，代表投资者 1 元的投资额。

2. 基金的分类

（1）证券投资基金。证券投资基金指一种利益共享、风险共担的集合证券投资方式，即通过发行基金单位，集中投资者的资金，由基金托管人托管，由基金管理人管理和运用资金，从事股票、债券等金融工具投资。国际经验表明，基金对引导储蓄资金转化为投资、稳定和活跃证券市场、提高直接融资的比例、完善社会保障体系、完善金融结构具有极大的促进作用。我国证券投资基金的发展历程也表明，基金的发展与壮大，推动了证券市场的健康稳定发展和金融体系的健全完善，在国民经济和社会发展中发挥日益重要的作用。

证券投资基金的种类繁多，可按不同的方式进行分类。根据基金受益单位能否随时认购或赎回及转让方式的不同，可分为开放型基金和封闭型基金；根据投资基金的组织形式的不同，可分为公司型基金与契约型基金；根据投资基金投资对象的不同，可分为货币基金、债券基金、股票基金等。

我国证券投资基金开始于 1998 年 3 月，在较短的时间内就成功地实现了从封闭式基金到开放式基金、从资本市场到货币市场、从内资基金管理公司到合资基金管理公司、从境内投资到境外理财的几大历史性的跨越，走过了发达国家几十年上百年走过的历程，取得了举世瞩目的成绩。证券投资基金目前已经具有了相当规模，成为我国证券市场的最重要机构投资力量和广大投资者的最重要投资工具之一。

（2）开放式基金。开放式基金是指基金发行总额不固定，基金单位总数随时增减，投资者可以按基金的报价在国家规定的营业场所申购或者赎回基金单位的一种基金。

（3）封闭式基金。封闭式基金是指事先确定发行总额，在封闭期内基金单位总数不变，基金上市后投资者可以通过证券市场转让、买卖基金单位的一种基金。

（4）契约型基金。契约型基金又称为单位信托基金，是指投资者、管理人、托管人三者作为基金的当事人，通过签订基金契约的形式发行受益凭证而设立的一种基金。它是基于契约原理而组织起来的代理投资行为，没有基金章程，也没有公司董事会，而是通过基金企业来规范三方当事人的行为。基金管理人负责基金的管理操作。基金托管人作为基金资产的名义持有人，负责基金资产的保管和处置，对基金管理人的运作实行监督。

（5）公司型基金。公司型基金又叫做共同基金，指基金本身为一家股份有限公司，公司通过发行股票或受益凭证的方式来筹集资金，然后再由公司委托一家投资顾问公司进行投资。

（6）债券基金。债券基金是指全部或大部分投资于债券市场的基金。假如全部投资于债券，可以称其为纯债券基金，例如，华夏债券基金；假如大部分基金资产投资于债券，少部分可以投资于股票，可以称其为债券型基金，例如，南方宝元债券型基金，其规定债券投资占基金资产的45%～95%，股票投资的比例占基金资产的0～35%，股市不好时，则可以不持有股票。

（7）收入型基金。收入型基金是主要投资于可带来现金收入的有价证券，以获取当期的最大收入为目的。收入型基金资产成长的潜力较小，损失本金的风险相对也较低，一般可分为固定收入型基金和权益收入型基金。

（8）政府公债型基金。政府公债基金指专门投资于直接或间接由政府担保的有价证券的基金。投资对象包括国库券、国库本票、政府债券及政府机构发行的债券。投资于这种基金的最大优点是安全性高。因为它有政府担保，收益相对稳定，且流动性也大。

（9）公募基金。公募基金是指受我国政府主管部门监管的，向不特定投资者公开发行受益凭证的证券投资基金。例如目前国内证券市场上的封闭式基金属于公募基金。

（10）私募基金。私募基金是指非公开宣传的，私下向特定投资者募集资金进行的一种集合投资。

（11）股票基金。股票基金是指主要投资于股票市场的基金，这是一个相对的概念，并不是要求所有的资金买股票，也可以有少量资金投入到债券或其他的证券，我国有关法规规定，基金资产的不少于 20%的资金必须投资国债。一个基金是不是股票基金，往往要根据基金契约中规定的投资目标、投资范围去判断。国内所有上市交易的封闭式基金及大部分的开放式基金都是股票基金。

（12）成长型基金。成长型基金是基金中最常见的一种。该类基金的资产长期增值。为了达到这一目标，基金管理人通常将基金资产投资于信誉度较高的有长期成长前景或长期盈余的公司的股票。

（13）指数基金。指数基金是按指数化的方式进行投资的基金，简单地说，就是选择一定的市场的指数进行跟踪，被动地投资于市场，使得基金的收益与这个市场指数的收益一致。

（14）保本基金。保本基金是一种半封闭式的基金品种。基金在一定的投资期（如 3 年或 5 年）内为投资者提供一定固定比例（如 100%、102%或更高）的本金回报保证，除此之外还通过其他的一些高收益金融工具（如股票、衍生证券等）的投资保持了为投资者提供额外回报的潜力。投资者只要持有基金到期，就可以获得本金回报的保证。在市场波动较大或市场整体低迷的情况之下，保本基金为风险承受能力较低、同时又期望获取高于银行存款利息的回报并且以中至长线投资为目标的投资者提供了一种低风险又保有升值潜力的投资工具。

（15）交易所交易基金（Exchange-Traded Funds，ETF）和上市型开放式基金（Listed Open-end Fund，LOF）。交易所交易基金指的是可以在交易所交易的基金。交易所交易基金从法律结构上说仍然属于开放式基金，但它主要是在二级市场上以竞价方式交易；并且通常不准许现金申购及赎回，而是以一篮子股票来创设和赎回基金单位。对一般投资者而言，交易所交易基金主要还是在二级市场上进行买卖。

LOF 是指在交易所上市交易的开放式证券投资基金，也称为“上市型开放式基金”。LOF 的投资者既可以通过基金管理人或其委托的销售机构以基金净值进行基金的申购、赎回，也可以通过交易所市场以交易系统撮合成交价进行基金的买入、卖出。

（16）偿债基金。偿债基金亦称“减债基金”。国家或发行公司为偿还未到期公债或公司债而设置的专项基金；很多发达国家都设立了偿债基金制度。日本的偿债基金制度，是在日本明治三十九年根据国债整理基金特别会计法确定的。偿债基金一般是在债券实行分期偿还方式下才予设置。偿债基金一般是每年从发行公司盈余中按一定比例提取，也可以每年按固定金额或已发行债券比例提取。

（17）伞型基金。伞型基金也称“伞子基金”或“伞子结构基金”，是基金的一种组织形式。在这一组织结构下，基金发起人根据一份总的基金招募书，设立多支相互之间可以根据规定的程序及费率水平进行转换的基金，这些基金称为“子基金”或“成分基金”；而由这些子基金共同构成的这一基金体系被称为“伞型基金”。

（18）专项基金。专项基金（Special Funds）是指将资金专门投资于某一特定行业领域的股票基金产品。相对于一般股票基金而言，专项基金有效地缩小了投资范围，在选择投资对象方面具有更强的针对性；基金管理人可以把主要的研发精力集中于既定的行业领域，不仅提高了投资管理的专业化程度，也在一定程度上降低了管理成本。以美国的基金行业为例，较为常见的专项基金的投资领域包括了高科技、大众传媒、健康护理、金融、公用事业、自然资源、房地产等。

（19）货币市场基金。货币市场基金是投资于银行定期存款、商业本票、承兑汇票等风险低、流通性高的短期投资工具的基金品种，因此具有流通性好、低风险与收益较低的特性。

（20）平衡型基金。平衡型基金的投资目标是既要获得当期收入，又要追求长期增值，通常是把资金分散投资于股票和债券，以保证资金的安全性和盈利性。

（21）债券基金为什么分为 A、B、C 类。和股票型基金不同的是， 在债券基金中有些特殊的分类，如华夏债券和大成债券分 A、B、C 三类，而工银强债、招商安泰、博时稳定和鹏华普天分 A、B 两类。这之间到底有多少区别呢？ 首先，无论是 A、B、C 三类还是 A、B 两类， 其核心的区别在申购费上。

（22）QDII、QFII。QDII（Qualified Domestic Institutional Investors，中文意思是“合格的境内机构投资者”)，是指在资本项目未完全开放的情况下，允许政府所认可的境内金融投资机构到境外资本市场投资的机制。

QFII（Qualified Foreign Institutional Investors，中文意思是“合格的境外机构投资者”)，是指外国专业投资机构到境内投资的资格认定制度。作为一种过渡性制度安排，QFII 制度是在资本项目尚未完全开放的国家和地区，实现有序、稳妥开放证券市场的特殊通道。

QDII 与 QFII 正好是相对应的两种投资制度。

（23）混合型基金。一种在投资组合中既有成长型股票、收益型股票，又有债券等固定收益投资的共同基金。

混合型基金设计的目的是让投资者通过选择一款基金品种就能实现投资的多元化，而无须去分别购买风格不同的股票型基金、债券型基金和货币市场基金。混合型基金会同时使用激进和保守的投资策略，其回报和风险要低于股票型基金，高于债券和货币市场基金，是一种风险适中的理财产品。一些运作良好的混合型基金回报甚至会超过股票基金的水平。

（24）生命周期基金。生命周期基金是根据基金目标持有人的年龄不断调整投资组合的一种证券投资基金。

生命周期基金一般都有一个时间上的目标期限，随着所设定目标时间的临近，基金会不断调整其投资组合，降低基金资产的风险，追求在和目标持有人在生命不同阶段的风险承受能力相适应的前提下，实现资本的最大增值。

五、权证

1. 权证的概念及其分类

权证是指由特定发行人发行的，约定持有人在规定期间内或特定到期日，有权按约定价格向发行人购买或出售标的证券，或以现金结算等方式收取结算差价的有价证券。

权证分为两种：一种是认购权证，指持有人有权利在某段期间内以预先约定的价格向发行人购买特定数量的标的证券，其实质是一个看涨期权；另一种是认沽权证，指持有人有权利在某段期间内以预先约定的价格向发行人出售特定数量的标的证券，其实质是一个看跌期权。认沽权证亦分为欧式和美式认沽权证。美式认沽权证允许持有人在股证上市日至到期日期间任何时间均可行使其权利；而欧式认沽权证的持有人只可以在到期日当日行使其权利。目前我国主要是欧式权证。

2. 权证交易的基础知识

（1）权证交易。权证的买卖与股票相似，投资者可以通过券商提供的诸如电脑终端、网上交易平台、电话委托等申报渠道输入账户、权证代码、价格、数量和买卖方向等信息就可以买卖权证。所需账户就是股票账户，已有股票账户的投资者不用开设新的账户。

（2）权证申报限制。权证买卖单笔申报数量不超过 100 万份，申报价格最小变动单位为 0.001 元人民币。 权证买入申报数量为 100 份的整数倍，也就是说投资者每次申报买入的最少数量应为 100 份，或 100 的整数倍。如可以买入 100 份、1200 份等，但不得申报买入 99 份、160 份等。 权证卖出申报数量没有限制，对于投资者持有的不到 100 份的权证，如 99 份权证也可以申报卖出。

（3）权证交易方式。权证实行 T+0 交易，与股票交易当日买进当日不得卖出不同，权证实行 T+0 交易，即当日买进的权证，当日可以卖出。

（4）权证涨跌幅限制。权证交易实行价格涨跌幅限制，但与股票涨跌幅采取的 10%的比例限制不同，权证涨跌幅是以涨跌幅的价格而不是百分比来限制的，具体按下列公式计算：权证涨幅价格=权证前一日收盘价格+(标的证券当日涨幅价格−标的证券前一日收盘价)×125%×行权比例；权证跌幅价格=权证前一日收盘价格−(标的证券前一日收盘价−标的证券当日跌幅价格)×125%×行权比例。当计算结果小于等于零时，权证跌幅价格为零。举例：某日权证的收盘价是 2 元，标的股票的收盘价是 10 元。第二天，标的股票涨停至 11 元，如果权证也涨停，按上面的公式计算，权证的涨停价格为 2+(11−10)×125％=3.25 元，此时权证的涨幅百分比为(3.25−2)/2×100％＝62.5％。

六、期货投资基础知识

1. 什么是期货

所谓期货，一般指期货合约，就是指由期货交易所统一制定的、规定在将来某一特定的时间和地点交割一定数量标的物的标准化合约。这个标的物又叫基础资产，对期货合约所对应的现货，可以是某种商品，如铜或原油，也可以是某个金融工具，如外汇、债券，还可以是某个金融指标，如三个月同业拆借利率或股票指数。期货合约的买方，如果将合约持有到期，那么他有义务买入期货合约对应的标的物；而期货合约的卖方，如果将合约持有到期，那么他有义务卖出期货合约对应的标的物（有些期货合约在到期时不是进行实物交割而是结算差价，例如，股指期货到期就是按照现货指数的某个平均来对在手的期货合约进行最后结算）。当然，期货合约的交易者还可以选择在合约到期前进行反向买卖来冲销这种义务。

广义的期货概念还包括了交易所交易的期权合约。大多数期货交易所同时上市期货与期权品种。

2. 期货有哪些种类

期货可以大致分为商品期货与金融期货两大类。商品期货中主要品种可以分为农产品期货和金属期货、金属期货包括基础金属与贵金属期货、能源期货三大类；金融期货中主要品种可以分为外汇期货、利率期货包括中长期债券期货和短期利率期货和股指期货。所谓股指期货，就是以股票指数为标的物的期货。双方交易的是一定期限后的股票指数价格水平，通过现金结算差价来进行交割。

所谓利率期货是指以债券类证券为标的物的期货合约，它可以回避银行利率波动所引起的证券价格变动的风险。利率期货的种类繁多，分类方法也有多种。通常，按照合约标的的期限，利率期货可分为短期利率期货和长期利率期货两大类。

所谓外汇期货，是指以汇率为标的物的期货合约，用来回避汇率风险。它是金融期货中最早出现的品种。目前，外汇期货交易的主要品种有美元、英镑、德国马克、日元、瑞士法郎、加拿大元、澳大利亚元、法国法郎、荷兰盾等。从世界范围看，外汇期货的主要市场在美国。

3. 股指期货与股票，有哪些不同点

股指期货与股票相比，有以下几个非常鲜明的特点，这对股票投资者来说尤为重要。

（1）期货合约有到期日，不能无限期持有。股票买入后可以一直持有，正常情况下股票数量不会减少。但股指期货都有固定的到期日，到期就要摘牌。因此交易股指期货不能像买卖股票一样，交易后就不管了，必须注意合约到期日，以决定是提前了结头寸，还是等待合约到期（好在股指期货是现金结算交割，不需要实际交割股票），或者将头寸转到下一个月。

（2）期货合约是保证金交易，必须每天结算。股指期货合约采用保证金交易，一般只要付出合约面值约 10%～15%的资金就可以买卖一张合约，这一方面提高了盈利的空间，但另一方面也带来了风险，因此必须每日结算盈亏。买入股票后在卖出以前，账面盈亏都是不结算的。但股指期货不同，交易后每天要按照结算价对持有在手的合约进行结算，账面盈利可以提走，但账面亏损第二天开盘前必须补足（即追加保证金）。而且由于是保证金交易，亏损额甚至可能超过你的投资本金，这一点和股票交易不同。

（3）期货合约可以卖空。股指期货合约可以十分方便地卖空，等价格回落后再买回。股票融券交易也可以卖空，但难度相对较大。当然一旦卖空后价格不跌反涨，投资者会面临损失。

（4）市场的流动性较高。有研究表明，指数期货市场的流动性明显高于股票现货市场。如在 1991 年，FTSE-100 指数期货交易量就已达 850 亿英镑。

（5）股指期货实行现金交割方式。期指市场虽然是建立在股票市场基础之上的衍生市场，但期指交割以现金形式进行，即在交割时只计算盈亏而不转移实物，在期指合约的交割期投资者完全不必购买或者抛出相应的股票来履行合约义务，这就避免了在交割期股票市场出现“挤市”的现象。

（6）一般来说，股指期货市场是专注于根据宏观经济资料进行的买卖，而现货市场则专注于根据个别公司状况进行的买卖。

任务二　金融业经营策略

任务引入

彼得·林奇的操作策略

作为价值投资的另一面大旗，彼得·林奇的操作策略无疑极具参考价值，但林奇的操作方式只有天才能做得到。我们要学习的是其基本的战略指导思想，和那些对巴式投资者有价值的战术细节，而不是同时持有上千只股票和令人眼花缭乱的每年数千次买卖。

第一部分：投资哲理

当前那些著名的投资者中，彼得·林奇的名声几乎无人能敌。这不仅仅在于他的投资方式成功通过了实践的检验，而且他坚定的地认为，个人投资者在运用他的投资方法时，较华尔街和大户投资者更具独特优势，因为个人投资者不受政府政策及短期行为的影响，其方法运用更加灵活。

林奇在富达基金管理公司总结出了自己的投资原则，并且在管理富达的麦哲伦基金中逐渐享誉盛名。自他 1977 年开始管理这支基金到 1990 年退休，该基金一直位居排名最高的股票型基金行列。

林奇的选股切入点严格遵循自下而上的基本面分析，即集中关注投资者自己所熟悉的股票，运用基本分析法以更全面地理解公司行为，这些基础分析包括：充分了解公司本身的经营现状、前景和竞争环境，以及该股票能否以合理价格买入。其基本战略在他最畅销的一本书 *One Up on Wall Street* （Penguin Books paperback, 1989）里有详尽描述。这本书在帮助个人投资者理解并运用他的方法上给予诸多指导。他最近的一本书 *Beating the Street* （Fireside/Simon & Schuster paperback, 1994）则进一步强调了他第一本书的主题，并提供了他在投资中如何选择公司及行业的具体案例。

不要相信专家意见

彼得·林奇是华尔街著名投资公司麦哲伦公司的总经理。上任几年间他便使公司资产由2 000万美元增长至90亿美元，《时代》周刊称他为“第一理财家”，《幸福》杂志则赞誉他为“股票投资领域的最成功者……一位超级投资巨星”。他在投资理念上有自己独到的见解，也许能给投资理财者一些启发。

（1）不要相信各种理论。多少世纪以前，人们听到公鸡叫后太阳升起，于是认为太阳之所以升起是由于公鸡打鸣。今天，鸡叫如故。但是每天为解释股市上涨的原因及华尔街产生影响的新论点，却总让人困惑不已。例如，某一会议赢得大酒杯奖啦，日本人不高兴啦，某种趋势线被阻断啦，“每当我听到此类理论。我总是想起那打鸣的公鸡”。

（2）不要相信专家意见。专家们不能预测到任何东西。虽然利率和股市之间确实存在着微妙的相互联系，我却不信谁能用金融规律来提前说明利率的变化方向。

（3）不要相信数学分析。“股票投资是一门艺术，而不是一门科学”。对于那些受到呆板的数学分析训练的人，处处都会遇到不利因素，如果可以通过数学分析来确定选择什么样的股票的话，还不如用电脑算命。选择股票的决策不是通过数学做出的，你在股市上需要的全部数学知识是你上小学四年级就学会了的。

（4）不要相信投资天赋。在股票选择方面，没有世袭的技巧。尽管许多人认为别人生来就是股票投资人，而把自己的失利归咎为悲剧性的天生缺陷。我的成长历程说明，事实并非如此。在我的摇篮上并没有吊着股票行情收录机，我长乳牙时也没有咬过股市交易记录单，这与人们所传贝利婴儿时期就会反弹足球的早慧截然相反。

（5）投资才能不是来源于华尔街的专家，你本身就具有这种才能。如果你运用自己的才能，投资所熟悉的公司或行业，你就能超过专家。

（6）每支股票后面都有一家公司，了解公司在干什么！了解自己拥有的（股票）和为什么要拥有它。“这支股票一定要涨”的说法并不可靠。

（7）拥有股票就像养孩子一样——不要养得太多而管不过来。业余选股者大约有时间跟踪8~12家公司，在有条件买卖股票时，同一时间的投资组合不要超过5家公司。

（8）读不懂某一公司的财务情况时，不要投资。股市的最大亏损源于投资了在资产负债方面很糟糕的公司。先看资产负债表，搞清该公司是否有偿债能力，然后再投钱冒险。

（9）避开热门行业里的热门股票。被冷落，不再增长的行业里的好公司总会是大赢家。

（10）对于小公司，最好等到他们盈利后再投资。

（11）公司经营的成功往往几个月甚至几年都和它的股票的成功不同步。从长远看，它们百分之百相关。这种不一致才是赚钱的关键，耐心和拥有成功的公司，终将得到厚报。

（12）如果投资1 000美元于一支股票，最多损失1 000美元，而且如果你有耐心的话，还有等到赚10 000美元的机会。一般人可以集中投资于几个好的公司，基金管理人却不得不分散投资。股票的支数太多，就会失去集中的优势，几支大赚的股票就足以使投资生涯有价值了。

（13）在全国的每一行业和地区，仔细观察的业余投资者都可以在职业投资者之前发现有增长前景的公司。

（14）股市下跌就像科罗拉多一月的暴风雪一样平常，如果你有准备，它并不能伤害你。下跌正是好机会，去捡那些慌忙逃离风暴的投资者丢下的廉价货。

（15）每人都有炒股赚钱的脑力，但不是每人都有这样的肚量。如果你动不动就闻风出逃，就不要碰股票，也不要买股票基金。

（16）事情是担心不完的。避开周末悲观，也不要理会股评人士大胆的最新预测。卖股票是因为该公司的基本面变坏，而不是因为天要塌下来。

（17）没有人能预测利率、经济或股市未来的走向，抛开这样的预测，注意观察自己投资的公司究竟在发生什么事。

（18）拥有优质公司的股份时，时间站在你的一边。你可以等待，即使在前五年没买沃玛特，在下一个五年里，它仍然是很好的股票。当你买的是期权时，时间却站在了你的对面。

（19）如果你有买股票的肚量，但却没有时间也不想做家庭作业，就投资证券互助基金好了。当然，这也要分散投资。你应该买几支不同的基金，它们的经理追求不同的投资风格：价值型、小型公司、大型公司等。投资六支相同风格的基金不叫分散投资。

（20）资本利得税惩罚的是那些频繁换基金的人。当投资的一支或几支基金表现良好时，不要随意抛弃它们，要抓住它们不放。

基本原则：投资于你所熟悉的股票

林奇是善于挖掘“业绩”的投资者。即每只股票的选择都建立在对公司成长前景的良好期望上。这个期望来自于公司的“业绩”——公司计划做什么或者准备做什么，来达到所期望的结果。对公司越熟悉，就能更好地理解其经营情况和所处的竞争环境，找到一个能够实现好“业绩”公司的几率就越大。因此林奇强烈提倡投资于你所熟悉的，或者其产品和服务你能够理解的公司。林奇表示，在他的投资选择中，他认为“汽车旅馆好过纤维光学”，从而在投资过程中，将你作为一个消费者、业余爱好者以及专业人士的三方面知识很好地平衡结合起来。

林奇不提倡将投资者局限于某一类型的股票。他的“业绩”方式，相反是鼓励投资于那些有多种理由能达到良好预期的公司。通常他倾向于一些小型的、适度快速成长的、定价合理的公司。

投资之前应进行研究。林奇发现许多人买股票只凭借预感或是小道消息，而不做任何研究。通常这一类型的投资者都将大量时间耗费在寻找市场上谁是最好的咖啡生产商，然后在纸上计算谁的股票价格最便宜。

第二部分：寻找买点

虽然彼得·林奇选股着重于基本面并毫不留情地剔除弱势公司，他的一些基本原则在筛选判别中还是非常具有实用价值的。我们的首次筛选会排除金融类股。彼得·林奇是个标准的金融股迷，而且在《战胜华尔街》这本书中，他提供了一系列银行类股的筛选方法。不过在我们讨论范围内得排除银行股，因为他们的资金运作很难同其他公司做比较。

如何买进

找到一个好的公司，我们的投资战略还只成功了一半，如何以一个合理的价格买进，是成功的另一半。林奇在评定股票价值时，对公司盈利水平和资产评估两方面都很关注。盈利评估集中于考察企业未来获取收益的能力。期望收益越高，公司价值越大，盈利能力的增强即意味着股票价格的上扬。资产评估在决定一个公司资产重组过程中非常有指导意义。

仔细分析市盈率

公司潜在的盈利能力是决定公司价值的基础。有时候市场预期会比较超前，以至于以过高的预期高估股票价值，而市盈率则能时刻帮你检查股价是否存在泡沫。该指针比较股票现价与新近公布的每股盈利。一般而言，成长性高的股票允许有较高的市盈率，成长性差的股票市盈率就低。

市盈率如何与其历史平均水平纵向比较？通过研究市盈率在很长时期中的表现，我们应该对该指针的正常水平有个基本的判断能力。这方面的知识帮我们回避那些价格被过高估计的股票，或是适时警告我们：是该抛出这些股票的时候了。假设一个公司各方面都让人满意，但如果价格太高，我们还是应该回避。我们下一步的筛选在于目前市盈率低于过去五年平均水平的公司。这个原则相对严格，除了考察公司目前的价值水平，还要求五年的业绩正增长。

市盈率如何与行业平均水平比较。这个比较能帮助我们认识到公司与整个行业相比股票价格上是否被低估，或至少有助于我们发现这只股票的定价是否与众不同？不同的原因是在于公司本身成长性差？还是股票价值被忽略？林奇认为最理想的是能够发现那些被市场忽略的公司——在某个垄断性强且进入壁垒高的行业占有一定份额。然后再从这些筛选结果里找出市盈率低于整个行业平均水平的公司，这才是我们的最终目标。

第三部分：成长中保持合理价格

选股的最后一个要点，选择市盈率低于公司历史平均水平以及行业一般水平的股票。这一部分我们能看出，彼得·林奇在价值与成长性两者间是怎样找到平衡点的。

比较市盈率与盈利增长率（即 PEG 指标）

具有良好成长性的公司市盈率一般较高。一个有效的评估方法就是比较公司市盈率和盈利增长率。市盈率为历史盈利增长率一半被认为是较有吸引力的，而这个比值高于 2 就不太妙了。

林奇调整了评估方法，除盈利增长率外，他还将股息生息率考虑在内。这个调整认可了股息对投资者所得利润的补偿价值。具体计算方法：用市盈率除以盈利增长率与股息生息率之和。调整后，比率高于 1 被排除，低于 0.5 较有吸引力。我们的选股也用到这个指针，以 0.5 为分界点。

盈利是否稳定持续

历史盈利水平非常重要。股价不可能脱离盈利水平，所以盈利的增长方式能展示一个公司的稳定性与综合实力。最理想的状态是盈利能够持续的保持增长。在实际操作中我们并不会用到任何盈利稳定性指针，但是我们在筛选时应收集每只股票七年的盈利资料。

回避热门行业的热门公司

林奇倾向投资于非成长行业内盈利适度高度增长（20%~25%）的公司。极度高速的盈利增长率是很难持续的，但公司若能持续性地保持高速增长，则股价上扬就在我们可接受范围内了。高成长水平的公司及行业总会吸引大批投资者和竞争者的目光，前者会一窝蜂地哄抬股价，后者则会时不时地给公司经营环境找些麻烦。我们的目标就是要找出每股盈利增长率不高于 50%的公司。

第四部分：规模对投资有何影响

现在我们集中考察市场资金和机构投资者是否对我们所选股票有兴趣。

什么是机构持有水平

林奇认为好的股票往往处于被华尔街忽视的地位。机构持有率越低，相关分析越少，该股票越值得我们关注。

公司规模多大

小公司较大公司有更大的成长潜力。小公司更易扩张规模，而大公司扩张很有限。

资产负债表

资产负债表状况如何？合理的资产负债表反映了公司是在扩张还是陷入了困境。林奇对于公司的银行负债极其敏感，因为这些负债时刻有被银行收回的风险。小规模的公司与大规模公司相比，很难通过债券市场融资，因此常通过银行贷款。仔细阅读公司的财务报表，尤其是报表中的注释，有助于看出银行贷款的作用。我们最后一步是确定公司总负债与资产比低于行业平均水平。之所以用总负债这个指针，是因为这个资料包括了所有形式的负债，与行业水平相比较则是因为不同行业比率有不同。通常较高资本密集度和收益相对稳定的行业，负债率也较高。

第五部分：其他要点

每股净现金

林奇喜欢考察每股净现金水平，看其是否对股票价格有支撑作用，并以此考察公司的财务实力。每股净现金的计算方法：(现金和现金等价物−长期负债)/总股本。每股净现金反应了公司背后的资产，并且对那些处于困境的、即将转型或是资本运作的公司都是重要部分。

内部人员是否买这只股票

内部人员买入股票是个有利信号，尤其是这个信号在许多投资者间传播开来。然而内部人员卖出股票可能有很多原因，他们一般在感觉到这是个吸引人的投资时买入。

公司回购股票吗

林奇尤其欣赏从那些期望进入其他领域的公司回购自己股票的公司。公司进入成熟期，资金流量超过需求时，就会考虑在市场上回购股票。这种回购行为为股票价格形成支撑点，而且通常发生在公司管理者感觉股票市场价格较低的时候。

股票选择要点

分析应集中于以下影响股票价格的因素。

1. 寻找市盈率相对盈利增长率和股息生息率来说较低的股票

——市盈率与盈利增长率和股息生息率相比较

2. 寻找市盈率较历史水平低的股票

——市盈率与其历史水平相比较

3. 寻找市盈率低于行业平均水平的股票

——市盈率与行业平均水平相比较

4. 研究公司的盈利模式，尤其是他们如何应对不景气时期

——盈利是否持续稳定

5. 寻找负债较低的公司，尤其是银行负债

——资产负债表是否良好

6. 每股净现金与股票价格高度相关

——现金运用恰当与否

7. 密切关注盈利增长率高于50%的公司

——回避热点行业的热点公司

8. 小公司更值得关注，他们有更大的成长空间

——大公司成长缓慢，小公司有更高的成长速度

9. 寻找被机构投资者持有率低以及市场跟踪少的股票

——机构持有水平是多少

10. 内部人购买股票是个有利信号

——有内部人购进股票吗

——公司是否在市场上回购股票

资料来源：http://school.stockstar.com/people_SS2008061230175092_0.shtml（有删减）

投资经理人——彼得·林奇的从事金融行业的经历，会给我们很多启发，请你也来

考虑以下两个方面的任务。

任务一：金融投资的心理素质。

任务二：金融投资的战略。

任务分析

对金融业创业，投资专家彼得·林奇的敬业精神及专业技能值得我们学习与借鉴。

同时经过对彼得·林奇的投资分析，发现他有一项很重要的法则：正确地通过认识账面价值和隐藏价值来对公司进行估值。

要对公司进行估值我们需先了解市盈率这个很重要的概念。市盈率指在一个考察期（通常为 12 个月的时间）内，股票价格和每股收益的比率。计算公式为：

$$\text{P/E Ratio}=\frac{\text{Price per Share}}{\text{Earnings per Share}}$$

“P/E Ratio”表示市盈率；“Price per Share”表示每股税后利润之比（P/E），该指标是衡量股票投资价值的一种动态指标。

市盈率和市净率指标是估值的基础，但彼得·林奇的实践经验却告诫投资者，可能是因为这些指标太容易获得，账面价值经常会出现高估或者低估公司真实价值的情况。例如，巴菲特的投资旗舰哈撒威公司最初源自收购新贝德福德纺织厂，借壳重组多年后，巴菲特决定彻底剥离纺织产业。此时问题出现了，织布机的账面价值高达 86.6 万美元，但最终拍卖时这些账面计价每台 5 000 美元的织布机仅能卖得每台 26 美元，此价格甚至比拖走这些织布机的运费还要低。

另有案例令彼得·林奇始终难忘：1976 年艾伦伍德钢铁公司破产前夕，账面价值是 3 200 万美元，每股高达 40 美元。问题在于这些账面上的炼钢优质资产，却因为设计和操作上的缺陷，难以正常开工，最终破产偿债时，这些优质资产只能当废品卖了。

而与账面资产高估形成鲜明对比的是隐藏资产的低估，典型案例是资源型企业。彼得·林奇曾举例：“有时你会发现一家石油公司在地下储存了 40 年的石油存货，其账面价值是以几十年前罗斯福时期购买时的成本入账的。”又有彼得·林奇投资时代的经典案例：波士顿第五频道电视台账面价值仅 250 万美元，但在 20 世纪 80 年代以 4.5 亿美元出售易主，也就是说这家电视台的账面价值被低估了 180 倍，因为该电视台在被收售前始终是以最初建设成本入账的。

近年来海内外类似的隐藏价值案例皆有，例如，中国铝业仅仅在数年前还是巨额亏损，但是现在却盈利超过 40 亿元人民币；默多克收购道琼斯整整溢价一倍，即使如此慷慨尚且历经艰难；而 SEB 国际收购境内股市苏泊尔，价格也是一涨再涨，显然这些公司的账面价值都曾经被低估了。另有一些隐藏资产案例则较复杂，只有业内才能窥其奥秘公司，例如，三一重工掌门人向文波曾质疑凯雷低价收购徐工，间接揭示了徐工隐藏价值的奥秘；都说地产股受益人民币升值，其实也有低估和高估之分，地产业是典型的成本在以前、收益在现在的资产股，因此那些土地或自有物业很早就入账的地产、商业股隐藏价值被低估的概率高，而现在高价拿地或租赁物业为主的地产、商业股则有可能被高估。

最后，彼得•林奇另有一则重要经验值得投资者借鉴，即超乎一般基金经理人的勤奋。正所谓勤能补拙，天道酬勤。价值投资非易事，研究更加需要韧劲和耐心。

知识链接

一、基本面分析

1. 基本面分析的主要内容

所谓基本面，是指对影响股票市场走势的一些基础性因素的状况，通过对基本面进行分析，可以把握决定股价变动的基本因素，是股票投资分析的基础。

基本面因素主要包括以下几项。

（1）宏观经济状况。从长期和根本上看，股票市场的走势和变化是由一国经济发展水平和经济景气状况所决定的，股票市场价格波动也在很大程度上反映了宏观经济状况的变化。从国外证券市场历史走势不难发现，股票市场的变动趋势大体上与经济周期相吻合。在经济繁荣时期，企业经营状况好，盈利多，其股票价格也在上涨。经济不景气时，企业收入减少，利润下降，也将导致其股票价格不断下跌。但是股票市场的走势与经济周期在时间上并不是完全一致的，通常，股票市场的变化要有一定的超前，因此股市价格被称为是宏观经济的晴雨表。

（2）利率水平。在影响股票市场走势的诸多因素中，利率是一个比较敏感的因素。一般来说，利率上升，可能会将一部分资金吸引到银行储蓄系统，从而减少了股票市场的资金量，对股价造成一定的影响。同时，由于利率上升，企业经营成本增加，利润减少，也相应地会使股票价格有所下跌。反之，利率降低，人们出于保值增值的内在需要，可能会将更多的资金投向股市，从而刺激股票价格的上涨。同时，由于利率降低，企业经营成本降低，利润增加，也相应地促使股票价格上涨。

（3）通货膨胀。这一因素对股票市场走势有利也有弊，既有刺激市场的作用，又有压抑市场的作用，但总的来看是弊大于利，它会推动股市的泡沫成分加大。在通货膨胀初期，由于货币供应增加会刺激生产和消费，增加企业的盈利，从而促使股票价格上涨。但通货膨胀到了一定程度时，将会推动利率上扬，从而促使股价下跌。

（4）企业素质。对于具体的个股而言，影响其价位高低的主要因素在于企业本身的内在素质，包括财务状况、经营情况、管理水平、技术能力、市场大小、行业特点、发展潜力等一系列因素。

（5）政治因素。指对股票市场发生直接或间接影响的政治方面的原因，如国际的政治形势、政治事件、国家之间的关系、重要政治领导人的变换等，这些都会对股价产生巨大的、突发性的影响。这也是基本面中应该考虑的一个重要方面。

2. 上市公司经营管理能力分析

上市公司经营管理能力分析，是基本面分析的很重要的一个环节，主要包括以下几个方面。

（1）公司管理人员的素质和能力分析。所谓素质，是指一个人的品质、性格、学识、能力、体质等方面特性的总和。在现代企业里，管理人员不仅担负着对企业生产经营活动进行计划、组织、指挥、控制等管理职能，而且从不同角度和方面负责或参与对各类非管理人员的选择、使用与培训工作。因此，管理人员的素质是决定企业能否取得成功的一个重要因素。在现代市场经济条件下，企业面临的内外环境日益复杂，对公司管理人员的要求也不断提高。在一定意义上，是否有卓越的企业管理人员和管理人员集团，直接决定着企业的经营成败。显然，才智平庸、软弱无能者是无法担当起有效管理企业的重任的。所以，现代企业管理职能客观上要求企业管理人员具有相应的良好素质。换言之，良好的管理人员的素质是提高管理的不可或缺的重要条件。管理人员的素质要求是指从事企业管理工作的人员应当具备的基本品质、素养和能力，它是选拔管理人员担任相应职务的依据和标准，也是决定管理者工作效能的先决条件。对管理人员的素质分析是公司分析的重要组成部分。一般而言，企业的管理人员应该具备如下素质。

① 从事管理工作的愿望。企业管理是组织、引导和影响他人为实现组织目标而努力的专业性工作，胜任这一工作的前提条件是必须具有从事管理工作的愿望。只有那些具有影响他人的强烈愿望，并能从管理工作中获得乐趣、真正得到满足的人，才可能成为一个有效的管理者；反之，倘若没有从事管理工作对他人施加影响的愿望，个人就不会花费时间和精力去探索管理活动的规律性和方法，亦缺乏做好管理工作的动力，不可能致力于提高他人的工作效率，难以成为一个优秀的管理者。

② 专业技术能力。管理人员应当具备处理专门业务技术问题的能力，包括掌握必要的专业知识，能够从事专业问题的分析研究，能够熟练运用专业工具和方法等。这是由于企业的各项管理工作，不论是综合性管理亦或职能管理，都有其特定的技术要求。如计划管理要求掌握制订计划的基本方法和各项经济指标的内在联系，能够综合分析企业的经营状况和预测未来的发展趋势，善于运用有关计算工具和预测方法。要胜任计划管理工作，就必须具备上述专业能力。因此，管理人员应当是所从事管理工作的专家。此外，就管理对

象的业务活动而言，管理人员虽然不一定直接从事具体的技术操作，但必须精通有关业务技术特点，否则就无法对业务活动出现的问题作出准确判断，也不可能从技术上给下级职工以正确指导，这会使管理人员的影响力和工作效能受到很大限制。

③ 良好的道德品质修养。管理人员能否有效影响和激发他人的工作动机，不仅决定于企业组织赋予管理者个人的职权大小，而且在很大程度上取决于个人的影响力。而构成影响力的主要因素是管理者的道德品质修养，包括思想品德、工作作风、生活作风、性格气质等方面。管理者只有具备能对他人起到榜样、楷模作用的道德品质修养，才能赢得被管理者的尊敬和信赖，建立起威信和威望，使之自觉接受管理者的影响，提高管理工作的效果；反之，管理人员如果不具有良好的道德品质修养，甚至低于一般规范，则非但无法正常行使职权，反而会抵消管理工作中其他推动力的作用，影响下级工作的积极性。

④ 人际关系协调能力。这是从事管理工作必须具备的基本能力。在企业组织中，管理人员通常担负着带领和推动某一部门、环节的若干个人或群体共同从事生产经营活动的职责，因此，需要管理人员具有较强的组织能力，能够按照分工协作的要求合理分配人员，布置工作任务，调节工作进程，将计划目标转化为每个员工的实际行动，促进生产经营过程连续有序地稳定进行。不仅如此，为了充分发挥协作劳动的集体力量，适应企业内外联系日益复杂的要求，管理人员应成为有效的协调者，善于协调工作群体内部各个成员之间以及部门内各工作群体之间的关系，鼓励职工与群体发挥合作精神，创造和谐融洽的组织气氛；同时要善于处理与企业有直接或间接关系的各种社会集团及个人的关系，妥善化解矛盾，避免冲突和纠纷，最大限度地争取社会各界公众的理解、信任、合作与支持，为企业的发展创造良好的外部环境。

⑤ 综合能力。现代市场经济条件下，企业作为不断与外部环境进行信息、物质与人才转换的开放系统，生产经营过程具有明显的动态性质，即需要随时根据市场环境的变化做出反应和调整。与这一状况相适应，管理工作经常面对大量的新情况、新问题。在一定意义上，管理过程就是不断发现问题、解决问题的过程。为此，管理人员必须具备较强的解决问题的能力，要能够敏锐地发现问题的所在，迅速提出解决问题的各种措施和途径，善于讲求方式方法和处理技巧，使得问题得到及时、妥善的解决。在解决问题的过程中，决策能力具有至关重要的作用。现代管理中管理人员，特别是高层管理人员面临的非程序性、非规范化问题越来越多，在没有先例可循的情况下，管理人员必须具有较高的决策能力，要善于在全面收集、整理信息的基础上，准确判断，大胆拍板，从各种备选方案中果断地选择最优方案，并将决策方案付诸实施。不同层次的管理人员所需要的能力构成也有所不同。一般来说，专业技术能力对基层管理人员显得比较重要，中层管理人员次之，高层管理人员则不需要太强的专业技术能力。基层管理者日常管理工作中面对的大量问题是技术问题，必须有熟练的专业技术能力和深厚的专业基础知识才能胜任。综合能力对高层管理

人员最重要，因为高层管理者承担企业重大战略决策、协调内外环境平衡的职能，专业问题可以委托职能部门的参谋人员去解决，但是最终的决策必须由自己承担。人际关系协调能力对每个管理层次都很重要，但不同管理层次人际关系协调能力的类型有所不同。基层管理者需要协调基层操作人员工作协作、配合方面的能力；中层管理人员既要协调上级和下级单位之间的关系，也要承担大量的横向协调职能；高层管理人员主要承担企业外部关系的协调职能，为企业营造一个良好的环境。

（2）公司管理风格及经营理念分析。管理风格是企业在管理过程中所一贯坚持的原则、目标及方式等方面的总称。经营理念是企业发展一贯坚持的一种核心思想，是公司员工坚守的基本信条，也是企业制定战略目标及实施战术的前提条件和基本依据。一个企业不必追求“宏伟的”理念，而应建立一个切合自身实际的，并能贯彻渗透下去的理念体系。经营理念往往是管理风格形成的前提。一般而言，公司的管理风格和经营理念有稳健型和创新型两种。稳健型公司的特点是在管理风格和经营理念上以稳健原则为核心，一般不会轻易改变业已形成的管理和经营模式。因为成熟模式是企业内部经过各方面反复探索、学习、调整和适应才形成的，意味着企业的发展达到了较理想的状态。奉行稳健型原则的公司的发展一般较为平稳，大起大落的情况较少，但是由于不太愿意从事风险较高的经营活动，公司较难获得超额利润，跳跃式增长的可能性较小，而且有时由于过于稳健，会丧失大发展的良机。稳健并不排斥创新，由于企业面临的生存发展环境在不断变化之中，企业也需要在坚持稳健的原则下不断调整自己的管理方式和经营策略以适应外部环境的变化。如果排斥创新的话，稳健型的公司也可能会遭遇失败。创新型公司的特点是管理风格和经营理念上以创新为核心，公司在经营活动中的开拓能力较强。创新型的管理风格是此类公司获得持续竞争力的关键。管理创新是指管理人员借助于系统的观点，利用新思维、新技术、新方法，创造一种新的更有效的资源整合方式，以促进企业管理系统综合效益的不断提高，达到以尽可能少的投入获得尽可能多的综合效益，具有动态反馈机制的全过程管理目的。管理创新应贯穿于企业管理系统的各环节，包括经营理念、战略决策、组织结构、业务流程、管理技术和人力资源开发等各方面，这些也是管理创新的主要内容。创新型企业依靠自己的开拓创造，有可能在行业中率先崛起，获得超常规的发展；但创新并不意味着企业的发展一定能够获得成功，有时实行的一些冒进式的发展战略也有可能迅速导致企业的失败。分析公司的管理风格可以跳过现有的财务指标来预测公司是否具有可持续发展的能力，而分析公司的经营理念则可据以判断公司管理层制定何种公司发展战略。

（3）公司业务人员素质和创新能力分析。公司业务人员的素质也会对公司的发展起到很重要的作用。作为公司的员工，公司业务人员应该具有如下的素质：熟悉自己从事的业务，必要的专业技术能力，对企业的忠诚度，对本职工作的责任感，具有团队合作精神等。具有以上这些基本素质的公司业务人员，才有可能做好自己的本职工作，才有可能贯彻落实公司的各项管理措施以及完成公司的各项经营业务，才有可能把自身的发展和企业的发展紧密地联系在一起。当今国际经济竞争的核心，是知识创新、技术创新和高技术产业化，不少高科技公司依靠提高产品和技术服务的市场竞争力，加快新产品开发，公司业绩实现持续增长。管理创新是企业创新的一个方面，其他还有产品创新、技术创新、市场创新。管理创新则是产品、技术和市场创新的基础。在进取型的公司管理风格下，还需要具有创新能力的公司业务人员，如技术创新、新产品的开发必须要由技术开发人员来完成，而市场创新的信息获得和创新方式则不可缺少市场营销人员的努力。因此，公司业务人员的素质，包括进取意识和业务技能也是公司发展不可或缺的要素。对员工的素质进行分析可以判断该公司发展的持久力和创新能力。

3. 上市公司产品分析

（1）产品的竞争能力分析。

① 成本优势。成本优势是指公司的产品依靠低成本获得高于同行业其他企业的盈利能力。在很多行业中，成本优势是决定竞争优势的关键因素。企业一般通过规模经济、专有技术、优惠的原材料和低廉的劳动力实现成本优势。由资本的集中程度而决定的规模效益是决定公司生产成本的基本因素。当企业达到一定的资本投入或生产能力时，根据规模经济的理论，企业的生产成本和管理费用将会得到有效降低。对公司技术水平的评价可分为评价技术硬件部分和软件部分两类。技术硬件部分，如机械设备、单机或成套设备；软件部分，如生产工艺技术、工业产权、专利设备制造技术和经营管理技术，具备了何等的生产能力和达到什么样的生产规模，企业扩大再生产的能力如何等。另外，企业如拥有较多的技术人员，就有可能生产出质优价廉、适销对路的产品。原材料和劳动力成本则应考虑公司的原料来源以及公司的生产企业所处的地区。取得了成本优势，企业在激烈的竞争中便处于优势地位，意味着企业在竞争对手失去利润时仍有利可图，亏本的危险较小；同时，低成本的优势，也使其他想利用价格竞争的企业有所顾忌，成为价格竞争的抑制力。

② 技术优势。企业的技术优势是指企业拥有的比同行业其他竞争对手更强的技术实力及其研究与开发新产品的能力。这种能力主要体现在生产的技术水平和产品的技术含量上。在现代经济中，企业新产品的研究与开发能力是决定企业竞争成败的关键，因此，任何企业，一般都确定了占销售额一定比例的研究开发费用，这一比例的高低往往能决定企业的新产品开发能力。产品的创新包括研制出新的核心技术，开发出新一代产品；研究出新的工艺，降低现有的生产成本；根据细分市场进行产品细分。技术创新，不仅包括产品技术，还包括创新人才，因为技术资源本身就包括人才资源。现在大多数上市公司越来越重视人才的引进。在激烈的市场竞争中，谁先抢占智力资本的制高点，谁就具有决胜的把握。技术创新的主体是高智能、高创造力的高级创新人才，实施创新人才战略，是上市公司竞争制胜的务本之举，具有技术优势的上市公司往往具有更大的发展潜力。

③ 质量优势。质量优势是指公司的产品以高于其他公司同类产品的质量赢得市场，从而取得竞争优势。由于公司技术能力及管理等诸多因素的差别，不同公司间相同产品的质量是有差别的。消费者在进行购买选择时，虽然有很多因素会影响他们的购买倾向，但是产品的质量始终是影响他们购买倾向的一个重要因素。质量是产品信誉的保证，质量好的产品会给消费者带来信任感。严格管理，不断提高公司产品的质量，是提升公司产品竞争力的行之有效的方法。具有产品质量优势的上市公司往往在该行业占据领先地位。

（2）产品的市场占有率。分析公司的产品市场占有率，在衡量公司产品竞争力问题上占有重要地位，通常从两个方面进行考察。其一，公司产品销售市场的地域分布情况。从这一角度可将公司的销售市场划分为地区型、全国型和世界范围型。销售市场地域的范围能大致地估计一个公司的经营能力和实力。其二，公司产品在同类产品市场上的占有率。市场占有率是对公司的实力和经营能力的较精确的估计。市场占有率是指一个公司的产品销售量占该类产品整个市场销售总量的比例。市场占有率越高，表示公司的经营能力和竞争力越强，公司的销售和利润水平越好、越稳定。公司的市场占有率是利润之源。效益好并能长期存在的公司市场占有率，必然是长期稳定并呈增长趋势的。不断地开拓进取，挖掘现有市场潜力，不断进军新的市场，是扩大市场占有份额和提高市场占有率的主要手段。

（3）品牌战略。品牌是一个商品名称和商标的总称，它可以用来辨别一个卖者或卖者集团的货物或劳务，以便同竞争者的产品相区别。一个品牌不仅是一种产品的标识，而且是产品质量、性能、满足消费者效用的可靠程度的综合体现。品牌竞争是产品竞争的深化和延伸。当产业发展进入成熟阶段，产业竞争充分展开时，品牌就成为产品及企业竞争力的一个越来越重要的因素。品牌具有产品所不具有的开拓市场的多种功能：一是品牌具有创造市场的功能；二是品牌具有联合市场的功能；三是品牌具有巩固市场的功能。以品牌为开路先锋，为作战利器，不断攻破市场壁垒，从而实现迅猛发展的目标，是国内外很多知名大企业行之有效的措施。效益好的上市公司，大多都有自己的品牌和名牌战略。品牌战略不仅能提升产品的竞争力，而且能够利用品牌进行收购兼并。

二、技术面分析

1. “道氏理论”——技术分析的鼻祖

道氏理论是所有市场技术研究的鼻祖。尽管它经常因为“反应太迟”而受到批评，并且有时还受到那些拒不相信其判定的人士的讥讽（尤其是在熊市的早期），但只要对股市稍有经历的人都对它有所耳闻，并受到大多数人的敬重。但人们从未意识到那是完全简单的技术性的，那不是根据什么别的，是股市本身的行为（通常用指数来表达），而不是基本分析人士所依靠的商业统计材料。 道氏理论的形成经历了几十年，1902 年，在查理斯·道去世以后，威廉·P·哈密顿和罗伯特·雷亚继承了查理斯·道的理论，并在其后有关股市的评论写作过程中，加以组织与归纳而成为今天我们所见到的理论。他们所著的《股市晴雨表》、《道氏理论》成为后人研究道氏理论的经典著作。

值得一提的是，这一理论的创始者——查理斯·道，声称其理论并不是用于预测股市，甚至不是用于指导投资者，而是一种反映市场总体趋势的晴雨表。大多数人将道氏理论当做一种技术分析手段——这是非常遗憾的一种观点。其实，道氏理论的最伟大之处在于其宝贵的哲学思想，这是它全部的精髓。雷亚在所有相关著述中都强调，道氏理论在设计上是一种提升投机者或投资者知识的配备（Aid）或工具，并不是可以脱离经济基本条件与市场现况的一种全方位的严格技术理论。根据定义，“道氏理论”是一种技术理论；换言之，它是根据价格模式的研究，推测未来价格行为的一种方法。

2. 波浪理论

（1）波浪理论的产生。道氏理论告诉人们何谓大海，而波浪理论指导你如何在大海上冲浪。

波浪理论（Wave Principle）的创始人——拉尔夫·纳尔逊·艾略特（Ralph Nelson Elliott）提出社会、人类的行为在某种意义上呈可认知的形态（Patterns）。利用道琼斯工业平均（Dow Jones Industrial Average，DJIA）作为研究工具艾略特发现不断变化的股价结构性形态反映了自然和谐之美。根据这一发现他提出了一套相关的市场分析理论，精炼出市场的十三种形态（Pattern）或谓波（Waves），在市场上这些形态重复出现，但是出现的时间间隔及幅度大小并不一定具有再现性。尔后他又发现了这些呈结构性形态的图形可以连接起来形成同样形态的更大的图形。这样提出了一系列权威性的演绎法则用来解释市场的行为，并特别强调波动原理的预测价值，这就是久负盛名的艾略特波浪理论。

（2）波浪理论的基础——五升三降

波动原理有三个重要概念：波的形态、波幅比率、持续时间。其中最重要的是形态。波有两个基本形态：推进波 5－3—5—3—5 和调整波 5－3－5。

波动原理具有独特的价值，其主要特征是通用性及准确性。通用性表现在大部分时间里能对市场进行预测，许多人类的活动也都遵守波动原理。但是艾略特的研究是立足于股市，因而股市上最常应用这一原理。准确性表现在运用波动原理分析市场变化方向时常常显示出惊人的准确率。

在 1938 年的著书《波动原理》和 1939 年一系列的文章中，艾略特指出股市呈一定的基本韵律和形态，5 个上升波和 3 个下降波构成了 8 个波的完整循环。3 个下降波作为前 5 个上升波的调整（Correction），图 6-1 表示 5 个代表上升方向的推进波（Impulse Waves）和 3 个调整波（Corrective Waves）。

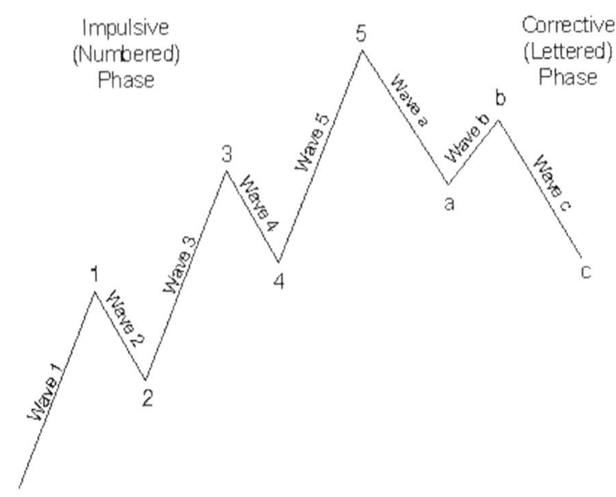

图 6-1 波动原理的 5 个推进波和 3 个调整波

这里我们要简介一下本书中的一些用语。首先 5 波是指由图 6-1 中 1、2、3、4、5 五个波构成的波浪，3 波是指一个由图 6-1 中 a、b、c 三个波构成的波浪。当我们说推进波为 5—3—5—3—5 形态时就是指推进波可以由五个子波构成，这五个子波又分别由 5 波、3 波、5 波、3 波、5 波构成，如图 6-2 所示。

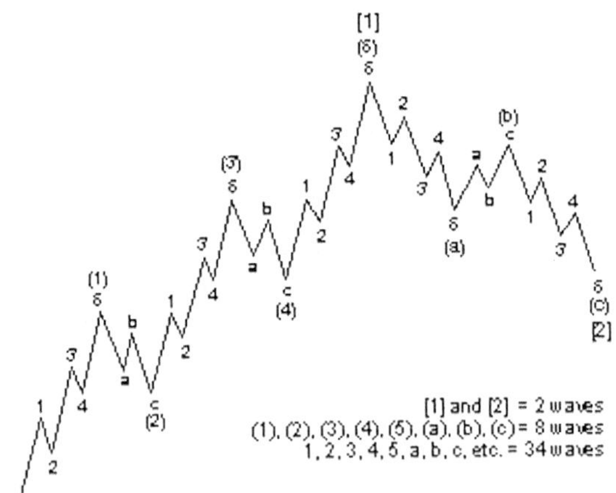

图 6-2 各等级波浪的进一步划分

波 1、3、5 称为推进波（Impulse Waves）或方向波，推进波的基本形态如图 6-2 中[1]所示，是 5—3—5—3—5 形态。波 2、4 称为调整波（Corrective Waves），波 2 调整波 1，波 4 调整波 3，波 1、2、3、4、5 构成的 5 波由波 a、b、c 构成的 3 波调整。调整波的基本形态如图 6-2 中[2]所示，是 5—3—5 形态。一个完整的循环由八波组成，其中包括两种类别的波，即数字波（Numbered Phase）或 5 波，以及字母波（Lettered Phase）或 3 波。

接着开始另一个相似的循环，亦由五个推进波和三个调整波组成。随后又延伸出五个推进波。这样完成了一个更大的推进 5 波，并且接着发生一个更大的 3 波向下调整前面发生的上升 5 波。每个数字波和字母波本身都是一个波，并且共同构成更大一级的波。

图 6-2 表示同一级的两个波可以分成次一级的八个小波，而这八个小波又可以同样方式分出更次一级的三十四个小波。也就是说，波动理论中认为任何一级的任何一个波均可分为次一级的波。反过来也构成上一级的波。因此，可以说图 6-2 表示两个波或八个波或三十四个波，只不过特指某一级而已。

各等级波浪进一步划分调整波 a、b、c 的形态，如图 6-2 所示的波[2]，是 5－3－5 形态（5—3—5 Pattern）。波（2）又与波[2]的形态相同，（1）与（2）始终与[1]、[2]的形态相同，仅是大小程度不同而已。

图 6-3 进一步明确了波的形态与波的等级之间的关系，它表示一个完整的股市循环中可以细分波浪。

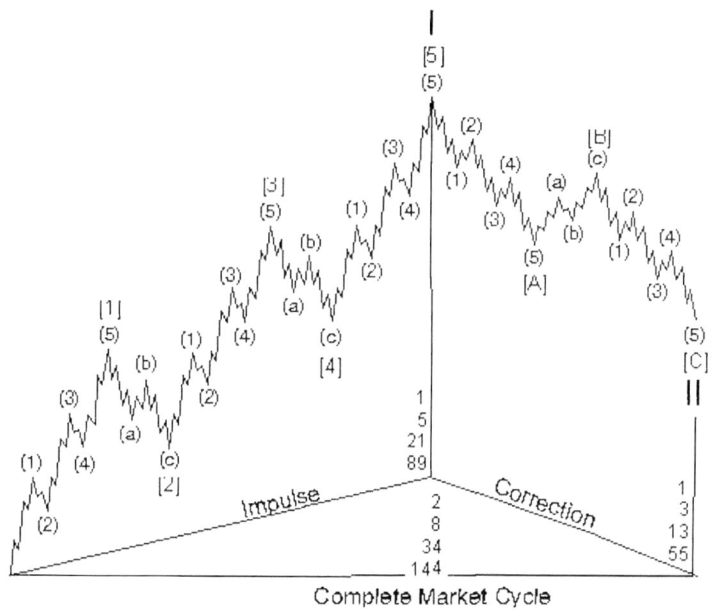

图 6-3　完整的波浪及次级波数目

波浪形成的基本概念可总结如下。

① 一个运动之后必有相反运动发生。

② 主趋势上的推进波与主趋势方向相同，通常可分为更低一级的五个波；调整波与主趋势方向相反，或上升或下降。通常可分为更低一级的三个波。

③ 八个波浪运动（五个上升，三个下降）构成一个循环，自然又形成上级波动的两个

分支。

④ 市场形态并不随时间改变。波浪时而伸展时而压缩，但其基本形态不变。

在实践中，每一个波浪并不是相等的，它可以压缩，可以延长，可以简单，可以复杂。总之，一切以形态为准。下面提供几个较为典型的例子，如图 6-3 所示。

3. 江恩理论

江恩理论是以研究测市为主的，江恩通过数学、几何学、宗教、天文学的综合运用，建立起自己独特的分析方法和测市理论。由于他的分析方法具有非常高的准确性，有时达到令人不可思议的程度，因此很多江恩理论的研究者非常注重江恩的测市系统。在测市系统之外，江恩还建立了一整套操作系统，当测市系统发生失误时，操作系统将及时地对其进行补救。江恩理论之所以可以达到非常高的准确性，就是将测市系统和操作系统一同使用，相得益彰。

江恩在 1949 年出版了他最后一本重要著作《在华尔街 45 年》，此时江恩已是 72 岁高龄，他坦诚地披露了纵横市场数十年的取胜之道。其中江恩十二条买卖规则是江恩操作系统的重要组成部分，江恩在操作中还制定了二十一条买卖守则，江恩严格地按照十二条买卖规则和二十一条买卖守则进行操作。

江恩认为，进行交易必须根据一套既定的交易规则去操作，而不能随意地买卖，盲目地猜测市场的发展情况。随着时间的转变，市场的条件也会跟随转变，投资者必须学会跟随市场的转变而转变，而不能认死理。

江恩告诫投资者：在你投资之前请先细心研究市场，因为你可能会作出与市场完全相反的错误的买卖决定，同时你必须学会如何去处理这些错误。一个成功的投资者并不是不犯错误，因为在证券市场中面对千变万化、捉摸不定的市场，任何一个人都可能犯错误，甚至是严重的错误。但成败的关键是成功者懂得如何去处理错误，不使其继续扩大；而失败者因犹豫不决、优柔寡断任错误发展，并造成更大的损失。

江恩认为有以下三大原因可以造成投资者遭受重大损失。

（1）在有限的资本上过度买卖。也就是说操作过分频繁，在市场中的短线和超短线是要求有很高的操作技巧的，在投资者没有掌握这些操作技巧之前，过分强调做短线常会导致不小的损失。

（2）投资者没有设立止损点以控制损失。很多投资者遭受巨大损失就是因为没有设置合适的止损点，结果任其错误无限发展，损失越来越大。因此学会设置止损点以控制风险是投资者必须学会的基本功之一。还有一些投资者，甚至是一些市场老手，虽然设了止损点，但在实际操作中并不坚决执行，结果因一念之差，遭受巨大损失。

（3）缺乏市场知识，是在市场买卖中损失的最重要原因。一些投资者并不注重学习市场知识，而是想当然办事或主观认为市场如何如何，不会辨别消息的真伪，结果接受错误误导，遭受巨大的损失。还有一些投资者仅凭一些书本上学来的知识来指导实践，不加区别地套用，造成巨大损失。江恩强调的是市场的知识，实践的经验。而这种市场的知识往往要在市场中摸爬滚打相当时间才会真正有所体会。

江恩理论的测市系统部分很多地方抽象难懂，不易理解，但江恩的操作系统和买卖规则却清楚明确，非常容易理解。江恩的操作系统是以跟随市场买卖为主，这与他的预测系统完全不同，江恩非常清楚地将买卖操作系统与市场预测系统分开，使他能在一个动荡充满危机的年代从事投机事业而立于不败之地。

江恩理论的实质就是在看似无序的市场中建立了严格的交易秩序，他建立了江恩时间法则、江恩价格法则、江恩线等。它可以用来发现何时价格会发生回调和将回调到什么价位。

江恩线的数学表达有两个基本要素，这两个基本要素是价格和时间。江恩通过江恩圆形、江恩螺旋正方形、江恩六边形、江恩“轮中轮”等图形将价格与时间完美的融合起来。在江恩的理论中，“七”是一个非常重要的数字，江恩在划分市场周期循环时，江恩经常使用“七”或“七”的倍数，江恩认为“七”融合了自然、天文与宗教的理念。

江恩线是江恩理论与投资方法的重要概念，江恩在 X 轴上建立时间，在 Y 轴建立价格，江恩线符号由“TXP”表示。江恩线的基本比率为 1∶1，即一个单位时间对应一个价格单位，此时的江恩线为 45 度。通过对市场的分析，江恩还分别以 3 和 8 为单位进行划分，如 1/3，1/8 等，这些江恩线构成了市场回调或上升的支持位和阻力位。

通过江恩理论，我们可以比较准确地预测市场价格的走势与波动，成为股市的赢家。当然，江恩理论也不是十全十美的，不能指望它使你一夜暴富，但是经过努力，在实践中体会江恩理论的真谛，它一定会使你受益匪浅。

（1）知识：对获得知识不能说出更多的。你不可能不花费时间研究而获得知识，你必须放弃寻找在证券市场中赚钱捷径的企图。当你事先花费时间学习得到知识后，你将会发现赚钱是容易的。在获得知识上花费的时间越多，以后赚的钱越多。知识不会足够的，你必须学以致用从中获益，通过应用学到的知识，在合适的时候行动和交易以获得利润。

（2）耐心：这是在股票市场中获得成功最为重要的资质之一。首先，你必须有耐心等待确切的买入或抛出点，机会到了后决定入市。当你做交易时，你必须耐心地等待机会及时地离开市场，获得利润。你必须在结束交易获得利润之前就决定趋势确实已经变化。这是对过去市场变化研究之后的唯一结果。从中获得所需的合适知识。

（3）灵感：一个人能得到世界上最好的枪，但是他没有灵感去扣动扳机，他不能打死任何敌人。你可以获得世界上所有的知识，但是你如果没有灵感去买或抛，你就不可能获利。知识给人灵感，使他有勇气在适当的时候采取行动。

（4）健康：除非这个人是健康的，否则不可能在任何生意中获得巨大的成功。因为一颗聪明的头脑不能在虚弱的身体下工作。如果你的健康受到了损害，你将不会有足够的耐心或足够的灵感。当你处在不良的健康状况之下，你会有依赖性，你失去希望，你有太多的恐惧，你不能在合适的时间采取行动。

（5）资金：当你获得了所有在证券交易中取得成功的资质后，你必须有资金。但是如果你有了知识或耐心，你可以开始以少量的资金获取大的利润。建议你使用止损点：减少亏损和避免透支交易。

记住永远不要背离趋势。在你决定市场趋势时，随其而动。遵守准则以决定趋势，不要以猜测和希望来做交易。

三、可量化的投资策略

下面列举几位金融市场重量级人物的可量化的指标，供投资者参考。

1. 格雷厄姆的价值投资

（1）市盈率≤16%。

（2）流动比率≥150%。

（3）连续 3 年盈利。

（4）当前支付现金红利。

（5）最近一年的每股收益大于 3 年前的每股收益。

（6）市净率（股价/每股净资产）≤3.5。

2. 巴菲特的价值投资

（1）最近年度股权收益率＞平均值（市场及产业）。

（2）5 年平均股权收益率＞15%。

（3）最近年度毛利率＞产业平均值。

（4）7 年内市值增加值÷7 年内保留盈余增加值>1。

年内市值增加值=目前市值-7 年前市值

保留盈余增加值=过去 28 季税后盈余总和-过去 28 季现金股利发放总额

目前市值=最近股价×流通在外发行股数

7 年前市值=7 年前股价×7 年前流通在外发行股数

（5）最近年度自由现金流量÷7 年前自由现金流量-1≥1

最近年度自由现金流量=最近年度税后纯益+最近年度折旧费用-最近年度资本支出

年前自由现金流量=7 年前税后纯益+7 年前折旧费用-7 年前资本支出

（6）市值÷10 年自由现金流量折现值＜1。

10 年自由现金流量折现值=自由现金流量现值总和+残值现值

具有良好成长性的公司市盈率一般较高。一个有效的评估方法就是比较公司市盈率和盈利增长率。市盈率为历史盈利增长率一般被认为是较有吸引力的，而这个比值高于 2 就不太妙了。

3．林奇的价值投资

市盈率/（盈利增长率+股息生息率）＜0.5。

4．中国林园的价值投资

（1）企业年利润总额＞1 亿元。
（2）毛利率≥18%，而且首先是稳定，其次毛利率不能是下降的。
（3）每股盈利≥0.3。
（4）净资产收益率＞10%。

思考与讨论

有个记者采访巴菲特："请问您工作中大部分时间在做什么？"
巴菲特说："我的工作是阅读。"
记者又问："那么您主要阅读什么东西呢？"
巴菲特说："我阅读我所关注的公司年报，同时也阅读它的竞争对手的年报，这些年报是我最主要的阅读材料"。

很多人想知道，为什么巴菲特投资赚的钱比别人都多得多。巴菲特的解释是："别人喜欢看《花花公子》杂志，而我喜欢看公司财务报告。"

问题：谈谈上述这段对话给你的启示。

典型案例

巴菲特如何在 30 岁前成为百万富翁

如果你在 1956 年把 1 万美元交给沃伦·巴菲特，它今天就变成了大约 2.7 亿美元。这仅仅是税后收入！

巴菲特是有史以来最伟大的投资家，他依靠股票、外汇市场的投资成为世界上数一数二的富翁。他倡导的价值投资理论风靡世界。巴菲特似乎从不试图通过股票赚钱，他购买股票的基础是：假设次日关闭股市，或在五年之内不再重新开放。在价值投资理论看来，一旦看到市场波动而认为有利可图，投资就变成了投机，没有什么比赌博心态更影响投资。

30 岁前成为百万富翁

1930 年 8 月 30 日，沃伦·巴菲特出生于美国内布拉斯加州的奥马哈市，沃伦·巴菲特从小就极具投资意识，他钟情于股票和数字的程度远远超过了家族中的任何人。他满肚子都是挣钱的道儿，五岁时就在家中摆地摊兜售口香糖。稍大后他带领小伙伴到球场拣大款用过的高尔夫球，然后转手倒卖，生意颇为红火。上中学时，除利用课余做报童外，他还与伙伴合伙将弹子球软件机出租给理发店老板们，赚取外快。1941 年，刚刚 11 岁，他便跃身股海，购买了平生第一张股票。后来，巴菲特进入宾夕法尼亚大学攻读财务和商业管理。但他觉得教授们的空头理论不过瘾，两年后便不辞而别，辗转考入哥伦比亚大学金融系，拜师于著名投资学专家本杰明·格雷厄姆。在格雷厄姆门下，巴菲特如鱼得水。格雷厄姆反投机，主张通过分析企业的盈利情况、资产情况及未来前景等因素来评价股票。他教授给巴菲特丰富的知识和诀窍。富有天才的巴菲特很快成了格雷厄姆的得意门生。

青年时的巴菲特申请哈佛大学被拒之门外。年少气盛的巴菲特决心自己一试身手。有一次，他在父亲的一个朋友家里突然语惊四座，宣布自己要在 30 岁以前成为百万富翁，“如果实现不了这个目标，我就从奥马哈最高的建筑物上跳下去。”不久，一群亲朋凑了 10.5 万美元，其中有他的 100 美元，成立了自己的公司——巴菲特有限公司。创业之初巴菲特非常谨慎。在不到一年的时间内，他已拥有了五家合伙人公司。当了老板的巴菲特竟然整天躲在奥马哈的家中埋头在资料堆里。他每天只做一项工作，就是寻找低于其内在价值的廉价小股票，然后将其买进，等待价格攀升。这正是格雷厄姆教给他的秘诀。这些远远低于其营运资本的股票果然为他带来了丰厚的利润，格雷厄姆的“点金术”百试百验。

牛市激流勇退

1957 年，巴菲特掌管的资金达到 30 万美元，年末则升至 50 万美元。之后，巴菲特合伙人公司的资本达到了 720 万美元，其中有 100 万是属于巴菲特个人的。当时他将几个合伙人企业合并成一个“巴菲特合伙人有限公司”。最小投资额扩大到 10 万美元。情况有点像现在中国的私募基金或私人投资公司。他公司的业绩高出了道·琼斯工业指数 20.47 个百分点，而巴菲特本人也在当年的《奥马哈先驱报》上获得“成功的投资业经营人”的名头。巴菲特当年就兑现了他的百万富翁“狂言”。

1966 年春，美国股市牛气冲天，但巴菲特却坐立不安，尽管他的股票都在飞涨，但却发现很难再找到符合他的标准的廉价股票了。虽然股市上疯行的投机给投机家带来了横财，但巴菲特却不为所动，因为他认为股票的价格应建立在企业业绩成长而不是投机的基础之上。之后两年，巴菲特公司的股票取得了它历史上最好的成绩：增长了 59%，而道·琼斯指数才增长了 9%。巴菲特掌管的资金上升至 1 亿零 400 万美元，其中属于巴菲特的有 2 500 万美元。

1968 年 5 月，当股市一片凯歌的时候，巴菲特却通知合伙人，他要隐退了。随后，他逐渐清算了巴菲特合伙人公司的几乎所有的股票。一年后，股市直下，渐渐演变成了股灾，到 1970 年 5 月，每种股票都要比上年初下降 50%，甚至更多，美国股市就像个泄了气的皮球，没有一丝生气，持续的通货膨胀和低增长使美国经济进入了“滞胀”时期。然而，一度失落的巴菲特却暗自欣喜，因为他看到了财源即将滚滚而来——他发现了太多的便宜股票。

火箭般的致富方式

从股市退出后，巴菲特又盯上了报刊业，因为他发现拥有一家名牌报刊，就好似拥有一座收费桥梁，任何过客都必须留下买路钱。1973 年开始，他偷偷地在股市上蚕食《波士顿环球》和《华盛顿邮报》，他的介入使《华盛顿邮报》利润大增，每年平均增长 35%。10 年之后，巴菲特投入的 1 000 万美元升值为 2 亿美元。随后，他用 1.2 亿美元、以每股 10.96 美元的单价，买进可口可乐 7%的股份。到 1985 年，可口可乐改变了经营策略，开始抽回资金，投入饮料生产。其股票单价已涨至 51.5 美元，翻了 5 倍。至于赚了多少，其数目可以让全世界的投资家咂舌。

1992 年，巴菲特以 74 美元一股购下 435 万股美国高技术工业公司的股票，到年底股价上升到 113 元。巴菲特在半年前拥有的 32 200 万美元的股票已值 49 100 万美元了。1965—1994 年，巴菲特的股票平均每年增值 26.77%，高出道·琼斯指数近 17 个百分点。如果在 1965 年投资巴菲特的公司 10 000 美元，到 1994 年，他就可得到 1 130 万美元的回报，谁若在 30 年前选择巴菲特，谁就坐上了发财的火箭。

结合上述案例，列出你自己对金融业经营的策略，并在本情境的经营模拟中加以运用与验证。

经营模拟

经营模拟 6-1　股市模拟经营

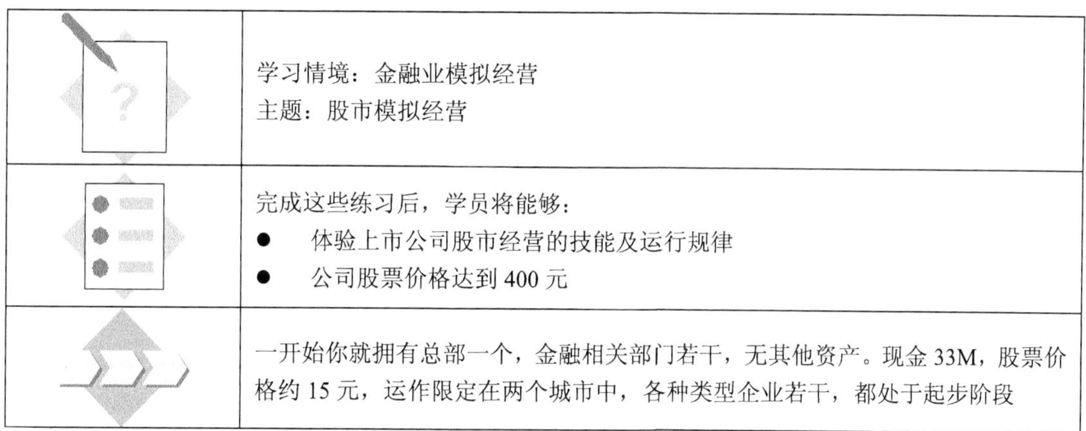

	学习情境：金融业模拟经营 主题：股市模拟经营
	完成这些练习后，学员将能够： ● 体验上市公司股市经营的技能及运行规律 ● 公司股票价格达到 400 元
	一开始你就拥有总部一个，金融相关部门若干，无其他资产。现金 33M，股票价格约 15 元，运作限定在两个城市中，各种类型企业若干，都处于起步阶段

请以单人高手模式进入“5．驾驭市场”，背景说明如下：

你的公司上市了，你向股东保证会让股价在30年内达到400美元。如果你做不到这一点，你将被赶下台。

检验方式：以个人是否完成目标，完成目标的时间为检查依据，相应表格如下。

姓名（学号）	公 司 名 称	是否完成目标	完成时间（年）	排　　序

经营模拟 6-2　金融业模拟经营

	学习情境：金融业模拟经营 主题：金融业模拟经营
	完成这些练习后，学员将能够： ● 了解金融业经营规则 ● 体验金融业创业经营的全过程
	如果你希望从事的创业活动为金融行业，你就需要学会金融业的经营规则，思考金融业的创业策略及机会所在，为此请尽快体验金融业经营过程，体验金融业成功的喜悦与失败的经验和教训

1. 金融业经营模拟

首先进行分组，每组人数不超过 7 人，然后以多人软件或单人自定义软件模式进入模拟系统，每组按以下要求进行系统设置（提示：金融业在本次模拟中的内容主要包括贷款融资、股票发行、股票投资、公司收购）。

目　录	子　目　录	设 置 内 容
基本	难度等级	6 级
环境	你的初始资金	高
	其他	系统默认
竞争对手	竞争对手数量	10
	其他全部	系统默认
进口	全部	系统默认
目标任务	数值 1 玩家资产	6 亿
	数值 1 玩家控制的公司任务控制的公司数量	2
	数值 1 其他参数	系统默认
	数值 2 投资回报率	12%
	数值 2 全部参数	系统默认
	产业	系统默认
	产品	系统默认

检验方式：以组为单位，以个人是否完成目标、最后综合得分为检查依据，相应表格如下。

组名：

姓名（学号）	公 司 名 称	是否完成目标	综 合 得 分	排　　序

2. 分组讨论

分组讨论本次经营模拟的经验与教训，参赛队员准备一份金融业经营模拟的经验总结（PPT 报告），建议包括经营思路、经营过程、经营中出现的问题、处理的方法、体会、金融业创业的机会所在等。

进阶技巧

1. 股票操作技巧

股价主要取决于业绩，所以长期而言股票都能成长。软件中股票只有增发，没有红股或者拆细，所以比较像沃伦·巴菲特，几年之后股价就会飞到天上去，有时股票会从10元升到了几千元或更高。

股价的其他影响因素包括以下几项。

（1）分红。适当的分红有助于增加投资者的信心，可以提高市盈率。

（2）投资者关系部。每个月在这个部分上花一点钱也有助于提高市盈率。

（3）对股票的买卖行为。每一笔买卖都会对股价发生影响，不论这个买卖行为是投资者还是某家上司公司做出的。软件中有十几个独立投资者，这些人可以被经营者聘为部门总监，他们也会在城市购置自用的房产（经营者也可以用个人的钱买个人自用的房产，没有什么意义，大概只能用来哄抬地价），以及在股市自行投资。当所有的NPC的公司都倒掉或者被兼并后，这些独立投资人还会开设新的公司。关于股票买卖，除了正常买卖，你还可以与其他投资者讨价还价买他的持有股份，你可直接点去相关公司的股票选择适当的价格进行。

（4）随机因素。类似突发事件，这儿的随机因素主要是股市突然崩盘或者长红，以及家畜的流行病（让经营者的农场在相当长时间内无法生产），有人碰到过科研突发事件，才研发半个月就说研发完成，而且完成度相当于研发了10年。

初期通过增发新股进行融资时，股价很重要，因为这时的贷款上限太小，无法以贷款扩张。在资金链上站稳脚跟后，利润开始上升，每个月能达到100万以上，这时贷款上限上升了许多，就不需要再通过增发新股进行融资了，股价就变得不太重要了。等到贷款的投资有效益后，利润大幅增加，每个月的营业利润能达到1 000万以上，就主要以营业利润作为扩张资金来源了。

2. 股权控制和并购

软件对于股权控制有以下两条。

（1）控股超过50%时，就可以对NPC公司的资金实现部分控制。此时NPC的身份从董事长兼CEO变成了CEO。经营者不能控制NPC公司的投资，所谓的部分控制就是，经营者可以用NPC公司的资金去买第三家公司的股票。NPC的公司仍会自行进行股市投资的决策，自行进行股市买卖。而且NPC公司如果手中现金多的话，会自行进行回购。

（2）控股超过75%时，会出现一个并购的选项，可以具体操作并得到其所有技术。根据中国或者美国的证券法应该是强制合并的事，在软件中却变成了可并可不并，大概是为了降低软件难度吧。

大概是为了算法上的方便，相互持股在软件中是禁止的。即A公司持有B公司的股票，同时B公司也持有A公司的股票，这只有在A公司和B公司之间没有相互控制（即持股50%以上）时才允许，当经营者的A公司控制了B公司，这时经营者就无法让B公司去买A公司的股票，只能去买第三家公司的股票。相互持股在会计上的处理是很复杂的，持股比例小的尚可以用原始成本或者市价作价，持股比例大的需要合并报表的会计处理就会复杂到让人想跳楼，没学过会计的人大概是无法体会这种痛苦。

控制的标准，是指所有经营者控制的公司对目标公司的持股比例。例如，经营者作为投资人持有 C 公司的 10%，经营者一开始就有的 A 公司持有 C 公司的 20%，A 公司控制的 B 公司持有 C 公司的 20%，这时经营者或者 A 公司或者 B 公司再购入 1 股，经营者就达成了对 C 公司的控制。因此作为投资人在股市的买进卖出，除了增加个人资产外，还可以用来控制别的公司。

软件绝对控股要求造成的另一个后果就是，经营者无法收购一家持续亏损的企业。一家持续亏损的企业，其股价并不一定立刻就跌到地板上，虽然有网易这种从上市第一天的 23 美元慢慢地跌破 1 美元的事例，但中国的 ST、PT 依然股价坚挺，美国的安然和 WorldCom 也是突然间崩溃的。许多持续亏损的企业后来扭亏为盈，在亏损期间虽然股价低迷，但也没有跌到地板上。在本软件中，持续亏损的企业，其股价仍高于净资产，但是控股超过 50%的要求，而不是投票愿意合并超过 50%的要求，使得经营者无法接手这家公司。当这家公司倒闭时，经营者只能分到它的资产变卖后的所得，而它的无形资产就成了净损失，另外它的资产变卖后，那些工厂和公司并没有变成无主的小企业，而是就此人间蒸发。

A 公司并购 B 公司之后，经营者可以得到 B 公司的科技，但是无法得到 B 公司的其他无形资产，主要是品牌。B 公司的产品全部以 A 公司的品牌出售，而 B 公司的部分产品在品牌上比 A 公司要强。

在收购中，当公众持股为 0，全部为机构或者独立投资人持股时，经营者可以直接向机构或者投资人买股票，价格是协商的，对方的要价一般会比市价高一些，视经营者控股的程度而定，若经营者的控股达到了 90%以上，要价甚至会是市价的 3～4 倍。这一点做得比较好，不需要等待别人把股票卖到市场上之后再去买进来。

3. 关于回购

公司在现金多时可以回购股票，因为回购不会造成股价的变动。有些人的做法是，上市时先圈一大笔钱，因为第一年的重点在研发上面，往往股价一直下跌，跌到研发结束要开设工厂和店面进入盈利阶段时，就开始准备回购。回购前先把工厂和店面建设好，这时手中应该还有大量资金。这时抛一点股票，以把价格砸下去，再用公司的现金进行回购，只要留点流动资金就可以了。因为亏损的公司很少有投资人愿意长期持有，所以大部分股份都是在公众手中，回购之后经营者被稀释的控股权又回来了。

学习情境七　企业经营综合模拟

学习目标

- ◆ 体验企业并购操作过程
- ◆ 体验企业整合资源管理的困难与所带来的利益
- ◆ 从综合模拟创业中掌握企业综合经营的战略决策技能

技能目标

- ◆ 能够理解企业整合资源管理的操作流程
- ◆ 能够分析企业整合资源管理的商业机会

任务一　企业经营综合策略

任务引入

汽车界的“鲶鱼”——李书福

他曾被很多人称为“汽车界泛出的一条鲶鱼”，他的出现曾带动国内轿车四次降价，搅活了中国汽车业闭门造车的“一潭死水”，使百姓的购车梦提前实现。

他就是人称“造车疯子”、中国民企造车第一人、浙江吉利汽车股份公司董事长李书福。

然而，在创业的道路上，他却因“民营”身份，为一张“准生证”等了整整十年。回顾走过的道路，坐在记者面前的李书福深有感触：没有国家的改革开放政策就不会有“吉利”的今天，而吉利汽车的发展史，可以说是民营经济改革开放30年发展史的一个缩影。

没有“准生证”冰箱厂关门

围绕“准生证”的话题，李书福向记者谈起了他当年的经历：

1981年，18岁的李书福中学毕业后，向父亲要了120元钱，买了架“海鸥”照相机，在街头巷尾拍照片。一年后，他利用赚到的第一笔钱——2 000元做原始资金，开了个小照相馆，这一年竟然赚到了1万多元。

“1983年前后，家乡浙江一带已经出现创业小高潮。”李书福回忆道，“人们当裁缝、做皮鞋、搞运输……带活了当地的这些行当。”

受家乡创业氛围的感染，善于动脑子的李书福也开始寻找自己新的创业机会。他发现当地做首饰的小五金生意很兴隆，但所用铜、金、银等原料短缺，于是他转而专门从废电器中提取贵重金属，很快带动了当地电器废料拆解生意，并由此在台州形成了一个“行业”。

20世纪80年代中期，李书福发现富裕起来的人们开始追求生活质量，电冰箱成了生活中的宠儿。于是他又与人合伙办起了“黄岩县石曲冰箱配件厂”，第一年的产值就达到900多万元。

一时间，李书福在他的家乡——浙江台州，几乎是家喻户晓。

此时把生意做得红红火火的李书福，又把注意力放到了冰箱重要零部件蒸发器的研究上，并在1986年取得很大的突破。于是，他当年即组建起“黄岩县北极花电冰箱厂”，以“贴牌生产”的形式生产电冰箱、冰柜。到1989年，北极花电冰箱厂产值超过几千万元。每天拉货的车子排起了长队。

如果不是国家实行冰箱定点生产打乱了李书福的阵脚，也许李书福至今还在浙江黄岩某个地方生产电冰箱。

1989年6月，国家对电冰箱开始实行定点生产，民营背景的北极花电冰箱厂自然没有列入定点生产企业的名单。没有“准生证”，就意味着李书福的冰箱厂必须关门。

这一年的经历对于当时只有26岁的李书福来说，可谓人生的一道“坎儿”。李书福至今记得当时父亲告诫他：冰箱厂必须关门！厂房设备必须交给政府！因为经商倒卖东西那叫“投机倒把”，靠办企业赚钱那叫“资本家”。国家的政策一旦改变，你可能就要蹲监狱！

李书福承认，父亲的话对他起了作用，他平生第一次害怕了。于是他无奈地关掉了北极花电冰箱厂的大门，把资产全部上缴当地政府。

此时像李书福一样命运的不只他一个人，1988年至1991年，是改革的徘徊发展阶段。这一时期，相当一部分私营企业被迫变身以“股份合作制”来保护自己，部分地方政府也在引导和鼓励民营经济向这个方向发展。

关门之后的李书福，想到自己高中才毕业，急需充电，于是南下深圳大学学习。同时也在密切关注国家政策变化，思考自己以后的道路。

如今说起这段经历，李书福显得平静了许多：如果当时没有冰箱厂的关门，也就不会有今天的吉利汽车。但在当时，这曾是李书福内心最深的痛！

迂回造车　不惜兼并国企

1992年以后，李书福和整个国家一样迎来了个体私营经济的第二个春天。一场史无前例的全民创业、全民经商氛围开始形成。

在这之前的一年，李书福回到台州，靠经营建筑装饰材料在市场上一炮打响，开始了二次创业的资本聚集。在政府的支持下，他改租为买，将厂房又“买”了回来，并扩大经营场地，开始了他造汽车的梦想。

“吉利”要做汽车，但当时的政策是，属于国家命脉的行业要由国家控制，严格国家所有。于是，李书福也就有了为一张“准生证”奔波十年的故事：

李书福找到当时的黄岩经委领导，说是要搞汽车，得到的答复是“不可能”；找到省机械厅，答复不仅是“不可能”，还加上一句：“你去北京也没用，国家不同意，工厂不能建，汽车就是生产出来也不能上牌”，一下子把路封死了。

于是，不甘失败的李书福搞起了迂回战术。他找到了一家濒于倒闭的国有摩托车厂，决定合作生产摩托车。

怎么合作？“无非就是花钱向他们一张一张地买合格证。生产一台就给人家几百块钱。”结果花了一年多的时间把中国第一辆踏板摩托车造出来了。产品投放市场后一直供不应求，到了 1998 年产量最高时达 65 万台。公司的产值连续几年高达 20 亿～30 亿元。

此时，借着全民创业的东风，力帆、宗申、隆鑫等一批业界的摩托车厂也在全国各地迅速成长。这时国家机械部才留意到他们，在让李书福兼并台州一家倒闭国企之后，正式批准了吉利摩托车生产权。李书福终于拿到了自己人生道路上重要的执照——摩托车“准生证”。

未取“准生证”先投十几亿

拿到摩托车“准生证”，李书福没有来得及为自己庆功，一个急转身，马不停蹄地奔向了自己的终极目标——造汽车。

董事会通过造汽车的决议后，李书福首先在内部选拔人才。从员工档案中，他发现有三个人曾是汽车厂的工程师。之后，连李书福在内，这四个人就是吉利汽车最初的核心力量。

一个台州农民要造汽车的消息，在社会上引起轩然大波，也招来一片怀疑、责难甚至警告之声。

然而，李书福已经下定了决心。他用摩托车厂的名义买下临海经济技术开发区一块土地。

李书福的造车梦是从模仿开始的：1996 年，奔驰刚刚发布新车，李书福买了几辆，照着设计。1997 年，他到一汽，把红旗的底盘、前后桥、冲压件、发动机、变速箱、仪表台都买来弄。车身也不用设计了，就照着奔驰做，玻璃钢的，扣在红旗底盘上，做成了奔驰 280。第一辆车做出后，李书福兴奋地开出去到街上兜风，自己感觉很风光。

这时有些好心的领导提醒他：没有生产许可证，你造出来的车是“犯法的”。他为此还受到了原省机械厅领导的严肃批评。但李书福不死心，跑到原国家机械部，拿着自己设计的汽车照片给人家看。得到的答复却是：你生产这样的汽车，国有企业怎么办？

1998 年，第一台吉利“豪情”轿车完成下线，这台车参考了其他厂家的车型，模仿天津夏利，发动机是丰田的。据说，李书福搞了一个下线仪式，发出去 700 多张邀请函，却没有多少人来。

怎么办？造汽车必须要上国家经贸委的生产“目录”，否则吉利汽车不管造得多好，也永远是个“黑孩儿”。轿车的目录肯定就别想了，但是客车目录各地好多企业都有。

为了生存，李书福动起了客车的脑筋。根据目录公告，“6”字头的是轿车、“7”字头的是客车，客车和轿车之间是相通的。这时李书福听说有一个生产“7”字头客车的德阳汽车厂停产了，但是目录还保留着，就通过朋友去找。这是德阳司法厅下面的企业——德阳监狱。就在监狱里，李书福执著地开始了走汽车生产之路。

1999 年，当时国家计委有关领导视察“吉利”的时候，李书福情真意切地说：“请允许民营企业大胆尝试，允许民营企业家做轿车梦，大众在上海的投资累计 46 亿元，而我只需要 26 亿元就可以造很好的轿车，几十亿元的投资我们不要国家一分钱，不向银行贷一分钱，一切资金由民营企业自负。”

可是，为民营企业造汽车开绿灯，当时还没有这个先例。

当年 9 月国家经贸委颁布的《车辆生产企业及产品公告》中依然没有“吉利”的名字，这使李书福黯然神伤。但是，李书福造车已没有退路可言了。从 1998 年到 2001 年，在浙江临海和宁波两地，光是买地建厂，在看得见的资产上，李书福已经投入十几亿。

尝遍了在国有企业夹缝中生长的艰难与辛酸，李书福自喻就是一棵小草。那时在他的家乡——浙江，到处是高速创造财富的劳动者，全省大中民营企业超过 100 万个。在李书福看来，这些被誉“小草经济”的企业，总会“生根、发芽、成长”的。

2001 年 11 月 9 日，在我国加入世贸组织之前，吉利“豪情”终于登上国家经贸委发布的中国汽车生产企业产品名录公告，获取轿车的“准生证”。吉利集团成为中国首家获得轿车生产资格的民营企业。

回忆起吉利当年造车的经历，李书福笑谈“是托了 WTO 的福”。

突破壁垒“鲶鱼效应”显现

对吉利获得“准生证”，当时有评论这样认为：吉利的突破是民营资本准入的突破、行业壁垒松动的突破和意识形态障碍的突破，其实质是对僵化体制的突破。业内人士认为，民营企业敢于巨额投资汽车工业，预示着由国家投资垄断的传统汽车生产格局开始出现裂变，由此产生的竞争将促进汽车工业市场结构和产品结构的调整，有利于拉动国内汽车消费。

从 2001 年 11 月吉利获得“准生证”起，就名正言顺地扛起了民族汽车工业大旗，走上了发展民族汽车工业的道路。

这里有一个曾流传很久的关于鲶鱼的故事：说的是挪威的渔民出海捕捉沙丁鱼，为了防止沙丁鱼到岸时死亡，在运输的容器中放几条沙丁鱼的天敌鲶鱼，沙丁鱼为避免被吞食，在有限的空间内快速游动，反而保持了旺盛的生命力。经济学由此提出“鲶鱼效应”，意思是说，要有博弈，有竞争，企业方能有活力。而李书福就是中国汽车界的“鲶鱼”。

这条名叫“吉利”的“鲶鱼”一拿到“准生证”就逆流而上，掀起骇人的巨浪，将“一潭死水”的中国车市搅得波涛滚滚。

李书福造的汽车多，却卖得便宜，款式豪华美观的吉利汽车，每辆售价只 4 万多元，是国内同类产品中最廉价的。由于吉利接连引爆 4 次降价风潮，突破了 4 万元价格的瓶颈，许多被人熟悉的品牌车价格纷纷跳水，从而开始了中国低价轿车的市场。

如今，全世界已经有 80 多万辆吉利车在跑。除了拥有自己的汽车研究院，还拥有宁波、临海、路桥、上海四大生产基地、九大工厂，具备年产 20 万辆整车的能力。跻身中国汽车行业十强之列，并成功研发出我国首款 CVVT 发动机、解决了 BMBS——汽车轮胎爆炸等世界性难题。

现在的吉利也不再造 4 万元以下的汽车，吉利提出了战略转型，提出告别廉价车要造最安全、最环保、最节能的好车，让吉利汽车走遍全世界。

随着改革开放的不断深入，在我国许多新兴行业，尤其是高科技领域，像李书福一样的民营经济的“鲶鱼”越来越多。

如今，翻开我国民营经济成长 30 年的历史画册，人们会发现：民营企业现已占全国法人企业的 70%以上，成为我国最大的企业群体；个体民营经济已占全国 GDP 的 40%以上，成为推动经济发展的重要力量。

资料来源：李秀玲．工人日报．http://www.chinanews.com/auto/kong/news/2008/12-16/1489069.shtml，2008-12-16

如果你有一定技术或资金基础，目标远大，如果你未来创业计划希望在综合业务方面，特别是希望能从资源整合中产品超常效益，而你现在希望能结合所学创业管理的知识与技能，完成以下两个子任务。

任务一：公司综合经营。

任务二：公司收购与资源整合。

任务分析

对创业者的资源整合的管理，涉及多个方面，可在学习本情境相应知识链接的基础上，通过本情境中的经营模拟 7-1 亿万富翁之路，进行业务综合训练，并整理出自己资源整合的管理思路。

知识链接

一、成功创业者应具备的十大能力

世界创业实验室消息：“企业的成败取决于业主的素质和行为。”这是创业专家们说得最多的一句话。专家们认为，在一个人决定进行创业之前，必须要评价一下自己，看看自己有没有当业主应有的性格特点、技能水平的物质条件。成功的业主之所以成功不是因为他们“走运”，而是因为他们工作努力并且有管理企业经营活动的素质和能力。

那么，促使创业成功的能力到底有哪些呢？专家们给出了如下十个答案。

1. 承担责任的能力

创业要成功，就要承担责任和义务。这意味着你将把企业看得非常重要，并经常为之加班加点地工作。

2. 创业的动力

你创业的动力越足，创业成功的可能就越大。

3. 良好的信誉

如果做事不注重信誉，那你的生意一定不会长久地保持良好态势，商业伙伴也会越来越少。

4. 健康的身体

没有健康的身体，将无法为自己的企业承担义务。

5. 面对风险的信心

办企业，遇到风险在所难免。必须要有承担风险的准备。

6. 果断决策的能力

在企业里，随时要作出决定，当你面对一些对企业发展有重大影响的决定时，必须要果断决策，绝不能优柔寡断。

7. 家庭的支持

办企业将占用你很多时间，因此来自家庭的支持将显得举足轻重。家庭成员要同意你的创业想法并支持你的创业计划，你的创业可能性才会大大增加。

8. 高人一等的技术能力

这是你生产产品或提供服务所必需的实用技能。技术能力的类型将取决于你计划创办企业的类型。

9. 企业管理技能

这是指经营你的企业所需要的技能。仅有单一的销售技能是不够的，其他技能（如成本核算、做账等能力）你也应该有所了解和掌握。

10. 相关行业知识

懂行就意味着更容易成功。必须对生意的特点有所了解和认识，做起生意来才能做到心里有数。

资料来源：http://www.3158.cn/news/20101230/13/74-29812575_1.shtml

二、家族企业管理

1. 家族企业的优势

家族企业在所有企业组织形态中，有其特殊性。这种特殊性在于家族企业的所有权掌握在以血缘、亲缘为纽带的家族成员手中，但并不能由此推断家族企业就是一种低效率的企业形式。相反，作为一种制度安排，其本身的存在就说明了其存在的合理性，而家族企业的顽强生命力更是说明它与其他企业形式相比有其优越的一面。当然，利弊相生，不足之处也是在所难免，这种特殊性也导致了家族企业诸多根本性的内在缺陷。下面我们就家族企业的先天优势及内在缺陷进行深入分析。

在家族企业中，家族成员所有权与控制权两权合一，家族成员既参与企业经营管理，又参与剩余索取权的分配，所以家族式企业中的家族成员有动力经营好企业，这使得面临逆向选择和道德风险的可能性大大降低。同时家族企业中家族成员之间形成了一个小型的团体，团体内部由于经常在一起沟通交流，使得内部成员的信息不对称性以及成员间的协调成本大为降低。不仅如此，由于血缘关系的维系，家族成员对家族高度的认同感和一体感，使其对家族产生了一种神圣的责任，这使得家族成员为家族企业工作都是“各尽所能，各取所需”，不计较自己付出的劳动和获得的报酬是否处于合理的比例关系，从而使企业成员间的交易费用大大降低。

另外，在家族群体内部还有一种选择性刺激制度，即家族成员必须努力为家族的发展而奋斗，如果某个成员出现道德风险和逆向选择，他就可能会被族长开出族籍。在这种压力下家族企业中的家族成员一般都会比较自觉，为家族企业也是为家族的发展而努力工作。在信息不对称状况减弱和选择性刺激制度下，家族企业中的家族成员与企业签订契约的交易费用大大降低，而且由于家族成员具有共同的价值观和伦理观念以及他们之间存在着家族性的默契，所以企业主对员工的监督成本也很低。正是由于交易费用的降低，使得家族企业这种组织形式在一定的环境下能体现出相对其他组织形式的优势，这也是家族企业能普遍存在和顽强成长的主要原因。

2. 家族企业的缺陷

当代中国社会经济环境中有很多适合家族企业生存的特点，所以，经过近20年的迅速发展，用家族制的方法管理企业已经成为 70%～80%的民营企业的普遍管理模式。从国际上看，即使是市场经济发达的国家，家族企业也是最普遍的企业形式，很多闻名全球的大企业也仍然带有家族的色彩。

但是，随着市场经济体系逐步发达和经济日益全球化，纯粹的家族企业只是在一些行业、一定的范围内有着有限的生存与成长空间，不能成为市场竞争中的真正主角。当市场变革速度越来越快、竞争越来越激烈时，完全由家族成员掌控的封闭式家族管理的弊端就显现出来了。

弊端之一：组织机制障碍。

随着家族企业的成长，其内部会形成各类利益集团，由于夹杂复杂的感情关系，使得领导者在处理利益关系时会处于更复杂，甚至是两难的境地。企业领导人的亲属和家人违反制度时，管理者很难像处理普通员工那样一视同仁，这给企业内部管理留下了隐患。

家族式企业还有一个很普遍的特点就是，可以共苦但不可同甘，创业初期，所有矛盾都被创业的激情所掩盖，但创业后的三关——分金银，论荣辱，排座次，往往给组织的健康成长造成了阻碍。当对待荣誉、金钱和权利的看法出现分歧时，亲兄弟之间、父子之间都可能出现反目现象。

弊端之二：人力资源的限制。

家族式企业似乎对外来的资源和活力产生一种排斥作用。尤其是由于在家族式企业中，一般外来人员很难享受股权，其心态永远只是打工者，始终难以融入组织中。另外，由于难以吸收外部人才，企业更高层次的发展会受到限制。正如新希望集团总裁刘永行所说："家族企业最大的弊病就在于社会精英进不来。几兄弟都在企业的最高位置，外面有才能的人进不来，而且一家人的思维方式多少有些类似，没有一个突破点。大家各有各的想法，要决策某件事就很难，容易耽误商机。"

弊端之三：不科学的决策程序导致失误。

决策的独断性是许多民营企业初期成功的重要保证，许多企业家在成长过程中靠的就是果敢、善断，因为抓住了一两次稍纵即逝的机会而成功的。但是随着企业的发展，外部环境的变迁，企业主的个人经验开始失效，生意越做越大，投资的风险也越来越大，不像创业初期那样，一两次失误的损失还可以弥补回来。这个时候，保证决策的民主性、科学性就显得越发的重要。

3. 家族企业管理的思路

宁波方太董事长茅理翔先生对家族企业管理提出了很好的管理思路与务实理论，特别对家族企业发展三阶段理论，明确了家族企业的发展目标，主要内容如下。

（1）初级（创业）阶段：其共同特点是创业家族百分之百控股。董事长、总经理等高层决策者以及财务、人事、采购等要害职位都由家族成员承担。而对副职与部门经理等执行层领导，采取外聘。同时，也都在积极引进、推行现代企业管理制度，与之相适应，家族企业结合自身实际，也在铸就自己特有的企业精神与企业文化。

（2）中级（发展）阶段：其特点之一是股权开放，形成在某些行政和业务骨干或具有不可替代能力的职位上任用外人，给予股权。特点之二是中高层的大部分管理岗位为外聘经理人，实行专业化（职业化）管理。家族一般控制 70%以上股份，至少在 51%；关键岗位和关系决策的岗位，如董事长、总经理，还是由家族成员担任；企业仍然沿袭初级阶段已基本形成的主要企业精神，推进企业文化建设，这没有发生根本变化。与初级阶段的最大区别就在于，家族创业者开始从个人经验专断治理向制度化的科学管理过渡。

（3）高级（成熟）阶段：其特点之一是进入股权社会化，以至成为上市公司，创业家族只是相对控股，可少于 50%，最少可小于 10%。特点之二是经理层专业化、职业化，而创业者对企业的控制是通过多年形成的企业文化，使所有员工仍本着多年形成的价值观行事。茅理翔称之为“理念控制”。沃尔玛、福特、西门子、松下、三星等世界著名跨国公司都进入了这一阶段，实行与此阶段相适应的管理模式。

茅理翔从“阶段理论”，总结出了家族企业走向兴旺发达的几大准则：家族绝对、相对控股；依靠专业化、职业化管理；时刻注重战略思路明确；严格治理规范，形成制度，以保证安全稳妥的科学决策；强调以价值观为核心的先进文化；关键还在接班顺畅、成功。

4. 家族企业管理案例

格兰仕：子承父荫

李嘉诚在儿子李泽钜、李泽楷很小的时候，就在开董事会时为他们俩设了专门的小座位，让两个儿子从小就接受训练。

无独有偶，2001 年 6 月初，以 CEO 头衔接过格兰仕经营权杖的“小梁总”梁昭贤，就是早在格兰仕还远未成气候时，“老梁总”梁庆德就刻意培养的“太子”了。“小梁总”上任后，很快就为格兰仕赢得了“价格屠夫”的“美誉”。时年 39 岁、毕业于华南理工大学管理系的梁昭贤，在外貌上与其父颇为相像，由于跟随父亲打了十几年天下，在个性上梁昭贤秉承了父亲严谨踏实的作风。“与其他‘名牌’企业相比，格兰仕一直强调的是一个集体、一个团队，因此即使是高层变动，也不会对企业的发展造成太大的影响。”

对自己身份的变化，重任在肩的“小梁总”这样轻描淡写道。“老梁总”很早就提出格兰仕要“做名牌企业，不做名人企业”，并身体力行。他自己从来很低调，他的儿子“小梁总”此前已经事实上主政 8 年了。格兰仕创业之初是个乡镇企业，到了 1993 年底改制时，才开始向家族控股企业转变。正是在这种变革中，格兰仕的创始人梁庆德成为格兰仕最大的股东。当初，公司第一次改制、镇政府准备退出格兰仕时，格兰仕的主业还不集中，还看不到赚钱的方向，当时一些副总包括总工程师都认为风险太大，不愿意出钱购买格兰仕的股份，而身为格兰仕老板的梁庆德却毅然承担了最大的风险，贷款买下其他员工不愿意买的股份。

但是，当格兰仕呈现出良好的赢利能力时，梁庆德又将当时自己买的股份拿出一部分来分给大家。有风险自己扛着，有利益大家共享，这就是为什么大家都愿意为梁庆德“卖命”的原因。现在的格兰仕，全部骨干所拥有的股份达 20%多。虽然梁庆德将儿子梁昭贤定为自己的接班人，但是，他强调，只要有更好的人选，他的班也可以由别人来接。在盛行让资本说话的时代，格兰仕却反其道而行之，让经理们放手去做。这便是梁氏父子的高明之处。“企业家世袭的做法不利于职业经理人阶层的形成。”这是通常的看法。事实果真如此吗？格兰仕掌舵人梁氏父子与职业经理人其乐融融的气氛，足以反驳这种观点。

三、资源整合与案例

1. 资源整合的概念

资源整合是企业战略调整的手段，也是企业经营管理的日常工作。整合就是要优化资源配置，就是要有进有退、有取有舍，就是要获得整体的最优。

资源整合根据所处的位置不同，可分为以下两方面。

（1）在战略思维层面上的资源整合。资源整合是系统论的思维方式。就是要通过组织和协调，把企业内部彼此相关但却彼此分离的职能，把企业外部既参与共同的使命又拥有独立经济利益的合作伙伴整合成一个为客户服务的系统，取得 1+1 大于 2 的效果。

（2）在战术选择层面上的资源整合。资源整合是优化配置的决策。就是根据企业的发展战略和市场需求对有关的资源进行重新配置，以突显企业的核心竞争力，并寻求资源配置与客户需求的最佳结合点。目的是要通过组织制度安排和管理运作协调来增强企业的竞争优势，提高客户服务水平。

2. 资源整合的分类

一般来说，资源整合主要从以下几方面的一项或几项进行。

（1）客户资源整合；

（2）技术资源整合；

（3）资产资源整合；

（4）人力资源整合；

（5）行业资源整合。

3. 资源整合的案例

创业者进行资源整合方面，TCL 创业者李东生先生在这方面进行了很好的实践，可供参考。

TCL 李东生屡败屡战中逆风飞扬

2005 年，是属鸡的——TCL 集团董事长李东生的本命年。

2005 年 1 月 19 日，中国企业联合会和中国企业家协会在人民大会堂举行 2004 年度最受关注企业家颁奖仪式，这是李东生在 2004 年 12 月 16 日被美国《时代》周刊和全美有线新闻网评为“2004 年全球最具影响力的 25 名商界领袖”、12 月 28 日被中央电视台评为“2004CCTV 中国经济年度十大人物”之后斩获的又一殊誉。

2004 年 1 月，李东生通过 TCL 集团与 TCL 通讯换股而使 TCL 集团实现整体上市。这一仗，不但使李东生个人资产“飞跃”为 12 亿人民币，而且漂亮地将集团内“取代”自己声望最高的 TCL 通讯董事长万明坚“杯酒释兵权”。

同年 9 月，TCL 通讯在中国香港分拆上市之后，李东生带领 TCL 并购重组法国汤姆逊彩电和阿尔卡特手机业务，一举成为全球销量第一的彩电企业，和全球规模第七、中国第一的手机制造商。

“TCL 创业的 22 年，李东生由几乎身无分文演变到身价近 12 亿元，成为 TCL 改革的最大受益者……TCL 发展的过程实际是国有资产逐步流向个人的过程。”

李东生百折不挠的性格决定了他的成功，也注定他必将成为舆论关注的焦点。

血战越南：18 个月亏 18 亿元

“小时候我并不喜欢哭，但我每哭一次，就一定要实现哭的目的。大人劝我不要哭了，把我强拉回来，但大人一放手，我还会站回原地，继续哭，直到大人答应我的条件才结束。我是个有股子牛脾气的人，看好的市场就一定要做好。你们现在要撤，我同意，但撤要撤个明白。大家一致认为越南是个好市场，却为什么做不好呢？应该从我们的做法上找原因。因此我认为现在的讨论方向是如何做好的问题，而不是何时撤退的问题……”这是李东生在 TCL 在第一家海外公司 18 个月中连续亏损 18 亿元的时候，面对众人纷纷提出要把投资撤回来的关键时候的讲话。

当李东生想起 TCL 海外负责人易春雨说：“越南只相当国内的一个省，我一年就能把他拿下来！”的时候，不得不信服《孙子兵法》中“骄兵必败”的玄机。

随着国内彩电市场竞争愈来愈惨烈，许多国内彩电厂家把目光盯向了国际市场，当美国 APEX 公司拖欠国内彩电巨头长虹账款 4.675 亿美元的消息曝光以后，国内众多彩电厂家才知道分享国际市场的风险的严重性。

李东生 1996 年出任 TCL 集团公司董事长兼总裁，就开始了大刀阔斧的扩张和并购：1996 年收购陆氏彩电；1997 年兼并新疆美乐和内蒙彩虹；2000 年兼并无锡宏美……李东生将资本技巧运用得炉火纯青。

“长期以来，TCL 一直都处于一种用较少的资本金撬动较大的经营规模的局面。TCL 集团用不到 20 亿元的资本金控股了 40 多亿元的权益，实现了 300 多亿元的销售、19 亿元的税收和 15 亿多元的利润……”李东生对自己在国内彩电市场的资本表现非常满意。

1996 年 TCL 兼并香港陆氏公司彩电项目，陆氏告诉李东生，他们在越南有一彩电厂，希望一并转手。正是由于 TCL 在国内市场顺风顺水，李东生对越南市场开始具有了浓厚的兴趣；1999 年，李东生把原本是 TCL 彩电销售公司的副总，学国际投资的易春雨等 14 人派往越南，准备正式“占领”越南彩电市场，“你们国际化路子走得太快，成功概率不大。我断言，用不了多久你们就会在越南折戟沉沙。”面对美林集团中国区主席刘二飞毫不留情地当面质疑自己的国际战略，以及 TCL 内部的反对声，李东生丝毫没有动摇。“很多高层主管都坚定地说撤出，因为亏得大家心里有点儿发虚，我自己心里也没有底。”李东生回忆起越南市场从一开始就遭受的各种挫折的时候，依然十分感慨。

李东生和易春雨等人认真分析了在越南彩电市场具有优势的日、韩企业，并迅速制定了相关策略。通过与中国驻越南大使馆、中国团中央、越南团中央联合成立“TCL 越南青年基金会”，以及邀请经销商参观生产线、高层亲自拜访经销商等策略，TCL 咬紧牙关，终于在越南坚持了下来。

“开拓海外市场就要有屡败屡战，百折不挠的勇气和决心才有可能成功。国内企业实力不足，走出去和索尼、松下、LG、三星竞争，风险确实很大，跌跟头是不可避免的，关键是跌倒了后能爬起来。如果等到实力壮大起来再走出去，那时机会也就没有了。”李东生认为 TCL 当时勇敢地坚持下来是非常正确的。

在 2001 年，TCL 在越南首次实现了赢利后，李东生很高兴，并撰写了题为《屡败屡战，百折不挠》的文章发表在公司内部刊物上。

李东生认为：“到目前为止，TCL 在越南已占有 14%的份额，仅次于索尼。有了这次的成功经验，我们就有足够的勇气和魄力去开拓印尼、菲律宾、马来西亚市场”正是从这时候起，李东生把 TCL 设计成为一个国际化企业的构架越来越清晰。

“杯酒释兵权”：万明坚下课

“TCL 必胜，TCL 手机必胜，万总必胜！”这是 TCL 通讯销售团队在 TCL 手机鼎盛时期经常喊的口号。

2002 年 12 月 10 日，德勤公司公布了“亚太地区高科技成长 500 强”企业排名，TCL 移动通信因在过去的 3 年中营业额增长 263.3 倍而荣登榜首。第二天，TCL 通讯发布公告由万明坚担任 TCL 通讯董事长、李东生则成为副董事长。

“选择放弃 TCL 通讯董事长位子,那是为了进一步完善公司法人治理结构,专心做 TCL 集团的董事长，从而规范公司运作。”这是李东生对于当时放弃 TCL 通讯董事长的说法，但是，外界一致认为这实际上是李东生“杯酒释兵权”中的一次战略布局。

而此时，TCL 手机的利润占到了 TCL 集团全部利润的一半以上，万明坚一手打造的手机业务取代了彩电业务在集团中的“老大”位置；更令人难以置信的是，万明坚已经全面掌握 TCL 手机从市场到销售的一切业务，任何人都无法插手，就连李东生本人也根本无法过问。

2002 年，万明坚荣获共青团中央颁发的中国杰出青年科技创新奖；2003 年，万明坚获得中青联评选的中国十大杰出青年称号；2004 年 9 月底，万明坚撰写的《系统战必胜》由中信出版社出版，并在人民大会堂举行了首发式，一大批部级官员和一流学者捧场。这个时期，万明坚有可能“取代”李东生的猜测，似乎正在一步步地朝预期的方向发展着。

2004 年 12 月 9 日，TCL 集团突然对外宣布：TCL 通讯董事长万明坚以“肺部不太好”的原因宣告离职。媒体和坊间对万明坚的离职高度关注，有关“一山不容二虎”、功高盖主、业绩不佳及管理风格不合节拍等民间说法早已闹得满城风雨。这对于 TCL 手机分销商曾夹道欢迎高喊万明坚万岁的万明坚来说，这是何等的尴尬和无奈。

“如果不是业绩不佳，相信万明坚没有这么容易下课。大家都在观望，前景迷茫。”、“万明坚下课在很大程度上意味着，在 TCL 两大风云人物的交锋中，最终以李东生的全面胜利而告终。”TCL 集团内部许多人士都认为李东生和万明坚摊牌是早晚的事。

“第一，万明坚开会时，永远抱着一大堆手机，像个江湖行医，到处向人推销新型手机；第二，万明坚是出于公心作决策，不怕得罪人；第三，这几年的经营也证明了万明坚个人的能力。”李东生对这位自己一手提拔，并在集团内部力挺的部下的工作能力依然非常欣赏的三个理由。

“给我 1 个亿，我能做到 100 亿。”1999 年，时任 TCL 通讯设备股份有限公司副总经理的万明坚对李东生发出了请缨的决心。结果是，李东生给了万明坚 1 000 万美元和 3 个人。

2000 年，万明坚以 1 000 万的价格聘请金喜善代言 TCL 手机，用“美女 + 手机”这种“赤膊上阵”的“点穴”营销技巧来迎合市场。这款被业内人士嗤之以鼻的乡长太太使用的手机正是根据万明坚：“手表上镶一颗钻石就显得光芒四射，档次一下子提升了许多，能不能给手机也镶上钻石？”的理论衍生而来的。

万明坚的想法引起了许多人的质疑，甚至嘲笑。但人们没想到的是，正是这些看似“小米加步枪”的营销策略取得了空前成功：2001 年，TCL 手机销售收入达到 30 亿元；2002 年手机销量突破 600 万部，实现销售收入 82 亿元，销售额和利润额均做到了国产手机第一名。

“TCL 集团股份有限公司董事副总裁”、“TCL 移动通信有限公司董事总经理”、“TCL 通讯设备股份有限公司 CEO”外，中间印上“万明坚博士”，在姓名的旁边甚至还加印了自己的照片。万明坚当时的名片不但设计得复杂，而且也暴露出其当时浮躁的内心。对于除了担任 TCL 集团董事长、总裁，还亲自主管人力资源部的李东生，名片非常简单，除了名字外，就一个头衔“董事长兼 CEO”。由此虽不能完全判断出这场万明坚和李东生之间“争斗”的胜负，起码在心态上，万明坚已经先输一局。

万明坚当时强硬的管理风格不但让万明坚的多位副手无所适从，“将在外，君命有所不受”的“诸侯”意识有时也让李东生非常恼火。

刘飞，早年在美国硅谷从事技术研究，在万明坚力邀之下 2001 年进入 TCL 移动，并出任 TCL 移动副总经理。与万明坚初期合作比较融洽，但是后来因与万明坚管理风格不太合拍，被迫出走。据说李东生事后在电话里对万明坚大发雷霆；当时 TCL 手机业务不见明显好转，TCL 集团高级执行副总裁袁信成将自己的得力干将黄万权调入 TCL 移动，让其协助万明坚，由于万明坚与集团彩电业务部门关系不是很好，于是，万明坚就让黄万权负责其不擅长的海外市场，结果其一直郁郁不得志。

2004 年的大势已不属于万明坚，仅前三季度，TCL 通讯控股销售收入同比锐减 16 亿元，净利润同比下滑 50.4%。

2004 年 10 月，TCL 通讯控股收购阿尔卡特手机业务后，迄今还没有一个准确定位，几近裹足不前。在收购阿尔卡特后，TCL 手机员工的不满情绪开始膨胀，由于融合进度缓慢，合资公司的销售情况不见增长，TCL 不仅要填补阿尔卡特手机业务每月几千万元的亏损，而且 TCL 移动的员工开始普遍降薪。TCL 移动的营销及研发人员开始流失。万明坚个人风格的强势亦引发了 TCL 集团高层越来越多的争议，李东生为此曾多次从中协调。

更让万明坚大跌眼镜的是，李东生通过 TCL 集团与 TCL 通讯换股方式，取代 TCL 通讯在深圳上市。这个结果，除了让李东生个人身价升至 12 亿元以外，更重要的是，李东生名正言顺地取代万明坚出任上市公司董事长。

并购盛宴：牙好，胃口好吗

“一个用时尚眼光发现商机的经营者；善于包容、不断突破；每一次山重水复，他总能柳暗花明；面对贸易壁垒，他逆向思维化敌为友。广东创业 23 年，他总在寻找新鲜的螃蟹。”这是 2004CCTV 中国经济年度人物评委会给李东生的颁奖词。

“对这种合作，大家的担心不在于技术，也不在于营销，而在于东西方文化的差异。”李东生认为自己在 2004 年的首要任务是整合与法国汤姆逊公司的合作。

李东生一边整合，一边继续更大规模的扩张并购。不久，TCL 集团与法国阿尔卡特联合成立手机合资公司的合同正式签约，排名世界第七、中国第一的 TCL-阿尔卡特公司成立了。

“如果跨国重组项目 24 个月之后还亏损，整合就失败了。如果是我的原因，我就要辞职以对天下。”从李东生的这番话中我们就可以想到 TCL 手机与阿尔卡特整合的难度比原先预想的要大得多。

李东生似乎对并购有着特殊的嗜好：2003 年 8 月 12 日，外界猜测已久的“TCL 收购乐华”的传闻终于揭开谜底，“广州数码乐华科技有限公司”正式成立；此后，TCL 集团就开始了新一轮扩张，收购了美国著名的 Go－Video（高威达）公司，并与法国汤姆逊公司全面合作。其中，与法国汤姆逊公司的合作尤其具有重要意义。2003 年 11 月 4 日，TCL 集团与法国汤姆逊公司在广州举行彩电业务合并重组的签约仪式。新的合资公司 TCL-汤姆逊电子公司年总销量 1 800 万台，成为全球最大的彩电供应商。

“并购整合国外企业给 TCL 带来经营风险的同时，也会在技术和专利上带来了主动权。未来在数字电视方面的专利将会使 TCL 在全球市场不会受到太多的专利影响，同时可以更灵活地应付欧盟壁垒和美国对中国彩电的反倾销制裁。”李东生认为应该理性分析国际并购过程中的利与弊。

“并购是手段，不是目的；并购是否成功的关键是要看：双方通过并购以后是否能有效合理利用 1+1>2 的资源、双方并购以后是否能够制订出适合双方长期发展的战略计划、双方是否能够通过整合重叠的业务部门和营销网略达到降低生产成本而实现最大化利润、双方是否能够组建一个能够驾驭并购企业的管理团队、双方是否能够设计一整套双方员工能够有效接纳的企业文化。”《经济纵横》杂志副总编辑王福生对 TCL 的国际化并购提出了自己的看法。

李东生职场生涯中另外一件大事——TCL 集团整体上市

2003 年 9 月 29 日，TCL 集团整体上市计划获得中国证监会批准，其“换股+公募”的发行上市方案在国内证券市场属首创。这个方案最令人关注的地方在于，TCL 集团将吸收合并旗下的深市上市公司 TCL 通讯（000542）。

“TCL 在不久的将来，将成为具有国际竞争力的世界级企业，到 2010 年销售收入突破 1 500 亿元。”就在人们对李东生一连串令人眼花缭乱的资本魔术表演报以热烈掌声的时刻，李东生向媒体公布了他的“龙虎计划”。

李东生的“龙虎计划”分为两部分：多媒体电子、移动通信终端产业要在三到五年时间进入世界前五强；家电、信息、电工、文化产业领域，要在三到五年时间内进入国内一流企业行列。

“正是因为没有相关国际化并购经验，现在探讨李东生是先驱、先烈的问题还为时尚早；无论李东生是先驱，还是先烈，这都将会为中国企业今后进行国际化并购积累宝贵的经验。”《人物周刊》总编辑张笑辉认为李东生的 TCL 国际化进程将会成为今后国内外各类商务学院学习的国际化并购案例之一。

资料来源：http://info.biz.hc360.com/2009/07/03083288097.shtml

任务二　创业管理总结

任务引入

雷军的创业体会和创业思路

创业成功的路有千千万，每个人创业成功的经验都不相同。所以，我也只能讲讲自己对创业的体会和我的一些创业思路。

到底怎么才能创业成功呢？我觉得，其实创业成功 80%是靠运气，无论谁都不例外。为什么这么讲？去年我给很多朋友推荐过一本书，叫《异类》，这本书讲成功的两个要素，我自己看完以后特受启发。作者讲的是加拿大冰球队，他列了过去五年的获奖名单，说你找找规律。我把那五年的名单仔细看了好几遍，我也没找出什么规律。然后这个作者说，他研究发现，在加拿大冰球队五年冠军获奖名单中，4 月份以后出生的一个没有。也就是说，统计规律发现，4 月份以后出生的人在加拿大就别打冰球，基本没戏。他说这个规律很怪，他就去研究，为什么这样呢？

他研究了美国冰球队和世界上各个国家冰球队，都没有这个规律，为什么在加拿大打冰球就一定要 4 月份以后呢？他研究了很长时间，发现跟一个小事情相关，就是加拿大冰球队的少年队的入选标准是在当年 1 月 1 号满 9 岁的人可以入选少年队。大家理解这中间的规律吗？为什么 1 月 1 号能够入选少年队，会对以后有这么大影响？我们想一想，1 月 1 号满 9 岁的人，如果他的生日是 1 月份的话，意味着他已经快 10 岁了，而如果你是 12 月的，也就是你刚好 9 岁，在冰球的赛场上，那个 10 岁的小孩肯定比 9 岁小孩体能好，这样在一层一层选拔的结果里，4 月份以后出生的全部被淘汰，就变成 1 月份出生的 40%，2 月份出生的 30%，3 月份出生的 30%，4 月份以后出生的一个没有。这就是偶然中的必然，这就是运气，对吗？你说你的体能也很好，素质也很好，打冰球一级棒的选手，你 4 月份以后出生的，没戏了。

再以美国 IT 业的成功创业者为例，比尔·盖茨在 1955 年出生，史蒂夫·乔布斯也在 1955 年出生，许多数得上名字的人物全在这一年出生。对应到中国，我发现杨元庆 1964 年出生，郭伟、马云也是。其实很简单，1964 年出生意味着他们大学毕业一两年以后，中国的电脑工业革命就开始了。而互联网行业成功的创业者，多是 1972、1973 年的，这就是我要谈的运气问题。我是 1969 年出生，而如果是 1964 年或者 1972 年，可能成功要容易很多。在网上一查，跟雷军关系最近的关键词是什么？是 IT 劳模，我工作辛苦和努力是出了名的。我们从 1988 年开始创建金山，到 2010 年为止是 23 年，在 IT 业算古董级的公司，可能很多人觉得金山软件算是成功案例，但在我内心深处，真的认为做得不怎么样。

运气是什么

我们经历了一些时代性的机遇。这是我最近几年一直反思的，得到的结论是：光有勤学苦练是远远不够的，关键问题是多一点点运气。有时候我也想，怎么把握成功过程之中重要的东西？怎么把运气变成可控的？我想来想去，觉得所谓的运气，从理性的角度来看，其实就是在对的时候做对的事情，这比任何时候用对的人、把事情做对都更重要。

谈到这个问题，金山创业的艰难就不说了，这个公司一度面临着全世界最强的竞争对手微软，创业两年后，差点关门，当时只剩下十来个人，账上只有七八十万元。从 1996 年开始我们重新创业，一仗一仗打过来，中间没有依靠过任何风险投资的帮助，账上从十几万元到 5 亿。到了 1999 年，当时年幼无知，被人一忽悠就准备去上市，一上市就上了八年时间，准备过五个板块，花了一亿元中介费，好不容易在 2007 年 IPO 成功。很简单的一件事情，别人上市一下子就上了，没上还没死的，我估计就金山一家，准备上市像是脱了一层皮，金山就有这点顽强精神。但是我就在想，难道做企业真的需要这么艰难吗？我自己 20 多年来，成功的喜悦并不多，失败的教训却比比皆是。

再回过头来，在对的时候做对的事情为什么重要？当时代性的产业机会来临的时候，浪潮会把你推到最前沿，这个浪潮所具备的力量比你自身的力量多很多倍。1999 年互联网浪潮来的时候，我不能够说我理解有多深，但我是真的看到机会来了。我就决定创业，干什么事情？我觉得做电子商务比较靠谱，就做了卓越，干了四年以后卖给亚马逊。我卖这个公司的时候，心疼了半年时间，跟卖儿卖女的感觉一样，真的很不好。我后来强迫自己不在卓越网买书，当做不认识一个叫卓越网的公司。在卖公司的半年时间里，我在想，自己也不比别人笨，至少也比别人勤奋，为什么我做个企业就这样磕磕绊绊？为什么马云挺容易，陈天桥也挺容易，虽然他们也有困难，但比他们艰难的公司比比皆是。而我做了天使投资人以后，发现比我艰难的创业者更多。

于是在卖掉卓越以后，我就陷入了一个长达半年的思考。我想的问题是，我可以更努力、更勤奋，但是我能不能在成功路上容易一点？因为跟我打江山的兄弟们有好几千人，大将能累死三军，他们很不容易。我不能因为自己的问题让整个组织跟我一样陷入苦战的境地，能不能聪明一点？后来，我找到了答案。这个答案是四个字：顺势而为。很多的创业者很有热情和信仰，但是太有信仰也有问题。

顺势而为讲的是什么呢？孙子兵法里提到，在山顶上有一块石头，我顺势而为，跑去踢上一脚，剩下的事情不用做太多，它自己就滚下来了。巴菲特讲的滚雪球，也是顺势而为。关键问题要看清楚这个势在哪里，怎么把握。我原来站在旁边看的时候，觉得很多成功创业者是靠运气，其实我想说的是，他们在山上找了一块石头，踹了一脚，石头就自己滚下去了，如果你天天在山脚下，怎么踹都没有用。这就是我理解的，在对的时候做对的事情。那么什么是对的事情呢？什么是对的时间点？

两个大机会

我的秘技是，看五年、想三年、认认真真做好一两年。具体怎么做？在十年前，我可以很轻松地回答你，看五年，去美国；想三年，去台湾；认认真真干好一两年，看看大家都是怎么干的就行了。接下来，我就开始想，五年后什么变化会发生，谁会是五年后的百度，五年后的腾讯，五年后的阿里巴巴？在 2005 年我开始思考，五年后的中国市场，决定性的力量是什么？五年后的大山在哪里、山上的石头在哪里？我觉得做事不要苦干，要善于冥想，想五年后是什么。而五年前我的结论是移动互联网，在移动互联网领域我投资了 6 家公司，在移动互联网各个小的细分市场里，可能都有我的投资。

不过，一开始我说移动互联网是未来的时候，没有人信。后来我终于发现有一个人跟我讲的一样：孙正义。他认为未来十年是移动互联网的十年，移动互联网的规模会十倍于今天的互联网，这是我五年前的思考，我就决定了什么是正确的事情、什么是正确的时间点。我认为五年前差不多了，要开始酝酿了。我就满大街去找石头，有一次跑去一家公司，问能不能投 200 万元？他接受了，我说换多少股份？他说 16%。这就是乐讯，我的投资显得很草率，因为五年前我自己不懂移动互联网，也不明白大家为什么用手机上网。五年前手机上网体验真的很差，我想为什么还有人用手机上网呢？沟通交流之后，我发现，原来五年前的移动互联网不是我们用的，是农民工、军人、学生、厨师、保安用的。因为他们没有电脑，能用手机上网是种享受，跟我 20 年前上互联网是一样的。有了这个机缘，我就投了乐讯。后来我发现，手机上网感觉不好，很大的原因是手机浏览器做得不好。所以在 2007 年我就投了 UCWEB，现在一个月差不多有 6 000 万以上的活跃用户。

这就是我几年前的想法。那么，从现在开始，五年后什么企业会成功？未来五年会有什么样的历史性机遇？我们现在必须去想一想这些问题，才有机会。过去五年，我觉得第一个机会是移动互联网，第二个机会是电子商务。为什么当时我会觉得电子商务是未来？这次我看的是消费升级，我们中国老百姓好不容易有点钱了，消费会全面升级。我认为做服装毛利绝对不比做软件少，一件生产成本一百元的东西在商场卖一千五百元。为什么卖这么贵，这也是我搞不懂的。有了这个想法以后，我又看到了优衣库在日本的成功，十多年前它在日本，一百元的衣服卖一百五元、两百元，靠这一招，它击败了日本其他中低档服装对手。我想，有没有可能通过电子商务的手段实现这一切？2007 年底，我找了卓越网以前的同事一起创办了凡客诚品。这个公司从创办到完成第三轮融资只花了九个月的时间。不过，这个公司真正牛的不是完成了融资。2004 年底北京市市委书记到凡客诚品参观，发现两年时间我们就能建成这么大规模的企业，他很震惊。在过去六个月，最多的一天商品销售额达到 660 万元人民币。过去传统的服装企业，超过十亿元需要十年努力，过 100 亿元需要再用十年，而今天凡客诚品已经超过 10 亿元，才轻轻松松三年时间不到。陈年觉得我们在未来十年可以做到 1 000 亿元，有这个可能。凡客的本质不是电子商务，是消费升级，这是过去五年里面，我赌的第二个机会。

过去五年我所思考的全部内容，就是怎么能够轻松一点成功，别那么累。如果你觉得自己的生意做得特别累，可能多多少少有点问题。我自己投过一些小公司，最怕的情况不是公司没钱快关门，而是不死不活的公司。前段时间我的口头禅是，送你五个字：早死早超生。为什么呢？我最怕的就是只挣个几百万元利润，浪费时间。关门重新来，一定比原来快。我认为一个优秀的创业者，首先要有办一流的、伟大企业的雄心壮志，其次一定要找到大方向，如果不小心误入歧途，我也希望大家能够想清楚。在中国，创业可能很容易挣点钱过小日子，但是想做成大事情的话，没有决心是不行的。

优视科技当初接了中国移动的一个 1 500 万元的大单，能有好几百万元利润，我投资的时候告诉他们这个生意不做了。他们傻了，说 2009 年在中国移动门口站了八个月，好不容易拿到 1 500 万单子，十个省的生意，你说不做就不做了？但是他们回去想了一个月以后，接受了我的观点。我的看法是，假如你做了，你这辈子肯定做不成伟大的企业。天天做点小生意，这个公司怎么做大？我告诉他们，假如干的话，跟我说未来两年内需要多少钱，我投资，只要他们聚焦在关键事情上去突破。我希望创业者能够真正冷静下来想一想，未来五年，大的机会是什么？想清楚了，轻装上阵，然后聚焦，立下建立一家伟大公司的目标，在经历坎坷的时候，能够不放弃，坚持走下去。最后，我还是总结一下我的几条秘诀：第一条，看五年、想三年、认认真真做好一两年。第二条，在对的时候做对的事情。第三条，顺势而为，不要做逆天的事情。如果你能把握准大的时机，把握好每个看似运气的关键点，你的成功就会变得轻轻松松。

资料来源：http://www.sino-manager.com/201084_17928.html

雷军的创业秘诀中有值得你借鉴的吗？请你认真思考雷军的两个秘诀。

任务一：在你的创业计划中，对的事情是什么？合理的动机是什么？

任务二：在你的创业计划中，顺势而为的势在哪里？

任务分析

对于创业的动机与运作方式，企业家雷军提出了一套很好的思路，值得我们学习与借鉴。但关键点还在于实践与思考，提出适合自己的计划与思路，请在经营模拟 7-1 亿万富翁之路或再次模拟的基础上，提出自己创业经营计划的秘诀，建议可参考学习进阶技巧中的一些综合类技巧。

知识链接

一、创新精神与创业精神

创新，是企业家的灵魂。与一般的经营者相比，创新是企业家的主要特征。企业家的创新精神体现为一个成熟的企业家能够发现一般人所无法发现的机会，能够运用一般人所不能运用的资源，能够找到一般人所无法想象的办法。

企业家的创新精神体现在以下方面。

（1）引入一种新的产品。

（2）提供一种产品的新质量。

（3）实行一种新的管理模式。

（4）采用一种新的生产方法。

（5）开辟一个新的市场。

企业家的创业精神就是指锐意进取、艰苦奋斗、敬业敬职、勤俭节约的精神。主要体现在以下方面。

（1）积极进取。

（2）企业家的顽强奋斗。

（3）敬业敬职的职业道德。

（4）勤俭节省的精神风貌。

二、乔布斯给创业者的十三条建议

我经常给创业者讲的关于创业的一个原则是：尽你的所能，使得少数人获得百分百满意，这样比让大多数人获得一半的满意更为重要。这是我从保罗·布希海特（Paul Buchheit）那里学到的。我最近接受了一个记者的采访，他让我说出创业者应该注意的十件事情，我说，这就是其一。但是其他的九个注意事项又是什么？于是我简单罗列了一下，发现原来有以下十三条。

（1）选择一个好的搭档。对于创业者来说，一个创业搭档的重要性就有如地点对于房地产的重要性一般。一间房子，你怎么改都行，就是不能改它的地点。对于创业者而言，要改变想法是很容易的，但是要改换创业搭档就很难了。而每一个草创之业能够取得成功，皆离不开其创立者的共同影响。

（2）及早出笼。及早出笼的意思不是说将你的产品第一时间推入市场，而是说，只有当你真正将想法付诸行动之后才表明你在工作了。而这一个过程中你也学会了该做什么样的产品。在此之前，你都只是在浪费自己的时间。这时候，不管你拿出的是什么东西，都不过是用来吊客户的胃口而已。

（3）让你的想法自己进化。这是及早出笼的第二部分。及早出笼，而后反复改进。不应以为创业就是把某个很美的想法从头脑搬到现实。就和写作一样，大多数的精彩想法都是在实施的时候出现的。

（4）理解你的用户。你可以把一个新兴企业所创造的财富想象成一个长方形，其一边是用户数量，另一边是你改变用户生活质量的程度。而后者是你可以最大限度加以把握的。事实上，这个长方形一边的长度将取决于由你控制的另一边的长度。科学上的难题往往不在于答案，而在于问题的提出本身。同样，创业者应该思考用户需要什么新的东西。你对这方面了解多了，你就越有可能满足用户的需求。很多成功的企业都是靠做一些其创建者需要的东西而起家的，这也是同样的道理。

（5）让少数的用户深爱你的产品，而不是让大多数用户对你的产品口带微词。能让大多数用户热爱你的产品当然是最好的，但是在开始的时候你不大可能做得到这一点。你应当在以下两者中间作出选择：满足一部分用户的全部需要，或者满足所有潜在用户的一部分需要。我建议你选择前者，因为扩展用户群比扩展满意度更容易。也许更重要的是，这样做，你会难以向自己撒谎：你以为你已经做到 85%的完美了吗？谁告诉你的？说不定那是 70%或 100%呢？而要是你想知道自己有多少用户，那就是很容易的事情了。

（6）提供让人意想不到的优质客服。我们都经常遭遇劣质的客服。我们经常跟那些垄断色彩浓厚的企业打交道，他们的客服实在是太糟糕了。也许你内心关于客服的想法也因此类经历而降格。你不但要把你的客服做好，还要做到让人意想不到的好。想尽办法去让用户过得更开心吧，他们一定会很惊喜的。在创业的早期，你可以在成本范围内提供一些优质的客服，这也是探索用户需求的一部分。

（7）给自己做一个记录表。我是从乔·克劳斯（Joe Kraus）那里学到这点的。一个人要是会去记录某样东西的发展，就会有一种潜在的意识去改善那样东西。要是你想增加自己的用户数量，那就在办公室里挂一幅草图，上面就记录用户数的变化，并且你每天都要作记录。要是那个曲线正在上升，你必然会高兴；要是曲线在下滑，相信你肯定会感到失望。很快你就会明白用户到底需要什么，并且你也会懂得在某个方面去作出改进。需要注意的是，你要搞清楚到底该记录什么东西的变化。

（8）花最少的钱。开支最省这一原则的重要性无需多言。大多数的企业还没能做出用户需要的东西之前就垮了，而其中最常见的原因是他们资金短缺。开支最省几乎等同于不断地、快速地改进。而事实上，这一做法的重要性还不止于此。开支最省能够让一个企业保持活力，这一点跟运动能让人保持活力乃是同一道理。

（9）有饭吃就好。“有饭吃就好”，就是能让企业的创始人满足其基本的生活所需。这不是一种迅速让企业成型的方案（尽管理论上也是可以的），而是一种创意投资的过程。只要你做得到“有饭吃就好”，你就可以彻底改变你与投资者的关系。同时，这也是鼓舞士气的好办法。

（10）排除干扰。干扰是新生企业的天敌，这包括各种形式的干扰，而危害最大的就是那些赚钱的副业：白天去上班、搞咨询，以及其他有利可图的副业。搞副业也许能让你积聚更多资源，有利于长远发展，但是你却必须经常放下手头上的事情去应酬你的主顾。而募集资金也算得上是干扰的一种。还是尽量避免吧。

（11）不要泄气。新生企业走向死亡，其表层原因是缺乏资金，其实深层原因是他们失去焦点。要么是一些无能之辈在控制着企业（他们根本不听别人的意见），要么是那些还在掌控的聪明人开始泄气了。要知道，创业需要巨大的心理承受能力。所以，你要认识到这点，告诉自己不要被难题吓倒。

（12）不要放弃。即使是你感到泄气，也千万不要放弃。留得青山在，不怕没柴烧。当然，这不是放诸四海而皆准的真理，有些人再努力再坚持，也还是不能成为好的数学家。但是创业就不一样了，只要你努力，并经常改进你的想法，就完全有可能成功。

（13）失败的交易就让它们过去吧。我们在 Viaweb 学到的最有用的一个经验就是不要老是希望每一桩交易都获得成功。我们那时有 20 桩交易是失败的，我们开始还坚持跟到底，希望能挽留住我们的客户。可是做了 10 桩之后我们决定不干了，就把那些失败的交易当成是一些后台程序，让其自然消亡吧。不要寄希望于让每桩交易都成为现实，事实上这经常是不可能的，而这样做你也得不到什么好处。

写完以上 13 条法则之后，我问自己，要是只能选一个，我会选哪个。我选“理解你的用户”。这是关键。企业之中心任务就是要创造财富，你能给用户的生活带来多大的改观，就决定了你创造财富的大小。而最困难的就是去探索用户需要什么。一旦你知道该为用户做什么了，剩下的只是一个做的问题了，而大多数的程序高手都能很轻易的做到你要的东西。在上述的 13 条法则里，有半数的都包含了“理解你的用户”这一点。这是及早出笼的理由，让你的想法自己进化，这正是理解你的用户的现实体现。要是你能理解你的用户，你就能做出一些让少数人高度满意的产品。而提供优质客服的一个重要的理由是那样子你可以更好的理解你的用户。理解你的用户还能有助于提示你们的士气，因为即使在你遭遇巨大挫折，一切都在分崩瓦解之时，仍有十位忠实的用户将鼓励你继续前进。

资料来源：http://u.cyzone.cn/blog/97862

三、创业常用的法律法规

创业者可能会用到一些法律法规，以下列出常用部分，供参考。

1. 基本法律

《民法通则》、《合同法》、《担保法》、《票据法》。

2. 公司企业法律

《公司法》、《合伙企业法》、《个人独资企业法》、《中小企业促进法》、《企业登记管理条例》、《公司登记管理条例》。

3. 劳动法律法规

《劳动法》、《市劳动合同条例》。

4. 知识产权法律

《著作权法》、《商标法》、《专利法》。

5. 公司企业税法

《企业所得税暂行条例》、《增值税暂行条例》、《营业税暂行条例》、《税收征收管理法》。

典型案例

华人首富李嘉诚的发家史

李嘉诚，广东潮安人，1928 年 7 月出生于广东潮州市一个贫穷家庭，父亲为教师。李嘉诚童年过着艰苦的生活。14 岁那年，正逢中国战乱，他随父母逃难，逃往香港，投靠家境富裕的舅父庄静庵，可惜不久父亲因病去世。

身为长子的李嘉诚，为了养家糊口及不依赖别人，决定辍学，先在一家钟表公司打工，之后又到一家塑胶厂当推销员。由于勤奋上进，业绩彪炳，只两年时间便被老板赏识，升为总经理，那时，他只有 18 岁。

1950 年夏天，李嘉诚立志创业，向亲友借了 5 万港元，加上自己全部的积蓄 7 000 元，在筲箕湾租了厂房，正式创办“长江塑胶厂”。

有一天，他翻阅英文版《塑胶》杂志，看到一则不太引人注意的小消息，说意大利某家塑胶公司设计出一种塑胶花，即将投放欧美市场。李嘉诚立刻意识到，战后经济复苏时期，人们对物质生活将有更高的要求，而塑胶花价格低廉，美观大方，正合时宜，于是决意投产。

他的塑胶花产品很快打入香港和东南亚市场。同年年底，欧美市场对塑胶花的需求愈来愈大，“长江”的订单以倍数增长。到 1964 年，前后 7 年时间，李嘉诚已赚得数千万港元的利润；而“长江”更成为世界上最大塑胶花生产基地，李嘉诚也得了“塑胶花大王”的美誉。

不过，李嘉诚预料塑胶花生意不会永远看好，他更相信物极必反。于是转投生产塑胶玩具。果然，两年后塑胶花产品严重滞销，而“长江”却已在国际玩具市场大显身手，年产出口额达 1 000 万美元，为香港塑胶玩具出口业之冠。

1963 年，李嘉诚与表妹庄月明（即其舅父庄静庵之女）成婚，翌年生下长子李泽钜，次子李泽楷则在 1966 年出世。

1965 年 2 月，香港发生了严重的银行信用危机，人心惶惶，投资者及市民纷纷抛售房产，离港远走。香港房地产价格暴跌，地产公司纷纷倒闭。1967 年，香港更发生反英暴动，进一步使房地产市场陷于死寂。

不过，李嘉诚却看好香港工商业的前景，认为香港这个商机十足的殖民地，不会久乱。他反行其道，在人们贱价抛售房产的时候，却大量购入地皮和旧楼。不出 3 年，风暴平息，香港社会恢复正常，经济复苏，大批当年离港的商家纷纷回流，房产价格随即暴涨。李嘉诚趁机将廉价收购来的房产，高价抛售获利，并转购具有发展潜力的楼宇及地皮。20 世纪 70 年代初，他已拥有楼宇面积共 630 万平方英尺。

1971 年 6 月，李嘉诚正式创办长江置业有限公司，翌年改组为长江实业（集团）有限公司，正式在地产事业上大展拳脚，并在后来多次石油危机和经济萧条的时期，趁楼价下滑，运用人退我进、人弃我取的战略入货，结果在楼市大升时获得巨利，使手上的资金暴增。

20 世纪 70 年代的香港，4 大资本最雄厚的英资洋行怡和、太古、汇丰及和记，在许多大企业的生意中，威力只手遮天。李嘉诚决定运用长江实业雄厚资金，收购香港某些具有实力的上市公司，第一个目标便直指怡和集团的主要旗舰“九龙仓”。

他经过仔细研究后，决定采取不动声色、出其不意的战术，派人分散大量暗购九龙仓股票，使九龙仓的股价在短短几个月内由原来的13.4元，狂升至56元。九龙仓集团感到大势不妙，立即部署反收购行动，在市面上大量购入散户持有的九龙仓股票。无奈资金有限，最后不得不向汇丰银行求助，而汇丰银行与李嘉诚合作多时，双方关系良好，这使李嘉诚有点为难。

其时，资金雄厚的华资财团主席包玉刚，亦正在争夺九龙仓。李嘉诚见好就收，主动将持有的1 000万九龙仓股票转让给他，从中获利5 900万港元。李嘉诚这一仗，可谓一箭双雕，既避免了与关系密切的汇丰银行有正面冲突，又使包玉刚领导的华资财团可顺利取得九龙仓控制权。

包玉刚识英雄、重英雄，把手中持有的另一老牌英资洋行和记黄埔的股票，转让给李嘉诚，为他后来入主“和黄”伏下一着。

1978年，李嘉诚又再以出其不意的战术，收购另一个老牌英资公司青洲英泥，成为该公司董事局主席。不过，最令李嘉诚难忘的胜利，是成功地控制了老牌英资财团和记黄埔。

李嘉诚这次采用的战术，不单是攻其不备，更是迂回包围。他指挥手下，以极快速度暗中低价收购“和黄”，很快便持有该公司 70%的股票。当“和黄”董事局主席祁德豪发觉李嘉诚的举动时，虽然急忙组织英籍大股东进行反攻，但为时已晚，李嘉诚已夺得先机，加上汇丰银行的帮助，终在股市上成功大量吸纳“和黄”。至1980年，李嘉诚已拥有超过40%的“和黄”股权。如手到拿来般，顺利登上和记黄埔董事局主席的宝座。

李嘉诚的长江实业，以6.93亿港元的资产，控制了价值超过50亿港元的老牌英资财团和记黄埔，实为“小蛇吞大象”的奇迹；而李嘉诚更因此成为入主英资财团的首位华人。

当时，并没有人追问当中关键性的一役，是汇丰银行为何愿意将手上的“和黄”股票卖给李嘉诚。此中的原因，李嘉诚直到1998年才说出。原来，当年汇丰银行极为欣赏李嘉诚的管理方法，认为由他带领“和黄”，必定会发展得更好，所以愿意相助。结果亦证明，“和黄”在李嘉诚手上，不出几年，已发展成为一个国际性的公司，晋级为世界数一数二的跨国企业。

20世纪80年代以后，李嘉诚的版图再进行一系列的扩张。除了房地产外，还经营航运服务、电力供应、货柜码头以及零售等，形成一个坚不可摧，在香港举足轻重的大型综合性财团。

另外，自20世纪70年代起，李嘉诚已开展了海外投资，至80年代，他逐步有目的扩大有关的投资比重，进行企业全球性战略。分别在加拿大、美国、英国、新加坡，设立根据地。业绩一年比一年好，还未到90年代，他早已成为香港的首富，并且一直保持着这个领导地位。

1990 年后，李嘉诚开始在英国发展电讯业，组建了 Orange 电讯公司，并在英国上市，总投资 84 亿港元。到 2000 年 4 月，他把持有的 Orange 四成多股份出售给德国电讯集团，作价 1 130 亿港元，创下香港有史以来获利最高的交易记录。Orange 是于 1996 年在英国上市的，换言之，李嘉诚用了短短 3 年时间，便获利逾千亿港元，使他的资产暴升一倍。

进入 2000 年，李嘉诚更以个人资产 126 亿美元（即 983 亿港元），再度登上世界 10 大富豪排行榜，也是第一位连续两年榜上有名的华人。李嘉诚多次荣获世界各地颁发的杰出企业家，还 5 度获得国际级著名大学颁授的荣誉博士学位。

经过 20 多年的“开疆辟土”，李嘉诚已拥有 4 家蓝筹股公司，市值高达 7 810 亿港元，包括长江实业、和记黄埔、香港电灯及长江基建，占恒生指数两成比重。集团旗下员工超过 3.1 万名，是香港第 4 大雇主。1999 年的集团赢利高达 1 173 亿港元。

2001 年，《星期日泰晤士报》发表全球 50 大富豪排名榜，上榜的华裔人士只有 3 人，且全为香港富豪，其中排名最高的是第 23 位的长江实业主席李嘉诚，李嘉诚还是全球最有钱的华裔富商。

由美国《商业周刊》编辑部 180 余位资深编辑及其全球各地 24 位记者评选的“2000 年度 25 位最佳经理人”，李嘉诚成为全球唯一入选的华人企业家，名列第 11 位。

2003 年 7 月 16 日，美国福布斯杂志在其官方网站上发布了“全球十大最有影响力富人榜”。中国香港的长江实业集团主席李嘉诚排名榜单第五名。

他响应中央政府科教兴国的号召，捐巨资同教育部合作，实施“长江学者奖励计划”。他不仅多年来爱国爱乡，重视教育卫生事业，热心公益，而且一往情深，尽心竭力。

“我现在的事业，是有比较大的发展，但对我来说，我最看重的，是国家教育和卫生事业的发展。只要我的事业不破产，只要我的身体还好，脑子还清楚（他指了指自己的头），我就不会停止对国家教育卫生的支持。”——1993 年 6 月李嘉诚语。

正如香港老前辈庄世平先生所说：李先生为人谦和，坦诚，守信，真是名不虚传。从 1980 年开始，他陆续斥资 18 亿元，在中央政府和广东省政府的支持合作下，创建了汕头大学；1994 年捐资 1 100 万元，帮助家乡潮州贫困地区，建了 50 所基础教育学校；1997 年，捐资 1 000 万美元，为北京大学建新图书馆；2000 年，捐资 2 400 万美元，参与国家互联网 InternetII 发展计划，在清华大学建设国家未来互联网技术研究中心等……

多年来李嘉诚总捐款额超过 30 亿港元，7 成多捐款用在内地，两成多用在香港。他几乎每年都向内地捐助 1 亿元以上的资财，兴办大量公益事业。

李嘉诚晚上睡觉前一定要看半小时的新书，了解前沿思想理论和科学技术，据他自己称，除了小说，文、史、哲、科技、经济方面的书他都读。这其实是他几十年保持下来的一个习惯。

资料来源：http://info.jj.hc360.com/2009/05/31060571212.shtml

结合上述案例，列出你的综合经营策略，并在本情境的经营模拟中加以运用与验证。

经营模拟

经营模拟 7-1　行业垄断模拟经营

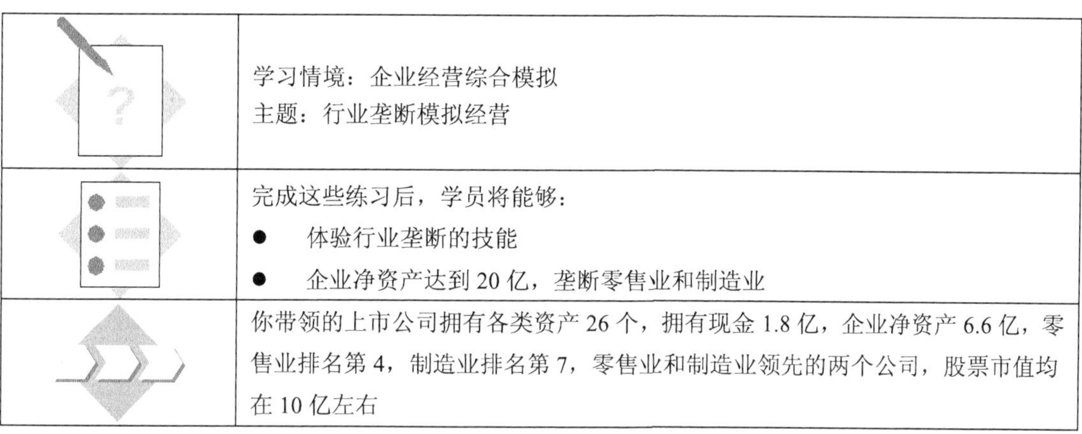

	学习情境：企业经营综合模拟 主题：行业垄断模拟经营
	完成这些练习后，学员将能够： ● 体验行业垄断的技能 ● 企业净资产达到 20 亿，垄断零售业和制造业
	你带领的上市公司拥有各类资产 26 个，拥有现金 1.8 亿，企业净资产 6.6 亿，零售业排名第 4，制造业排名第 7，零售业和制造业领先的两个公司，股票市值均在 10 亿左右

请以单人高手模式进入“7．兼并狂潮”，背景说明如下：

> 你坚定地认为公司扩张的最佳方式就是不断兼并。现在你被任命为一家大公司的总裁，你证明自己的理论是行之有效的。你的目标是用兼并的方式在30年内垄断零售业和制造业，并且让你的公司市值超过20亿美元。

检验方式：以个人是否完成目标、完成目标的时间为检查依据，相应表格如下。

姓名（学号）	公 司 名 称	是否完成目标	完成时间（年）	排　　序

经营模拟 7-2　亿万富翁之路

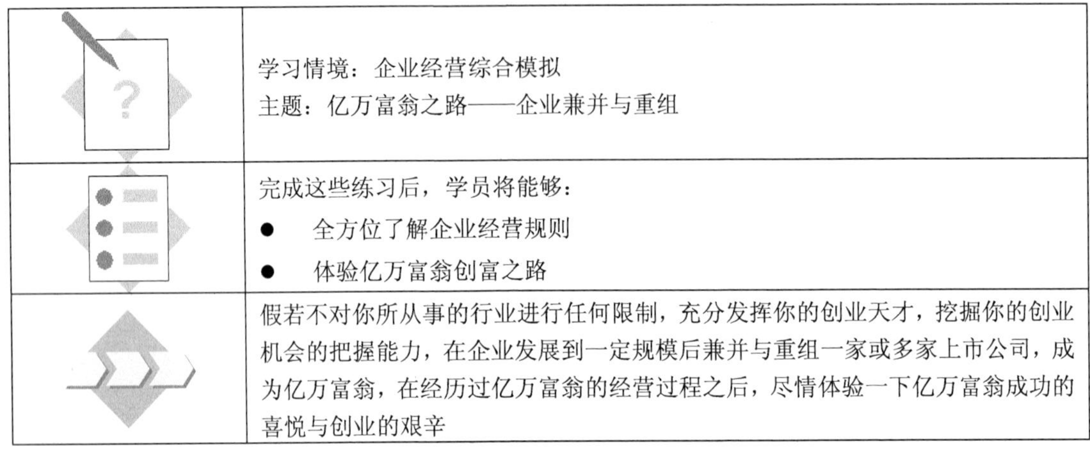

学习情境：企业经营综合模拟
主题：亿万富翁之路——企业兼并与重组

完成这些练习后，学员将能够：

- 全方位了解企业经营规则
- 体验亿万富翁创富之路

假若不对你所从事的行业进行任何限制，充分发挥你的创业天才，挖掘你的创业机会的把握能力，在企业发展到一定规模后兼并与重组一家或多家上市公司，成为亿万富翁，在经历过亿万富翁的经营过程之后，尽情体验一下亿万富翁成功的喜悦与创业的艰辛

1. 亿万富翁之路——企业兼并与重组模拟

首先进行分组，每组人数不超过 7 人，然后以多人软件或单人自定义软件模式进入模拟系统，每组按以下要求进行系统设置（提示：本次模拟中的内容包括以前所有的内容，增加公司收购与整合）。

目　录	子　目　录	设 置 内 容
基本	难度等级	8 级
环境	你的初始资金	低
	其他	系统默认
竞争对手	全部	系统默认
进口	全部	系统默认
目标任务	数值 1 玩家资产	10 亿
	数值 1 玩家自己的总公司任务年运营利润	3000 万
	数值 1 其他参数	系统默认
	数值 2 投资回报率	12%
	数值 2 全部参数	系统默认
	产业	系统默认
	产品	系统默认

检验方式：以组为单位，以个人是否完成目标、最后综合得分为检查依据，相应表格如下。

组名：

姓名（学号）	公 司 名 称	是否完成目标	综 合 得 分	排　　序

2. 分组讨论

分组讨论本次经营模拟的经验与教训，参赛队员准备一份综合经营模拟的经验总结（PPT 报告），建议包括经营思路、经营过程、经营中出现的问题、处理的方法、体会、企业创业的机会所在等。

进阶技巧

1. 港口

每个城市都有几个港口，具体的数量可以在选项中设定。这些港口分为两类：一类提供工业原料和中间产品给工厂；另一类提供消费品给零售店。这些产品代表进口货，其来源是中性的。

零售业的进货来源中，港口是很重要的一块。零售店可以选择从 NPC 的工厂、从自己的工厂以及从港口进货。对于玩家和 NPC 来说，港口是中立的存在，一个港口提供 3～4 种产品。玩家在没钱造工厂时，或者生产技术不高导致产品性能不如港口产品时，或者自造工厂的产品成本高于从港口进货时，或者是不愿意从 NPC 进货从而壮大经营者的对手时，就可以选择从港口进货。最后一种情况只适用于经营者面临一个 NPC 的竞争时，因为在有多个 NPC 时，NPC 之间的竞争与合作会形成上下游的产业关系，如果 NPC 的产品优于港口的产品，经营者不从 NPC 进货，别的做零售业的 NPC 会从他那儿进货，从而对经营者构成竞争优势。这是一个基本的博弈原理。

港口的供货是会变化的。软件有一个选项，可以控制港口是否持续供货，这是指当经营者持续地从港口采购时，该项产品的进口就不中断。如果经营者的工厂一次性进了很多货一时用不掉，导致长期未向港口采购，港口就会判断为这种产品没有需求而将它换掉。

供货的变化是定时的，具体间隔不明，新出现的产品似乎是依一张随机表而定，而经营者的软件在随机表上的位置似乎一开始软件就决定了。也就是说每一次开局后的变化都可能不同，但同一次开局的不同存盘文件，其后续发展是注定的。

当供货中断时，新闻系统会通知经营者。如果经营者的店或者厂里设定了自行寻找替代货源，它就会另找一家供货商。在选项里可以把它设定为默认选项。但是无法设定在自行寻找替代货源时，自家企业优先，这是个不足，所以当别人的产品质量或者价格或者品牌比经营者自产的更好时，经营者的店或者厂会置经营者自家的生产企业于不顾。在COO（首席运营官）的设置里可以设置成从自己的工厂寻找替代货源，但COO的AI只从同城找，在同城有NPC供应时不会考虑跨城采购。

港口供货的品质在选项中是可调的，分为高、中、低三档。因为玩家一开始的生产技术是最低的30，有时甚至根本没有生产技术，也就无法生产一些产品。而NPC往往一开局就已经有一定的研发基础，部分产品品质处于中档。因此港口供货品质的档次决定了经营者不同的竞争和发展策略，决定了经营者在研发、建设、经营方向等方面的侧重和顺序。不同的港口供货档次需要什么策略，不再多说，把摸索的乐趣留给读者们。

2. 房地产业

房地产业，指的是建大楼或者买大楼，然后租出去或者卖出去。大楼从写字楼到商住楼，有许多规格，对应不同的价格和维持费用。

软件中的地价，每一小平方格有一个基本地价，然后每一个建筑物都会对若干格内的地价发生影响，影响力随距离增大而减少，最大影响距离依建筑物不同而有所不同。

每一座城市，都会有一个城市中心，这儿有着三家传媒大厦，投行和商业银行，以及若干高楼。这儿就是银座，这儿就是地价之王。而房地产的投资，则集中在这个区域，并向四周扩散。因为在地价高的地段，虽然买地花的钱比较高，但收的租金也比较高，而且高楼越建越密，日后的升值空间也大，脱手时也能赚一笔。

软件中那十几位独立投资人，在股市上赚了钱，往往会在市区建一些自用的别墅。这些别墅不能出租，不能用来生钱，玩家也能造，只要有钱想造多少就可以造多少，对玩家来说没有任何意义，结果只是哄抬地价。对于独立投资人来说，用意大概是通过房产增值，在脱手时赚一笔吧。到了软件后期，闹市区都是高楼，想找块地建零售店都做不到，想来做地产的一定赚大了。经营者在损益表里会看到一项资产增值，就是指经营者的房地产的增值和股票的增值，其中房地产增值是包括了经营者工厂所在的地皮的增值的。

当拆掉一些市区的工厂和农场以改建商店时，会连地皮的投资一起报废，新建商店居然要重买一次地皮。没法单买地皮，因为地皮成了建筑的附属物。而地皮的转手似乎只有写字楼和居民楼才比较容易，工厂和农场一般没有人要，只好拆掉。

做房地产业的租金的调整是较麻烦的。当随机因素的整体经济下滑时，市场消费会减少，股市下跌，房价、地价也跌，若不及时调整房租，出租率就会很快从80%～90%跌到10%。NPC不嫌麻烦，经营模拟者可能会嫌麻烦。虽然雇一个COO，他会自动帮经营者处理一些管理上的事务，但是一般不会自动调整房租。

地价的另一个因素是零售店的布址，地价越高的地方销售越好。民生用品在郊区也能卖得不错，首饰和汽车则一定要在银座开一家专卖店。经营者可以查到其销售量和郊区的专卖店差别很大。

3. 传媒业

每个城市有三家传媒公司，相互间是竞争关系。不同传媒的覆盖面不同，CPM 也不同。CPM 是每千人次的价格，网络公司卖广告位就是以 CPM 为单位，新浪首页最上方的那条 ads banner 的 CPM 最高时曾经要 40 美元。经营者要在覆盖面和 CPM 之间均衡选择，而且媒体的覆盖面会发生变化，不同的产品也可以选择不同的媒体。

在软件初期，没有多少产品可以卖，因此也没有多少广告开支，三家传媒公司都是亏损的。随着几家公司的成长，广告开支越来越大，传媒公司开始赚钱，特别是那些实行独立品牌政策的，每个产品都要做广告，想来传媒公司一定是赚得偷着乐。经营者可以买一家下来，把自己的广告生意都交给它去做，肥水不流外人田。

只有在传媒待售的情况下经营者才有机会去买下传媒，而出现待售的条件不明，似乎与传媒是否亏损无关。传媒公司是总体性一次买下的，没有股份和控股的概念。在传媒公司的界面里，经营者可以看到一个持股比例的饼图，这里是育碧的一个翻译错误。这不是不同公司和当地媒体机构的持股比例，而是广告客户在销售份额中的比例（Shares），灰色是指中性的第三方对于广告时间（或者广告档位）的购买。如果这张饼图有白色的部分，说明广告位没有卖光；如果全满，可以考虑提价。

传媒间的竞争主要在于节目开发的开支和 CPM 的价格上。节目开发的投入越多，覆盖面就越广，而覆盖面和 CPM 综合决定了广告位的销售。三家传媒间覆盖面竞争不像电视梦工厂中的收视率一样是经营者你死我活的竞争，毕竟现实社会中的电台、电视台以及报纸的覆盖面之间是可以重复的。另外在软件中，传媒的覆盖面成长是否和制造业一样有品牌和忠诚度的因素，持续在节目制作上高投入后，降低节目制作的投入，受众是否会和消费品采购一样有消费惯性，这点软件中的算法尚无从得知。

总体来说，因为不能新设传媒公司，而且 NPC 对于收购传媒似乎是缺乏兴趣，传媒业做得比较简单，毕竟这款软件的精华在于零售业、制造业以及整体经营策略。

4. 综合策略

在本软件中，有许多种经营方法。主要包括以下几种基本的方式。

（1）股市大亨。经营者不用从事生产，只依靠炒股来赢利。如果觉得炒股太麻烦，也可以一上手就尽可能多地吃进股票，甚至包括贷款买股票，等股票上涨后卖掉一点还贷款，然后把别的公司的分红作为自己的现金流入。

（2）地产大亨。经营者不用从事生产，只管建楼收租，也可以考虑卖楼。只是租金的调整，有些经营者觉得太麻烦，而且赚钱可能较慢。

（3）沃尔玛模式。同零售业大亨一样，只管销售不管生产，把所有的产品都打上经营者自己的品牌，把自己的品牌作为核心竞争力。NPC 的 AI 似乎也有专事某一行业的设定，而把上下游的商业机会让给别的 NPC。所以，参与经营的 NPC 越多，这种策略成功的几率就越大。

（4）销售大战。以专卖店对抗对手的百货店，以网点挤压对手的份额，以价格（因为品牌和质量在某一时点是确定不变的）去调整产品的评价。其中一个手法就是专精于某个行业，只开专卖店，然后在研发先行的方针下一个接一个地侵入别的行业。

（5）直扑高附加值产业。经营者只要资金充足，一上手就直扑电脑电子类或者汽车类的高附加值产业，虽然在建工厂和矿场上的投资比较大，但是在销售上的投资小，回报高。一辆汽车能卖 2 万多元，有时甚至能卖 3～4 万元，而成本不过几千元，要卖多少牛奶面包才能挣这些钱？高附加值的产业 NPC 都是几年后才会参与，那时经营者早已资金充足，研发完善，也不用打价格战挤压自己的利润空间了。

有些经营者喜欢从低附加值的产业入手，一般只有在资金不足时才会这样做。

（6）防守。经营者上手时尽可能先进入没人做的行业，缺少竞争的市场没有降价的压力。将网点尽可能铺开，以达到 100%的市场占有率。同时着手加强研发和广告。当几年后别人进入同一个行业时，往往是技术比经营者落后，等到他技术也开发到 100 时，品牌又比经营者落后。

所谓的防守，是指当经营者面对竞争而同时又拥有质量或品牌上的竞争优势时，经营者把价格保持在一个合理的位置（就是经营者一开店就默认的价位），而不是将价格上调到使得经营者的综合评价只比对手高一点。对手往往会主动降价来使得自己的综合评价高过经营者，不然他的产品卖不出去，工厂产能闲置的成本是很可怕的。当经营者的价格政策是合理价位而不是尽可能榨取利润时，对手要取得销售量，往往价格只到经营者的一半，这意味着他工厂销售上的亏损。于是过了半年到一年，他自己会主动转产，退出这个行业。

有时 NPC 会从经营者处进货卖到市场上，经营者看一下自己的产能和网点的具体情况，再决定是否要设定内销。

（7）畜牧制品的竞争。这个是内购与外购的问题。畜牧制品的品质取决于农场等级，而不是科技。如果工厂需的原料又是质量越高越好，有时 NPC 的畜牧制品品质很高，但若从 NPC 处采购又担心对方中断供应。

一个做法是，经营者自己设立一个农场生产畜牧，把训练加满，再把价格打低到 1 分钱。NPC 的工厂和农场是各自独立使用 AI 的，绝对不会有只从内购的想法，工厂会立刻从经营者的农场采购。而 NPC 的农场就只好降价，一直降到它的总评高过经营者为止。这时经营者的工厂从它农场进货，而经营者的农场则维持训练的状态（除非 NPC 不自产，否则经营者不自购的话就不会有订单的），直到农场级别到 9，再从自己的农场采购。

不光是畜牧品的采购，所有产品的采购都有一个自产还是外购的问题。在技术水平超过 NPC 之前，能外购还是外购吧，否则落后的技术使经营者的产品只能自我消化，而自我消化时，销售又会受不良技术的拖累。不过对于引擎、车体、芯片这三种高附加值的产品来说，宁可自己赚这笔钱，不然赢利空间就太小了。

（8）高品质矿的提价。矿产同时由港口和经营者生产时，可以利用经营者的品质提价，只要经营者的总评高于港口，NPC 就会从经营者处采购。当港口不再提供同种产品时，经营者可以再提价，因为 NPC 的生产线已经投资下去了。当然 NPC 也可能会因为忍受不了高价而自行投资建矿场。

（9）产能。有时经营者会为产能苦恼。工厂是一级时，一座大型工厂的产量应付一座城市还远远不够，为此经营者不得不每座城市设一座大型工厂。等过了几年工厂达到 9 级时，4 座城市的销量全交给一座大型工厂，产能还有富余。当产能不足时，不是投资于新设工厂，而是投资于特训，也许是个解决办法。但是特训是全员参与的，资金开支庞大，而且造成浪费。如果软件允许个别企业进行特训就好了。

（10）OEM。有人不晓得什么时候要做 OEM，一般做法是，当有钱时，一般会先做汽车业。汽车业都是一城生产，多城销售的。但是有时别的城市当地就有汽车的生产和销售，而自己在品牌和技术上都不如对方，这时在当地的汽车专卖店就会做 OEM。即自己不是从自己的工厂运车过来卖，而是从对手手中买车过来，打上经营者的商标后再卖。等到自己的技术超过了对方时，再转卖自己的车。在经营者等待研发的这个过程中，就用广告加强经营者在当地的品牌。

（11）雇人。经营者建立总部并建立相应的办公室后可以雇三个人，销售总监、CTO、COO。工资标准取决于经营者的年销售额，并依个人能力的不同而略有浮动，COO 的工资可以占到年利润的 1/5。当经营者的年利润增加时他们便会要求加薪，因为经营者不知道该加多少比较合适，如果拒绝的话会导致关系恶化，无法再次雇用。所以经营者一般加一点，然后对方拒绝后再跑到人物信息里聘他。

销售总监是用来加强经营者的零售店的销售的，不知为何选人的标准却是营运的能力。销售总监对于提高销售水平有着很大的影响，其中的算法还不清楚。不过有时经营者的销售总监要求加薪，加薪后月利润会增加近一倍。

CTO 能加强经营者的研发，并自行决定新的研发计划，以免研发资源被闲置浪费，当然经营者可以对他的计划作出调整。CTO 的问题在于他会对超过 100 的技术继续研发，而事实上整个经济体系中有近百种技术等待研发。经营者可以通过 CTO 的办公室向别人购买技术，也可以通过自己（CEO）的办公室买技术。买技术时，如果技术低于 80，一般对方都会愿意卖，如果技术高于 80，就只能向该项技术排第二位的公司买，处于领先地位的公司一般不愿意卖技术，当然如果提出更高的价格也是有可能卖出的，别人向经营者买技术时，如果这个技术是正在应用于生产中的，也不建议卖出。

COO 的工资比另两个人高出几倍，同一个人任不同的职位会提出不同的工资要求。COO 是一个自动化管理的助手，其自动化管理的水平与该人在某项能力上的水平有关。软件入门课程的建议是制造业、矿业、种植业强一些比较好，事实上也没有什么选择的余地，许多关卡里所有的人的所有能力指数都不高。经营者主要是指望 COO 能自动给零售业调价，不过事实上他做得并不是很好。另外，零售业向制造业采购时，在同一产品有几个工厂生产时，经常会发生不平衡的情况，一个厂供不应求，另一个厂却产能富余。因为零售店各自的销售波动都是相对独立的，而零售店的进货则是锁定某个供应厂商无法调整。在厂家暂时不及供货时零售店不会暂时切换到产能富余的厂家采购，因为自动切换只有在厂家完全断绝了销售时才会发生。COO 也不能帮经营者做这件调整工作。

另一个解决同一产品的不同工厂销售不均衡问题的办法，是设立一个仓储中心。因为软件中没有提供仓储中心的建造，建议经营者用一个工厂以“购进—仓储—销售”的方式，从多家厂商购进，再统一卖出。虽然要付一笔小工厂的维持费，但是在管理上方便许多，而且销售不均衡的问题解决了以后，市场潜力的挖掘就更充分了。但是这只能适用于中间产品的销售不均衡，因为工厂不能从工厂购进最终消费品，而商店也不能从商店购进最终消费品。最终消费品从工厂出来后，就只能直接进入面向消费者的销售点，而无法增加一个中间环节。

附录 A　商业计划书

商业计划书

×××公司（或×××项目）商业计划书

编号：　　　　　　　　　　　　　　　日期：

（项目公司资料）

地址：

邮政编码：

联系人及职务：

电话：

传真：

网址/电子邮箱：

保密

本商业计划书属商业机密，所有权属于××公司（或××项目持有人）。所涉及的内容和资料只限于已签署投资意向书的投资者使用。收到本计划书后，收件方应即刻确认，并遵守以下规定。

1．在未取得××公司（或××项目持有人）的书面许可前，收件人不得将本计划书的内容复制、泄露、散布；

2．收件人如无意进行本计划书所述的项目，请按上述地址尽快将本计划书完整退回。

目　　录

报告目录

第一部分　摘要（整个计划的概括）　（文字在 2 页～3 页以内）

一、公司的简单描述

二、公司的宗旨和目标（市场目标和财务目标）

三、公司目前的股权结构

四、已投入的资金及用途

五、公司目前主要产品或服务的介绍

六、市场概况和营销策略

七、主要业务部门及业绩的简介

八、核心经营团队

九、公司优势说明

十、目前公司为实现目标的增资需求：原因、数量、方式、用途、偿还

十一、融资方案（资金筹措及投资方式）

十二、财务分析

1. 财务历史数据（前3年～5年销售汇总、利润、成长）

2. 财务预计（后3年～5年）

3. 资产负债情况

第二部分　综述

第一章　公司介绍

一、公司的宗旨（公司使命的表述）

二、公司的简介资料

三、各部门的职能和经营目标

四、公司管理

1. 董事会

2. 经营团队

3. 外部支持(外聘人士/会计师事务所/律师事务所/顾问公司/技术支持/行业协会等）

第二章　技术与产品

一、技术描述及技术持有

二、产品状况

1. 主要产品目录（分类、名称、规格、型号、价格等）

2. 产品特性

3. 正在开发 / 待开发产品简介

4. 研发计划及时间表

5. 知识产权策略

6. 无形资产（商标 / 知识产权 / 专利等）

三、产品生产

1. 资源及原材料供应

2. 现有生产条件和生产能力

3. 扩建设施、要求及成本，扩建后的生产能力

4. 原有主要设备及添置设备

5. 产品标准、质检和生产成本控制

6. 包装与储运

第三章　市场分析

一、市场规模、市场结构与划分

二、目标市场的设定

三、产品消费群体、消费方式、消费习惯及影响市场的主要因素分析

四、目前公司产品的市场状况，产品所处的市场发展阶段（空白/新开发/高成长/成熟/饱和），产品排名及品牌状况

五、市场趋势预测和市场机会

六、行业政策

第四章　竞争分析

一、无行业垄断

二、从市场细分看竞争者市场份额

三、主要竞争对手情况：公司实力、产品情况（种类、价位、特点、包装、营销、市场占有率等）

四、潜在竞争对手情况和市场变化分析

五、公司产品竞争优势

第五章　市场营销

一、概述营销计划（区域、方式、渠道、预估目标、份额）

二、销售政策的制定（以往 / 现行 / 计划）

三、销售渠道、方式、行销环节和售后服务

四、主要业务关系状况（代理商 / 经销商 / 直销商 / 零售商 / 加盟者等），各级资格认定标准及政策（销售量 / 回款期限 / 付款方式 / 应收账款 / 货运方式 / 折扣政策等）

五、销售队伍情况及销售福利分配政策

六、促销和市场渗透（方式及安排、预算）

1．主要促销方式

2．广告 / 公关策略媒体评估

七、产品价格方案

1．定价依据和价格结构

2．影响价格变化的因素和对策

八、销售资料统计、销售纪录方式和销售周期的计算

九、市场开发规划，销售目标（近期、中期），销售预估（3 年～5 年）销售额、占有率及计算依据

第六章　投资说明

一、资金需求说明（用量 / 期限）

二、资金使用计划及进度

三、投资形式（贷款 / 利率 / 利率支付条件 / 转股－普通股、优先股、认股权 / 对应价格等）

四、资本结构

五、回报 / 偿还计划

六、资本原负债的结构说明（每笔债务的时间 / 条件 / 抵押 / 利息等）

七、投资抵押（是否有抵押 / 抵押品价值及定价依据 / 定价凭证）

八、投资担保（是否有抵押 / 担保者财务报告）

九、吸纳投资后的股权结构

十、股权成本

十一、投资者介入公司管理的程度说明

十二、报告（定期向投资者提供的报告和资金支出预算）

十三、杂费支付（是否支付中介人手续费）

第七章　投资报酬与退出

一、股票上市

二、股权转让

三、股权回购

四、股利

第八章　风险分析

一、资源（原材料 / 供应商）风险

二、市场不确定性风险

三、研发风险

四、生产不确定性风险

五、成本控制风险

六、竞争风险

七、政策风险

八、财政风险（应收账款 / 坏账）

九、管理风险（含人事 / 人员流动 / 关键雇员依赖）

十、破产风险

第九章　管理

一、公司组织结构

二、管理制度及劳动合同

三、人事计划（配备 / 招聘 / 培训 / 考核）

四、薪资、福利方案

五、股权分配和认股计划

第十章 经营预测

增资后3年～5年公司销售数量、销售额、毛利率、成长率、投资报酬率预估及计算依据

第十一章 财务分析

一、财务分析说明

二、财务数据预测

1. 销售收入明细表
2. 成本费用明细表
3. 薪金水平明细表
4. 固定资产明细表
5. 资产负债表
6. 利润及分配明细表
7. 现金流量表
8. 财务指标分析

（1）反映财务赢利能力的指标

① 财务内部收益率（FIRR）
② 投资回收期（PT）
③ 财务净现值（FNPV）
④ 投资利润率
⑤ 投资利税率
⑥ 资本金利润率
⑦ 不确定性分析：盈亏平衡分析、敏感性分析、概率分析

（2）反映项目清偿能力的指标

① 资产负债率
② 流动比率
③ 速动比率
④ 固定资产投资借款偿还期

第三部分 附录

一、附件

1. 营业执照影印本
2. 董事会名单及简历
3. 主要经营团队名单及简历
4. 专业术语说明

5．专利证书 / 生产许可证 / 鉴定证书等

6．注册商标

7．企业形象设计 / 宣传资料（标识设计、说明书、出版物、包装说明等）

8．简报及报道

9．场地租用证明

10．工艺流程图

11．产品市场成长预测图

二、附表

1．主要产品目录

2．主要客户名单

3．主要供货商及经销商名单

4．主要设备清单

5．主要调查表

6．预估分析表

7．各种财务报表及财务预估表

附录B　公司设立登记申请书

附表1　公司设立登记申请书

<table>
<tr><td>名　　称</td><td colspan="4"></td></tr>
<tr><td>名称预先核准通知书文号</td><td colspan="2"></td><td>联系电话</td><td></td></tr>
<tr><td>住　　所</td><td colspan="2"></td><td>邮政编码</td><td></td></tr>
<tr><td>法定代表人姓名</td><td colspan="2"></td><td>职　　务</td><td></td></tr>
<tr><td>注册资本</td><td>（万元）</td><td>公司类型</td><td colspan="2"></td></tr>
<tr><td>实收资本</td><td>（万元）</td><td>设立方式</td><td colspan="2"></td></tr>
<tr><td>经
营
范
围</td><td colspan="4">许可经营项目：

一般经营项目：</td></tr>
<tr><td>营业期限</td><td>长期 / ______年</td><td colspan="2">申请副本数量</td><td>个</td></tr>
<tr><td colspan="5">本公司依照《公司法》、《公司登记管理条例》设立，提交材料真实有效。谨此对真实性承担责任。

法定代表人签字：

年　　月　　日</td></tr>
</table>

注：1．手工填写表格和签字请使用黑色或蓝黑色钢笔、毛笔或签字笔，请勿使用圆珠笔。

2．公司类型应当填写“有限责任公司”或“股份有限公司”。其中，国有独资公司应当填写“有限责任公司（国有独资）”；一人有限责任公司应当注明“有限责任公司（自然人独资）”或“有限责任公司（法人独资）”。

3．股份有限公司应在“设立方式”栏选择填写“发起设立”或者“募集设立”。

4．营业期限：请选择“长期”或者“××年”。

附表 2　公司股东（发起人）出资信息表

公司股东（发起人）出资信息									
股东（发起人）名称或姓名	证件名称及号码	认缴			持股比例（%）	实缴			备注
		出资额（万元）	出资方式	出资时间		出资额（万元）	出资方式	出资时间	

注：1．根据公司章程的规定及实际出资情况填写，本页填写不下的可以附纸填写。

2．“备注”栏填写下述字母：A．企业法人；B．社会团体法人；C．事业法人；D．国务院、地方人民政府；E．自然人；F．外商投资企业；G．其他。

3．出资方式填写：货币、实物、知识产权、土地使用权、其他。

附表3　董事、监事、经理信息

姓名：＿＿＿＿＿＿　职务：＿＿＿＿＿＿　身份证件号码：＿＿＿＿＿＿＿＿＿＿ （身份证件复印件粘贴处）
姓名：＿＿＿＿＿＿　职务：＿＿＿＿＿＿　身份证件号码：＿＿＿＿＿＿＿＿＿＿ （身份证件复印件粘贴处）
姓名：＿＿＿＿＿＿　职务：＿＿＿＿＿＿　身份证件号码：＿＿＿＿＿＿＿＿＿＿ （身份证件复印件粘贴处）

附表 4　法定代表人信息

<table>
<tr><td>姓　　名</td><td></td><td>联系电话</td><td></td></tr>
<tr><td>职　　务</td><td></td><td>任免机构</td><td></td></tr>
<tr><td>身份证件类型</td><td colspan="3"></td></tr>
<tr><td>身份证件号码</td><td colspan="3"></td></tr>
<tr><td colspan="4">（身份证件复印件粘贴处）</td></tr>
<tr><td colspan="4">法定代表人签字：________________
年　月　日</td></tr>
<tr><td colspan="4">以上法定代表人信息真实有效，身份证件与原件一致，符合《公司法》、《企业法人法定代表人登记管理规定》关于法定代表人任职资格的有关规定，谨此对真实性承担责任。
（盖章或者签字）
年　月　日
注：依照《公司法》、公司章程的规定程序，出资人、股东会确定法定代表人的，由二分之一以上出资人、股东签署；董事会确定法定代表人的，由二分之一以上董事签署</td></tr>
</table>

参 考 文 献

[1] 姜彦福，张帏．创业管理学．北京：清华大学出版社，2005

[2] 陈丰．创业培训核心教程．北京：中国劳动社会保障出版社，2006

[3] 邱庆剑．世界500强企业管理工具精选．北京：机械工业出版社，2006

[4] 伍宪法．白手创业．北京：中国经济出版社，2009

[5] 理翔．家业长青．杭州：浙江人民出版社，2008

[6] 裴吉·A. 兰姆英，查尔斯·R. 库尔．创业学．大连：东北财经大学出版社，2009

[7] 阿瑟·汤姆森，等．战略管理：概念与案例．第10版．北京：北京大学出版社，2004

[8] 罗伯特·A. 巴隆，等．创业管理基于过程的观点．北京：机械工业出版社，2005

[9] 揭筱纹．战略管理：概论、案例与分析．北京：清华大学出版社，2009

[10] 李文龙，等．客户关系管理实务．北京：清华大学出版社，2010

[11] 吴国林．二次创业．北京：北京邮电大学出版社，2002

[12] 杜海东．创业启动．北京：清华大学出版社，2009

[13] MBA智库百科．http://wiki.mbalib.com

[14] 于成龙．比尔·盖茨全传．北京：新世界出版社，2005

[15] 斯图尔特·克莱纳，等．品牌：如何打造品牌的学问．西安：陕西师范大学出版社，2003

[16] 严中华．社会创业．北京：清华大学出版社，2008

[17] 姜大源．职业教育学研究新论．北京：教育科学出版社，2007

[18] 严中华．职业教育课程开发与实施．北京：清华大学出版社，2009

[19] 吉文林．《开始你的农业创业》．北京：中国农业出版社，2010

[20] 帕特里克·M. 邓恩，罗伯特·F. 勒斯克．零售管理．第5版．北京：清华大学出版社，2007

[21] 明茨伯格．明茨伯格管理进行时．北京：机械工业出版社，2010

[22] 沃尔特·艾萨克森．史蒂夫·乔布斯传．北京：中信出版社，2011